Hildegard von Bingen

Das Buch der Lebensverdienste –

Liber vitae meritorum

Beuroner Kunstverlag

Hildegard von Bingen

DAS BUCH DER LEBENSVERDIENSTE

LIBER VITAE MERITORUM

Übersetzt und eingeleitet von Sr. Maura Zátonyi OSB

Herausgegeben von der Abtei St. Hildegard, Rüdesheim/Eibingen

Sr. Angela Carlevaris OSB
gewidmet

Titelbild:
Miniatur des Liber Scivias (Tafel 5)
Die Seele und ihr Zelt

Abbildung Klappe vorn:
„Hildegard“-Glasfenster von Bernhard Kraus,
1900, Pfarrkirche St. Josef, Ober-Hilbersheim

Abbildung Klappe hinten:
Benediktinerinnenabtei St. Hildegard,
Südostansicht

Impressum:

Das Buch der Lebensverdienste – Liber vitae meritorum
Hrsg. von der Abtei St. Hildegard, Rüdesheim/Eibingen

1. Auflage 2014
2. Auflage 2024
Gestaltung: Katja Nida, Präsenz Medien, Gnadenthal
Herstellung: Beuroner Kunstverlag, D-88631 Beuron
info@beuroner-kunstverlag.de · www.klosterkunst.de
Druckerei: CPI-Ebner & Spiegel GmbH, Ulm
ISBN: 978-3-87071-314-0

Vorwort

Als vor ungefähr sechs Jahren die Idee einer deutschen Gesamtausgabe der Werke Hildegards reifte und *Scivias (Wisse die Wege)*, der erste Band der Reihe „Hildegard von Bingen. Werke", im Beuroner Kunstverlag 2010 tatsächlich erschien, konnte noch niemand ahnen, dass die Veröffentlichung der einzelnen Bände die offizielle Heiligsprechung Hildegards und ihre Erhebung zur Kirchenlehrerin begleiten wird. Diese historischen Ereignisse im Jahre 2012 haben der Rezeption von Hildegards Werken zu einem neuen Aufschwung verholfen, da angesichts der Tatsache, dass Hildegard als Lehrerin der Universalkirche anerkannt wurde, immer mehr Menschen nach zuverlässigen Werkausgaben fragen. So erfüllt diese Reihe eine bedeutsame, höchst aktuelle Aufgabe, wenn sie nun alle Schriften der Kirchenlehrerin Hildegard in neuen bzw. revidierten deutschen Übersetzungen zur Verfügung stellt.

Das groß angelegte Projekt einer Neuausgabe erreicht, bis auf die vom Umfang her kleineren Werke Hildegards (in einem geplanten Band 9) und eine als „Prophetisches Vermächtnis" bezeichnete Schrift (in einem geplanten Band 10), einen vorläufigen Abschluss mit diesem Band, der die zweite Visionsschrift Hildegards, *Liber vitae meritorum (Buch der Lebensverdienste)*, präsentiert. Unter den drei Hauptwerken Hildegards scheint das *Buch der Lebensverdienste* bislang am wenigsten beachtet zu sein. Während *Scivias* und der *Liber divinorum operum (Buch vom Wirken Gottes)* mindestens zweimal übersetzt worden waren, sogar in den 1990er Jahren nach der Anfertigung der kritischen Editionen, existiert vom *Liber vitae meritorum* bis heute nur eine einzige Übersetzung von Heinrich Schipperges aus dem Jahre 1972 mit dem Titel „Der Mensch in der Verantwortung". So ist es mehr als überfällig, dass dieses Werk endlich in einer aktuellen Übersetzung vorgelegt wird, die den kritisch edierten lateinischen Text aus dem Jahre 1995 zur Grundlage hat. In diesem Zusammenhang danke ich Sr. Philippa Rath OSB, die als Verantwortliche für alle Bände der Neuausgabe mich eingeladen hat, den *Liber vitae meritorum* zu übersetzen. Mein Dank gilt sodann dem Beuroner Kunstverlag, namentlich Herrn Klemens Weiß, der den Weg vom Manuskript bis zum fertigen Buch mit engagierter Hilfsbereitschaft und entsprechenden Fachkenntnissen begleitet hat.

Ich bedanke mich bei meiner Äbtissin, Mutter Clementia Killewald OSB, und bei meiner Gemeinschaft für die gewährte Zeit, so konnte ich mich konzentriert der Arbeit widmen. Ein besonderer Dank gilt meiner Mitschwester, Sr. Raphaela Brüggenthies OSB, die den Text mit viel Mühe und aufmerksamer Sorgfalt Korrektur gelesen hat. Sie war auch zu Gesprächen bereit, in denen wir für manche sperrigen Ausdrücke gemeinsam eine treffende Formulierung finden konnten. Herzlich danke ich meinen Mitschwestern, Sr. Dorothea Flandera OSB und Sr. Maria Magdalena Tikvić OSB, für ihren mitschwesterlichen Beistand und für das Interesse, mit dem sie die Arbeit begleitet und mich dadurch immer neu ermutigt haben.

Auf vielfältige Weise hat mich Pater Professor Dr. Rainer Berndt SJ unterstützt. In unserem anregenden Austausch hat er mir von Anfang an wertvolle Impulse gegeben. Im Laufe der Arbeit konnte ich mich mit schwierigen Fragen und verschiedenen Problemen an ihn wenden und er hat mir nach seiner kompetenten Art immer weitergeholfen. Darüber hinaus hat er die Korrekturarbeiten übernommen, womit er einen unschätzbaren Dienst erwiesen hat. Für all das danke ich Pater Berndt von ganzem Herzen.

Die Entdeckung des *Liber vitae meritorum* verdanke ich Sr. Angela Carlevaris OSB, die wie kaum jemand diese Schrift Hildegards kennt. Sie hat mich mit ihrer Liebe angesteckt, als sie mich auf die philologischen Feinheiten, aber auch auf die geistliche Aussagekraft und die lebensweltliche Bedeutung dieses Buches aufmerksam gemacht hat. Während der Entstehung des vorliegendes Bandes war Sr. Angela für mich stets gegenwärtig, da ich ja an dem von ihr erstellten lateinischen Text entlang dieses Werk ins Deutsche übertragen habe.

In Dankbarkeit ist dieses Buch Sr. Angela gewidmet.

Maura Zátonyi OSB
Eibingen, März 2014

Inhalt

EINLEITUNG

Das *Buch der Lebensverdienste (Liber vitae meritorum)* ist die zweite Visionsschrift Hildegards von Bingen (1098-1179) und wohl das am wenigsten bekannte Werk ihrer sogenannten Visionstrilogie, zu der noch *Scivias (Wisse die Wege,* Band 1 in dieser Reihe) und *Liber divinorum operum (Buch vom Wirken Gottes,* Band 6 in dieser Reihe) gehören. *Scivias,* das erste Werk Hildegards, und das *Buch vom Wirken Gottes,* das letzte Stück der Trilogie, bieten großartige Visionen, die sogar in Miniaturen dargestellt sind. Nicht zuletzt ist den gemalten Bildern zu verdanken, dass diese Werke zu großer Berühmtheit gelangten.

Die Visionen des *Buches der Lebensverdienste* wirken auf den ersten Blick nicht so einladend und haben die Phantasie der Künstler im Mittelalter nicht zum Malen angeregt. Schlägt man dieses Buch auf, findet man eine Reihe monströser Mischwesen, die teilweise menschlich, teilweise tierisch aussehen: z.B. wird dort eine Menschengestalt mit Hasenohren und dem Körper eines Wurmes beschrieben; bei anderen Gestalten erscheinen die Hände als Bärentatzen oder Geierklauen, die Füße als die einer Heuschrecke; dann verdichtet sich der Rauch zu einer Figur; wiederum eine andere Gestalt dreht sich rastlos, eingeklemmt in einem Rad. Und solche Figuren gibt es in diesem Buch fünfunddreißig an der Zahl! Dazu legt Hildegard diesen ohnehin merkwürdigen Gestalten noch Reden in den Mund, die oft sehr rätselhaft anmuten. Blättert man weiter, folgen Beschreibungen von Strafen, in welchen die Seelen im Sumpf oder in einer Finsternis Würmern und anderen Peinigungen ausgesetzt sind. Schnell ist man dann geneigt zu meinen, dass man sich von diesem Werk keine gewinnbringende Lektüre erwarten kann. Oder doch?

Vielleicht nicht auf den ersten oder den zweiten Blick, aber in einer nachdenklichen Betrachtung leuchtet auf, dass gerade dieses Werk Hildegards uns am wesentlichsten ansprechen kann, weil es das menschliche Dasein auf eine ganzheitliche Weise erfasst. Inmitten des Kosmos und der Geschichte steht der Mensch im Kampf zwischen Gut und Böse, den er in seinem Leben als eine Auseinandersetzung zwischen den Lastern und den Gotteskräften erfährt. Da Hildegard aber den Kosmos als das Werk des liebenden Schöpfers und den Zeitenablauf als Heilshandeln Gottes am Menschen erkennt, ermutigt sie mit ihrem Buch die von Gefahren bedrohten Menschen zur Umkehr und zur Liebe, die allein ein vollendetes, geglücktes Dasein ermöglichen.

I. Das *Buch der Lebensverdienste* in Hildegards Leben und Werk

1. Das *Buch der Lebensverdienste* in der Biographie Hildegards

In den einleitenden Worten zum *Buch der Lebensverdienste*[1] gibt Hildegard genau an, dass sie sechzig Jahre alt war, als sie von der Stimme des lebendigen Lichtes aufgefordert wurde, ihre Visionen aufzuschreiben. Nach ihrem eigenen Zeugnis brauchte sie fünf Jahre, zwischen 1158-1163, bis sie dieses Werk vollendete. Zu dieser Zeit lebte sie bereits in dem von ihr gegründeten Kloster auf dem Rupertsberg.[2] Der Überlieferung nach unternahm sie Predigtreisen, die sie in Städte am Main (Mainz, Würzburg, Kitzingen, Bamberg), hinauf an der Mosel (Trier, Metz, Straßburg), nach Köln und nach Schwaben durch den Schwarzwald (Maulbronn, Hirsau, Zwiefalten) führten.[3] Die Chronologie dieser Reisen lässt sich aufgrund ihres Briefwechsels rekonstruieren: Sie fanden um die Jahre 1160-1170 statt.[4] Parallel zur Abfassung ihres zweiten Hauptwerkes war Hildegard also öfter unterwegs, um „Klerus und Volk zu verkünden, was Gott wollte [...]; und sie offenbarte, was dem Seelenheil nützlich ist, gemäß dem, was Gott ihr offenbarte."[5]

Bei diesem erstaunlichen Arbeitspensum – Schreiben und Predigtreisen – vernachlässigte Hildegard ihre Pflichten als Äbtissin nicht. In einer autobiographischen Notiz in ihrer Lebensbeschreibung bezeugt sie selbst, dass sie ihre seelsorgerische Verantwortung gegenüber ihren Nonnen als geistliche Meisterin wahrnahm, was wohl zur Niederschrift und Entstehung des *Buches der Lebensverdienste* führte:

> „Da wurde mein Sinn gefestigt, und ich sorgte für die körperlichen und seelischen Bedürfnisse meiner Töchter, wie es mir von meinen Lehrern aufgetragen worden war. Ich aber blickte auf zur wahren Schau, sehr besorgt darüber, wie die Luftgeister gegen uns kämpften, und ich sah, dass

1 Siehe unten S. 44.

2 Zu einer kurzen Biographie Hildegards siehe im Band 1 dieser Reihe Maura Zátonyi: Einführung, in: Hildegard von Bingen: Wisse die Wege – Liber Scivias. Eine Schau von Gott und Mensch in Schöpfung und Zeit, Neuübersetzung von Mechthild Heieck, hg. von der Abtei St. Hildegard, Rüdesheim/Eibingen, Beuron 2010, S. 6-13, dort S. 6-7.

3 Das Leben der heiligen Hildegard von Bingen – Vita Sanctae Hildegardis, mit einer Einführung von Prof. Dr. Michael Embach, übersetzt von Dr. Monika Klaes-Hachmöller, hg. von der Abtei St. Hildegard, Rüdesheim/Eibingen, Beuron 2013, S. 58-59.

4 Vgl. Beverly Mayne Kienzle: Hildegard of Bingen and Her Gospel Homilies. Speaking New Misteries (Medieval Women. Texts and Contexts 12), Turnhout 2009, S. 47-55.

5 Das Leben der heiligen Hildegard von Bingen (wie Anm. 3), S. 58.

diese Geister einige meiner adligen Töchter mit verschiedenen eitlen Nichtigkeiten gleichsam wie in einem Netz verstrickt hatten. Ich aber habe ihnen dies gemäß göttlicher Weisung kundgetan und habe sie mit den Worten der Heiligen Schrift sowie durch die Zucht der Regel und durch guten Lebenswandel von allen Seiten geschützt und befestigt."[6]

Hildegard übte ihre Aufgabe, die Sorge um die Seelen, mit Weisheit und Einfühlung aus, sowohl bei den ihr anvertrauten Nonnen als auch bei den Menschen, die sie mit ihren Nöten aufsuchten, um bei ihr Hilfe und Rat zu finden.[7] Die folgenden Worte aus ihrer Lebensbeschreibung zeigen anschaulich den „Sitz im Leben" des *Buches der Lebensverdienste:*

> „Gemäß dem Apostelwort ist sie nämlich ‚allen alles geworden' (1 Kor 9,22): Fremde, die zu ihr kamen, sprach sie freundlich und sanft an, selbst wenn sie tadelnswert waren, sofern sie glaubte, dass es ihnen angemessen sei; die Nonnen aber, die bei ihr lebten, züchtigte sie, von großer Liebe und mütterlicher Güte erfüllt, sooft unter ihnen aus irgendeiner Streitigkeit Hass entstand oder Trauer und Weltschmerz oder auch Trägheit und Nachlässigkeit. Ihre Wünsche schließlich, ihre Absichten und Gedanken sah sie so genau voraus, dass sie ihnen sogar im Gottesdienst mit eigenen, aus ihrem Herzen stammenden Segensformeln antwortete. Denn sie sah im Geiste Leben und Wandel der Menschen voraus, bei einigen sogar auch das Ende des irdischen Lebens sowie Ruhm und Strafen gemäß der Art ihrer Sitten und Verdienste."[8]

2. Das *Buch der Lebensverdienste* im Gesamtwerk Hildegards

Hildegard hat ihre Werke über mehrere Jahrzehnte hindurch, von 1141 bis zu ihrem Tod 1179, niedergeschrieben. Dennoch erkennt man, dass die einzelnen Schriften organisch aufeinander Bezug nehmen: Ihr Schrifttum weist sowohl inhaltlich eine innere Kohärenz auf, weil Themen immer wieder neu aufgegriffen und aus je anderer Perspektive entfaltet werden, als auch strukturell findet man Entsprechungen, indem sich Hildegard beim Aufbau eines jeden Werkes

6 Das Leben der heiligen Hildegard von Bingen (wie Anm. 3), S. 45.

7 Siehe Rainer Berndt SJ/Maura Zátonyi OSB: Glaubensheil. Wegweisung ins Christentum gemäß Hildegard von Bingen (Erudiri Sapientia 10), Münster 2013, S. 295-302.

8 Das Leben der heiligen Hildegard von Bingen (wie Anm. 3), S. 36-37.

von ihren früheren Werken inspirieren lässt. So wird ersichtlich, dass das *Buch der Lebensverdienste* einerseits aus den vorausgegangenen Werken gewachsen ist, andererseits auch in ihrem Spätwerk, dem *Buch von Wirken Gottes*, weiterwirkt.

Der Bogen von *Scivias* (entstanden 1141-1151) zum *Buch der Lebensverdienste* (entstanden 1158-1163) lässt sich gut nachzeichnen. Die letzte Vision von *Scivias* enthält nach den Lobgesängen auf die Heiligen „Ermunterungen der Tugenden", die um die von den Versuchungen des Teufels bedrohte Seele kämpfen.[9] Diese Auseinandersetzung zwischen den Tugenden und dem Teufel bildet die Grundlage zu einem weiteren Werk Hildegards, dem *Ordo virtutum*, dem Spiel der Kräfte.[10] Dieses Singspiel, das Hildegard wahrscheinlich für die feierliche Einweihung des Rupertsberger Klosters im Jahre 1152 komponiert hat,[11] zeigt in einer feinsinnigen kurzen Fassung jenes Drama, das als einer der Hauptstränge das *Buch der Lebensverdienste* durchzieht: den Kampf zwischen dem Bösen in der Gestalt der Laster und dem Guten in der Gestalt der Gotteskräfte bzw. Tugenden. Im *Ordo virtutum* klingt des Weiteren bereits an, dass die Seele diese Auseinandersetzung nicht unbeteiligt über sich ergehen lassen muss und darf, vielmehr kann sie dadurch, dass sie den Gotteskräften zustimmt und Reue über ihr verfehltes Leben empfindet, zum Sieg des Guten beitragen und so Heil und Freude erlangen. Das ist Hildegards hauptsächliches Anliegen auch im *Buch der Lebensverdienste*: Wenn sie in diesem groß angelegten Visionswerk 35 Laster vor Augen führt, denen 35 Gotteskräfte bzw. Tugenden antworten, dann weist sie damit den Menschen die Wege, wie sie sich vom Bösen abwenden und zum Guten hinwenden können. Dadurch kann der Mensch lernen, sein Leben so zu gestalten, dass es zu einem gelungenen Dasein wird.

Die Komposition des *Buches der Lebensverdienste* ist kunstvoll auf den dritten Teil von *Scivias* abgestimmt. Dort schildert Hildegard das sogenannte Heilsgebäude, an dem entlang sie die Heilsgeschichte auslegt. In diesem Heilsgebäude – an seinen Türmen, Treppen, Säulen und unter seinen Arka-

9 Vgl. Hildegard von Bingen: Wisse die Wege – Liber Scivias. Eine Schau von Gott und Mensch in Schöpfung und Zeit, Neuübersetzung von Mechthild Heieck, mit einer Einführung von Sr. Maura Zátonyi OSB, hg. von der Abtei St. Hildegard, Rüdesheim/Eibingen, Beuron 2010, S. 523-530.

10 Vgl. Hildegard von Bingen: Lieder – Symphoniae, neu übersetzt und eingeleitet von Dr. Barbara Stühlmeyer, hg. von der Abtei St. Hildegard, Rüdesheim/Eibingen, Beuron 2012, S. 227-283.

11 Vgl. Peter Dronke: Introduction [Ordo uirtutum], in: Hildegardis Bingensis: Opera minora, ed. Peter Dronke, Christopher P. Evans, Hugh Feiss, Beverly Mayne Kienzle, Carolyn A. Muessig, Barbara Newman (Corpus Christianorum. Continuatio Mediaeualis 226), Turnhout 2007, S. 481-501, dort S. 487.

den – erscheinen schöne Frauengestalten, die die Gotteskräfte bzw. Tugenden („virtutes") versinnbildlichen. Verteilt auf fünf Visionen,[12] treten insgesamt 33 Gotteskräfte auf, denen – bis auf 3[13] – im *Buch der Lebensverdienste* eine große Bedeutung zukommt. Denn den Lastern, die in den fünf Teilen des *Buches der Lebensverdienste* in ihren monströsen Gestalten dargestellt werden und die jeweils eine Rede halten, antworten genaue dieselben Gotteskräfte – ergänzt um fünf weitere –, die der Visionärin Hildegard bereits aus dem Heilsgebäude bekannt sind. Sogar ihre Reihenfolge entspricht exakt der in *Scivias*.[14] Das *Buch der Lebensverdienste* kann also als eine Fortsetzung von *Scivias* gelesen werden, in der es nun darum geht, inmitten der kosmischen, heilsgeschichtlichen und ethischen Zusammenhänge die Aufmerksamkeit auf das sittliche Verhalten des Menschen und damit auf ein gelungenes Leben zu lenken.

In der Einleitung zum *Buch der Lebensverdienste* bietet Hildegard eine Liste von Werken, die sie bis zu dessen Entstehung schrieb.[15] Dieser Werkkatalog zeigt, dass Hildegard in den Jahren nach dem Abschluss von *Scivias* eine Vielfalt an literarischen Gattungen schuf und ein reiches Schrifttum hervorbrachte. Man findet Hinweise auf ihre Briefe (Band 8 in dieser Reihe), auf ihre musikalischen Kompositionen (Band 4 in dieser Reihe) und auf Auslegungen, unter denen z.B. ihre Auslegungen der Benediktusregel, des Athanasianischen Glaubensbekenntnisses und der Evangelien vorzustellen sind (Band 9 in dieser Reihe).

In dieser Liste wird auch eine „Unbekannte Sprache" genannt, die der Forschung viel Rätsel aufgibt. Überliefert wurde eine Aufzählung von 1100 Wörtern, die merkwürdige, tatsächlich „unbekannte" Wortschöpfungen enthalten. Eine Spur im *Buch der Lebensverdienste* kann indes ein Licht auf das Verständnis der „Unbekannten Sprache" werfen: Wenn Hildegard im letzten, sechsten Teil die vollendete Freude jener beschreibt, die in ihrem irdischen Dasein jungfräulich gelebt haben, hebt sie hervor, dass diese Seligen im Himmel „eine fremde Sprache verstanden, erkannten und sprachen".[16] In diesem Sinne vom *Buch der Lebensverdienste* aus betrachtet, könnte man die „Unbekannte

12 Hildegard: Wisse die Wege – Scivias III 3; III 6; III 8; III 9; III 10.

13 Zu den drei Gotteskräften – Erkenntnis Gottes, Gnade Gottes und Weisheit Gottes – siehe Berndt/Zátonyi: Glaubensheil (wie Anm. 7), S. 217-220.

14 Siehe unten im Register S. 338-339.

15 Siehe unten S. 44. Zur Chronologie der Werke Hildegards siehe Berndt/Zátonyi: Glaubensheil (wie Anm. 7), S. 50.

16 Siehe unten VI 30, S. 324 u. 326.

Sprache" in der Tat als den Versuch bewerten, „eine Art paradiesischer Ursprache zu rekonstruieren."[17]

Hildegard nennt in der Einleitung zum *Buch der Lebensverdienste* weiterhin ein Visionswerk über die „Feinheiten der verschiedenen Naturen der Geschöpfe" („Subtilitates diversarum naturarum creaturarum"), das aber in dieser Form nicht mehr überliefert worden ist. Man sah darin ein naturheilkundliches Werk, das später mit zwei Schriften, *Physica* (Band 5 in dieser Reihe) und *Causae et curae* (Band 2 in dieser Reihe) identifiziert worden ist. Textzeugen von diesen zwei „medizinischen" Schriften tauchen aber erst ab dem 13. Jahrhundert auf. So bleibt dieser „Liber subtilitatum" in der Forschung weiterhin ein umstrittenes Werk.[18] Dennoch kann man die Wirkung dieses Werkes, das eben die Feinheiten der Natur dargelegt haben soll, im *Buch der Lebensverdienste* entdecken. Geht man davon aus, dass *Physica* dem ursprünglichen Werk wahrscheinlich am nächsten steht,[19] dann begegnen im *Buch der Lebensverdienste* die im naturkundlichen Werk beschriebenen Tiere (z.B. Löwe, Leopard, Bär, Steinbock, Ziege, Hase, Wolf, Affe, Kamel, Maulwurf), Vögel (z.B. Geier, Kranich, Habicht, Möwe) und Kriechtiere (z.B. Schlange, Skorpion, Viper, Eidechse),[20] hauptsächlich in den Darstellungen der Laster, die oft aus verschiedenen tierischen Teilen zusammengesetzt sind. Auch kann *Physica* über die Beschaffenheit der Edelsteine im letzten Teil des *Buches der Lebensverdienste* Auskunft geben, die die Seligen im Himmel schmücken (z.B. Smaragd, Hyazinth, Topas, Beryll, Bernstein, Kristall, Perle).[21] Für die Deutung der Schlange als Teufel gibt Hildegard im *Buch der Lebensverdienste* eine ähnliche Begründung an, wie bereits in *Physica*.[22] Außerdem kann man aus *Physica* die Eigenschaften des Einhorns kennenlernen, das im sechsten Teil des *Buches der Lebensverdienste* auf den jungfräulichen Gottessohn hinweist.[23] Ferner informiert diese Naturkunde

17 Michael Embach: Die Schriften Hildegards von Bingen. Studien zu ihrer Überlieferung und Rezeption im Mittelalter und in der Frühen Neuzeit (Erudiri Sapientia 4), Berlin 2003, S. 269.

18 Siehe Embach: Die Schriften Hildegards von Bingen (wie Anm. 17), S. 287-393; zur neuesten Zusammenfassung des aktuellen Forschungstandes siehe Berndt/Zátonyi: Glaubensheil (wie Anm. 7), S. 44-48.

19 Siehe Embach: Die Schriften Hildegards von Bingen (wie Anm. 17), S. 300 und 313-319.

20 Siehe Hildegard von Bingen: Heilsame Schöpfung – Die natürliche Wirkkraft der Dinge. Physica, vollständig neu übersetzt und eingeleitet von Ortrun Riha, hg. von der Abtei St. Hildegard, Rüdesheim/Eibingen, Beuron 2012, S. 322-439.

21 Hildegard: Heilsame Schöpfung – Physica (wie Anm. 20), S. 246-286.

22 Hildegard: Heilsame Schöpfung – Physica (wie Anm. 20), S. 427. Siehe Buch der Lebensverdienste VI 16, unten S. 311-312.

23 Hildegard: Heilsame Schöpfung – Physica (wie Anm. 20), S. 383-385. Siehe Buch der Lebensverdienste VI 4, unten S. 306-307.

über mittelalterliche Naturvorstellungen, die sich ebenfalls im *Buch der Lebensverdienste* widerspiegeln und deren Kenntnis zum Verstehen des Textes relevant ist.[24] So erweist sich das Buch über die Geschöpfe, der „Liber subtilitatum" bzw. *Physica*, als eine Art Lexikon, mit dessen Hilfe man die bildhafte Sprache Hildegards und die theologischen Auslegungen der bildlichen Darstellungen im *Buch der Lebensverdienste* fundierter nachvollziehen kann.[25]

Hildegard entwickelte ihre heilsgeschichtlich konzipierte Theologie, die sie in *Scivias* grundgelegt hatte, im Laufe der Jahre bis hin zum *Buch vom Wirken Gottes* weiter. In diesem Zusammenhang kann man sagen, dass das *Buch der Lebensverdienste* als Bindeglied zwischen ihrem Erstlingswerk und ihrem Spätwerk dient.[26] Die heilsgeschichtliche Thematik durchzieht wie ein roter Faden Hildegards Werk. *Scivias* spannt den Bogen von der Schöpfung bis zum Jüngsten Gericht und verkündet Gottes Heilswillen, der sich in den verschiedenen Epochen der Geschichte offenbart.

Im *Buch der Lebensverdienste* verbindet Hildegard die heilsgeschichtliche Perspektive mit kosmologischen Dimensionen, indem die Naturelemente zunehmend an Bedeutung gewinnen. Die vielfältigen Verhältnisbestimmungen zwischen Mensch und Schöpfung, die später im *Buch vom Wirken Gottes* in den Mittelpunkt des ersten Teiles rücken, sind schon im *Buch der Lebensverdienste* ausgearbeitet: Die Hauptfigur der Schau, der kosmische Mann, der die gesamte Welt überragt, ist von den verschiedenen Schichten des Weltalls umgeben, die Hildegard in den einzelnen Teilen näher interpretiert. Mit einer aufgeschlossenen Beobachtungsgabe vermag Hildegard die Naturvorgänge, die Funktionen der Elemente, die Beschaffenheit der Lebewesen und der Pflanzen bzw. deren Beziehungen zueinander und die Teile der Welt vom Äther bis zum Abgrund wahrzunehmen und diese Phänomene im Hinblick auf die geistliche Wirklichkeit auszulegen.

Auch die jenseitigen Strafen und Belohnungen, deren Darstellungen im *Buch der Lebensverdienste* einen großen Raum einnehmen, tauchen im *Buch vom Wirken Gottes* wieder auf. Dessen zweiter Teil befasst sich mit der Erde, die den Menschen symbolisiert und die zugleich einen Hinweischarakter auf

24 Z.B. dass der Stein Feuchtigkeit in sich trägt, siehe unten S. 51. Die Anmerkungen im vorliegenden Text vom Buch der Lebensverdienste bieten u.a. solche Informationen.

25 Siehe dazu Maura Zátonyi: Vidi et intellexi. Die Schrifthermeneutik in der Visionstrilogie Hildegards von Bingen (Beiträge zur Geschichte der Philosophie und Theologie des Mittelalters. Neue Folge 76), Münster 2012, S. 322-323.

26 Vgl. Angela Carlevaris: Einleitung, in: Hildegardis Bingensis: Liber Vite Meritorum, ed. Angela Carlevaris (Corpus Christianorum. Continuatio Mediaeualis 90), Turnhout 1995, S. IX-LIX, dort S. XIX.

die Orte des Jenseits hat. Dadurch knüpft diese Vision an das *Buch der Lebensverdienste* an.

Für Hildegard besteht aber der Kosmos nicht aus sich selbst, sondern er ist vom liebenden Schöpfergott ins Dasein gerufen und wird von ihm am Leben erhalten. Die Liebe als Schöpfungsprinzip kommt schon im *Buch der Lebensverdienste* mehrfach zum Vorschein.[27] Wenn sich die personifizierte Liebe im *Buch vom Wirken Gottes* „feurige Kraft“, „unversehrtes Leben“, „Vernunft“ bzw. „rationalitas“ nennt, dann legt Hildegard ihr damit Wesensaussagen über Gott in den Mund, die sie schon im *Buch der Lebensverdienste* ausgeprägt hat.

In ihren Briefen, die sie seit dem Anfang ihrer schriftstellerischen Tätigkeit bis hinein in ihr Todesjahr an verschiedene Personen gerichtet hat, überträgt Hildegard ihre theologische Lehre auf konkrete Situationen des Lebens. Sie wird nicht müde, ihre Botschaft von Gottes Liebe und Heilswillen, den Inhalt vom *Buch der Lebensverdienste*, in die einzelnen Schicksale hinein zu sprechen. Auch ermutigt sie die Menschen, die sich in ihren Nöten an sie wenden und sie um Rat bitten, zur Bekämpfung der Laster und zum Ergreifen der einzelnen Tugenden, die für den konkreten Menschen die entsprechende, aktuelle Form der Christusförmigkeit bedeuten. So können die Briefe auch für heutige Leser als lebensweltliche Auslegung und konkrete Anweisung dem *Buch der Lebensverdienste* zur Seite stehen.

3. Rezeptionsgeschichte

Die Werke Hildegards wurden in mehreren Exemplaren kopiert, nicht nur für den Gebrauch im eigenen Kloster, sondern auch, um sie zu verschenken. Für diesen Zweck wurde auf dem Rupertsberg eine Schreibstube (Skriptorium) eingerichtet, wo die Handschriften mit Hildegards Werken hergestellt wurden. Die relativ wenigen Textzeugen, in denen das *Buch der Lebensverdienste* erhalten ist – fünf vollständig und zwei unvollständig – stammen größtenteils aus dem Rupertsberger Skriptorium und sind zu Lebzeiten Hildegards, im 12. Jahrhundert, entstanden.[28]

Das *Buch der Lebensverdienste* gelangte um die Mitte der 1170er Jahre durch freundschaftliche Beziehungen in den brabantischen Raum. Von dieser ersten Rezeption des Buches berichtet Wibert von Gembloux (1124/1125-1213/1214),

27 Siehe z.B. V 31, S. 277-278; VI 32, S. 327.
28 Vgl. Embach: Die Schriften Hildegards von Bingen (wie Anm. 17), S. 114-155.

ein Mönch aus Wallonien, der Hildegard leidenschaftlich verehrte und in ihren letzten Lebensjahren sogar als Sekretär auf dem Rupertsberg fungierte. Die Benediktiner in Gembloux, der Heimatabtei Wiberts in der Region Wallonien, lasen demgemäß das *Buch der Lebensverdienste* zur abendlichen Versammlung, während die Mönche von Villers, einer von Bernhard von Clairvaux gegründeten Zisterzienserabtei in Brabant, es als Tischlektüre verwendeten.[29] Die erste Aufnahme des *Buches der Lebensverdienste* erfolgte also im monastischen Kontext. Auch später wurde dieses Werk bevorzugt von Mönchen, wie etwa im 15. Jahrhundert bei den Kartäusern, gelesen.[30] Eine nachhaltige Wirkungsgeschichte im Mittelalter und in der Frühen Neuzeit lässt sich jedoch nicht nachweisen.

Mit dieser geringen Beachtung hängt wohl zusammen, dass die erste Druckfassung, im Vergleich zu den anderen beiden Werken der Visionstrilogie, erst relativ spät erfolgte. Jean-Baptist Kardinal Pitra (1812-1889), selbst ein Benediktiner, hat das Buch im Jahre 1882 in einem Band, der weitere Werke Hildegards enthält, in gedruckter Form vorgelegt.[31] Die kritische Ausgabe des lateinischen Textes verdankt sich Sr. Angela Carlevaris OSB (*1921) aus der Benediktinerinnenabtei St. Hildegard im Jahre 1995. Eine angemessene theologische Erschließung des Buches, die dessen Vielschichtigkeit berücksichtigt und erfasst, steht immer noch aus.

II. Inhalt und geistliche Deutung

1. Schöpfung und Heilsgeschichte

Das *Buch der Lebensverdienste* besteht aus einer einzigen Vision, die Hildegard in sechs Teilen entfaltet. Im Mittelpunkt der Schau steht eine Mannesgestalt, die sowohl durch ihre den ganzen Kosmos überragende Größe als auch durch die Bezeichnung „vir“ („Mann“) eine vollständige Vitalität ausstrahlt und damit letztlich Gott selbst versinnbildlicht: Gott ist der Ursprung aller Lebenskraft („vis“) und Grünkraft („viriditas“), aus ihm kommt alles Leben („vita“) und er gibt jene Kräfte („virtutes“) in Fülle, die den Sieg des Guten vollbringen (siehe unten I 20-21, S. 56f). Wie die Visionsgestalt des Mannes über sich hinaus auf den unbegreiflichen Gott verweist, so sprengt auch der Kosmos, der den Mann in Hildegards Schau

29 Vgl. Embach: Die Schriften Hildegards von Bingen (wie Anm. 17), S. 119-120.
30 Vgl. Embach: Die Schriften Hildegards von Bingen (wie Anm. 17), S. 127.
31 Vgl. Embach: Die Schriften Hildegards von Bingen (wie Anm. 17), S. 154-155.

umhüllt, den Rahmen des geschaffenen Weltalls. Die Schichten des Universums, von den höchsten Wolken des Himmels bis hinab in den Abgrund, werden als die Epochen der Heilsgeschichte gedeutet, die von vor dem Anfang bis zum unergründlichen Ende der Welt reicht und das Zeitalter des Alten Gesetzes und das Zeitalter der im Neuen Gesetz wandelnden Kirche umfasst. Dadurch entsteht in dieser Vision eine komplexe Zusammenschau von Raum und Zeit, Kosmos und Heilsgeschichte, leiblicher und seelischer Wirklichkeit im Angesicht Gottes. Das *Buch der Lebensverdienste* bietet eine Kosmologie und Anthropologie in mächtiger Bildersprache und theologischer Reflexion.

Das Buch gliedert sich dadurch in sechs Teile, dass sich der Mann von der Mitte aus in je andere Himmelsrichtung wendet: nach Osten (I. Teil), nach Westen (II. Teil), nach Norden (III. Teil), nach Süden (IV. Teil), dann über den ganzen Erdkreis (V. Teil), bis er schließlich mit den vier Weltregionen in Bewegung kommt (VI. Teil). In jedem der Teile konzentriert sich die Schau auf eine je andere Schicht des Kosmos (z.B. Äther, unter dem Himmelsgewölbe, Erde, Wasser des Abgrunds) und damit auf den entsprechenden Bereich am Leib des Mannes (oberhalb der Schultern, Brust- und Rückenbereich, von den Schenkeln bis zu den Knien, Waden- und Fußbereich, unter den Fußsohlen). Ausgehend von diesen bildlichen Vorgaben erhält jeder Teil einen eigenen thematischen Schwerpunkt mit geistlicher Bedeutung.

Der erste Teil bietet einen grandiosen Überblick über Gottes Heilshandeln in Schöpfung, Menschwerdung und Kirche bis über das Ende der Welt hinaus, er klärt aber auch über die Herkunft der Laster auf: Der Teufel, den Hildegard oft „die alte Schlange" nennt, spuckt einen Nebel aus, der die ganze Erde verhüllt und aus dem die Laster hervorkommen. Die Laster („vitia") nehmen in den ersten fünf Teilen einen großen Raum ein, indem Hildegard ihre Gestalten beschreibt und auslegt und ihnen die Gotteskräfte entgegenstellt. Besonders die Auseinandersetzung zwischen Lastern und Gotteskräften verleiht dem *Buch der Lebensverdienste* seinen spezifischen Charakter.[32]

Im zweiten Teil befasst sich Hildegard mit den Erscheinungsformen der Offenbarung, den „Mitteln des Alten und des Neuen Testamentes" (II 18, S. 120), die dem Menschen in seinem Daseinskampf als Hilfe geschenkt worden sind: das Gesetz, die Prophetie, die Menschwerdung Gottes und die Auslegung des Alten und des Neuen Testamentes.[33]

32 Siehe unten S. 19-25.

33 Siehe dazu Zátonyi: Vidi et intellexi (wie Anm. 25), S. 122-132.

Im dritten Teil erheben die Elemente der irdischen Sphäre ihre Stimme zu einer Klage, weil sie sich in ihren eigenen Bestimmungen durch den Missbrauch des Menschen verhindert und zerstört fühlen. Daraufhin befasst sich die Vision mit den Gründen und den Konsequenzen der Ausbeutung der Natur: Der Mensch, statt seinen Schöpfungsauftrag als Mitarbeiter Gottes zu verwirklichen, verhält sich inmitten der Welt als ein Rebell, wodurch er die Schöpfungsordnung in Unordnung verkehrt.

Der vierte Teil betrachtet die Erde und damit die Materialität, die sich in der Leiblichkeit des Menschen manifestiert. Die Erde ist die Materie, aus der der Mensch geformt wurde, der Leib des Menschen ist aber wiederum jene Materie, aus der der Gottessohn seine Menschennatur angenommen hat. Der menschgewordene Gottessohn führt die menschlichen Werke zur Vollendung, indem er die Tugenden, die den Menschen selig machen, und die Heiligkeit, die das wahre Dasein beinhaltet, in seinem Leben darlegt und weiterschenkt.

Der fünfte Teil erläutert die elementare Kraft des Wassers, das alles zu reinigen, alles mit Flüssigkeit zu versorgen und dadurch alles am Leben zu erhalten vermag. Aus dieser natürlichen Wirksamkeit des Wassers leitet Hildegard seine Heilskraft ab, die in der Taufe begründet ist.

Im sechsten Teil erscheint an den Knien des Mannes ein Einhorn. Dieses Einhorn symbolisiert den menschgewordenen Gottessohn, der in seiner heiligen Menschheit und Jungfräulichkeit den Teufel besiegt und die Macht des Gerichtes von Gott dem Vater empfangen hat. So weist dieser letzte Teil auf die endzeitliche Vollendung hin. Sie wird damit beginnen, dass Gott im Menschen all seine Kräfte vervollständigt, um das Böse endgültig zu beseitigen. Durch diese Freisetzung wird die Welt in ihren Elementen geläutert, so dass Himmel und Erde in einer neuen Existenz aufleuchten. Der Mensch erfährt des Weiteren eine Reinigung, die ihn fähig macht, am Glück teilzuhaben: Er wird in unversehrter Gottesbeziehung leben und die vollkommene Freude empfangen. Da der Teufel seiner Macht beraubt werden wird und die alte Welt einer neuen Schöpfung weicht, gibt es in diesem Teil keine Laster mehr. Stattdessen betrachtet Hildegard die himmlischen Freuden der Seligen.

In der Gesamtschau der kosmologischen und der heilsgeschichtlichen Dimensionen bilden sich zwei Brennpunkte heraus, die Hildegards Theologie tragen: Schöpfung und Inkarnation. In der Erschaffung der Welt, als Gott alles Leben aus sich hervorgehen ließ, und in seiner Menschwerdung, als er das Menschsein ganz angenommen hat, offenbart Gott sein Wesen als Liebe.

Wenn Hildegard die Beziehung des Schöpfers zu seiner Schöpfung mit einem Vergleich aus der menschlichen Erfahrungswelt auszudrücken versucht, greift sie auf die eheliche Verbindung zurück: In der stärksten und elementarsten Form der Liebe, die Mann und Frau zueinander zieht, sieht Hildegard jene Leidenschaft abbildhaft eingeschrieben, mit der Gott seine Schöpfung umarmt (V 31, S. 277f). Hildegard betrachtet die Welt demgemäß nicht als ein bloß metaphysisches Seinsprinzip, sondern als ein Beziehungsgeschehen zwischen Gott und seiner Schöpfung.[34] Diese Überzeugung spiegelt sich auch in den Worten etlicher Gotteskräfte wider, die die Schönheit der Natur als Ausdruck göttlicher Liebe wahrnehmen, worin sich die gottgewollte Verbundenheit zwischen Schöpfer und Welt verwirklicht (I 8, S. 51; I 12, S. 53; II 14, S. 119; IV 2, S. 215; V 9, S. 265f, V 11, S. 267).

Dieses Liebesverhältnis Gottes zu seinem Geschöpf gipfelt in der Menschwerdung. Gottes zärtliche Hinwendung zum Menschen bewegt ihn dazu, Fleisch anzunehmen und das Menschsein in all seinen Konsequenzen auszutragen (VI 32, S. 327f). Um die Vereinigung Gottes mit dem Menschen in der Inkarnation zu preisen, wählt Hildegard wiederum die Liebessprache: Der Gottessohn jubelt bei seiner Menschwerdung wie der Bräutigam, der die Braut „im Gemach seines Herzens aufnimmt" (IV 24, S. 227f). Da aber im *Buch der Lebensverdienste* das menschliche Dasein besonders als ein Kampf im Vordergrund steht, unterstreicht Hildegard die siegreiche, befreiende Kraft der Menschwerdung Gottes. Indem der Gottessohn das Böse schon besiegt und den Menschen aus der Macht der Sünde befreit hat, kann auch der Mensch gegen die Anfechtungen der Laster zuversichtlich kämpfen und auf die wahre Glückseligkeit hoffen (I 22, S. 57; I 26, S. 59; VI 32, S. 327f).

2. Laster und Gotteskräfte

In diesem heilsgeschichtlich-kosmologischen Rahmen sind die Laster („vitia") und ihnen gegenüber die Gotteskräfte („virtutes") verortet. Einen beachtlichen Teil im *Buch der Lebensverdienste* bilden die Beschreibungen der Lastergestalten, ihre Reden, die Antworten der Gotteskräfte und schließlich die Auslegungen der Lastergestalten auf das sittliche Leben hin. Das Modell der Gegenüberstellung von Lastern und Tugenden veranschaulicht einen geistlichen Prozess, der sich in jedem Menschenleben vollzieht.

34 Siehe Berndt/Zátonyi: Glaubensheil (wie Anm. 7), S. 203-207.

Um diese Auseinandersetzung zu verstehen, besinnt sich Hildegard auf den Ursprung der Laster und damit des Bösen und bringt diese theologischen Wirklichkeiten in einer bildhaften Sprache zum Ausdruck. Hildegard betont ausgehend von der Heiligen Schrift, dass Gott ursprünglich alles gut geschaffen hat. Mit besonderer Aufmerksamkeit beschreibt sie die Erschaffung des Engelfürsten, Luzifers, den Gott mit den schönsten Gaben beschenkt hat. Luzifer aber zerstörte durch Stolz seine Beziehung zu Gott, indem er auf sich blickte und seine geschöpfliche Abhängigkeit nicht anerkennen wollte. Damit stürzte er in die Finsternis. Luzifer genügte es jedoch nicht, dass er selbst gestürzt war und eine große Schar seiner Anhänger mit in den Sturz gerissen hatte, sondern er trachtete danach, auch den Menschen ins Verderben zu ziehen. Durch List gelang es ihm, den Menschen zu Fall zu bringen, wodurch der Mensch seine integrale Beziehung zu Gott, zu sich selbst, zu seinen Mitmenschen und zur Schöpfung verloren hat. Zerrissenheit, Gespaltenheit und Versuchbarkeit bestimmen seitdem den personalen Kern des Menschen. Gerade das sind die Laster: die Gefährdung des verletzten Menschseins.

Die Reden der Laster im *Buch der Lebensverdienste* wirken jedoch zumeist sehr verlockend. Das Böse hat ja immer etwas Verführerisches an sich. Was aber sich hinter diesen propagierenden Worten verbirgt, wird durch ihre abschreckenden Gestalten anschaulich. Um vor der Gefahr der Laster zu warnen, antwortet ihnen je eine entsprechende Gotteskraft.

Die Gotteskräfte kommen von Gott her[35] – im visionären Bild sendet der kosmische Mann aus einer trompetenförmigen Wolke Winde aus, von denen einer jene „stürmische Wolke" trägt (I, S. 46), aus denen heraus die Gotteskräfte sprechen. Sie erscheinen im *Buch der Lebensverdienste* nicht mehr in ihren sichtbaren Gestalten, weil sie bereits aus *Scivias* bekannt sind. Sie lassen aber ihre Stimme aus einer Wolke vernehmen. In ihren Antworten widerlegen sie die Laster und rüsten so den Menschen zum Kampf gegen das Böse aus. Aber sie offenbaren auch ihr eigenes Wesen, meistens durch bildhafte Vorstellungen, die im Vergleich zu ihren geschilderten Gestalten in *Scivias* neue Aspekte aufdecken. Trotz ihrer Unsichtbarkeit vermitteln sie also anschauliche und lebhafte Formen der Gottesbeziehung, aus der heraus sie leben, und ermutigen den Menschen, in seiner Leib-Seele-Einheit dem Guten jeweils konkret Gestalt zu geben. Dies zeigt sich in verschiedenen Haltungen, für die der landläufige Sprachgebrauch das Wort „Tugend" verwendet: die Tugend der Liebe, der Geduld, der Barmherzigkeit usw.

35 Siehe dazu Maura Zátonyi: Gotteskräfte. Über die Tugenden bei Hildegard von Bingen, in: Erbe und Auftrag 84 (2008), S. 246-262, dort S. 250-252.

In den Auseinandersetzungen zwischen Lastern und Tugenden, wie das *Buch der Lebensverdienste* sie darstellt, wird die Realität menschlichen Daseins ausgedrückt: Durch seine Freiheit hat der Mensch die Wahl zwischen Gut und Böse und es ist ihm aufgegeben, die Entscheidung gegen das Böse und für das Gute immer neu zu treffen.

Wenn Hildegard im *Buch der Lebensverdienste* 35 Tugenden und Laster vorstellt, so ist dies kein bloßes Aufzählen von zwei Reihen negativer und positiver Haltungen. Durch die Gestalten zeichnet sich eher ein Weg ab, dem eine innere Logik innewohnt: Der eine Schritt folgt aus dem anderen, von der Weltliebe bis zur Welttrauer in die eine Richtung, von der Himmelsliebe bis zur Himmelsfreude in die andere Richtung. Der Mensch wird in eine Dynamik einbezogen, aber keineswegs determiniert. Selbst die Tatsache, dass in der großen Vision Hildegards die Laster und die ihnen antwortenden Gotteskräfte auf fünf Gruppen verteilt sind, zeigt, dass immer wieder Neuanfänge gesetzt werden können, mit denen der Mensch sich wieder aufrichten und nach dem Guten ausrichten kann. Außerdem sind es gerade die Tugenden, die in jedem Moment lasterhaften Verhaltens heilende Kräfte anbieten. Die Schilderung des Prozesses kommt aus dem Leben und drängt nach Leben. Verwirklichung findet statt beim Nachvollzug guter Motivationen, die mit erfinderischer Wachsamkeit den eigenen Umständen angepasst werden müssen.

I. Teil: Wo es anfängt – Entscheidung und Ordnung der Liebe: Die Weichen, die die Richtung des Weges bestimmen, werden gleich zu Beginn im ersten Tugend-Laster-Paar gestellt: in der Himmelsliebe und in der Weltliebe. An diesem Anfangspunkt obliegt es dem Menschen, sich zu entscheiden, worauf er seine Liebe ausrichtet. Aus dieser inneren Einstellung erwachsen dann die nachfolgenden Haltungen. Augustinus spricht in seinem großen Werk *Der Gottesstaat* von zweierlei Liebe: von der bis zur Verachtung Gottes gesteigerten Selbstliebe und von der bis zur Verachtung seiner selbst gehenden Gottesliebe. Beide gründen ihren Staat, die eine den Weltstaat, die andere den himmlischen Staat.[36] Ähnlich setzt auch Hildegard an. Die Weltliebe erscheint in ihrer Vision als ein Äthiopier, der auf einen Baum voller Blüten klettert und diese an sich reißt (I, S. 48). Auf diese Weise zieht die Weltliebe die ganze Reihe der Laster hinter sich her. In diesem Anfangszustand ist es der Mensch, der handelt. Nachdem er aber den Weg der Laster bis zum Ende gelaufen sein wird, wird

36 Siehe Augustinus: De civitate Dei 14, 28.

das Laster es sein, das ihn festhält. Am Ende, im fünften Teil der Vision, sehen wir den Baum wieder, allerdings vertrocknet und ohne Blätter, der jetzt den Menschen umschlingt, so dass er sich nicht mehr wehren kann (V 9, S. 266).

Die Himmelsliebe demgegenüber ist voller Verheißung. Sie nennt sich Spiegel aller Gotteskräfte (I 2, S. 49). Wie der Spiegel das Licht sammelt und in gesteigerter Intensität zurückwirft, so enthält die an Gott entfachte Liebe in sich die Fülle der Gotteskräfte und strahlt diese in kräftiger Vitalität aus. In der Entscheidung für die selbstlose Liebe werden große Energien freigesetzt. Dieser leidenschaftlichen Glut folgt die Disziplin, weil jene erste große Liebe eine Form der Zucht braucht, um sich auf Dauer zu bewähren.[37] Die Disziplin zwingt jedoch kein Korsett auf, sondern ordnet als „Gürtel der Heiligkeit" (I 4, S. 49) die wallende Leidenschaft der Liebe. Wie man sich in einem weit fallenden Kleid erst an die Arbeit machen kann, wenn man es mit einem Gürtel bindet, so rüstet auch die Disziplin die Himmelsliebe zum alltäglichen Dienst. Ohne Zucht und Ordnung wäre unsere Liebe nur Illusion. In der Disziplin findet sie jedoch ihre geordnete Form und tragfähige Kraft, die zur Barmherzigkeit, Geduld und weiteren Tugenden führt.

II. Teil: Abschreiten des Weges – Haltende Kraft: Durch seine Geschöpflichkeit ist der Mensch in die Schöpfungsordnung hineingestellt und durch die Unterscheidung („discretio", II 14, S. 118f) soll er sich mit Vernunft und Willen in diese Ordnung einfügen. Was bei den unvernünftigen Wesen von Natur aus vorgegeben ist, braucht beim Menschen einen persönlichen Akt, um mit- und nachvollzogen werden zu können. Die geschöpfliche Abhängigkeit bestimmt einerseits die Beziehung zum Schöpfer, die sich in Wort, Antwort und Verantwortung entfaltet, andererseits wirkt sie sich im Umgang mit den anderen Geschöpfen auf verschiedenen Seinsebenen aus als Urverbundenheit und Verwiesenheit. Da ist ein gegenseitiges Geben und Empfangen im Spiel, das die „discretio" in Gleichgewicht und Bewegung hält. Ohne die willentliche und vernunftbezogene Entscheidung für die unterscheidende Maßhaltung gerät der Mensch in die Maßlosigkeit, die wie ein Wolf alles an sich reißt, unfähig zur Enthaltsamkeit und zum Verzicht, zur Veränderung und zum Wandel, zur Verbindlichkeit und Beziehung – zu all dem, was das Leben fördert (II 12, S. 118). So endet diese Reihe der Laster bezeichnenderweise mit der Verdammnis der Seelen.

37 Siehe Maura Zátonyi: Lebendige Ordnung. Über die Disziplin nach Hildegard von Bingen, in: Erbe und Auftrag 86 (2010), S. 154-171.

Die Unterscheidung hilft vor allem dabei, unsere Grenzen zu erkennen, die uns in unserem Geschöpfsein mitgegeben sind, und damit bewahrt sie uns zugleich vor der Überschreitung der Grenzen. Ihre positive Optik zeigt die Fähigkeiten, mit denen jeder einzelne auf ganz persönliche Art begabt ist, und lässt erkennen, wie ein jeder seine Talente für andere einsetzen kann. Wenn wir lernen, unsere Gaben nach dem richtigen Maß zu gebrauchen, eröffnen sich neue Perspektiven. Schließlich bedeutet Maßhalten nicht Mittelmäßigkeit und Ängstlichkeit vor Weite und Größe. Vielmehr fordert sie wagende Schritte zuerst in den menschlichen Bereichen, wodurch dann auch geistliche Horizonte aufgehen können. So kann sich der Menschen dem Empfang der Erlösung, der abschließenden Gotteskraft in diesem Teil, öffnen.

III. Teil: Gottes Weg und unser Weg – Die Geheimnisse des menschgewordenen Gottes und des gottförmigen Menschen: Gott nähert sich auf vielen Wegen den Menschen, die er nicht nur als Mitarbeiter, sondern als Mitliebende erschaffen hat, wie Hildegard immer wieder zum Ausdruck bringt. Um eine liebende Begegnung möglich zu machen, hat Gott die Welt geschaffen. Den unmittelbarsten Weg zu den Menschen hat er in der Menschwerdung eingeschlagen. Der Gehorsam, der zugegen gewesen war, als Gott sein „Fiat! – Es werde!" sprach und die Schöpfung aus diesem Wort entstand (III 10, S. 169), war ebenfalls die Haltung der Jungfrau Maria, als sie zur Menschwerdung des Gottessohnes ihr „Fiat! – Es werde!" sagte. So wird verständlich, dass im Leben Jesu Christi, durch den die Welt geworden und der Mariens Sohn ist, der Gehorsam besonders zum Tragen kommt. Die Demut und die Liebe bilden ebenso die Herzmitte des Christusmysteriums. Sie bewegen Gott dazu, Mensch zu werden. In seinem irdischen Leben hat Jesus den Menschen Gottes Liebe und Demut immer wieder konkret aufgezeigt und die Menschen eingeladen, Gehorsam, Liebe und Demut in ihrem menschlichen Sein umzusetzen.

Die menschliche Liebe nimmt die Haltungen der Gottesfurcht, des Glaubens und der Hoffnung ein. Der Gottesfürchtige ist in seinem ganzen Wesen eine liebende Aufmerksamkeit und strebt so zu sein, wie es dem Geliebten gefällt. Die liebende Person ist empfindlich gegen alles, was ein Hindernis sein könnte zwischen ihr und dem Geliebten. Deshalb ist die Sünde in den Augen der Gottesfurcht keine moralische Kategorie, sondern eine Verletzung der Liebe Gottes, wovor sie sich hüten will (III 8, S. 167f). Als Glaubender und Hoffender bekommt der Gottesfürchtige die Kraft, sich in vertrauender Hochgemutheit nach den göttlichen Dimensionen auszustrecken.

IV. Teil: Die Symphonie des Weges – Gerechtigkeit und Heiligkeit: Wenn es um Formung und Bildung geht, ist zunächst der einzelne Mensch gefragt. Ohne

Zweifel ist er der verantwortliche und tatkräftige Verwalter der Tugenden. Man kann nicht die ganze Welt gerecht machen, wohl aber sein eigenes Herz. Das bedeutet aber nicht, dass Tugendleben ohne Gemeinschaft gelingen kann. Der Mensch gehört in die Gemeinschaft hinein – in die Familie, das Volk, den Freundeskreis, das Arbeitsteam, die Klostergemeinschaft. Die Wahrhaftigkeit der Herzensbildung erweist sich in der Gemeinschaft. Die wichtigste Tugend für das gemeinsame Leben ist die Gerechtigkeit. Sie setzt die Anerkennung der von Gott eingerichteten Ordnung voraus, die sich wiederum im Respekt ausdrückt. Der Respekt vor der Schöpfung ist die Verantwortung. Der Respekt vor dem anderen Menschen ist die Achtung und die Ehrfurcht. Der Respekt vor Gott ist der Dienst und die Anbetung. Diese Haltung ermöglicht, dass der Mensch jedem Seienden sein Sein, Dasein und Sosein lässt. Er nimmt sich nicht vor, die anderen formen zu wollen, sondern bejaht sie so, wie sie sind. Wer sich auf die anderen so einlassen und sie sogar annehmen kann, ordnet sich in eine größere Ordnung ein, die in ihrer Vielfalt eine Ganzheit bildet. Damit erreicht man zwar noch nicht die Harmonie, diese bleibt für das Ziel im ewigen Leben vorbehalten, aber zumindest eine Symphonie kann entstehen (IV 2, S. 215), wenn unsere Verschiedenheiten nicht als Ecken und Kanten, sondern als Bereicherung füreinander wahrgenommen werden. Um zu dieser Symphonie zu gelangen, genügen natürliche Gefühle nicht. Gerechtigkeit soll von der Gottesbeziehung her fundiert sein, dort, wo sie um die tieferen und höheren Schichten des Seins, um die bleibenden Werte, um den letzten Grund des Lebens weiß. Dieses Wissen teilt die Heiligkeit mit – eine Gotteskraft, die gegenwärtig gewiss auf Unverständnis und Desinteresse stößt. Aber gerade weil ihr Gegenbild, die Gottvergessenheit („Ich spüre Gott nicht und deshalb kenne ich ihn nicht“, IV 4, S. 217), so sehr unsere Welt, auch unsere Realität im eigenen Herzen bestimmt, ist Heiligkeit gefragt. Heiligkeit, nicht wie sie durch manch falsche Vorstellungen befremden kann, sondern Heiligkeit als die handfeste Kraft, die Fürstin der Schlachtreihe Gottes (IV 6, S. 218), in der sich viele Tugenden zusammenschließen. Auch da entsteht eine Symphonie, indem die vertikale Ausrichtung auf Gott in den horizontalen Angelegenheiten zum Vorschein kommt, indem das Leben vor dem Angesicht Gottes im Alltag unter den Mitmenschen ernst genommen wird.

V. Teil: Wo und worauf es ankommt – Entfaltung und Ziel des Weges: Die letzte Wegstrecke markieren Haltungen, die mit kleinen Varianten an die vorherigen Gotteskräfte und Laster erinnern. Dadurch entwickelt sich ein spiralartiger Prozess, der jedoch keine Leistung in dem Sinne erwartet, dass man immer größere und bessere Tugenden hervorbringt. Ausschlaggebend ist das

Unterwegssein, das vom Ursprung und vom Ziel gehalten wird. Mit einer Zielrichtung auf dem Weg zu sein, verlangt eine Beständigkeit, die vor jeder Art von Unstetigkeit bewahrt. Die Beständigkeit hebt den Zustand des Auf-dem-Weg-Seins nicht auf, aber sie gibt für dieses noch nicht vollendete irdische Dasein Heimat und Bleibe: als Geborgenheit in der Sehnsucht nach der ewig bleibenden Stätte. Das eigentliche Ziel des Tugendweges ist aber nicht die letzte Gotteskraft, die Himmelsfreude. Sie ist eine Zugabe, die man sich durch Wollen und Tun nicht erwerben kann. Wem, wann und wie sie geschenkt wird, bleibt eine reine Gnade. Unser Leben soll auf die vorletzte Haltung, auf die lautere Zufriedenheit zugehen. Sie führt zum Frieden mit dem, was wir in unserem Erdenleben zur Verfügung haben: Sei es in Fülle, sei es in kärglichem Maß, so ist es für die lautere Zufriedenheit das Richtige. Gerade darin erfährt sie bereits eine Vorwegnahme der Erfüllung im diesseitigen Dasein und wird so empfänglich für die Gnadengabe der Himmelsfreude.

3. Lebensverdienste: Strafe und Belohnung, Schuld und Reue

Wir leben in einer Zeit, die auf Gewinn und Effektivität ausgerichtet ist. Wenn es aber um das Personale und das Eigentliche, um Liebe und Freundschaft geht, dann spüren wir eine Sehnsucht danach, einerseits den Anderen um seinetwillen zu lieben, ohne dass wir aus dieser Beziehung etwas gewinnen würden, andererseits auch geliebt zu werden in unserem einmaligen Dasein, ohne Verdienste hervorbringen zu müssen. Wie lässt sich dann erklären, dass Hildegard ein ganzes Buch dem Thema „Lebensverdienste" widmet? Welchen tiefgreifenden Zusammenhang von Gottes Liebe zum Menschen und dem „Lebensverdienst" des Menschen deckt das *Buch der Lebensverdienste* auf?

„Lebensverdienste" sind für Hildegard mit Werken verbunden, die der Mensch zu vollbringen hat. Das Wirken von Werken bedeutet aber keineswegs eine Werkgerechtigkeit, die auf den berechtigten Lohn wartet, noch eine Leistung, mit der der Mensch sich seine ewige Freude verdienen könnte. Gute Werke tun heißt, den Schöpfungsauftrag zu erfüllen, der sich allein von Gottes Liebe her und von der daraus resultierenden Sicht auf den Menschen her verstehen lässt. Das Menschenbild, das sich im *Buch der Lebensverdienste* wie auch im Gesamtwerk Hildegards nachzeichnen lässt,[38] hilft bei der geistlichen Deutung der „Lebensverdienste".

38 Siehe Berndt/Zátonyi: Glaubensheil (wie Anm. 7), S. 125-133 und 193-200.

Hildegard hebt gemäß dem biblischen Bericht hervor, dass Gott den Menschen als sein Ebenbild erschaffen hat (I 45, S. 68). Der Mensch verfügt durch Gottes Liebe über sinnliche Wahrnehmung („sensibilitas") und durch Gottes Kraft über Vernunft („rationalitas"), und er ist der Gotteserkenntnis fähig (I 17, S. 55f). Der Mensch ist schlechthin das Werk des Wirkens Gottes („opus operis Dei", I 17, S. 55).

Durch seine Vernunftbegabtheit („rationalitas") bildet der Mensch Gott in der Schöpfung ab, was besonders in den Sinnen des Menschen zum Ausdruck kommt: „Denn er (Gott) hat das vernunftbegabte Leben geschaffen, indem die Augen sehen, die Ohren hören, die Nase riecht und der Mund Worte in Vernunft hervorbringt" (I 25, S. 58). Diese Sinnlichkeit, die in der Vernunft begründet und mit der Leibhaftigkeit verbunden ist, zeichnet den Menschen in der gesamten Schöpfung, sogar gegenüber den Engeln, aus. Aufgrund seiner „rationalitas" ist der Mensch zunächst, gleich den Engeln, zum Lob Gottes geschaffen (I 45, S. 68 u.ö.). Da er aber – und darin übertrifft er die Engel – auch mit einem Leib ausgestattet ist, vermag er in der Welt zu wirken, so dass er in seiner vernunftbegabten und leibhaften Existenz fähig ist, Gottes Werke weiterzuführen und zu vollenden. Somit erweist sich der Mensch als das vollständige, vollkommene Werk Gottes („opus plenum Dei", V 77, S. 301).

Diese einzigartige Würde bedeutet für den Menschen indes einen Auftrag, inmitten der Welt zu wirken und Werke zu vollbringen. Dadurch lässt Gott den Menschen erfahren, dass er ihn als sein „beauftragtes Werk" („officiale opus", VI 32, S. 327) in die Schöpfung gestellt hat und ihn fortan in seine Liebe und Hinwendung zu den Geschöpfen mit einbezieht.[39]

Darin, dass Gott den Menschen ins Dasein gerufen („Werk Gottes"), ihm eine in der Schöpfung einzigartige Existenzform geschenkt („vollständiges Werk Gottes") und ihm die Schöpfung anvertraut hat („beauftragtes Werk"), kann der Mensch Gottes unbegreifliche, zuvorkommende Liebe erkennen. So begreift er sich selbst aufgrund der Offenbarung Gottes als ein in Liebe geschaffenes und von Liebe umfangenes Werk (VI 32, S. 327). In dieser Einsicht verlangt es dem Menschen danach, auf die unermessliche Liebe Gottes zu antworten, und zwar mit ganzer Hingabe, indem er das Werk, das er selbst ist, Gott schenkt. In seinem zeitlichen und leiblichen Dasein muss sich aber das eine, vollkommene „Werk" konkretisieren, eben sich zeitigen und verleiblichen, wodurch schließlich die „Werke" entstehen (IV 28, S. 231). In den

39 Siehe Berndt/Zátonyi: Glaubensheil (wie Anm. 7), S. 207.

verschiedenen einzelnen Werken drückt sich der Mensch selbst aus: seine Hingabe und seine Liebe zu Gott.

Da aber Freiheit konstitutiv zur Liebe gehört, kann der Mensch frei zwischen Gut und Böse wählen: Er kann sein Werk bejahen oder verweigern. In *Scivias* hat Hildegard mit dem Bild des Menschen am Scheideweg veranschaulicht, dass der Mensch selbst für seine Entscheidung verantwortlich ist.[40] Freiheit beinhaltet also auch die Möglichkeit, dass der Mensch sein anvertrautes Werk verfehlen kann und sich als Rebell inmitten der Schöpfung verhält (III 2, S. 163). Der Mensch wird in seiner Freiheit von Gott ernst genommen.

Die läuternden Züchtigungen, die Hildegard im Anschluss an jedes Laster detailliert beschreibt, sind unter dem Vorzeichen dieser freisetzenden Liebe zu verstehen. Es fällt auf, dass Hildegard die einzelnen Peinigungen aus den Verfehlungen heraus begründet. Damit gibt sie zu erkennen, dass bei diesen Strafen keine Willkür waltet. Vielmehr entsprechen die jenseitigen Qualen immer dem Leiden, das der Mensch mit seiner Sünde verursacht hat. Die reinigenden Strafen konfrontieren die Seelen angesichts der Liebe Gottes mit ihrem Fehlverhalten, mit dem Unrecht und mit dem Versagen in der Liebe. Dieses Wahr-nehmen der Schuld ruft zunächst einen brennenden und stechenden Schmerz hervor (mit den wiederholten Bildern vom Feuer und von Würmern ausgedrückt), nimmt dann aber im einzelnen persönlichen Schicksal die endzeitliche Läuterung vor, durch die das gesamte Dasein in seiner Klarheit aufleuchten kann (VI 4-6, S. 306f).

Die Darstellungen der jenseitigen Strafen stehen im Dienste einer Heilspädagogik, die Hildegard in ihrem Anliegen der Sorge um die Seelen leitet. In diesem Zusammenhang ist ihre Erfahrung mit der Hölle bedeutsam: Hildegard betont ausdrücklich, dass es ihr verwehrt wurde, die Hölle zu schauen. Dem Menschen steht es nicht zu, über die Abgründe des Bösen zu spekulieren. Ihm ist dagegen aufgegeben, sich den Anfechtungen zu widersetzen und sich nach dem Guten, seiner ursprünglichen Bestimmung, auszustrecken. Wenn also Hildegard erschreckende Bilder verwendet, dann beabsichtigt sie damit, die Menschen auf die Ernsthaftigkeit und die zerstörerischen Konsequenzen bestimmter Haltungen aufmerksam zu machen. Sie will die Menschen in ihrem gottvergessenen Dahinleben aufrütteln und zur Umkehr aufrufen.

40 Hildegard: Wisse die Wege – Scivias (wie Anm. 9), S. 303-304 und 351-352.

Das *Buch der Lebensverdienste* zielt auf Reue und Umkehr. Nach den jenseitigen Strafen wendet sich Hildegard nämlich den diesseitigen Mitteln zu, die eine Abkehr von falschen Einstellungen ermöglichen und zu einem gelingenden Leben verhelfen. Diese Abschnitte sind ein Angebot zum Umgang mit der eigenen Erfahrung des Schuldigseins, aber auch zur Wiedergutmachung. Bei der Buße gilt wiederum das Prinzip der Angemessenheit: Zum einen korrespondiert die auferlegte sühnende Tat mit der Sünde, zum anderen warnt Hildegard vor jeglicher Übertreibung. Wahre Buße vollzieht sich nach richtigem Maß („secundum modum") und im Gehorsam, d.h. im Hinhören auf einen geistlichen Begleiter.

All die schwierigen Teile im *Buch der Lebensverdienste*, die mit ihren finsteren Bildern zu bedrücken scheinen, sind auf der leuchtenden Folie der Verheißung einer neuen Welt zu lesen. Auch diese gereinigte, helle und freuderfüllte Welt hat ihre Vorwegnahme bzw. ihre Boten in der diesseitigen Welt: jene Menschen, in denen die Gotteskräfte konkret Gestalt annehmen – die Heiligen. Sie werden im letzten, sechsten Teil zwar in verklärtem Zustand dargestellt, sie sind aber keine reinen Tugendgestalten. Die Heiligen sind Menschen mit je eigener Veranlagung und mit je eigenem Temperament, eine Mischung von Schwächen und Stärken. Sie haben sich aber inmitten ihrer Lebenssituation bewährt, indem sie die Kräfte der Tugenden in ihr Leben aufgenommen und die geschenkten Gottesgaben in die je eigene Form gefasst haben. Ihre endgültige Daseinsform entfaltet die letzte Gotteskraft, die Himmelsfreude, die nicht durch eigenes Bemühen erworben werden kann, sondern die sich nach göttlicher Logik ereignet. Die Glückseligkeit, die diese Menschen erfahren, erwächst aus ihrem Leben, das durchsichtig geworden ist auf Gott.

III. Literarische Notizen

1. Die Struktur der sechs Teile

Das *Buch der Lebensverdienste* ist ein kunstvoll komponiertes Werk. Die ersten fünf Teile, in denen die Laster auftreten, lassen den gleichen Aufbau erkennen. Auch der sechste Teil, der hauptsächlich die Freude der Seligen beschreibt, hat ebenso eine feste Gliederung. Die Einteilung kann man an sprachlichen Merkmalen festmachen, da wiederkehrende Formulierungen den Text strukturieren.

Die Struktur der Teile I-V

A) Visionsbild mit dem kosmischen Mann: „*Und ich sah ...*“
B) Laster und Gotteskräfte – bei jedem Paar in derselben Reihenfolge:
   – Beschreibung der Gestalt des jeweiligen Lasters
   – Die Worte des jeweiligen Lasters
   – Die Antwort der entsprechenden Gotteskraft
C) Die Gestalt des Gotteseifers und seine Worte
A') Auslegung des Visionsbildes mit dem kosmischen Mann: „*Danach hörte ich eine Stimme aus dem Himmel, die zu mir sprach.*“
B') Auslegung der Laster
C') Auslegung des Gotteseifers
   Abschluss: „*Wer aber Sehnsucht nach dem Leben hat, nehme damit diese Worte auf und verberge sie im innersten Gemach seines Herzens.*“
D) Züchtigungen und Buße – bei jedem Laster in derselben Reihenfolge:
   – Geister, die die Menschen zum jeweiligen Laster verführen
   – Beschreibung der jenseitigen Züchtigungen: „*Und ich sah ...*“
   Abschluss: „*Und ich sah und verstand es.*“
   – Die Art und Weise der Buße
   „*Und wiederum hörte ich aus dem erwähnten lebendigen Licht eine Stimme, die zu mir sprach: Was du siehst, ist wahr; und es ist so, wie du es siehst; und es ist noch mehr.*“
   – Überlegungen zum Wesen des jeweiligen Lasters
   Abschluss: „*Dies ist aber von den Seelen der Reuigen gesagt worden, die zu reinigen und zu heilen sind, und es ist verlässlich; der Getreue möge darauf achten und es im Gedächtnis des guten Wissens aufbewahren.*“

Die Struktur des Teiles VI

A) Visionsbild mit dem kosmischen Mann: „*Danach sah ich ...*“
A') Auslegung des Visionsbildes mit dem kosmischen Mann: „*Und wiederum hörte ich aus dem Himmel eine Stimme, die zu mir sprach.*“
   Abschluss: „*Wer aber Sehnsucht nach dem Leben hat, nehme damit diese Worte auf und verberge sie im innersten Gemach seines Herzens.*“
B) Über die Züchtigungen der Seelen ohne Taufe und über die Hölle: „*Und ich sah ...*“
   Abschluss: „*Und durch den lebendigen Geist sah ich und verstand es.*“
B') Auslegung der Züchtigungen der Seelen ohne Taufe und der Hölle: „*Und wiederum hörte ich aus dem erwähnten lebendigen Licht eine Stimme, die zu mir sprach: Was du siehst, ist wahr; und es ist so, wie du es siehst; und es ist noch mehr.*“

– Im Anschluss an die Auslegung: weitere Ausführungen über Luzifer, über den Menschen und die vier Elemente im Seelenleben des Menschen durch die Wirkung des Heiligen Geistes
Abschluss: *„Dies ist aber von der lebendigen Stimme des lebendigen und unvergänglichen Lichtes vorgetragen und gesagt worden, und es ist verlässlich; der Getreue möge darauf achten und es im Gedächtnis des guten Wissens aufbewahren."*

C) Die Freuden der Seligen – bei jeder Gruppe nach derselben Struktur:
– Beschreibung der Freuden der Seligen: *„Und ich sah ..."*
Abschluss: *„Ihre übrigen zahlreichen Schmuckstücke aber konnte ich nicht sehen."*
– Auslegung der Freuden der Seligen
Abschluss: *„Ihre übrigen Schmuckstücke aber und deren Bedeutung sind meinem Blick und meinem Verstand verborgen geblieben."*
Abschluss: *„Und durch den lebendigen Geist sah ich und verstand es.*
Und aus dem lebendigen Licht hörte ich wiederum eine Stimme, die zu mir sprach: Was du siehst, ist wahr; und es ist so, wie du es siehst; und es ist noch mehr."

D) Die Worte des Menschensohnes

E) Schlussworte
Abschluss: *„Und wiederum hörte ich eine Stimme, die aus dem Himmel zu mir sprach: Dies ist von der lebendigen Stimme des lebendigen und unvergänglichen Lichtes vorgetragen und gesagt worden, und es ist verlässlich; der Getreue möge darauf achten und es im Gedächtnis des guten Wissens aufbewahren."*

Das *Buch der Lebensverdienste*, wie alle Werke Hildegards, ist durch die Heilige Schrift geprägt.[41] In die Auslegungsteile fügt Hildegard immer wieder Schriftzitate ein, die sie dann kommentiert. Damit bindet sie ihre theologischen Ausführungen an die Heilige Schrift zurück, zeigt aber auch, dass ihre Visionsbilder aus der Heiligen Schrift kommen. Ein Register im Anhang dieses Bandes listet alle Schriftstellen auf, die Hildegard im *Buch der Lebensverdienste* auslegt. Über explizite Schriftworte hinaus bilden zahlreiche Anklänge an die Heilige Schrift einen Resonanzraum, wodurch sich im Text zugleich neue Verstehenshorizonte eröffnen. In der vorliegenden Übersetzung können zwar nicht alle Reminiszenzen kenntlich gemacht werden, allein die wichtigsten

41 Siehe Angela Carlevaris: Scripturas subtiliter inspicere subtiliterque excribrare, in: Margot Schmidt (Hg.): Tiefe des Gotteswissens. Schönheit der Sprachgestalt bei Hildegard von Bingen, Internationales Symposium in der Katholischen Akademie Rabanus Maurus, Wiesbaden-Naurod vom 9.-12. September 1994 (Mystik in Geschichte und Gegenwart I 10), Stuttgart-Bad Cannstatt 1995, S. 29-48; siehe auch insgesamt Zátonyi: Vidi et intellexi (wie Anm. 25).

Bibelstellen, die zum Verständnis des Textes beitragen, werden in den Anmerkungen angegeben.

2. Literarische Gattung

Die thematische und inhaltliche Fülle im *Buch der Lebensverdienste* bietet eine Vielfalt an Möglichkeiten, die literarische Gattung des Buches zu bestimmen.

Im Gesamtwerk Hildegards bildet dieses Buch zusammen mit *Scivias* und dem *Buch vom Wirken Gottes* eine Visionstrilogie. Hildegard selbst führt ihre schriftstellerische Tätigkeit auf eine himmlische Schau zurück, aus der zu ihr das „lebendige Licht" spricht. Mit dem Bericht von einer solchen Visionserfahrung steckt Hildegard den Rahmen ihrer Schriften ab: Was sie schreibt, ist die Wiedergabe ihrer Schau. Daraus ergibt sich zugleich eine spezifische literarische Struktur und eine Hildegard eigene literarische Gattung, eben die hildegardische Visionsschrift. Alle drei Werke der Visionstrilogie zeigen nämlich einen ähnlichen Aufbau, der sich in vier Stufen gut rekonstruieren lässt:[42] Nach dem Bericht der Visionserfahrung, den im *Buch der Lebensverdienste* die einleitenden Worte enthalten (erste Stufe), kommt das Visionsbild (zweite Stufe); dieses wird in einem Auslegungsteil auf seine biblisch-theologischen Inhalte hin gedeutet (dritte Ebene), während an manchen Stellen theologisch-philosophische Diskurse eingefügt werden (vierte Ebene).

Aufgrund der Zugehörigkeit zur Visionstrilogie gilt auch für das *Buch der Lebensverdienste*, was für *Scivias* und das *Buch vom Wirken Gottes* gilt: Die bildhaften Visionen zielen darauf, die Heilige Schrift zu erschließen und den Leser in die Botschaft der Offenbarung einzuführen.[43]

Dem entspricht auch der schillernde Titel des Buches. Neben der hier bevorzugten Version „Buch der Lebensverdienste" könnte man „Liber vitae meritorum" auch mit „Lebensbuch der Verdienste" übersetzen. Damit rückt das Werk in die Nähe des biblisch-apokalyptischen Lebensbuches („liber vitae"), in dem die Namen jener eingetragen sind, die in das himmlische Jerusalem aufgenommen werden (Offb 21,27).[44]

Die vorherrschende Reihe der Tugenden und der Laster erinnert an Tugend- und Lasterkataloge, die besonders in monastischen Kreisen beliebt waren.[45] Auch für die Gestaltung der Streitgespräche gibt es Vorbilder in der

42 Siehe Zátonyi: Vidi et intellexi (wie Anm. 25), S. 202-230.

43 Siehe Zátonyi: Vidi et intellexi (wie Anm. 25), S. 307-319.

44 Weitere biblische Stellen zum Lebensbuch („liber vitae"): Dan 12,1; Ps 69,29; Offb 3,5; 13,8; 17,8; 20,15.

45 Siehe dazu M. J. Tracey: Art. Tugenden und Laster, Tugend- und Lasterkataloge, in: Lexikon des Mittelalters Bd. 8 (1997), Sp. 1085-1088.

lateinisch-christlichen Literatur, wie z.B. die *Psychomachie* des Prudentius aus dem 4. Jahrhundert oder das Werk eines Benediktinerabtes, Ambrosius Autpertus, aus dem 8. Jahrhundert (*Libellus de conflictu vitiorum atque virtutum*).

Mit den Anweisungen zur Buße gibt Hildegard ein Handbuch für Beichtende und Beichtväter in die Hand, wie es im Mittelalter üblich war. Dennoch handelt es sich hier nicht um Kasuistik im engen Sinne, die für einzelne Fälle bestimmte Bußleistungen vorschreibt. Vielmehr dominiert im *Buch der Lebensverdienste* der benediktinische Umgang mit Verfehlungen und Genugtuung, wenn Hildegard den Akzent auf Unterscheidung, Maß und geistliche Begleitung legt, wie in der *Benediktusregel* beschrieben: „Nach der Schwere der Schuld muss sich das Maß von Ausschließung und Bestrafung richten. Es steht dem Abt zu, die Schwere der Schuld zu beurteilen."[46] Auch das Ideal eines geistlichen Meisters (V 69-74, S. 299-300) zeichnet Hildegard nach dem Bild, das der heilige Benedikt (480-547) in seiner Regel vom Abt entwirft (*Benediktusregel,* Kapitel 2).

Das *Buch der Lebensverdienste* zeichnet sich durch eine ganzheitliche Sicht aus, die Hildegards Gesamtwerk charakterisiert. Es gelingt Hildegard auch in diesem Buch, die Gesamtwirklichkeit in ihrer sichtbaren und unsichtbaren Dimensionen zu erfassen. Das *Buch der Lebensverdienste* beschreibt das Wechselspiel von Mensch und Welt, die Zusammenhänge der seelischen Konstitution des Menschen, die heilsgeschichtliche Durchdringung der Schöpfung und den Hinweischarakter der sinnlich wahrnehmbaren Welt auf die göttlichen Geheimnisse. Aufgrund dieser umfassenden Darstellung fügt sich dieses Buch in die theologisch-literarische Landschaft des 12. Jahrhunderts, das die Summenliteratur hervorbrachte. Es ist jedoch offensichtlich, dass Hildegards Vorgehensweise, Welt und Dasein ganzheitlich zu deuten, von der gängigen Form der theologischen Summen abweicht, wie sie bei Hugo von Saint-Victor († 1141), einem der bedeutendsten Zeitgenossen Hildegards, eine erste Ausprägung findet und bei Thomas von Aquin (1225-1274) im 13. Jahrhundert ihren Höhepunkt erreicht. Statt die einzelnen Themen linear in Traktaten zu behandeln, bringt Hildegard komplexe visionäre Bilder hervor und ordnet die gesamte christliche Lehre nach kosmologischem Prinzip, ausgehend von den Verhältnisbestimmungen von Gott, Welt und Mensch. So lässt sich das *Buch der Lebensverdienste,* wie das ganze Schrifttum Hildegards, als eine kosmologische Summe bestimmen.[47]

46 Regula Benedicti – Die Benediktusregel, lateinisch-deutsch, hg. im Auftrag der Salzburger Äbtekonferenz, Beuron 1992, S. 143.

47 Siehe Berndt/Zátonyi: Glaubensheil (wie Anm. 7), S. 162-168.

3. Sprache und Übersetzung

Hildegard beweist in ihrem Schrifttum einen souveränen und kreativen Umgang mit der Sprache, indem sie es versteht, gemäß der jeweiligen Aussageabsicht den entsprechenden Sprachstil einzusetzen. So lässt sich auch im *Buch der Lebensverdienste* eine sprachliche Vielfalt finden.[48]

Die Werke Hildegards, so auch das *Buch der Lebensverdienste*, bestechen vor allem durch eine überwältigende Bildersprache, der zudem eine einzigartige Sprachgestalt entspricht. In der Beschreibung ihrer Visionen entwirft Hildegard eine Bilderwelt, die zugleich bekannt und fremd wirkt. Die Gegenstände – Naturelemente (wie z.B. Winde, Wolken, Feuer, Erde) und Manufakte (wie z.B. Musikinstrumente, Gewänder, Schmuckstücke) – stammen zwar aus der menschlichen Erfahrungswelt; sie dienen aber dazu, die Inhalte ihrer „visio mystica" bzw. „visio spiritalis" auszudrücken. Was Hildegard in ihrer Vision sieht und hört, sprengt die Möglichkeiten menschlicher Vorstellungs- und Ausdruckskraft. Um ihre visionären Einsichten auszudrücken, kann sie aber allein die innerweltliche Wirklichkeit und die menschliche Sprache in Anspruch nehmen. Diese Diskrepanz zwischen den geschauten Visionsinhalten und den zur Verfügung stehenden Mitteln überbrückt Hildegard mit Vergleichen, die auch in sprachlichen Formulierungen explizit erkennbar sind: beispielsweise, wenn sie schreibt, dass das, was sie sah, diesem oder jenem Gegenstand ähnlich war; oder wenn sie mit einer gewissen Indirektheit ausdrückt: „ich sah etwas wie ..." („vidi quasi"). Der letzte Teil im *Buch der Lebensverdienste*, in dem Hildegard die himmlischen Freuden der Seligen beschreibt, ist fast ausschließlich als eine „quasi"-Wirklichkeit formuliert: Die ewigen Wonnen, die Pracht und die Herrlichkeit im Himmel übersteigen jegliches menschliche Vorstellungsvermögen. Hildegard kann sie nur ahnend, „wie in einem Spiegel", schauen. Daraufhin versucht sie, dieses Geschaute tastend, mit den Kategorien der menschlichen Wahrnehmungswelt und der menschlichen Sprache zu vermitteln. So entstehen die einzigartigen Beschreibungen der Visionsbilder, die nicht nur enthüllen, sondern das Geheimnis auch wieder ehrfürchtig verhüllen.

In den Reden der Laster und den Antworten der Gotteskräfte kommt eine lebendige Sprache zum Vorschein, die sich auch rhetorischer Mittel bedient.

48 Zur Sprache des Liber vitae meritorum siehe Carlevaris: Einleitung (wie Anm. 26), S. XXXIII-XXXVII; Bruce W. Hozeski: Hildegards von Bingen ‚Liber vitae meritorum' aus literarischer Perspektive, in: Margot Schmidt (Hg.): Tiefe des Gotteswissens. Schönheit der Sprachgestalt bei Hildegard von Bingen, Internationales Symposium in der Katholischen Akademie Rabanus Maurus, Wiesbaden-Naurod vom 9.-12. September 1994 (Mystik in Geschichte und Gegenwart I 10), Stuttgart-Bad Cannstatt 1995, S. 193-207.

Die Laster führen sich ungeniert auf und werfen Fragen in den Raum, auf die sie aber letztlich keine Antwort erwarten. Ihre Worte hören sich eher wie Propaganda an. Die Gotteskräfte entlarven demgegenüber streng die Wahrheit eines jeden Lasters und sparen dabei nicht mit eindeutigen und harten Worten, die unmissverständlich sind. Wenn sie dagegen über sich selbst sprechen, dann wandelt sich ihre Rede in eine Poesie, die die Schönheit der Natur mit dichterischen Bildern zu preisen vermag.

In den Auslegungsteilen verwendet Hildegard eine sehr differenzierte Sprache, die mit Reihungen von Substantiven, einer verwickelten Satzstruktur und ungewöhnlichen Begrifflichkeiten schwer ins Deutsche zu übertragen ist. Hier verschränkt Hildegard ihre in sich schon komplexe Bildersprache mit theologischen Deutungen, so dass ein Gewebe von Gedankengängen entsteht. Im lateinischen Text ist ersichtlich, dass Hildegard jedes Wort durchdacht an seine Stelle setzt und dass die Satzelemente streng und durchkomponiert aufeinander bezogen sind. Dennoch mutet den Leser diese Sprache zunächst sperrig an, was ihm jene Mühe abverlangt, die nötig ist, sich auf die Tiefe, die Fülle und den Reichtum der Aussagen einzulassen.

Hildegards Originalität zeigt sich nicht nur in ihren phantasievollen Bildern, sondern auch in ihren sprachlichen Neuschöpfungen. Es gelang ihr, neue Wörter zu schaffen, die nur einzig in der ganzen lateinsprachigen Literatur vorkommen (die sogenannten *hapax legomena*): z.B. „vexillatus" („mit dem Banner errungen", VI 11, S. 310), „fenestraliter" („wie durch Fenster", VI 44, S. 333), „tunicaliter" („nach der Art einer Tunika", VI 32, S. 327), „flammanter" („wie eine Flamme", VI 32, S. 327). In den meisten Fällen wurden diese hapax legomena sinngemäß mit bekannten deutschen Wörtern übersetzt. Damit aber der Leser der deutschen Übersetzung einen Geschmack von Hildegards Sprachgewalt erfährt, wurde z.B. das Wort „cherubizare" mit „cherubizieren" übersetzt (II, S. 111), das auf Latein genauso überraschend klingt wie auf Deutsch. Auch die kantigen und oft überbordenden Ausdrücke sind, soweit es nicht auf Kosten der Verständlichkeit geht, nicht geglättet, sondern in ihrer Herbheit wiedergegeben worden. Die Übersetzung versucht dadurch den Originalton Hildegards möglichst treu wiederzugeben.

Neben der Absicht, die Sprache Hildegards für heutige Leser in einer modernen Sprache zugänglich zu machen, galt es auch, der Vorstellungswelt des Mittelalters treu zu bleiben. So war es notwendig, z.B. den einzelnen Musikinstrumenten (tympanum, cithara, tuba, symphoniae, organum, fistulae) nachzugehen, wie weit und in welcher Form sie im 12. Jahrhundert bekannt waren und benutzt wurden, um Anachronismen zu vermeiden. So erschien es z.B. nicht sachgemäß, das Wort „tuba" mit „Posaune" zu übersetzen, wie es in der Übersetzung von Heinrich Schipperges steht, weil man dabei heute an ein Instrument denkt, das über eine Zugvorrichtung verfügt. Im Mittelalter taucht diese Variation des Blasinstrumentes jedoch erst ab dem 15. Jahrhundert auf, so dass sich für das 12. Jahrhundert die Übersetzung „Trompete" als treffend erweist.[49] Auch war es aufschlussreich, die Naturvorstellungen Hildegards in ihrem mittelalterlichen Kontext zu eruieren und einzuordnen.[50]

Die Übersetzung basiert, wie schon erwähnt, auf der kritischen Textausgabe: HILDEGARDIS BINGENSIS: *Liber Vite Meritorum*, ed. ANGELA CARLEVARIS (Corpus Christianorum. Continuatio Mediaeualis 90), Turnhout 1995.

Als Leithandschrift hat Sr. Angela Carlevaris OSB den Codex Dendermonde 9 gewählt, der auf dem Rupertsberg höchstwahrscheinlich unter Hildegards Aufsicht angefertigt und in die Zisterzienserabtei Villers gesandt wurde.[51] Dadurch erhält dieser Textzeuge „den Status einer von der Autorin selbst approbierten Fassung."[52]

Die Übersetzung weicht in zwei Hinsichten von der Edition ab. Zum einen wurde die Schreibweise der lateinischen Wörter aus der Edition nicht übernommen (z.B. „uite", „uirtutes"), sondern der Gepflogenheit der deutschen Gesamtausgabe angepasst („vitae", „virtutes", so auch „*Scivias*"). Zum anderen gestaltet die Übersetzung den Text anders als die Edition: Während die Edition den Handschriften gemäß die Kapitelüberschriften den einzelnen Teilen voranstellt und so den Text ohne Unterbrechung präsentiert, nimmt die vorliegende Übersetzung die Kapitelüberschriften in den Text auf. Diese Textgestaltung, die jene von Band 1 und Band 6 aufgreift, ermöglicht einen Überblick und eine Orientierung im Text. Es ist jedoch zu berücksichtigen, dass die ursprüngliche

49 Siehe K. Restle: Art. Musikinstrumente, in: Lexikon des Mittelalters Bd. 6 (1993), Sp. 955-969, dort Sp. 963.

50 Siehe dazu Hans-Werner Goetz: Gott und die Welt. Religiöse Vorstellungen des frühen und hohen Mittelalters, Teil I, Band 2: II. Die materielle Schöpfung: Kosmos und Welt, III. Die Welt als Heilsgeschehen, Berlin 2012. Ein empfehlenswertes Handbuch über die mittelalterliche Welt und ihre Aspekte, die auch für das Buch der Lebensverdienste interessant sind (z.B. über gesellschaftliche Strukturen, Kleidung, Lebensform usw.), ist Gert Melville/Martial Staub (Hg.): Enzyklopädie des Mittelalters, 2 Bde., Darmstadt 2013².

51 Siehe oben S. 15-16.

52 Embach: Die Schriften Hildegards von Bingen (wie Anm. 17), S. 130. Siehe auch Carlevaris: Einleitung (wie Anm. 26), S. LIX.

Textgestalt das Werk in sechs Teile gegliedert präsentiert, nicht aber durch Überschriften in einzelne Unterkapitel aufgeteilt. Auch die Übersetzung ist daher so zu lesen und zu verstehen, dass die einzelnen Kapitel ohne Unterbrechung durch Überschriften aufeinander folgen. Die Gliederung des Textes innerhalb eines Teiles ergibt sich aus den sprachlichen Signalen.[53]

Die Bibelstellen sind nach dem Wortlaut übersetzt, wie Hildegard sie zitiert. Grundsätzlich benutzt Hildegard die Heilige Schrift in der lateinischen Übersetzung der *Vulgata*, an manchen Stellen bietet sie indes eine andere Lesart. Da in den meisten Fällen die Angaben der Bibelstellen mit denen der Einheitsübersetzung übereinstimmen, richten sich die Abkürzungen der biblischen Bücher nach den deutschen Richtlinien. Bei Differenzen steht in der Übersetzung die Abkürzung aus der *Vulgata*, in der Anmerkung wird aber die Stelle in der Einheitsübersetzung angegeben. Bei den Angaben von Psalmen steht zuerst die Nummer aus der *Vulgata*, dann kommt die Nummer der Einheitsübersetzung.

Die kritische Edition bietet über den exakt edierten Text hinaus einen wertvollen Apparat, in dem die Editorin den zahlreichen Anklängen an die Heilige Schrift, die Liturgie, die Kirchenväter und andere antike und mittelalterliche Schriftsteller nachgegangen ist. In manchen Fällen sind solche Hinweise selbst für das Verständnis des Textes relevant. Auch die vorliegende Übersetzung enthält daher Anmerkungen solcher Art, soweit diese für die Lesbarkeit und die Verständlichkeit nötig sind. Außerdem sind diesem Band Register beigefügt, die eine Arbeit mit dem Text erleichtern wollen: die ausgelegten Bibelstellen, die Laster und die Gotteskräfte bzw. Tugenden.

Das *Buch der Lebensverdienste* gibt dem Leser ein „Lebensbuch" an die Hand, das sowohl eine spannende Lektüre als auch eine Hilfe zur Orientierung im Leben verspricht. Hildegard eröffnet die über Raum und Zeit hinaus weisenden Dimensionen, die dem Menschen eine Gewissheit verheißen: Wenn er sein geschöpfliches Dasein in der Beziehung zum Schöpfer anerkennt und wenn er die Liebe Gottes, die sich in der Inkarnation am vollkommensten geoffenbart hat, annimmt, dann kann der Mensch inmitten des Daseinskampfes bestehen und sich mit Hoffnung auf das Ziel, die wahre Glückseligkeit, hinbewegen.

53 Siehe oben S. 29-30.

DAS BUCH DER LEBENSVERDIENSTE

Liber vitae meritorum

Erster Teil – Inhalt

Es beginnt das Buch über die Lebensverdienste, die vom lebendigen Licht durch einen einfachen Menschen geoffenbart worden sind

Erster Teil
Über den Mann, der nach Osten und nach Süden schaut

Weltliebe <amor saeculi>
1. Die Worte der Weltliebe
2. Die Antwort der Himmelsliebe <amor caelestis>

Frechheit <petulantia>
3. Die Worte der Frechheit
4. Die Antwort der Disziplin <disciplina>

Spaßmacherei <ioculatrix>
5. Die Worte der Spaßmacherei
6. Die Antwort der Ehrfurcht <verecundia>

Verhärtung <obduratio>
7. Die Worte der Verhärtung
8. Die Antwort der Barmherzigkeit <misericordia>

Feigheit <ignavia>
9. Die Worte der Feigheit
10. Die Antwort des Gottessieges <divina victoria>

Zorn <ira>
11. Die Worte des Zornes
12. Die Antwort der Geduld <patientia>

Törichte Freude <inepta laetitia>
13. Die Worte der törichten Freude
14. Die Antwort des Seufzens vor Gott <gemitus ad Deum>

Der Gotteseifer
15. Die Worte des Schwertes
16. Die Ungläubigen werden unbeachtet gelassen, Gottes Werke aber bleiben im Leben
17. Die Worte Ezechiels
18. Jene, die den Himmel besitzen werden, und jene, die abgeschieden mit dem Teufel wohnen werden, sind für den Menschen nicht zu zählen
19. Gott weiß um die Zahl aller, und es gibt in Gott viele Geheimnisse, die er niemandem offenbart, wie sie sind
20. Warum Gott Mann genannt wird
21. Die Worte des Propheten Jesaja
22. Gott wird mit dem alten Feind wiederum kämpfen, wie vorher im Himmel, und wird ihn ganz vernichten
23. Der Mensch kann von seiner Erschaffung an bis zu seinem Ende sprechen; was aber vor ihm war und was nach ihm sein wird, das erkennt er nicht
24. Was vor dem Anfang der Welt war, kennt Gott allein
25. Die Ewigkeit ist Feuer und das ist Gott und das Feuer hat Wirkkraft
26. Die Worte des Propheten Jesaja
27. Vom Anfang der Schöpfung bis Christus sind einige Wunder geoffenbart, andere aber verhüllt worden

28. Das alte Gesetz war der Klang des Wortes, nicht aber das Wort selbst
29. Wie der Körper von den Knien gehalten wird, so wird auch alles Geschaffene von Gott getragen
30. Wie das alte Gesetz mit Schatten verhüllt war, das neue aber offen sieht, so haben auch die Seelen der Heiligen noch nicht die vollkommene Freude; nachdem sie aber ihre Wohnungen wieder empfangen haben werden, werden sie der Vollendung entgegenblicken
31. Die Berufung des neuen Volkes, obwohl es viel Mühsal in der Bedrängnis erfährt, wird nicht zugrunde gehen
32. Wie es in den oberen Bereichen vieles gibt, was die Menschen nicht erkennen können, so auch in den unteren Bereichen des Abgrunds
33. Was nach dem Ende des Sohnes des Verderbens geschehen wird, das kann kein Mensch wissen
34. Die Worte der Weisheit über dasselbe
35. Gott hat im Menschen, der in das Böse gestürzt ist, größere Kräfte der Heiligkeit kundgetan
36. Niemand ist Gott ähnlich in seinen Werken
37. Alles gehorcht der Bestimmung Gottes
38. Als Gott alles bestimmt hat, hat er die Geister als himmlische Bürger in Rechtschaffenheit fortgeführt, den Menschen, damit er nicht völlig verlorengeht, unterstützt und die Werke der Finsternis durch seine Menschwerdung vertrieben
39. Die Engel schauen Gottes Angesicht und sind zu seinem Willen bereit
40. Gott kennt die Werke der Heiligen und lässt sie nicht der Vergessenheit anheimfallen
41. Die seligen Geister sind miteinander in Einmütigkeit verbunden
42. Auf das Urteil der himmlischen Bürger hin sendet Gott Blitze und Donner auf die Erde und setzt durch Hungersnot, Pest und kriegerische Angriffe jene in Schrecken, die sein Gesetz übertreten
43. Die Engel loben Gott in all seinen Urteilen
44. Johannes in der Apokalypse über dasselbe
45. Die Engel loben die Werke der Menschen, und Gott will von den Engeln und den Menschen gelobt werden
46. Kein Mensch kann Gottes verborgene Geheimnisse erkennen, obwohl einige höchste Geister, die vor Gott stehen, durch die Propheten genannt sind, andere wiederum nicht
47. Paulus über dasselbe
48. Wenn die Menschen im Guten ausharren und in Heiligkeit leben, übersteigt die Verbreitung ihrer guten Werke das menschliche Herz
49. Die Seelen der Heiligen sind in den seligen Wohnungen, die ihnen die heiligen Werke vorbereitet haben
50. Die Seelen der Heiligen sehnen sich danach, ihren Leib wiederzuerlangen
51. Die Seelen der Heiligen werden ihre Wohnungen nicht wiedererlangen, ehe die Elemente erschüttert werden
52. Die Gerechtigkeit kämpft zusammen mit der Jungfräulichkeit in Christus gegen den Teufel
53. Die teuflische Ungerechtigkeit stellt sich gegen Christus und die Kirche, kann sie aber nicht überwältigen
54. In der Jungfräulichkeit erleuchtet die Menschwerdung Christi gleich der Sonne die Welt
55. Die Kirche ist das Zeichen des Sieges gegen den alten Feind
56. Das menschgewordene Wort Gottes, das eins mit dem Vater ist, hat die Taufe gelehrt

89. Der Spaßmacher überführt seine Seele durch schmutzige Sitten in Eitelkeit und Lüge
90. Was ohne Gott gesucht wird, wird untergehen

Zur Verhärtung

91. Desgleichen über die läuternden Züchtigungen der Seelen jener Menschen, die durch Verhärtung gesündigt haben, und warum sie auf solche Weise bestraft werden
92. Auf welche Weise diejenigen, die durch Verhärtung gesündigt haben, ihre Sünden in sich zu läutern haben
93. Die Verhärtung kennt weder Barmherzigkeit noch Liebe, noch bringt sie gute Werke hervor, und sie will sich auch auf Befehl der Vernunft nicht erweichen

Zur Feigheit

94. Desgleichen über die läuternden Züchtigungen der Seelen jener Menschen, die durch Feigheit gesündigt haben, und warum sie diese auf solche Weise zu ertragen haben
95. Auf welche Weise die Menschen durch Reue die Sünde der Feigheit zu sühnen haben
96. Die Feigheit leuchtet nicht in der Gottesfurcht

Zum Zorn

97. Desgleichen über die läuternden Züchtigungen der Seelen jener Menschen, die durch Zorn zusammen mit Hass gesündigt haben, und warum sie diese auf solche Weise zu erleiden haben
98. Desgleichen über die läuternden Züchtigungen, in denen die Seelen jener Menschen sühnen, die durch Zorn ohne Hass gesündigt haben, und warum sie diese auf solche Weise zu ertragen haben
99. Desgleichen über die läuternden Züchtigungen, in denen die Seelen jener Menschen gereinigt werden, die in der Welt durch die Wut des Zornes einen Mord verübt haben, und warum sie in diesen auf solche Weise gefoltert werden
100. Desgleichen über die läuternden Züchtigungen der Seelen jener Menschen, die während ihres Lebens in der Welt aus Habsucht gemordet haben, und warum sie diese auf solche Weise zu erleiden haben
101. Desgleichen über die läuternden Züchtigungen, in denen die Seelen jener Menschen gereinigt werden, die bei einem Angriff getötet haben, um nicht selbst getötet zu werden, und warum die Strafen von solcher Art sind
102. Desgleichen über die läuternden Züchtigungen der Seelen jener Menschen, die aus Unwissenheit einen Mord begangen haben, und warum sie diese auf solche Weise durchzustehen haben
103. Desgleichen über die läuternden Züchtigungen, in denen die Seelen jener Menschen geprüft werden, die während ihres Lebens in der Welt andere Menschen mit Gift oder auf andere Weise ohne Blutvergießen umgebracht haben, und warum sie diese so zu erleiden haben
104. Desgleichen über die läuternden Züchtigungen der Seelen jener Menschen, die in sich die Leibesfrucht ausgelöscht und ihre eigenen Kinder ermordet haben, und warum sie diese auf solche Weise zu ertragen haben
105. Die Seelen derjenigen, die sich selbst in den Tod gestürzt haben, sind in der Hölle und leiden an den Martern der Räuber
106. Wie die Menschen für ihre Wutausbrüche zu sühnen haben, während sie noch leben, und auf welche Weise sie den Zorn, den sie mit Hass ausgeübt haben, mit Bußgürtel, Schlägen und Fasten zu tilgen haben
107. Die Menschen, die den Zorn ohne Hass ausgeübt haben, sollen sich Buße auferlegen, damit sie nicht den geschuldeten Züchtigungen unterworfen werden
108. Der Zorn ist wie das Herz des Teufels und will das erschüttern, was himmlisch ist

Es beginnt das Buch über die Lebensverdienste, die vom lebendigen Licht durch einen einfachen Menschen geoffenbart worden sind

Und es geschah im neunten Jahr, nachdem die wahre Schau mir, einem einfachen Menschen, jene wahren Visionen geoffenbart hatte, mit denen ich mich zehn Jahre lang abgemüht hatte.[1] Es war das erste Jahr, nachdem dieselbe Schau mir die *Feinheiten der verschiedenen Naturen der Geschöpfe*, ferner *Antworten und Ermahnungen* für mehrere, sowohl niedrigere als auch höhere Personen, weiterhin die *Symphonie der Harmonie der himmlischen Offenbarungen*, eine *unbekannte Sprache* und *Briefe mit etlichen anderen Auslegungen* gezeigt hatte, um sie zu erklären.[2] In all dem habe ich, belastet mit vielen Krankheiten und Mühsal des Körpers, acht Jahre lang nach den erwähnten Visionen durchgehalten. Als ich sechzig Jahre alt war, habe ich eine starke und wunderbare Schau gesehen, an der ich ebenfalls fünf Jahre lang gearbeitet habe. Also habe ich in meinem einundsechzigsten Lebensjahr, im 1158. Jahr der Menschwerdung des Herrn, während der Bedrängnis des Apostolischen Stuhls[3] und unter der Herrschaft Friedrichs, des Kaisers des Römischen Reiches,[4] eine Stimme aus dem Himmel gehört, die zu mir sprach:

„Du, die du seit deiner Kindheit durch den Geist des Herrn nicht mit körperlicher, sondern mit geistiger Schau belehrt bist, verkünde, was du jetzt siehst und hörst. Denn seit Beginn deiner Visionen sind dir einige Visionen wie flüssige Milch gezeigt, andere wie süße und leichte Speise enthüllt, wiederum andere aber wie feste und vollkommene Nahrung geoffenbart worden. Verkünde also auch jetzt nach mir und nicht nach dir; und schreibe mir gemäß, nicht dir gemäß."

Und auf das Zeugnis jenes Menschen hin, den ich, wie bereits in den früheren Visionen gesagt, heimlich gesucht und gefunden hatte, und auf

1 Es geht um das Werk Scivias („Wegweiser"). In deutscher Übersetzung siehe Hildegard von Bingen: Wisse die Wege – Liber Scivias. Eine Schau von Gott und Mensch in Schöpfung und Zeit, Neuübersetzung von Mechthild Heieck, hg. von der Abtei St. Hildegard, Rüdesheim/Eibingen, Beuron 2010.

2 Zu den hier erwähnten Werken siehe oben S. 11-14.

3 Nach dem Tod des Papstes Hadrian IV. im Jahre 1159 gab es bis 1180 neben dem rechtmäßig anerkannten Bischof von Rom, Papst Alexander III. (1159-1181), vier sogenannte Gegenpäpste (Victor IV., Paschalis III., Calixtus III., Innozens III.). Vgl. Georg Schwaiger: Art. Papstliste, in: LThK[3] Bd. 7 (1998), Sp. 1345-1350, dort Sp. 1349.

4 Friedrich Barbarossa (1122-1190) wurde 1155 zum Kaiser gekrönt.

das Zeugnis jenes Mädchens hin, das mir beistand, legte ich Hand an das Schreiben. Und wiederum hörte ich eine Stimme aus dem Himmel, die zu mir sprach und mich auf diese Weise belehrte.

ERSTER TEIL

Über den Mann, der nach Osten und nach Süden schaut

Und ich sah einen Mann von so großem Wuchs, dass seine Gestalt von den höchsten Wolken des Himmels bis in den Abgrund reichte: Von seinen Schultern aufwärts war er über den Wolken von heiterstem Äther umgeben, von seinen Schultern nach unten bis zu seinen Schenkeln unter jenen Wolken von einer blendenden Wolke; von seinen Schenkeln bis zu seinen Knien befand er sich in der irdischen Luft, von seinen Knien bis zu seinen Waden in der Erde, von den Waden nach unten bis zu den Fußsohlen in den Wassern des Abgrunds, und zwar so, dass er über dem Abgrund stand. Er wandte sich nach Osten, so dass er sowohl nach Osten als auch nach Süden schaute.

Sein Gesicht aber leuchtete in einer so großen Helle, dass ich es nicht vollkommen anschauen konnte. Bis zu seinem Mund reichte eine leuchtende Wolke, die einer Trompete ähnlich sah und mit allerlei geschwind tönenden Klängen erfüllt war. Als der Mann hineinblies, sandte sie drei Winde aus, von denen der erste eine feurige Wolke, der zweite eine stürmische Wolke und der dritte eine leuchtende Wolke über sich trug; und die Winde hielten diese Wolken. Der Wind, der die feurige Wolke über sich trug, blieb aber vor dem Gesicht des Mannes stehen; die beiden anderen Winde senkten sich mit ihren Wolken bis zu seiner Brust hinab und breiteten dort ihr Wehen aus. Der Wind aber, der vor seinem Gesicht geblieben war, breitete sich mit seiner Wolke von Osten bis nach Süden aus.

Und in dieser feurigen Wolke befand sich eine lebendige, feurige Schar von Wesen, die alle mit einem Willen und in einer Verbundenheit ein einziges Leben waren. Vor ihnen streckte sich eine Tafel aus, die überall voller Flügel war und mit Gottes Geboten flog, weil Gottes Gebote sie emporhoben. Die Erkenntnis Gottes hatte einige Geheimnisse darauf geschrieben, die diese Schar zusammen eifrig anschaute. Als diese die Schrift sah, gewährte ihr Gottes Kraft, dass sie wie aus einer kräftigen Trompete in allen Arten von Musik mit einem Ton widerhallte.

Jener Wind aber, der die erwähnte stürmische Wolke über sich trug, breitete sich mit ihr von Süden bis nach Westen aus, so dass die Länge und die Breite dieser Wolke wie eine Straße war, die der menschliche Verstand wegen ihrer Ausdehnung nicht erfassen konnte. In dieser Wolke befand sich eine überaus große Schar der Seligen, die alle den Geist des Lebens besaßen und die niemand zählen konnte. Und ihre Stimme ertönte wie das Getöse vieler Wasser, und sie verkündeten: „Wir haben zwar Wohnungen gemäß dem Gefallen des Anführers dieses Windes. Doch wann werden wir sie wieder empfangen? Erst dann, wenn wir sie wieder bei uns haben, werden wir uns mehr als jetzt freuen.“

Die erwähnte Schar aber, die sich in der feurigen Wolke befand, antwortete ihnen mit singender Stimme: „Wenn die Gottheit ihre Trompete berührt haben wird, wird sie Blitze, Donner und brennendes Feuer auf die Erde schicken, und sie wird auch jenes Feuer, das mitten in der Sonne ist, berühren, so dass die ganze Erde erbebt; das wird geschehen, wenn Gott seine großen Zeichen zeigen will. Dann wird er mit jener Trompete allen Stämmen der Erde aus allen Völkern und Sprachen zurufen, und all jenen, die in dieser Trompete aufgeschrieben sind; und so werdet ihr eure Wohnungen wieder empfangen."

Und der Wind, der über sich die erwähnte leuchtende Wolke trug, dehnte sich mit dieser leuchtenden Wolke von Osten bis nach Norden aus. Eine riesige Finsternis in großer Dichte und voller Schrecken kam aber von Westen und erstreckte sich bis zu dieser leuchtenden Wolke, konnte sich jedoch vor der leuchtenden Wolke nicht weiter vorwärtsdrängen. In jener leuchtenden Wolke erschienen die Sonne und der Mond. In der Sonne stand ein Löwe, im Mond ein Steinbock. Diese Sonne leuchtete über dem Himmel und im Himmel, auf der Erde und unter der Erde; und sie kam beim Aufgang hervor und kehrte beim Untergang zurück. Wenn die Sonne hervorkam, kam auch der Löwe mit ihr und in ihr hervor und riss viel Beute an sich; und wenn sie zurückkehrte, kehrte auch der Löwe mit ihr und in ihr zurück und brüllte laut vor Freude. Auch der Mond, in dem der Steinbock stand, folgte zusammen mit diesem Steinbock nach und nach der Sonne bei ihrem Hervorgang und ihrer Rückkehr. Und dieser Wind wehte und sprach: „Die schwangere Frau wird gebären, und der Steinbock wird gegen den Norden kämpfen."

In der erwähnten Finsternis war aber eine unzählbare Menge verlorener Seelen, die sich von der Stimme derer, die im Süden sangen, abgewandt hatten, weil sie an deren Gemeinschaft nicht teilhaben wollten, und von jenem geleitet wurden, der Verführer heißt. Sie folgten den Werken dessen, der, von Christus geschlagen, nichts mehr vermochte. Sie alle schrien mit klagender Stimme und sagten: „Wehe, wehe dem schädlichen und schrecklichen Werk, das vor dem Leben geflohen und in uns auf den Tod zugegangen ist."

Danach sah ich eine Wolke von Norden kommen, die sich bis zu dieser Finsternis ausdehnte und bar jeglicher Freude und jeglichen Glücks dürr war, weil weder die Sonne sie berührte, noch sie sich der Sonne zeigte. Sie war voll von bösen Geistern, die in ihr hin und her schweiften und gegen die Menschen eine Hinterlist im Schilde führten, sich aber vor dem Mann scheuten.

Und ich hörte die alte Schlange bei sich sprechen: „Ich bereite die Kräfte meiner Stärke zum Bollwerk und werde gegen meine Feinde kämpfen, solange ich nur kann." *Und sofort stieß sie aus ihrem Mund einen Schaum voller Unreinheit mit allen Lastern unter die Menschen und blies ihnen viel Spott ein, indem sie sagte:*

„Pah! Ich werde jene, die sich durch ihre leuchtenden Werke Sonnen nennen, in der Finsternis selbst schädlich, nächtlich und abscheulich machen.“ *Darauf blies sie einen ganz hässlichen Nebel aus, der die ganze Erde wie mit einem finsteren Rauch berührte und aus dem ein lautes Gebrüll ertönte:* „Kein Mensch soll einen anderen Gott anbeten, als nur den, den er sieht und erkennt. Was ist denn das, was der Mensch verehrt und es doch nicht kennt?“

In diesem Nebel sah ich verschiedene Arten von Lastern in ihren Gestalten. Von denen erblickte ich sieben auf folgende Weise:

Weltliebe <amor saeculi>

Die erste Gestalt hatte die Form eines Menschen und die Schwärze eines Äthiopiers. Sie stand nackt da. Mit ihren Armen und Beinen umfing sie einen Baum unter seinen Ästen, an dem alle Arten von Blüten wuchsen. Sie raffte mit ihren Händen die Blüten an sich und sprach:

1. Die Worte der Weltliebe

„Alle Reiche der Welt halte ich fest mit ihren Blüten und ihrem Schmuck. Warum sollte ich vertrocknen, wenn ich ja die ganze Grünkraft besitze? Warum sollte ich wie im greisen Alter leben, während ich in der Jugend blühe? Warum sollte ich den schönen Blick meiner Augen in Blindheit überführen? Wenn ich das tun würde, müsste ich erröten. Solange ich die Schönheit dieser Welt haben kann, werde ich sie gerne festhalten. Ein anderes Leben ist mir unbekannt, von dem ich wer weiß was für Fabeln höre.“

Während sie dies sagte, verdorrte der Baum bis in die Wurzeln, stürzte in die erwähnte Finsternis und riss auch die Gestalt mit sich.

2. Die Antwort der Himmelsliebe <amor caelestis>

Und aus der erwähnten stürmischen Wolke hörte ich eine Stimme, die dieser Gestalt antwortete:

„Du befindest dich in einer großen Torheit, weil du in der Asche das Leben zu haben wünschst und nicht jenes Leben suchst, das in der Schönheit der Jugend niemals verwelkt und im Alter niemals vergeht. Du entbehrst jeglichen Lichtes und bist im schwarzen Dunst. Wie ein Wurm verwickelst du dich in den Willen des Menschen. Auch lebst du nur einen Augenblick lang, dann vertrocknest du wie Heu und stürzt in den See des Verderbens. Dort wirst du mit all deinen Umarmungen enden, die du in deinem Gutdünken Blumen nennst.

Ich aber bin die Säule der himmlischen Harmonie und strecke mich nach aller Freude des Lebens aus. Ich weise das Leben nicht zurück, vielmehr zertrete ich alles Schädliche, wie ich auch dich verachte. Ich bin nämlich der Spiegel aller Gotteskräfte, in dem sich jeder Getreue klar betrachten kann. Du aber rennst auf nächtlichem Weg und deine Hände bewirken Untergang."

Frechheit <petulantia>

Die zweite Gestalt war aber wie ein Hund, der auf Jagd geht. Sie stand auf ihren Hinterpfoten, während sie die vorderen auf einen Stab stützte, der aufrecht stand. Sie wedelte spielerisch mit ihrem Schwanz und sprach:

3. Die Worte der Frechheit

„Wieso sollte dem Menschen die Fröhlichkeit schaden, die ihn ein wenig zum Lachen bewegt? Dieses ist nämlich der schöne Hauch in der Seele, wodurch sie schließlich symphonisch sein soll. Welcher Mensch könnte es stets aushalten, sterblich zu sein? Keiner! Also lasst uns fröhlich sein, solange man sich freuen kann!"

4. Die Antwort der Disziplin <disciplina>

Und wiederum hörte ich aus der erwähnten stürmischen Wolke eine Stimme, die dieser Gestalt eine Antwort gab:

„Du Frevler, mit den wüsten Sitten spaßiger Menschen bist du dem sich drehenden Wind ähnlich und in deiner Unbeständigkeit gleichst du den Würmern, die die Erde aufwühlen. Wenn die Menschen dich sehen, stimmen sie dir zu, weil du ihnen freudig entgegenläufst, wie es ein Hund zu tun pflegt. Auf diese Weise überredest du sie, dass sie sich herbeiwünschen, was sie nur wollen. Du bringst aber unnütze und verbrecherische Worte hervor, mit denen du das Herz der Menschen verwundest. Deine Sitten bestimmst du zum gesetzlichen Brauch und umgarnst damit die Menschen.[5]

Ich aber bin der Gürtel der Heiligkeit und der Mantel der Ehrenhaftigkeit. An der königlichen Hochzeit nehme ich in Ehren teil, wo ich in der Freude der jugendhaften Disziplin erscheine und im Schmuck der Gerechtigkeit leuchte."

Spaßmacherei <ioculatrix>

Die dritte Gestalt war aber einem Menschen ähnlich, ausgenommen, dass sie eine verkrümmte Nase hatte, ihre Hände wie die Tatzen eines Bären aussahen und ihre

5 Siehe dazu Regula Benedicti – Die Benediktusregel, lateinisch-deutsch, hg. im Auftrag der Salzburger Äbtekonferenz, Beuron 1992, 1,8-9, S. 72-73.

Beine wie die Beine eines Geiers erschienen. Sie hatte schwarze Haare und war mit einem blassfarbenen Gewand bekleidet. Und sie sprach:

5. Die Worte der Spaßmacherei

„Es ist besser zu spielen, als traurig zu sein. Der Spaß ist ja nicht verboten. Denn wer Gott kennt, freut sich und singt. Der Himmel jubelt mit der ganzen Schöpfung, daher freue ich mich damit. Wenn ich mich den Menschen traurig zeigen würde, würden sie vor mir erschrecken und vor mir fliehen. Aber ich tue es nicht. Ich schlüpfe vielmehr in verschiedene Rollen der Schauspieler, damit sich alle mit mir freuen. Gott hat die Luft erschaffen, die mir süße Töne bringt und die Blüten der Grünkraft für mich wachsen lässt, und daran weide ich meinen Blick. Warum sollte ich mich nicht damit freuen? Die Menschen machen mit den Tieren und die Tiere mit den Menschen ihren Spaß. So ist es angemessen!“

6. Die Antwort der Ehrfurcht <verecundia>

Und wiederum hörte ich aus der erwähnten stürmischen Wolke eine Stimme, die dieser Gestalt antwortete:

„Du bist dem Götzendienst ergeben, der du alles nach deinem Willen tust. Du bist ein toter Ton, der von Menschenhand erzeugt wurde. Auch dein Wille ist zugleich menschlich und tierisch, weil du dich bald menschlich, bald tierisch benimmst. Denn all dein Benehmen richtet sich nach den Geschöpfen und ist nicht lebendig, sondern tot. Denn was du begehrst, das ergreifst du, und auf den Wegen der eitlen Unbeständigkeit gehst du einher.

Ich aber erröte über all das und bedecke mich mit den Flügeln der Cherubim. Ich lerne Gottes Geheimnisse in den Schriftrollen und in den göttlichen Bestimmungen kennen und bin lebendig in allem, was himmlisch ist. Denn ich sehe mit den Augen der Unschuld, und überall blicke ich mit ehrenhaften Sitten in den Willen Gottes, den du in deiner blinden Unwissenheit fliehst.“

Verhärtung <obduratio>

Die vierte Gestalt formte sich aber wie ein dichter Rauch zur Figur eines Menschen, wobei sie keine Glieder menschlicher Art hatte, ausgenommen, dass große und schwarze Augen an ihr zu sehen waren. Sie bewegte sich weder nach oben noch nach unten, noch drehte sie sich hin oder her, sondern blieb in der erwähnten Finsternis fixiert. Und sie sprach:

7. Die Worte der Verhärtung

„Ich habe nichts erschaffen und nichts bestimmt. Warum sollte ich mich um jemandes willen anstrengen und mich abquälen? Das werde ich nicht tun. Darüber hinaus kümmere ich mich um niemanden, nur soweit er sich auch um mich bemüht. Gott, der alles erschaffen hat, der wird schon alles entscheiden und sich um alles sorgen. Wenn ich auch nur einen Ton von mir geben würde, indem ich mich freundlich nach den Angelegenheiten anderer erkundige, was würde mir das nützen? Ich tue niemandem etwas an, weder Gutes noch Böses. Wenn ich stets solches Mitleid hätte, dass ich mir selbst keine Ruhe gönnen könnte, was wäre ich dann? Oder was für ein Leben hätte ich, wenn ich jeder freudigen und jeder traurigen Stimme antworten würde? Ich weiß um mich, und ein jeder soll auch um sich selbst wissen!"

8. Die Antwort der Barmherzigkeit <misericordia>

Und wiederum hörte ich aus der erwähnten stürmischen Wolke eine Stimme, die dieser Gestalt eine Antwort gab:

„O du Steinerne, was sagst du da? Die Kräuter bieten mit ihren Blüten anderen Kräutern ihren Duft an, und ein Stein gibt dem anderen Stein seine Feuchtigkeit,[6] und jedes Geschöpf wendet sich mit Umarmung dem ihm Verwandten zu. Alle Geschöpfe dienen auch dem Menschen, und in diesem Dienst gewähren sie dem Menschen freiwillig alles Gute. Du aber bist nicht würdig, dass du auch nur die Form eines Menschen erhältst, denn bloß ein grausamer Blick erscheint in dir ohne jegliche Barmherzigkeit. Du bist ein bitterer Rauch in der Schwärze der Bosheit.

Ich aber bin in der Luft und im Tau, und ich bin das liebliche Kraut in aller Grünkraft, mein Inneres ist voller Hilfsbereitschaft einem jeden zugetan. Ich war in jenem ‚Es werde'[7] zugegen, durch das alle Geschöpfe hervorgegangen sind, die dem Menschen dienen. Du aber bist dort ausgeschlossen worden. Mit meinen Augen nehme ich alle Bedürfnisse wahr und bin ihnen verbunden. Alles Gebrochene füge ich zur Genesung zusammen, denn ich bin ein Salböl für jeden Schmerz, und meine Worte sind recht, während du ein bitterer Rauch bist."

---

6 Vgl. Hildegard von Bingen: Heilsame Schöpfung – Die natürliche Wirkkraft der Dinge. Physica, vollständig neu übersetzt und eingeleitet von Ortrun Riha, hg. von der Abtei St. Hildegard, Rüdesheim/Eibingen, Beuron 2012, S. 246: „Jeder Stein enthält Feuer und Feuchtigkeit."

7 Diese Stelle nimmt das Schöpfungswort „Fiat" auf: Gen 1,3; 1,6; 1,14. Siehe auch unten III 10, S. 169 und VI 32, S. 327.

Feigheit <ignavia>

Die fünfte Gestalt hatte gleichsam ein menschliches Haupt, ausgenommen, dass ihr linkes Ohr wie ein Hasenohr aussah, jedoch von einer solchen Größe war, dass es den ganzen Kopf bedeckte. Ihr übriger Körper war dem Körper eines Wurmes ähnlich, der ohne Knochen ist und in seinem Schlupfwinkel in sich verschlungen liegt, gleich einem Säugling, der in Windeln eingewickelt ist. Und zitternd sprach sie:

9. Die Worte der Feigheit

„Ich trete zu niemandes Unrecht auf, um nicht selbst ohne helfenden Trost verbannt zu werden. Wenn ich nämlich gegen jemanden zu Unrecht vorgehen würde, würde ich meine Existenz zerstören und meine Freunde verlieren. Adlige und Reiche werde ich ehren, während die Heiligen und die Armen mich nicht kümmern, da sie mir keine Wohltat erweisen können. Ich will zu allen friedlich sein, damit ich nicht vergehe. Denn wenn ich mit jemandem kämpfen würde, könnte er vielleicht zurückschlagen, und wenn ich jemandem Unrecht tun würde, könnte er es mir mit einem größeren vergelten. Solange ich unter Menschen bin, bleibe ich ihnen gegenüber ruhig, und mögen sie mir Gutes oder Böses antun, ich schweige. Es ist nämlich besser für mich, zuweilen zu lügen und zu betrügen, als Wahres zu reden. Auch ist es für mich besser, etwas zu gewinnen, als es zu verlieren, und die Starken zu fliehen, als gegen sie zu kämpfen. Was würde es mir denn bringen, etwas anzufangen, was ich nicht zu Ende führen könnte? Die Sieger und die Weisen lachen mich zwar aus, doch sie sollen ruhig haben, was sie haben, ich aber werde mein Haus besitzen, das ich mir gewählt habe. Oft verlieren nämlich gerade diejenigen ihre Güter, die die Wahrheit sagen, und diejenigen werden getötet, die kämpfen."

10. Die Antwort des Gottessieges <divina victoria>

Und wiederum hörte ich aus der erwähnten stürmischen Wolke eine Stimme, die dieser Gestalt antwortete:

„Du hast bereits in deinem ersten Wahn zu irren begonnen, als du gegen Gott gesprochen hast und die Gerechtigkeit nicht nachahmen wolltest; so bist du mit zitterndem Stumpfsinn herumschweifend ins Exil gegangen und hast den Menschen durch die Wechselhaftigkeit deiner Gunstbezeigung betrogen. Denn du hast keine Redlichkeit in dir.

Ich aber halte das Schwert der stärksten Gotteskräfte, mit dem ich jede Ungerechtigkeit abschneide; mit diesem gezückten Schwert schlage ich auch dir aufs Kinn. Ich werde mich hart machen gegen dich, denn du bist Asche von Asche, und was du auch immer begehrst und dir anhäufst, es ist ärmlich und gering. Ich will ja kein Leben, das in Asche liegt, und keine eitle Vergeblichkeit dieser Welt, vielmehr sehne ich mich danach, zum sprudelnden Quell zu gelangen. Ich kämpfe gegen die alte Schlange, und all ihre Beute zerstöre ich mit den Geheimnissen von Gottes Schriften. Damit fechte ich gegen die Angriffe der Schleuder des Teufels. Und so werde ich immer im wahren Gott bleiben."

Zorn <ira>

Die sechste Gestalt hatte aber das Gesicht eines Menschen, ausgenommen, dass ihr Mund wie der Mund eines Skorpions war, und dass das Weiß ihrer Augen mehr als die Pupillen herausstach. Auch ihre Arme glichen den Armen eines Menschen, ihre Hände aber waren in lange Krallen gekrümmt. Brust, Bauch und Rücken hatte sie wie ein Krebs, Beine wie eine Heuschrecke und Füße wie eine Viper. Sie war eingeklemmt in einem stillstehenden Mühlrad: Mit ihren Händen hielt sie die oberen Speichen dieses Rades fest, mit ihren Füßen stand sie auf den unteren Speichen. Sie hatte keine Haare auf ihrem Kopf, sondern war an ihrem ganzen Körper nackt und spie aus ihrem Mund Feuer wie Fackeln aus. Und sie sprach:

11. Die Worte des Zornes

„Ich zertrete alles und schlage alles zu Boden, was mir Unrecht tut. Warum sollte ich das Unrecht aushalten? Was man nicht will, dass ich es ihm antue, das soll man mir auch nicht zufügen. Denn ich verwunde mit Schwert und schlage mit Knüppeln um mich, wenn jemand mir ein Unrecht antun wollte."

12. Die Antwort der Geduld <patientia>

Und wiederum hörte ich aus der erwähnten stürmischen Wolke eine Stimme, die dieser Gestalt antwortete:

„Ich bin in den Höhen erschollen, habe die Erde berührt und bin aus der Erde wie Balsam herausgequollen. Du aber bist betrügerisch und trinkst Blut und bist immer der Nordsturm.

Ich aber bin die liebliche Luft für alle Grünkraft, die die Blüten und die Früchte aller Tugendkräfte hervorbringt und sie im Geist der Menschen fest aufbaut. So vollende ich alles, was ich beginne, und harre darin aus. Ich zertrete niemanden, sondern habe alles in Ruhe. Und niemand verurteilt mich. Wenn du aber einen Turm baust, zerstöre ich ihn mit einem Wort und zerstreue all seine Beute. So wirst du vergehen. Ich aber werde auf ewig bleiben."

Törichte Freude <inepta laetitia>

Die siebte Gestalt hatte schließlich von oben bis zu den Lenden die Form eines Menschen, ausgenommen, dass ihre Hände wie die Hände eines Affen waren. Von den Lenden bis nach unten glich sie einer Ziege, ihre Füße aber waren in der erwähnten Finsternis gefangen, so dass ich sie nicht ganz sehen konnte. Sie trug kein Kleid, sondern erschien völlig nackt. Und sie sprach:

13. Die Worte der törichten Freude

„Ein süßes Leben und einen schönen Weg finde ich in mir. Warum sollte ich mich dessen enthalten? Das Leben, in dem ich erschaffen bin, hat Gott mir gegeben. Und was spricht schon dagegen, wenn etwas Freude in meinem Fleisch ist? Denn wie das Kupfer zuerst hart erscheint, als ob es schwarz wäre, dann aber wie Gold leuchten wird, so ist es auch nicht sündhaft, wenn ein wenig Schmutz in meinem Fleisch ist. Viele befinden sich nämlich in Blindheit für dieses Leben und wissen nicht, was sie tun. Ich aber kenne dieses Leben und wünsche es zu besitzen."

14. Die Antwort des Seufzens vor Gott <gemitus ad Deum>

Und wiederum hörte ich aus der erwähnten stürmischen Wolke eine Stimme, die dieser Gestalt eine Antwort gab:

„Du nacktes Ding, warum schämst du dich nicht, dass du das blinde und stumme Leben für das Leben hältst, in dem keine nächtliche Verdunkelung ist? In deinem Benehmen übertrittst du alle Gerechtigkeit und alle Wahrheit, und so lebst du nicht im vernünftigen Leben.

Ich aber weiß, dass das weltliche Leben wie Heu verdorrt, und seufze nach jenem Leben, das niemals vergeht. Denn ich ziehe an mich die himmlische Harmonie, alle engelhaften und geistigen Freuden, und ich kann an ihnen nicht satt werden, denn ich habe Gemeinschaft mit ihnen und trenne mich niemals von ihnen."

Der Gotteseifer

Und ich sah, dass der erwähnte Mann an seinem Nacken ein dreischneidiges Schwert an dessen Griff gezückt hielt, das sich hin und her bewegte, um dreinzuhauen.

15. Die Worte des Schwertes

„Den Eifer des Eifers richte ich gegen den Norden und gegen alle, die dort wohnen. Wer könnte mich niederschlagen und überwinden? Niemand! Ich habe nämlich meine Ursache nicht in der Vereinigung, denn nicht ein Mann hat mich mit einer Frau ins Dasein gerufen, sondern ich beurteile alle Werke in jedem Geschlecht. Gott hat nämlich aus dem Lehm der Erde den Menschen gebildet, in dem er all seine Werke vollbrachte, und ich blicke auf ihn, den Menschen, wie in einen Spiegel."

16. Die Ungläubigen werden unbeachtet gelassen, Gottes Werke aber bleiben im Leben

Danach hörte ich eine Stimme aus dem Himmel, die sprach: Wen gibt es in der ganzen Schöpfung, der Gottes Werke zu zählen vermag? Und wie viele sind es, die im Reich Gottes wohnen? Und wer sind jene und welche und wie viele, die unter sich reden und die Finsternis der Schismen bejahen, so dass sie ihren Gott im Norden suchen, ihn dort verehren und alles Rechte, das Gott bestimmt hat, ihrem Eigenwillen gemäß verkehrt spalten, durchsieben und in ihrem Herzen zerstückeln, indem sie sagen: ‚Dieses Leben ist gut, jenes aber schlecht.'? So halten sie ihr eigenes Wissen für Gott und wissen nicht, was sie tun. Gottes Werke aber, die im Menschen wirken, bleiben im unendlichen Leben, wie auch die Worte Ezechiels zeigen, wenn er von den vier Lebewesen sagt:

17. Die Worte Ezechiels

Das Gesicht eines Menschen und das Gesicht eines Löwen an der rechten Seite der vier Lebewesen. Das Gesicht eines Rindes zur linken Seite der vier Lebewesen; und das Gesicht eines Adlers oben an den vier Lebewesen (Ez 1,10). Der Sinn dieser Worte ist folgender:

Denn das Werk des Wirkens Gottes ist der Mensch und dieses Werk ist von Gott. *Das Gesicht des Menschen* bedeutet nämlich Gottes Liebe, durch die der Mensch über die sinnliche Wahrnehmung verfügt; *das Gesicht des Löwen* weist auf Gottes Kraft hin, in der Gott dem Menschen die Vernunft gegeben hat; und dieses ist *zur Rechten*, weil Gottes Liebe und Kraft durch das Begreifen der Größe der guten Werke die göttliche Eingebung gleichsam wie Flügel ausbreiten.

Das Gesicht des Rindes aber verweist auf das Opfer, das Gott ist, wodurch dem Menschen gezeigt worden ist, dass er Gott opfern muss. Dies ist aber *zur linken Seite*, weil das Opfer manchen Mangel enthält, wenn etwas gegeben, etwas anderes jedoch vorenthalten wird; wie eben jener, der seinen Willen Gott weiht, erst das in seinen Gedanken erwägt, was himmlisch ist, dann aber das, was irdisch ist. Im Opfer zieht aber Gott den Menschen an sich und inspiriert ihn, sich selbst Gott als Opfer darzubringen.

Das Gesicht des Adlers bildet Gottes Erkenntnis ab, die dem Menschen die Erkenntnis und die Fähigkeit zur Erkenntnis gibt, wie es ihr gefällt. Sie steht über den anderen Kräften, weil sie im Menschen furchterregend ist und für den Menschen das Leben ist. Dieses Leben vergeht niemals, sondern weht überall und schaut überall und erscheint im Menschen wie die Sterne am Firmament.

18. Jene, die den Himmel besitzen werden, und jene, die abgeschieden mit dem Teufel wohnen werden, sind für den Menschen nicht zu zählen

Obwohl der Mensch über viele Kenntnisse verfügt, kann er weder Gottes Werke zählen, noch diejenigen, die den Himmel besitzen werden. Denn wie Gottes Wunder unzählbar sind, so sind auch jene unzählbar, die durch diese Wunder die himmlischen Wohnungen erlangen. Aber auch diejenigen sind nicht zu zählen, die, durch die Einflüsterungen des Teufels verführt, mit ihm wohnen werden. Gott weiß jedoch um die Zahl aller.

19. Gott weiß um die Zahl aller, und es gibt in Gott viele Geheimnisse, die er niemandem offenbart, wie sie sind

Denn in Gott gibt es überaus viele Geheimnisse, die er niemandem offenbart, wie sie sind, sondern nur teilweise und je nachdem, wie es ihm gefällt und wie er es will. Er allein kennt alles, wie er auch alles, was er gemacht hat, zusammenhält und bewahrt, denn er ist in allem nach seiner Gnadenordnung da. Dies bezeugt auch die gegenwärtige Vision, die du siehst.

Der Mann nämlich, der *von so großem Wuchs ist, dass seine Gestalt von den höchsten Wolken des Himmels bis in den Abgrund reicht,* bedeutet Gott.

20. Warum Gott Mann genannt wird

Er wird zu Recht Mann („vir") genannt, denn alle Kraft („vis") und alles, was lebt („vivunt"), gehen aus ihm hervor. Er ist auch jener Mann, von dem der Prophet sagt:

21. Die Worte des Propheten Jesaja

Der Herr wird wie ein Held vorrücken und wie ein Krieger seinen Eifer erwecken. Er wird seine Stimme laut erheben und rufen, über seine Feinde wird er sich erstarken (Jes 42,13). Der Sinn dieser Worte ist folgender:

Vor der Vorzeit der Tage hatte sich der Herr *in seiner stärksten Kraft* entschlossen, herauszugehen, so dass seine Kraft das Leben für das Leben in allen Gattungen der Geschöpfe war; und dieses Leben, das er schuf, enthielt den günstigen Keim *des Herausrückens* zur Vermehrung der Geschöpfe. Dieser Mann hat mit seinem uralten Ratschluss alles Gute in Fülle bestimmt und das ganze Bauwerk der Kräfte so geordnet, dass darin nichts fehlte. Daher hat er in voller Macht gegen seine Feinde gekämpft, deren Inneres jener Hochmut ist, der bereits aufzusteigen versucht, noch bevor er die Leiter sieht, und der sich bereits hinsetzt, ehe ein Stuhl aufgestellt wird. Sein Werk ist nur bloße Meinung. Wenn er scheitert, geht er in den Untergang.

Dieser Mann aber *erweckte in der Fülle seines männlichen Werkes den Eifer,* und zwar das glühende Feuer im Chor der Engel, der den Feind herabstürzte, als dieser mit der Finsternis seiner Bosheit den Himmel verdunkeln wollte. So ist *der Ruf* in der stärksten Kraft von Gottes Willen und in der Freude des Sieges laut geworden, als die Schar der Engel ihre Stimme erhob und sagte: „Wer ist Gott ähnlich?" In diesem Ruf schrie das ganze himmlische Heer gleich dem heftigen Brausen der Winde, dass der Feind gestürzt war; und es freute sich, dass im Himmel kein Fall mehr zu sehen sein wird. Auf diese Weise stürzte der alte Feind in die Finsternis, entblößt des Lichtes und der Freude des Lebens. Doch sammelte er seinen Köcher und seine Pfeile gegen den Willen jenes Kriegers.

Aber der Mann gewann an Kraft gegen seine Feinde durch ein anderes Werk, das er gewirkt hat, nämlich den Menschen, den er erschaffen hat; in dieser Stärke hat er begonnen, gegen die Pfeile und die Bosheit des listigen Feindes aufs Neue zu kämpfen.

22. Gott wird mit dem alten Feind wiederum kämpfen, wie vorher im Himmel, und wird ihn ganz vernichten

Das Banner dieses Kampfes wird hierauf das Wort, das Fleisch geworden ist,[8] tragen; und dieser Kampf wird solange dauern, bis die Zahl der Brüder, nämlich der Seligen, vollendet sein wird. Denn in einem überaus mutigen Kampf wird dieser Mann jenem Feind wiederum entgegentreten, wie er schon vorher im Himmel mit ihm gekämpft hat, und wird ihn ganz vernichten, weil dieser im Müßiggang der Sünden stand und in der Macht seines Betrugs und seiner Bosheit saß. Wer aber dies nicht tun will, der ist selig, und seine Seligkeit wird nicht erlöschen.

23. Der Mensch kann von seiner Erschaffung an bis zu seinem Ende sprechen; was aber vor ihm war und was nach ihm sein wird, das erkennt er nicht

Dieser Mann ist aber von so großem Wuchs, dass sich seine Größe vom Anfang der Schöpfung bis zum Ende der Welt erstreckt. Denn der Mensch kann von

8 Joh 1,14.

dem Moment an, da er erschaffen ist, bis zu seinem Ende Aussagen machen; was aber vor ihm war und was nach ihm sein wird, das kann er nicht erkennen. Nur Gott allein hat weder Anfang noch Ende.

24. Was vor dem Anfang der Welt war, kennt Gott allein

Daher ist dieser Mann *von seinen Schultern aufwärts über den Wolken von heiterstem Äther umgeben,* denn was vor dem Anfang der Welt war, kennt Gott allein im Geheimnis der göttlichen Klarheit. Gott ist nämlich über alles und in allem erhaben, so dass weder die Engel noch die Seelen der Gerechten ihn an ein Ende führen können. Aus ihm gehen alle lebendigen Wesen hervor, während er selbst keinen Ursprungsanfang hat, sondern allein in sich bestehen bleibt. Denn er lebt in sich, ist mächtig in sich und erkennt in sich. Der, der lebt und mächtig ist und erkennt, ist Gott; durch diese drei Kräfte sind alle Werke Gottes geordnet und vollendet, und in ihm haben seine Werke die Fähigkeit, zu wirken.

25. Die Ewigkeit ist Feuer und das ist Gott und das Feuer hat Wirkkraft

Gott ist ewig, und die Ewigkeit ist Feuer, und das ist Gott. Gott ist aber weder ein verborgenes Feuer noch ein schweigendes Feuer, sondern ein wirkendes Feuer, denn Gottes Macht ordnet alles und lenkt alles über alles Verstehen und alles Begreifen der Geschöpfe hinaus in der Klarheit seiner Mysterien und Geheimnisse, wie das Haupt den ganzen Körper leitet. Denn er hat das vernunftbegabte Leben geschaffen, indem die Augen sehen, die Ohren hören, die Nase riecht und der Mund Worte in Vernunft hervorbringt. Gott ist also das Haupt aller Getreuen. Er hat aber nicht alles gezeigt, was im Geheimnis der Gottheit ist, denn in ihm ist das geheimnisvolle Leben des verborgenen Lebens, wie er auch seine Diener mit dem Gerichtsurteil zu Flammen des Feuers macht.[9] Denn das Urteil wird man früher hören, als es vollzogen wird. So ist es in Gott.

Er prüfte in der Zeit vor dem Gesetz, gleichsam vor seinen Schultern, die Menschen, die in der Zeit vor dem Gesetz waren, mit Wasser und Feuer, weil sie durch ein anderes Gesetz nicht geprüft wurden. Danach reinigte er sie im Gesetz mit verschiedenen und harten Züchtigungen, was er nachher auch vollkommen erfüllte, als er, Mensch geworden, den Teufel in seiner Stärke vernichtete und den Menschen vom Schmutz seiner Sünden durch die wahre Gerechtigkeit auf milde Weise rein machte, wie der Prophet sagt:

9 Vgl. Hebr 1,7.

26. Die Worte des Propheten Jesaja

Seine Macht ist auf seinen Schultern (Jes 9,6). Der Sinn dieser Worte ist folgender:

Die Gerechtigkeit ist *in Gottes Macht* durch den Menschen erschienen, indem Gott als Mensch hervorgetreten ist, als er gleichsam *auf den Schultern* seiner Stärke die Werke des Teufels vernichtet und die Unterwelt ausgebeutet hat und durch die Apostel in der Taufe in die ganze Welt hinein ertönte. Gott hat nämlich die Gerechtigkeit um des Menschen willen in sich selbst vollkommen gemacht, der, aus Lehm geformt, in die Sterblichkeit gestürzt ist. Der Mensch ist nämlich in der ersten Blüte seines Geschlechts vom Teufel verführt worden, der seine Hülle geöffnet und den ganzen Schmutz seines eigenen Stoffes ausgespien hat. Damit brandmarkt er auch alle Kinder der Menschen, denn sie werden im wollüstigen Feuer giftig ausgesät. Gott aber hat im unversehrten, jungfräulichen Fleisch in der Glut des Heiligen Geistes ohne den giftigen Samen eines Mannes Fleisch angenommen, und, so Mensch geworden, hat er den ganzen giftigen Schmutz des Teufels von den Menschen abgewischt. Denn er, der ohne Sünde rein war, hat die Sünder von ihren Sünden gereinigt und sie heil gemacht.

27. Vom Anfang der Schöpfung bis Christus sind einige Wunder geoffenbart, andere aber verhüllt worden

Dass aber *der Mann von seinen Schultern nach unten bis zu seinen Schenkeln unter jenen Wolken von einer blendenden Wolke umgeben ist,* bedeutet, dass Gott vom Aufgang der Schöpfung bis zum wahren Aufgang, als die Wahrheit aus der Erde hervorgesprossen ist,[10] im Geheimnis seiner Gottheit viele Wunder im Glanz seiner Ehre umfasste, von denen er einige offenbarte, andere aber verhüllte – denn Gottes Wille ist in der Ordnung und der Bewahrung der heiligen Seelen hell, und er ist strahlend im verborgenen und geistlichen Leben –, es ist aber unmöglich, dass der menschlichen Erkenntnis alles geoffenbart wird.

28. Das alte Gesetz war der Klang des Wortes, nicht aber das Wort selbst

Doch hat Gott wie unterhalb seiner Schultern im Menschen eine Art Kriegsdienst errichtet, als er ihm die alten Gesetzvorschriften auferlegte, die gleichsam der Klang des Wortes, jedoch nicht das Wort selbst waren. Man hört ja zuerst den Klang eines Wortes, versteht aber erst danach das Wort selbst. So war auch das alte Gesetz der Klang und der Schatten des Wortes, bis dann das Wort, das heißt Christus, erschienen ist.

10 Vgl. Ps 85,12.

29. Wie der Körper von den Knien gehalten wird, so wird auch alles Geschaffene von Gott getragen

Von seinen Schenkeln bis zu seinen Knien befindet sich der Mann in der irdischen Luft, denn wie alles Fleischliche aus dem Schenkel hervorgeht und von den Knien gehalten und befördert wird, so wird alles Geschaffene von Gott getragen und durch die feurige Glut und die feuchte Luft, in der das sichtbare Leben aller Körper gedeiht, ernährt. Und so wird auch das neue Volk, das aus der wahren Keuschheit emporsteigt und zur tragenden Stärke heranwächst, wodurch es allen sichtbar wird, obwohl es im Irdischen erscheint, in aller Milde der Wunder und der Kräfte im richtigen Maß gefestigt. Als sich nämlich die Gottheit mit der Jungfrau verbunden hat, wurde das Wort durch die Eingebung des Heiligen Geistes in seiner Menschheit erkannt, was das neue Gesetz zeigt. Und dort trafen Klang und Wort aufeinander, wo das alte und das neue Gesetz übereinstimmten.

30. Wie das alte Gesetz mit Schatten verhüllt war, das neue aber offen sieht, so haben auch die Seelen der Heiligen noch nicht die vollkommene Freude; nachdem sie aber ihre Wohnungen wieder empfangen haben werden, werden sie der Vollendung entgegenblicken

Wie das alte Gesetz mit Schatten verhüllt war, das neue aber offen sieht, so haben auch die Seelen der Heiligen, die ihrer Wohnungen entblößt sind, gleich der Zeit des alten Gesetzes, noch nicht die vollkommene Freude, denn sie sehen noch nicht vollkommen das Angesicht des Vaters; es ist nämlich unmöglich, dass ein getrennter Teil das vollkommen sehen könnte, was ungeteilt ist. Wenn sie aber ihre Wohnungen wiedererlangt haben werden und selbst ungeteilt sein werden, dann werden sie das vollkommen sehen, was ungeteilt ist. Von da an werden sie keiner Änderung mehr unterworfen sein, ähnlich wie das neue Gesetz das vollkommen sieht, was das alte Gesetz unter dem Schatten nicht zu erkennen vermochte, und es wird sich nie mehr ändern.

31. Die Berufung des neuen Volkes, obwohl es viel Mühsal in der Bedrängnis erfährt, wird nicht zugrunde gehen

Der Mann befindet sich von seinen Knien bis zu seinen Waden in der Erde, denn wie die Knie den Menschen tragen und wie seine Waden den Füßen Kraft verleihen, so bewegt auch Gott alles fort, kräftigt alles und gibt der Erde Festigkeit, damit auch sie die anderen Geschöpfe halten kann, denn sie ist die Stärke der anderen Naturen. Die Erde ist nämlich für die restlichen Geschöpfe wie die Knie und die Waden; denn wie die Räder und die Achse den Wagen in Bewegung setzen, so die Erde die übrigen Geschöpfe. Sie führt das Wasser hierher und dorthin, damit es fließt, denn wenn die Erde nicht zwischen die Luft und das Wasser gesetzt wäre, könnte die Luft das Wasser nicht strömen lassen.

Wie sich aber die Knie bisweilen beugen und dabei doch von den Waden gestützt werden, so wird auch die Erde durch die Geschöpfe manchmal in einen anderen Zustand geführt, wenn sie ihrer eigenen Bestimmung nicht richtig folgt. Dennoch bricht sie nicht zusammen, weil Gottes Stärke sie in ihrer rechten Weise wiederherstellt.

So ist es auch mit der Berufung des neuen Volkes, die auf dem ganzen Erdkreis mit der Verbreitung des Evangeliums ans Licht gekommen ist und in dieser Offenbarung gestärkt wurde. Das neue Volk wird in vielen Bedrängnissen von Schweiß durchnässt, wenn seine Knie angesichts des Antichrist erschüttert werden. Da es jedoch in seinen Waden stark ist, wird es nicht stürzen, denn es vertraut seinem Haupt. Denn wie sein Haupt in den irdischen Elementen ohne Sünde wandelte und sich in seinem Leiden, als es anders wurde, als es vorher den Menschen erschienen war, von den Menschen abwandte, so beugen sich auch die Knie. Wie das Haupt aber in seiner Kraft unaufhörlich bestehen bleibt, so wird auch die Kirche, die im neuen Gesetz wandelt, im bösen Verderber bisweilen zwar gebeugt werden, aber sie wird ihre Kräfte zurückgewinnen und so unbesiegbar ausharren.

32. Wie es in den oberen Bereichen vieles gibt, was die Menschen nicht erkennen können, so auch in den unteren Bereichen des Abgrunds

Dass aber *der Mann sich von seinen Waden nach unten bis zu den Fußsohlen in den Wassern des Abgrunds befindet, und zwar so, dass er über dem Abgrund steht,* bedeutet, dass Gottes Stärke und das wunderbare Leben im Verborgenen – gleichsam auf Fußsohlen, die nicht zu sehen sind, das heißt in jenen Geheimnissen, die für den Menschen nicht zu erkennen sind – wie in den Wassern des Abgrunds sind. Denn wie es in den oberen Bereichen vieles gibt, was nicht erkannt werden kann, so gibt es auch in den unteren Bereichen des Abgrunds vieles, wodurch die Wasser gefestigt werden, was jedoch der Mensch nicht erkennen kann. Denn alles, was unter der Erde ist, hält Gott in seiner Macht, er regiert es und beurteilt es und er entscheidet über das unterweltliche Gericht. Es gibt nichts, was er nicht in seiner Macht hält.

Daher steht Gott fest in diesen seinen Geheimnissen, weil er seine Geheimnisse niemandem vollkommen offenbart, sondern er ruht darin, wie der Mensch auf seinen Fußsohlen, und zwar in der Weise, wie er am siebten

Tag von seinem ganzen Werk ausruhte. Auch die Berufung des neuen Volkes, die ihre Stärke angesichts des Antichrist nicht verliert, sondern sie bis zum guten Ende von Gottes Wundern, die der Mensch nicht erkennen kann, bewahrt, ruht, gleichsam auf den Fußsohlen stehend, in diesen Wundern bis zum Jüngsten Tag und wird nicht mehr wanken, weil ihre Schwäche dort ein Ende finden wird.

33. Was nach dem Ende des Sohnes des Verderbens geschehen wird, das kann kein Mensch wissen

Denn wie niemand den Abgrund erforschen kann, so kann auch kein Mensch wissen, was nach dem Ende des verlorenen Menschen geschehen wird. Über all dies wurde durch die Weisheit gesagt:

34. Die Worte der Weisheit über dasselbe

Die Höhe des Himmels und die Weite der Erde und die Tiefe des Abgrunds, wer hat sie gemessen? (Sir 1,2[11]). Der Sinn dieser Worte ist folgender:

Die Weltkugel wird von Feuer, Wind und Luft bewegt, und die ganze Schöpfung ist darin verborgen. *Der Himmel* mit seinem ganzen Schmuck ist in den oberen Teil dieser Weltkugel gestellt. Und *wer ist der Mensch*, der ihn mit seinem Blick übersteigen könnte? *Die Weite der Erde* mit den fließenden Wassern und mit den Wassern, die unter dem Abgrund fließen, ist etwa in der Mitte der Weltkugel. Aber *kein Mensch kann sie erfassen*. Der Abgrund mit all seinen Wundern ist aber wie auf dem Boden dieser Weltkugel. Und wer ist der Mensch, der alles bis zum Grund durchdringen kann? Niemand kann es, außer Gott, der alles erschaffen hat. Der Mensch lebt inmitten dieser Weltkugel und wird von ihrem Lauf umfangen. Daher kann der Mensch mit seinem Fassungsvermögen nicht darüber hinaus steigen. Die Geschöpfe sind in Gottes Kraft, wie das Herz im Menschen, das bloß nur ein winziger Teil im Vergleich zum ganzen Körper ist. So sind die Geschöpfe klein, Gottes Kraft aber ist groß und unbegreiflich. Alle Geschöpfe, die im Himmel, auf der Erde und im Abgrund sind, können Gott weder begreifen, noch über ihn entscheiden, noch ihn begrenzen.

Alle Weisheit kommt vom herrschenden Gott. Denn Gott hat alles mit Weisheit vorherbestimmt und es zu einer Weltkugel zusammengefügt, die er wiederum mit Weisheit unterschieden hat. Die Weisheit hat nämlich durch Erkenntnis das Himmlische gekostet und hat in ihrem königlichen Amt den

11 Sir 1,3 nach der Einheitsübersetzung. Zur Erklärung abweichender Angaben siehe oben S. 36.

Kreis des Himmels umschritten. Sie hat die Erde im Dienst und Aufbau der Notwendigkeit aller Geschöpfe durchschritten und den Abgrund durchdrungen, wie der Verwalter es tut, der von all dem, was ihm anvertraut ist, nichts verlieren will. Die Weisheit ist aber das Auge Gottes, mit dem er alles voraussieht und betrachtet, vor der Zeit ist sie als geliebte Freundin in Gottes liebender Umarmung, mit ihr hat Gott alles umsichtig beraten.

In dieser Weisheit wird auch der Mensch *die Höhe des Himmels* genannt, weil er über alle Geschöpfe herrschend herausragt durch seine Erkenntnis, die das Auge der Weisheit ist. Ebenso ist er wie *die Weite der Erde,* weil er die Fähigkeit zur Sehnsucht und zum Verlangen hat. Auf welche Weise? Wonach sich der Mensch sehnt, das macht ihm auch Freude, in seiner Sehnsucht verlangt er danach, und schließlich erfährt er darin Unterstützung gemäß seinem Willen. Denn wenn er Gott anruft, wird er ihm helfen. Wenn er sich an den Teufel wendet, kommt er ihm mit Einflüsterungen zum Bösen entgegen. Der Mensch hat Sehnsucht kraft seiner Vernunftbegabtheit und hat Verlangen durch seinen Geschmack. Alles aber, wonach er sich sehnt und was er verlangt, erfüllt sich nicht durch seine eigene Macht, vielmehr weil Gott es ihm gewährt, der ja den Menschen erschaffen hat. Und wie der Mensch vieles tun kann, so hat er stets Sehnsucht und Verlangen, durch die er vieles fordert. Da aber der Teufel den ersten Menschen betrogen hat, verführt er ihn auch jetzt oftmals mit seinen Eingebungen.

Der Mensch ist ebenfalls wie *die Tiefe des Abgrunds,* wenn er sich von der guten Sehnsucht abwendet und den Teufel zu Hilfe ruft. Dann greift der Teufel, wie der Mensch es will, dessen Sehnsüchte auf, und Gott lässt es so zu. Wenn der Mensch aber in seinen guten Sehnsüchten versunken bleibt, so dass er das Gute wirkt, wobei er es manchmal vernachlässigt, jedoch nicht so, dass er das Gute dabei völlig verliert, sondern bloß durch Nachlässigkeit unaufmerksam daran vorübergeht, dann lässt Gott nicht zu, dass er verlorengeht, weil dieser Mensch die gute Sehnsucht in sich trägt. Der Teufel traut jedoch diesem Menschen nicht zu, dass er die Sehnsüchte des Fleisches vollbringt, weil der Teufel in ihm erkennt, dass dieser Mensch Gott nicht verlassen will. Ein solcher Mensch ist aber nicht die Tiefe des Abgrunds, sondern ein Gewitter, das bald in der Sonne blitzt, bald sich in schwarze Wolke hüllt. *Wer hat* aber jene Verachtung je *erforscht und ermessen,* dass der Mensch, der über alle Werke Gottes eingesetzt ist, Gott verlässt und den Teufel nachahmt, der seine Herrlichkeit verloren und sich selbst in seinem Hochmut Gott entgegengesetzt hat und so zugrunde gegangen ist? *Wer kann* ferner jenes Verderben *ermessen,* dass der Mensch Gott verlässt und den schlimmsten Tyrannen, nämlich den Teufel, zu seinem Gott erwählt? Gott sieht das alles voraus und richtet es.

35. Gott hat im Menschen, der in das Böse gestürzt ist, größere Kräfte der Heiligkeit kundgetan

Und *dieser Mann wendet sich nach Osten, so dass er sowohl nach Osten als auch nach Süden schaut,* denn Gott hat im Anfang der Welt die Geschöpfe wie die strahlende Sonne aufgehen lassen. Er hat sie nicht nur hervorgebracht, sondern sie auch in Vollkommenheit, gleichsam im Süden, vervielfacht, als er auch den Menschen, der den guten Anfang empfangen hat, dann jedoch von ihm in das Böse gestürzt ist, nicht nur in seine ursprüngliche Form umgestaltet, sondern in ihm auch größere Kräfte der Heiligkeit kundgetan hat.

36. Niemand ist Gott ähnlich in seinen Werken

Dass *sein Gesicht aber in einer so großen Helle leuchtet, dass du es nicht vollkommen anschauen kannst,* bedeutet, dass die heilige Gottheit so glühend und so leuchtend in aller Güte und Gerechtigkeit ist, dass niemand sie zu erforschen vermag. Denn es gibt keinen Gott außer Gott, und niemand ist ihm in seinen Werken ähnlich,[12] denn er ist allein Gott in seinen Wundern, die genauso, wie auch er selbst, unbegreiflich sind. Er ist nämlich jenes Feuer, von dem die Engel glühen und leben; und er ist jene Klarheit, aus der die vielen Geheimnisse hervorgehen, die tief in sich das Leben der Wunderwerke haben, das in Gott ist. Jene Wunderwerke sind aber über jegliche Zahl bestimmt, die es im Himmel, auf der Erde und im Abgrund gibt.

37. Alles gehorcht der Bestimmung Gottes

Bis zu seinem Mund reicht eine leuchtende Wolke, die einer Trompete ähnlich sieht, weil die göttliche und milde Bestimmung, die mit dem göttlichen Willen verbunden ist, durch das Zusammenfassen der göttlichen Aussendungen wie ein Ton aus der Trompete hervorgeht; auch ist die Wolke *mit allerlei geschwind tönenden Klängen erfüllt,* weil alle Geschöpfe, sowohl die vernunftbegabten als auch die ohne Vernunft, der Bestimmung Gottes munter gehorchen in der Fülle der Unterwerfung. Und dies tun sie zu seiner Ehre und seinem Lob, denn Gott hat sie erschaffen. Gott ist ja gut, und alles, was aus ihm hervorgeht, ist gut.

---

12 Vgl. Ps 40,6.

38. Als Gott alles bestimmt hat, hat er die Geister als himmlische Bürger in Rechtschaffenheit fortgeführt, den Menschen, damit er nicht völlig verlorengeht, unterstützt und die Werke der Finsternis durch seine Menschwerdung vertrieben

Daher *sendet diese Trompete, wenn der Mann hineinbläst, drei Winde aus,* denn Gott lässt, während er die tiefe Bestimmung seines Willens in geheimnisvoller Erforschung durchdringt, drei Wege der Gerechtigkeit in drei Ordnungen der Seligen hervorgehen. Der eine von den drei Winden *trägt eine feurige Wolke, der andere eine stürmische Wolke und der dritte eine leuchtende Wolke über sich, und die Winde halten diese Wolken,* denn der erste Weg der Gerechtigkeit trägt, wie eine feurige Wolke, die Herrlichkeit der Engel, die in Gottes Liebe glühen und nichts anderes wollen, was Gott will. Der zweite Weg führt die Werke der Menschen, die in den vielen Bedrängnissen und Nöten stürmisch und wechselhaft sind wie eine stürmische Wolke. Der dritte Weg hält die blendendweiße und unverletzte Jungfräulichkeit in der Menschwerdung des Herrn über sich wie eine leuchtende Wolke. Denn die Gerechtigkeit ist deren Fundament und sie erhält sie in der Seligkeit.

Denn Gott, der in der Verborgenheit seines Willens alles bestimmt und alles hervorgebracht hat, hat die Geister als himmlische Bürger in Rechtschaffenheit fortgeführt. Auch den Menschen, der seinen stürmischen Werken verfiel, hat er unterstützt, damit er nicht völlig verlorengeht. Durch die unverletzte Inkarnation und das Licht der Jungfräulichkeit hat er schließlich die Werke der Finsternis vertrieben und gezeigt, was recht ist. Die Engel haben in Gottes Liebe ausgeharrt, und der Mensch, der sich von Gott entfernt hat, wurde durch heilige Werke zur ursprünglichen Herrlichkeit wiederhergestellt, weil die in Heiligkeit vollbrachten Werke den Menschen heilig machen.

Die Heiligen verrichten ihre Werke zunächst in der Mühsal des Fleisches. Nach dem Jüngsten Tag werden sie sich aber an der Symphonie und an allen Lobpreisungen freuen. Denn jetzt fesselt noch das Fleisch den Geist im Fleisch, nachher aber wird der Geist das Fleisch unterwerfen. So wird der ganze Mensch heilig sein.

39. Die Engel schauen Gottes Angesicht und sind zu seinem Willen bereit

Der Wind aber, der die feurige Wolke über sich trägt, bleibt vor dem Gesicht des Mannes stehen, denn die Gerechtigkeit, welche die Herrlichkeit der in Gottes Liebe glühenden Engel in der Höhe hält, bleibt in Gottes Willen und Herrlichkeit fest bestehen. Die Engel nämlich, die Gottes Angesicht schauen, sind zu seinem Willen immer bereit und weichen nicht von Gott.

40. Gott kennt die Werke der Heiligen und lässt sie nicht der Vergessenheit anheimfallen

Die beiden anderen Winde mit ihren Wolken senken sich aber bis zur Brust des Mannes hinab und breiten dort ihr Wehen aus, denn die Gerechtigkeit, die mit dem Menschen zwei Wege eingeschlagen hat, und zwar den einen im alten Gesetz und den anderen in der Menschwerdung des Gottessohnes, steigt mit den guten Werken der Menschen bis in die Tiefe der Gotteserkenntnis hinab, wo sie sich in vielen Wundern ausweitet. Gott kennt ja die Werke der Heiligen und lässt sie nicht der Vergessenheit anheimfallen, vielmehr stellt er im Geheimnis seines Ratschlusses für sie ewige Belohnung bereit und spannt sie in unendlichen Lobpreisungen bis zu seiner Herrlichkeit aus.

Dass aber *der Wind, der vor dem Gesicht des Mannes bleibt, sich mit seiner Wolke von Osten bis nach Süden ausbreitet,* bedeutet, dass die Gerechtigkeit vor Gottes Angesicht leuchtet mit der Herrlichkeit der höchsten Geister, die von ihrem Aufgang, wo sie in der Wahrheit ausharrten, auf die rechten Werke der Menschen hinstreben, damit der Mensch durch diese Werke zur Freude an ihnen wie zum guten Aufgang gelangt. Denn Gott hat Engel und Mensch in der einen Vernunft vereint, und hat bestimmt, dass das Geleit der Engel dem Menschen beistehen möge. Dies hat er sowohl im Alten als auch im Neuen Testament getan, dennoch hat er sie im Neuen mit größerer Liebe verbunden als im Alten Testament. Der Engel war nämlich im Alten Testament wie eine Stimme für den Menschen, im Neuen ist er aber mit dem Menschen so vereint, wie die Stimme mit dem Wort.

41. Die seligen Geister sind miteinander in Einmütigkeit verbunden

Dass sich aber *in dieser feurigen Wolke eine lebendige Schar von Wesen befindet, die alle mit einem Willen und in einer Verbundenheit ein einziges Leben sind,* bedeutet, dass in der glühenden Herrlichkeit und Ehre das lebendige Heer der seligen Geister glüht, deren Herrlichkeit unaussprechlich ist; auch ihre Zahl ist unzählbar, so dass niemand um deren Zahl weiß, allein Gottes Erkenntnis kennt sie. Und alles, was Gott will, wollen auch sie, und so sind sie miteinander verbunden, wie der Leib, der nicht geteilt werden kann. Obwohl sie einzelne Gesichter haben, sind sie miteinander im Band der Einmütigkeit vereint, wie der Leib, der zwar einzelne Glieder hat, doch ein Leib ist; und so sind sie ein einziges Leben in der Einmütigkeit.

42. Auf das Urteil der himmlischen Bürger hin sendet Gott Blitze und Donner auf die Erde und setzt durch Hungersnot, Pest und kriegerische Angriffe jene in Schrecken, die sein Gesetz übertreten

Und vor ihnen streckt sich eine Tafel aus, die überall voller Flügel ist und mit Gottes Geboten fliegt, weil Gottes Gebote sie emporheben, denn das Geheimnis ist vor ihnen erfüllt mit göttlichen Urteilen und offenbart sich Gottes Willen gemäß, wenn Gottes Wille es offenbaren will. *Die Erkenntnis Gottes schreibt darauf einige Geheimnisse, die jene Schar zusammen eifrig anschaut,* denn Gott verbirgt in seinem geheimnisvollen Ratschluss weitere Ratschlüsse, die noch mehr verborgen sind und auf die die seligen Geister ihre eifrigste Aufmerksamkeit richten. Wenn Gott nämlich sieht, dass die Menschen Götzen verehren und sein Gesetz übertreten, erweckt er auf das feurige Urteil der himmlischen Bürger hin, die in seiner Liebe glühen, immer wieder neu die Flügel der Winde, sendet Blitze und Donner auf die Erde und setzt die Völker durch Hungersnot, Pest und kriegerische Angriffe in Schrecken, und so treibt er die ganze Erde in Entsetzen und Aufregung.

43. Die Engel loben Gott in all seinen Urteilen

Wenn die Engel *die Schrift anschauen, gewährt ihnen Gottes Kraft, dass sie wie aus einer kräftigen Trompete in allen Arten von Musik mit einem Ton widerhallen,* denn während sie Gottes Willen betrachten, empfangen sie von Gottes Kraft, dass sie in der Stärke und in der Fülle aller Freuden einmütig ihre Lobpreisungen Gott darbringen. Denn angesichts aller Urteile Gottes tun sie nichts anderes, als dass sie Gott loben, denn seine Urteile sind wahr und gerecht, wie auch Johannes in seiner Apokalypse hörte, wie geschrieben steht:

44. Johannes in der Apokalypse über dasselbe

Herr, Gott, Allmächtiger, wahr und gerecht sind deine Urteile (Offb 16,7). Der Sinn dieser Worte ist folgender:

O Herr, Du heißt in der Furcht *„Herr"*, in der Liebe *„Gott"* und, da Du alles umfasst, *„Allmächtiger". Deine Urteile sind wahr und gerecht,* weil die wahre Furcht vor Dir jegliche Furcht vernichtet, weil die wahre Liebe zu Dir jegliche Liebe zusammenbindet und weil Deine wahre Allmacht jegliche Macht niederdrückt. Denn wenn der Mensch in seinem Gutdünken sich selbst das Gesetz gibt, so als ob er für sich selbst Gott wäre, dann zeigst Du Dich ihm durch Deine gerechten Urteile, damit er erkennt, dass er gegen Dich nichts vermag. Und wenn er die Liebe zum Fleisch der wahren Liebe zu Dir vorzieht, dann zertrittst Du in ihm diese Liebe mit der Bitterkeit der Schmerzen, so dass er nur allein durch Dich Trost finden wird. Wenn der Mensch aber zur Übertretung Deiner Vorschriften gelangt ist, so dass er statt Deines Namens Götzenbilder anbetet, dann kämpfst Du mit Deinem gerechten Urteil gegen Deinen Feind, der in seinem ersten Unterfangen den Menschen überlistet hat, damit dieser Dich für nichts hält. Dann sendest Du Blitze und Donner auf die Erde, lässt Wasserfluten strömen und befiehlst der Erde, unfruchtbar zu werden, auch Krankheiten und Kriege führst Du den Menschen zu, damit sie wissen, dass dies alles allein nur durch Dich hat geschehen können, und damit sie erkennen, dass Deine Urteile wahr und gerecht sind.

45. Die Engel loben die Werke der Menschen, und Gott will von den Engeln und den Menschen gelobt werden

Auch die Schar der Engel lobt die guten Werke der Menschen und wegen dieser Werke lässt sie weder für eine Stunde noch für einen Augenblick vom Lobpreis ab, vielmehr erschallt sie allzeit darin und hört niemals damit auf. Gott will nämlich von den Engeln gelobt werden, damit sich deren Herrlichkeit vervielfacht, und daran hat er Gefallen. Daher will er auch, dass die Engel die Werke der Heiligen in Lobpreisungen vor ihn tragen und offenbaren, denn der Mensch ist jenes Werk Gottes, das nach seinem Bild und seiner Ähnlichkeit erschaffen wurde. So will er auch, dass die guten Werke des Menschen vor seinem Angesicht von den Engeln gelobt werden. Da aber der Mensch mit Gottes Beistand aufrecht gehalten wird, will Gott folglich, wie von den Engeln, so auch von den Menschen gelobt werden, damit auch ihre Herrlichkeit gerühmt werde.

46. Kein Mensch kann Gottes verborgene Geheimnisse erkennen, obwohl einige höchste Geister, die vor Gott stehen, durch die Propheten genannt sind, andere wiederum nicht

So hat Gott alles recht festgelegt. Dies ist aber von jenen verborgenen Geheimnissen Gottes gesagt worden, die vor seinem Angesicht strahlen und der Erkenntnis des Menschen unzählbar sind, nämlich in den Engeln, in den Geistern und in den Dienern, in den Rufern und in denen, die in Freude jubeln. Es ist der Erkenntnis des Menschen nicht zugänglich, wer sie sind, welche sie sind und wie sie sind. Denn obwohl der Mensch in seiner Erkenntnis wie ein Berg ist, weil er durch seine Erkenntnis in erhabene Höhen zu Gott aufsteigt, hat kein Mensch den höchsten Berg oder den höchsten Gipfel dieses Berges, der Gottes Erkenntnis ist, je gesehen. Niemand steigt dorthin auf, und niemand kann dessen Geheimnisse erkennen, auch nicht das Geheimnis derer, die ständig vor Gottes Angesicht stehen.

Einige aber von denen, die ständig vor Gottes Angesicht stehen, wurden durch die Propheten und andere Heilige, die sie im Heiligen Geist geschaut haben, genannt; andere aber wurden nicht genannt. Jene haben aber nur wenig über sie gesprochen, bloß solange die göttliche Eingebung sie berührte, wie dies durch den Apostel Paulus geschrieben steht:

47. Paulus über dasselbe

Er hat verborgene Worte gehört, die kein Mensch aussprechen darf (2 Kor 12,4). Der Sinn dieser Worte ist folgender:

Damit sein Herz, überströmt von vielen und großen Wundern, gestärkt wurde, und er davon auch anderen zum Aufbauen der Gotteskräfte mitteilte, hat er geheimnisvolle Worte vernommen, die ein Vorauswissen enthielten. Den Menschen waren diese verborgen, auch das, durch wen und von wem und warum sie hervorgegangen sind und wie sie sind und welche Art und Weise sie haben. Wie nämlich die Gottheit von den Menschen nicht erblickt werden kann, so ist es auch dem Menschen nicht gestattet, hinsichtlich dieser Worte zu entdecken, auf welche Weise sie in der Artikulation der Stimme und im Erschallen der Lobpreisungen von Gottes Geheimnissen hervorgebracht worden sind. Denn diese Worte sind ganz und gar in den Geheimnissen der geheimnisvollen Geister aufgehoben. Der Mensch aber, der im Fleische lebt, ist ihnen völlig fremd.

48. Wenn die Menschen im Guten ausharren und in Heiligkeit leben, übersteigt die Verbreitung ihrer guten Werke das menschliche Herz

Dass du siehst, dass *sich der Wind, der die erwähnte stürmische Wolke über sich trägt, mit ihr von Süden bis nach Westen ausbreitet,* bedeutet, dass die Gerechtigkeit die Werke der Menschen, die durch viele Bedrängnisse stürmisch sind, aufnimmt und sie von Süden, wo sie in der Vollkommenheit des Glaubens glühen, bis zum Ende der Ausdauer mit sich geleitet, damit die Menschen dem Teufel Widerstand leisten und im Guten ausharren und so in Heiligkeit für Gott leben.

Die Länge und die Breite dieser Wolke ist wie eine Straße, die der menschliche Verstand wegen ihrer Ausdehnung nicht erfassen kann, weil die Ausdehnung und die Verbreitung der guten Werke in der Umarmung und der Liebe der Gotteskräfte so groß ist, dass deren Auswirkung das menschliche Herz übersteigt.

49. Die Seelen der Heiligen sind in den seligen Wohnungen, die ihnen die heiligen Werke vorbereitet haben

In dieser Wolke befindet sich eine überaus große Schar der Seligen, die alle den Geist des Lebens besitzen, und die niemand zählen kann, denn in den seligen

Wohnungen der Seelen, die ihnen die guten und heiligen Werke vorbereitet haben, leben die Seelen der Heiligen, die im seligen Leben verweilen und unzählbar in der Zahl der Menschen sind, weil deren Zahl niemand kennt außer Gott allein.

50. Die Seelen der Heiligen sehnen sich danach, ihren Leib wiederzuerlangen

Und ihre Stimme ertönt wie das Getöse vieler Wasser, denn die Seelen der Heiligen erschallen in ihren Lobpreisungen mit der Einmütigkeit eines Tones und eines Willens durch geistlichen Hauch wie durch Wasser des Heils. Sie verkünden, dass sie einst Gottes Willen gemäß über einen Leib verfügt hatten, der zwar in Asche verwandelt wurde, sie dennoch ersehnen, ihn wiederzuerlangen, damit sie sich dadurch umso mehr freuen können.

51. Die Seelen der Heiligen werden ihre Wohnungen nicht wiedererlangen, ehe die Elemente erschüttert werden

Sie haben aber von denen, die vor Gottes Angesicht in seiner Liebe glühen, zur Antwort erhalten, dass sie ihre Wohnungen nicht vor dem göttlichen Befehl und vor der Erschütterung der Elemente wiedererlangen werden, sondern erst dann, wenn das starke Feuer die Elemente reinigen wird, wodurch Gott seine große Macht offenbaren wird. Gottes Stimme wird nämlich alle Verstorbenen, sowohl die Verworfenen als auch die Auserwählten, auferwecken. Dann werden sie mit ihrem Leib zur Ewigkeit auferstehen, weil sich ihr Leib in unveränderliches Leben verwandeln wird, wenn sie auferstehen, obgleich der Tod die einen und das selige Leben die anderen empfangen wird.

52. Die Gerechtigkeit kämpft zusammen mit der Jungfräulichkeit in Christus gegen den Teufel

Dass aber *sich der Wind, der über sich die erwähnte leuchtende Wolke trägt, mit dieser leuchtenden Wolke von Osten bis nach Norden ausdehnt,* bedeutet, dass die Gerechtigkeit, welche die blendendweißen Werke der Jungfräulichkeit in Christus mit sich führt, mit diesen Werken, die im Aufgang der Wahrheit entstanden sind, gegen die Verdorbenheit des Teufels kämpft, was sie vor Christus nicht vollständig ausführen konnte. Denn wie der Mensch, der zuerst als leibliches Wesen erschaffen wurde, zum geistlichen Leben übergegangen ist, so ist auch das alte Gesetz, das in der Heiligkeit auf leibliche Weise erschien, in Christus und in der Kirche zum Leben geworden. Und die Heiligkeit ist im Leben auferstanden und zerrieb vollständig den alten Feind, dem sich das alte Gesetz nicht widersetzen konnte.

53. Die teuflische Ungerechtigkeit stellt sich gegen Christus und die Kirche, kann sie aber nicht überwältigen

Eine *riesige Finsternis in großer Dichte und voller Schrecken kommt aber von Westen und erstreckt sich* mit großer Ausdehnung bis zu dieser leuchtenden Wolke, denn jegliche teuflische Ungerechtigkeit und Bosheit ballen sich zusammen und werden von den untersten Mächten entsandt, so dass sie sich im großen und breiten Unglauben gegen die Werke Christi und der Kirche stellen.

Die Finsternis kann jedoch vor der leuchtenden Wolke nicht weiter vorwärtsdrängen, denn die teuflische Ungerechtigkeit greift zwar die Getreuen mit vielen Widerwärtigkeiten an, hat aber nicht die Macht, deren Werke, die in Christus leuchten, zu verdunkeln und zugrunde zu richten.

54. In der Jungfräulichkeit erleuchtet die Menschwerdung Christi gleich der Sonne die Welt

Und *in dieser leuchtenden Wolke erscheinen die Sonne und der Mond,* was im Glanz der Jungfräulichkeit das geheimnisvolle Mysterium der reinen Inkarnation darstellt. Dieses Geheimnis erleuchtet die Welt gleich der Sonne. Zugleich versinnbildlicht es auch die Kirche, die in der Wiedergeburt der Taufe Christus nachahmt, so wie der Mond der Sonne folgt.

Daher *steht in der Sonne ein Löwe,* das heißt, im geheimnisvollen Mysterium, das in Gott verborgen war, aber dennoch durch alles leuchtet, erscheint jenes Wunder, dass Gott Mensch werden wollte. Denn der Sohn Gottes, der aus der jungfräulichen Materie Fleisch angenommen hat und so in der überaus starken Kraft der Gottheit als Mensch gleich einem Löwen erschienen ist, ging auf einem fremden Weg hervor, auf dem kein Mensch, nur er allein zu finden war.

55. Die Kirche ist das Zeichen des Sieges gegen den alten Feind

Und *im Mond steht ein Steinbock,* das heißt, in der Kirche, die aus jedem Volk zusammengerufen worden ist, erscheint das Zeichen des Sieges gegen die alte Schlange, weil dort der Teufel durch alles überwunden ist.

Deswegen leuchtet diese Sonne über dem Himmel und im Himmel, auf der Erde und unter der Erde, denn das geheimnisvolle Mysterium, nämlich dass der Sohn Gottes Mensch geworden ist, ist über alle himmlischen Geheimnisse erhaben. Es erscheint in den himmlischen Mysterien, die allein nur den Himmlischen erkennbar sind, es wirkt auch in den Geschöpfen der Erde viele Wunder, und es durchdringt zugleich den Abgrund mit dem Glanz seiner Macht.

Und so *kommt sie beim Aufgang hervor,* weil dieses Mysterium im Aufgang der Gotteskräfte erschienen ist, als es die Gotteskräfte, die vorher nicht zu sehen waren, hervorbrachte; und *sie kehrt beim Untergang zurück,* wenn es mit dem Urteilsspruch die Ungerechtigkeit der Laster ins Nichts biegt.

56. Das menschgewordene Wort Gottes, das eins mit dem Vater ist, hat die Taufe gelehrt

Dass aber, *wenn die Sonne hervorkommt, der Löwe mit ihr und in ihr hervorkommt und viel Beute an sich reißt,* bedeutet, dass der menschgewordene Gottessohn, als Gott sein geheimnisvolles Mysterium geoffenbart hat, mit diesem Mysterium im Fleisch und in diesem Mysterium in der Gottheit wunderbar erschienen ist, denn beide sind eins. Er tilgte viele Taten des Teufels, als er ihn von den Getreuen vertrieb. Und *wenn die Sonne zurückkehrt, kehrt der Löwe mit ihr und in ihr zurück,* denn als dieses geheimnisvolle Mysterium Gottes das gerichtliche Mysterium kundgetan hat, hat das menschgewordene Wort Gottes, mit ihm ausgehend, in ihm bleibend und eins mit ihm existierend, die bösen Werke der Menschen beurteilt, indem er das alte Gesetz in das neue übertragen hat. Und *er brüllt laut vor Freude,* womit ausgedrückt wird, dass das menschgewordene Wort Gottes, nachdem der Feind besiegt worden war, durch das Brüllen der Wahrheit die Taufe als Wiedergeburt aus Geist und Wasser lehrte.

57. Die Getreuen folgen dem menschgewordenen Wort Gottes nach, der lehrt, was himmlisch ist

Dass aber *der Mond, in dem der Steinbock steht, zusammen mit diesem Steinbock nach und nach der Sonne bei ihrem Hervorgang und ihrer Rückkehr folgt,* bedeutet, dass die Kirche nach der Überwindung des Todes, voranschreitend zum Geistlichen und zurückkehrend zum Weltlichen, dem Mysterium Gottes siegreich folgt. Denn die Getreuen sind dem Gottessohn, der lehrte, was himmlisch ist, und mit den Menschen verkehrte, auf jegliche Weise nachgefolgt, indem sie sogar ihren Leib für Christus zahlreichen Qualen hingaben.

58. Jeder Getreue, der Christus nachfolgt, vernichtet die Werke der Finsternis

Daher *weht jener Wind und spricht: „Die schwangere Frau wird gebären, und der Steinbock wird gegen den Norden kämpfen“,* denn die Gerechtigkeit zeigt durch die göttliche Eingebung, dass die Kirche gute und heilige Werke hervorbringt, mit denen sie dem Teufel siegreich Widerstand leistet. Jeder Getreue nämlich, der sich selbst verleugnet und den Spuren Christi folgt, vernichtet die Werke der Finsternis und bindet sich an Gott.

59. Die Seelen, welche die alte Schlange nachgeahmt haben und mit ihm im Unglück des Todes gefangen bleiben, bürden ihre Schuld Adam auf

In der erwähnten Finsternis aber ist eine unzählbare Menge verlorener Seelen, die sich von der Stimme derer, die im Süden singen, abgewandt haben, weil sie an deren Gemeinschaft nicht teilhaben wollten, und von jenem geleitet werden, der Verführer heißt; sie folgten nämlich den Werken dessen, der, von Christus geschlagen, nichts mehr vermag, denn im Unglauben der höllischen Strafen befinden sich viele Seelen, die, während sie noch in ihrem körperlichen Dasein lebten, die Worte der himmlischen Bürger verachtet haben. Auch haben sie sich nicht mit guten und gerechten Werken nach deren Gemeinschaft gesehnt, sondern haben immer wieder dem Bösen gedient. Da sie die alte Schlange, die, vom Gottessohn zertreten, zugrunde gegangen ist, nachgeahmt haben, bleiben sie mit ihr im Unglück des Todes gefangen, weil sie sich nicht nach dem Leben gesehnt haben. So harren sie dabei aus, indem sie *alle mit klagender Stimme sagen: „Wehe, wehe dem schädlichen und schrecklichen Werk, das vor dem Leben geflohen und in uns auf den Tod zugegangen ist!“*, denn sie jammern und knirschen in ihren Qualen. Sie bürden ihre Schuld und die Schrecken ihrer Finsternis Adam auf, weil er Gottes Befehle übertrat und so dem Tod verfallen ist. Obwohl sie das Licht des Glaubens und die Werke der Gerechtigkeit gesehen, gehört und erkannt haben, haben sie sie dennoch für nichts gehalten und verspottet, und sie haben statt Gott lieber den Teufel geliebt.

60. In den höllischen Martern gibt es keine Hoffnung auf Freude

Dass du aber *danach eine Wolke von Norden kommen siehst, die sich bis zu dieser Finsternis ausdehnt und die bar jeglicher Freude und jeglichen Glücks dürr ist, weil die Sonne sie weder berührt, noch erhellt,* bedeutet eine andere Art des Unglaubens und der höllischen Martern, die vom Teufel kommt und sich mit ihren qualvollen Foltern der erwähnten Finsternis anschließt. In dieser Art der Grausamkeit gibt es keine Hoffnung auf Freude, keine Hoffnung auf Heil, weil die wahre Sonne sie weder mit Freude erheitert, noch mit dem Glanz ihrer Klarheit erleuchtet, und nicht einmal die irdische Sonne gelangt mit einem Strahl dorthin.

61. Die teuflischen Geister fliehen in ihrer Scham vor Gott

Diese Wolke ist *voll von bösen Geistern, die in ihr hin und her schweifen, und gegen die Menschen eine Hinterlist im Schilde führen, sich aber vor dem Mann scheuen,* denn in diesem Unglauben unzählbarer Bosheiten befinden sich die teuflischen Geister und rennen hin und her. Sie bringen viel Ungerechtigkeit hervor und fliehen in ihrer Scham vor Gott. Sie haben keine Seligkeit, auch sehnen sie sich nicht danach, sondern bleiben in der Verdammnis der ewigen Verdorbenheit gefangen.

62. Der alte Feind bringt verschiedene Laster hervor, mit denen er die Erwählten Gottes irreleitet

Dass du aber *die alte Schlange bei sich sagen hörst, dass sie die Kräfte ihrer Stärke zum Bollwerk bereitet und gegen ihre Feinde kämpft, solange sie nur kann,* bedeutet, dass dieser alte Feind in der Überheblichkeit seines Hochmuts verschiedene Laster aus seiner Nachstellung hervorbringt, mit denen er die Erwählten Gottes zermürbt und irreleitet, und keineswegs zulässt, dass sie Ruhe haben.

Daher stößt die alte Schlange aus ihrem Mund einen Schaum voller Unreinheit mit allen Lastern unter die Menschen und bläst ihnen viel Spott ein, weil der Teufel aus dem Schlund seiner Perversität den Schmutz zahlreicher Laster ausspeit, viele Verführungen und viele Irrlehren unter den Menschen verbreitet, indem er die einen lehrt, Götzen zu huldigen, die anderen, vielen Bosheiten zu dienen.

Und die alte Schlange *sagt, dass sie jene, die sich durch ihre leuchtenden Werke Sonnen nennen, in der Finsternis selbst schädlich, nächtlich und abscheulich* macht, weil der Teufel danach trachtet, dass die Erwählten Gottes, die in heiligen Werken leuchten, nachteilig und in finsteren Werken schmutzig werden, damit ihr Ruf vor den Menschen stinkt.

63. Der Teufel trichtert den Menschen ein, allein die Götzen zu verehren

Deswegen *bläst die alte Schlange einen ganz hässlichen Nebel aus, der die ganze Erde wie mit einem finsteren Rauch berührt,* denn der Teufel bringt viel Unglauben hervor, der die ganze Welt mit der Finsternis seiner Verdorbenheit verdunkelt. *Aus diesem Nebel ertönt ein lautes Gebrüll, das so lautet: „Kein Mensch soll einen anderen Gott anbeten, als nur den, den er sieht und erkennt. Was ist denn das, was der Mensch verehrt und es doch nicht kennt?“*, denn durch diesen Unglauben trichtern ungerechte Einflüsterungen den Menschen ein, dass sie keinen Gott verehren sollen, außer Götzen, die man sieht und erkennt. Solche Gedanken wenden die Vernunft des Menschen vom wahren Gott ab, der in der Klarheit seiner Gottheit der menschlichen Schwachheit unsichtbar ist.

64. Jene, die selig sein wollen, sollen Gott anbeten, der im Himmel ist

Jene aber, die in der höchsten Seligkeit bleiben wollen, sollen den lebendigen Gott, der der ganzen Schöpfung Leben schenkt und der im Himmel ist, anbeten. Allein diesen Gott, der in der höchsten Herrlichkeit bleibt und alles recht ordnet, sollen sie anbeten, wie David, der Psalmist, sagt:

65. Der Psalmist über dasselbe

Unser Herr ist aber im Himmel; alles, was er will, führt er aus. Die Götzen der Heiden sind Silber und Gold, Werke von Menschenhand (Ps 113,11-12 / 115,3-4). Der Sinn dieser Worte ist folgender:

Gott ist jenes Leben, das durch keinen Anfang verdunkelt und auch durch kein Ende begrenzt wird. Er ist *unser Gott,* da er, der selbst das Leben ist, den Seinen unvergängliches Leben schenkt. *Er ist im Himmel,* und zwar in jener Klarheit, die der sterbliche Mensch nicht zu begreifen vermag. Aber was für ein Leben ist es, das dem Leben eine Wohnstätte schafft? Gott ist es ja, der lebt und den Seinen das Leben gibt und ihnen Wohnungen im Leben gewährt. Und wer kann das tun, wenn nicht allein Gott? *Alles nämlich, was Gott in seiner Anordnung festgesetzt hat, hat er auch ausgeführt,* und es ist nicht leer, wie die Gedanken der Menschen leer sind; denn die Menschen planen in ihren Gedanken vieles, was sie dann aber nicht ausführen können.

Gott selbst hat der Vernunft des Menschen alle Geschöpfe zur Vollendung anvertraut. Allerdings werden sie nur durch jenes Leben erweckt, das ihnen von Gott gegeben ist. Die Ungläubigen versprechen jedoch den Bildern ihres Unglaubens ein Leben, das Gott ihnen nicht gegeben hat. In den *Götzenfiguren* ist nämlich das Werk des Menschen nicht lebendig, sie sind nur gemachte und gemalte Bilder in *Silber und Gold,* weil die Menschen ihre Vernunft gleich dem Silber und ihre Erkenntnis gleich dem Gold mit dem *Werk ihrer Hände* entehren. In solche ehernen Figuren bläst der Teufel seinen Atem hinein, mit dem er Gott von Anfang an verneint hat, und behauptet, er sei Gott in diesen Trugbildern. Und so krächzt er in ihnen ohne den Blick des Sehens, ohne die Weisheit des Hörens, ohne den Verstand des Riechens, ohne den lebendigen Atem und ohne den Hauch des Lebensodems.

Aber der Teufel besitzt keine Macht in all diesen Götzenbildern, weshalb er selbst in große Verwirrung gerät. Er bereitet sich mit ihnen vielmehr seinen eigenen Spott, da er, wie auch der Mensch, über keine Macht in ihnen verfügt. Er freut sich nur an der Verführung des Menschen. Denn wenn der Teufel in den Werken der Menschen seinem Willen gemäß Macht hätte, würde er sie in eine andere Natur umwandeln, wie Gott es getan hat, als er den Lehm der Erde in eine andere Natur verwandelt hat, indem er den Menschen aus Lehm geformt hat.

Wenn aber der Mensch seine eigenen Werke für Gott hält, als ob er nicht wüsste, dass es Gott gibt, dann wird er den Götzenfiguren gleich, weil er auf sie vertraut. Und diese Meinung des Menschen ist der Tod ohne jegliche Gnade von Gottes Werk. So werden auch jene, die ihre Hoffnung auf Götzen setzen, mit dem Teufel zusammen in der äußersten Finsternis bleiben.

66. Im Unglauben ist jegliche Art der Laster verwurzelt

Dass *du aber in diesem Nebel verschiedene Arten von Lastern in ihren Gestalten siehst,* bedeutet, dass jegliche Art der Laster mit ihrem Gefolge im Unglauben verwurzelt ist, weil jener, der keinen Glauben hat, aller Güter entbehrt. *Von denen erblickst du sieben auf folgende Weise,* weil sich deren Fülle dir in ihren unterschiedlich ausgeprägten Formen zeigt. Es bedeutet nicht, dass sie in ihren eigenen Gestalten auftreten, sondern ihre Bedeutungen werden auf diese Weise dargelegt. Der Teufel verfügt ja über viele Pfeile seiner Verdorbenheit und trachtet danach, mit ihnen die Menschen in den See des Verderbens zu stürzen.

67. Insbesondere über die Weltliebe und ihre Haltung sowie was das bedeutet

Daher stellt *die erste Gestalt* die Weltliebe dar. Denn der alte Verführer flößt den Menschen zuerst die Liebe zur Welt ein, und so verleitet er sie zu weiteren Lastern. *Sie hat die Form eines Menschen und die Schwärze eines Äthiopiers,* denn sie ist in die fleischliche Begierde so verstrickt, dass sie sich gar nicht mehr danach sehnt, Glanz und Klarheit zu erlangen.

Sie steht nackt da und mit ihren Armen und Beinen umfängt sie einen Baum unter seinen Ästen, denn sie ist nicht mit dem Gewand der Seligkeit bekleidet, in ihren Werken und in ihren Gängen aber ergreift sie die Gewalt der eitlen Ruhmsucht und ist mit anderen Lastern wie mit Ästen, die aus der eitlen Ruhmsucht hervorgehen, bedeckt. *Daran wachsen alle Arten von Blüten,* denn in der eitlen Ruhmsucht und in den Lastern, die daraus entsprießen, sind alle Eitelkeiten der Eitelkeiten, die die Welt betreffen, enthalten.

Sie rafft mit ihren Händen die Blüten an sich, denn sie zieht mit ihren Werken alle Eitelkeiten der jetzigen Welt mit unzüchtigen Sehnsüchten an sich. Denn wenn der Mensch in der Weltliebe über Eitelkeiten nachdenkt, sucht er sie mit Sehnsucht, und wenn er sie findet, legt er sie wie jegliche Art von Blüten in großer Wollust seinem eigenen Willen gemäß zurecht, wie dieses Laster auch in seinen Worten oben ausdrückt.

Dass aber der erwähnte Baum bis in die Wurzeln verdorrt und in die erwähnte Finsternis stürzt, so dass er auch die Gestalt mit sich reißt, bedeutet, dass die eitle Ruhmsucht völlig zugrunde geht und in die finstere Dunkelheit des Unglaubens, in der sich auch der Teufel befindet, eingeht, so dass alle, die die Welt lieben und das ewige Leben verachten, mit ihr stürzen, weil sie ihren Sturz nicht aufhalten können. Und obwohl die Weltliebe fällt, meint sie selbst doch nicht, dass sie stürzt, weil sie so sehr in den weltlichen Dingen befangen ist, dass sie nicht an das denkt, was himmlisch ist. Dies macht die Himmelsliebe deutlich, die, wie du hörst, ihr antwortet.

68. Insbesondere über die Frechheit und ihre Haltung sowie was das bedeutet

Die zweite Gestalt bezeichnet die Frechheit, die die Menschen über die Grenze der Ehrenhaftigkeit hinaus führt und so die Weltliebe begleitet. Denn wenn die Menschen die Welt lieben und ihr anhängen, dann benehmen sie sich oft, wie die weltlichen Sitten es wünschen. *Sie ist wie ein Hund, der auf Jagd geht,* denn der Mensch, der frech ist, folgt dem Wunsch und dem Gefallen eines jeden. Dadurch fängt er viele und betrügt sie, wie der Hund, der viel Beute rafft. *Sie steht auf ihren Hinterpfoten, während sie die vorderen auf einen Stab stützt, der aufrecht steht,* weil die Frechheit, während sie ihre Schritte rückwärts zum Teufel richtet, dem Geschmack der Erde verhaftet ist und nicht über das nachdenkt, was himmlisch ist. Nach vorne aber, scheinbar wie auf guten Pfaden, betrachtet sie das, was himmlisch ist, und zielt auf die Vorschriften des Gesetzes, die vom geistigen Gipfel gestützt werden, indem sie zuweilen in unbeständiger Gesinnung eitel über geistliche Dinge redet. Aber sie bewahrt sie nicht in ihrer Seele, weil sie in ihrem Geist keine Beständigkeit hat, sondern nur über Eitelkeiten nachsinnt. Bald nimmt sie sich Schönes, bald Stürmisches vor, gleich der Luft, zu der sie sich aufrichtet.

Daher *wedelt sie spielerisch mit ihrem Schwanz,* denn sie lenkt das wankelmütige Ziel ihrer Überlegungen bald hierhin, bald dahin nach dem Willen der Menschen, weil sie mit all ihren Werken unverschämt herausrückt, wie sie auch in ihren vorgetragenen Worten zeigt. Deshalb wird sie von der Stimme der wahren Disziplin zurechtgewiesen, wie ebenfalls oben dargelegt wird.

69. Insbesondere über die Spaßmacherei und ihre Haltung sowie was das bedeutet

Die *dritte Gestalt* aber ist die Spaßmacherei in ihrer Deutung. Sie lockt die Menschen weg von dem, was himmlisch ist, zu den verschiedenen Spektakeln unangemessener Aufregungen, und so folgt sie der Frechheit, weil sie wie eine Flöte und wie ihre Musik ist. Denn wenn die Erschöpfung und der Überdruss die Menschen von frecher Gesinnung beschleichen, streben sie nach weiterem Spaß, um sich wieder zu erholen.

Sie ist einem Menschen ähnlich, ausgenommen, dass sie eine verkrümmte Nase hat, denn dieses Laster zieht die Menschen in der Erkenntnis von Gut und Böse an sich gemäß den Wünschen der Augen und des Fleisches und behauptet in alberner Torheit und mit törichtem Verstand, eben wie mit einer verunstalteten Nase, dass es Gott nicht gibt.

Dass *aber ihre Hände wie die Tatzen eines Bären aussehen, und ihre Beine wie die Beine eines Geiers erscheinen,* bedeutet, dass dieses Laster die Menschen zu schmutzigen Sitten und unreinen Werken verführt und in seinen Raubzügen niemanden verschont, wenn es etwas in seiner listigen Kunst zerreißen kann. Denn durch dieses Laster werden die Menschen eher ausgebeutet, als dass sie etwas Nützliches gewinnen.

Sie hat schwarze Haare und ist mit einem blassfarbenen Gewand bekleidet, denn in der Schwärze der Eitelkeit verdunkelt dieses Laster seine Werke bereits in ihren Anfängen. Es legt aber eine leichte Fröhlichkeit um sich, weil es sich den Sitten eines jeden Menschen anpasst, um die Menschen damit an sich zu ziehen und zum Spiel mit sich selbst zu verleiten, wie es oben auch in seiner Rede darlegt. Aber die Stimme der Ehrfurcht, die sich diesem Laster widersetzt, ruft dagegen und überzeugt die Menschen, dass sie ehrenhafte Sitten pflegen.

70. Insbesondere über die Verhärtung und ihre Haltung sowie was das bedeutet

Die vierte Gestalt zeigt die Verhärtung, die hier der Spaßmacherei folgt. Denn sobald der Mensch vom Spaß solcher Art erschöpft ist, wird er vom Überdruss ergriffen und sein Herz beginnt sich zu verhärten, weil der himmlische Tau es nicht mehr berührt. Ein solcher Mensch beackert seinen Geist weder mit dem Gesetz der Vorschriften noch mit dem Pflug der Schriften, und daher spürt er auch nicht, wie wohltuend die Zügelung ist.

Die Gestalt *formt sich wie ein dichter Rauch zur Figur eines Menschen,* weil es in der Verhärtung keine Zartheit gibt, sondern nur eine gewisse Starre arglistiger Bosheit, und zwar nach dem Maß des Menschen. Denn es gibt nichts Böses unter dem Menschen noch über ihm, was er nicht mit seinen Werken ergreift; und es gibt kein geringes und kein großes Übel, an dem sich der boshafte Mensch nicht ergötzt.

Dass sie aber *keine Glieder menschlicher Art hat, ausgenommen, dass große und schwarze Augen an ihr zu sehen sind,* bedeutet, dass dieses Laster die Menschen so weit verhärtet, dass sie das Abbild Gottes in anderen Menschen weder erkennen noch wahrnehmen wollen, weil sie selbst keine Güte in sich haben und ohne Barmherzigkeit und Wohlwollen leben. In der Größe der

Verleumdung und der Schwärze der Gottesvergessenheit schauen sie umher und suchen, wen sie mit dem Gift des Neides, gleich dem Gift einer Schlange, verwunden können.

Sie *bewegt sich weder nach oben noch nach unten, noch dreht sie sich hin oder her,* denn die Verhärtung strebt nicht nach oben, um für Gott aufzutauen von ihrer Bosheit; auch neigt sie sich nicht nach unten, um für den Menschen weich zu werden von ihrer Härte; sie wendet sich auch nicht anderen Geschöpfen zu, um ihretwegen von ihrer eigenen Verdorbenheit Abstand zu nehmen; *sondern sie bleibt in der erwähnten Finsternis fixiert,* denn sie bleibt in einem Stand ohne jegliche Bewegung im Fluch ihres Verhängnisses. Sie sehnt sich nach nichts anderem, als die Menschen niederzuwerfen. Sie ist wie Blei, das in stürmisches Wasser geworfen auf dem Boden liegen bleibt und sich nicht zu irgendjemandes Nutzen rührt. Sie flieht vor der Rechten des Herrn, die in den Geschöpfen alles zum Nutzen des Menschen umfasst und die den Menschen erhöht und ihn in Frieden gefestigt hat.

Denn Gott hat den Menschen gleich dem kostbarsten Edelstein auf die Erde gestellt, damit sich die ganze Schöpfung in seinem Glanz betrachtet. Denn der Mensch steht über allen Geschöpfen. Und deswegen ist es nicht erlaubt, dass die Verhärtung den Menschen für nichts erachtet und sich gegen ihn hart macht. Die Verhärtung ist nämlich das schlimmste von allen Übeln, weil sie niemanden verschont und niemandem gegenüber Barmherzigkeit erweist, vielmehr verachtet sie den Menschen und entzieht sich seinen Bedürfnissen. Sie bringt ihm keine Mitfreude auf und steht ihm mit gutem Rat nicht bei; sie ist in allem hart und verschmäht alles, wie sie auch in ihren Worten, wie oben dargelegt, zeigt. Ihr antwortet die wahre Barmherzigkeit, und mahnt, dass das Gute aus Güte allen gewährt wird.

71. Insbesondere über die Feigheit und ihre Haltung sowie was das bedeutet

Die *fünfte Gestalt* aber verdeutlicht die Feigheit, die hier der Verhärtung wie ein blauer Fleck auf Schläge folgt und den krummen Würmern gleicht, die aus der Erde hervorkriechen. Nachdem sich nämlich der verhärtete Mensch nicht mehr nach dem Guten ausstreckt, wechselt er zur Feigheit, so dass er keine Ehre und keine Heiligkeit mehr ersehnt, sondern träge und der Rechtschaffenheit vergessen dahinvegetiert. Er will sich auch den Lastern nicht mehr widersetzen, vielmehr zieht er sie durch die Feigheit an sich.

Sie hat ein menschliches Haupt, ausgenommen, dass ihr linkes Ohr wie ein Hasenohr aussieht, jedoch von einer Größe ist, dass es den ganzen Kopf bedeckt, weil die törichten Menschen in ihrer Torheit meinen, sie seien rechtschaffen. Darin lieben sie auch den Müßiggang und kümmern sich nicht um das Gute, sondern wenden sich dem bösen Gerede zu und halten feige am Zischeln und an heimlicher Verleumdung fest. Das dehnen sie so weit aus, dass sie jegliche Absicht ihres Herzens in Verkehrtheit verdunkeln.

Dass ihr übriger Körper dem Körper eines Wurmes ähnlich ist, der ohne Knochen ist und in seinem Schlupfwinkel in sich verschlungen liegt, gleich einem Säugling, der in Windeln eingewickelt ist, bedeutet, dass die trägen und feigen Menschen durch dieses Laster ihr Vertrauen, das sie auf Gottes Hilfe setzen und zur Achtung der Menschen aufbringen sollen, gleich einem unreinen Wurm ihrer schmutzigen Lust zuwenden und lieber ihrem weichlichen Fleisch als der göttlichen Stärke trauen. Sie ziehen sich in ihre heimlichen Gedanken zurück und wickeln sich dort durch ihre Unvernünftigkeit ein, so dass sie sich nicht nach der Redlichkeit der Tugenden ausrichten, sondern in starrer Nachlässigkeit und eitler Torheit feige ausharren, wie auch dieses Laster in seiner Rede oben zeigt. Es wird aber in der Antwort des Gottessieges zurechtgewiesen, und die Menschen werden in derselben Antwort ermutigt, gegen den Teufel zu kämpfen.

72. Insbesondere über den Zorn und seine Haltung sowie was das bedeutet

Die *sechste Gestalt* drückt den Zorn aus, der hier mit der Feigheit benachbart ist, weil die Feigheit Beschimpfungen erntet, die dann das Feuer des Zornes entfachen, um das Schimpfen zu verbrennen und zu vernichten.

Sie hat das Gesicht eines Menschen, weil der Zorn im Menschen dadurch entsteht, dass dieser um das Böse weiß; *ausgenommen, dass ihr Mund wie der Mund eines Skorpions ist,* weil der Zorn ein knirschender Mord ist gleich dem Stich eines tödlichen Giftes. *Das Weiß ihrer Augen sticht aber mehr als die Pupillen heraus,* weil der Zorn in seiner Absicht lieber wütige Seuche erzeugt als ruhige Richtigkeit schafft. So beachtet der Mensch weder sich selbst noch die anderen, sondern wirft die Gerechtigkeit um, als ob er blind wäre, und schießt die Stürme seiner Raserei los.

Auch die Arme der Gestalt gleichen den Armen eines Menschen, weil die Herrschaft des Zornes sich mit der Macht eines Menschen ohne Gottesfurcht verbündet, im Wissen um das Böse. So täuschte sich auch der Teufel in seiner Bosheit, als er vollbringen wollte, was er nicht durchsetzen konnte. Der Mensch aber führt seine Lasterhaftigkeit in Gedanken, Erwägen und Werken aus, so dass sie offenbar wird. Zwar fügen auch die unvernünftigen Lebewesen einander bisweilen Verletzungen zu, weil sie davon keine Kenntnis haben. Manchmal greifen sie sogar den anderen in der Verletzung vor, wenn sie Angst haben, von ihnen verletzt zu werden. Gelegentlich kommt es vor, dass sie auch aus Hunger andere angreifen und erschlagen. Doch nur der Mensch zerfleischt in der Bosheit seines Zornes sowohl jenen, der ihn liebt, als auch den, der ihn hasst, und er gibt dem, der ihm etwas Gutes tut, oft Böses für die Wohltat zurück.

Ihre Hände sind in lange Krallen gekrümmt, denn alle Werke des Zornes sind süchtig ausgestreckt nach Raub, wodurch er auch die Werke anderer in großem Wahnsinn zerreißt.

Brust, Bauch und Rücken hat die Gestalt aber wie ein Krebs, denn der Mensch bedenkt im Jähzorn im Zelt seiner Erkenntnis weder die Zeit des Friedens noch des Gesetzes noch der richtig festgesetzten Weisungen, vielmehr schleudert dies alles seine Beständigkeit auseinander. Er nährt sich nicht mit geistiger Speise wegen seiner Wut und des Anfalls seiner Reizung, die in ihm hochkommt; auch bewaffnet er sich nicht mit Gottes Vorschriften, sondern alles, was gerecht und richtig ist, und alles, was die zusammenstoßenden Ursachen mäßigt und mildert, weist er von sich zurück. Dies tut er auf den Pfaden böser Abwechslungen, die zum Teufel rückwärts schreiten, wie auch der Krebs umgekehrt geht.

Die Gestalt aber hat Beine wie eine Heuschrecke und Füße wie eine Viper, denn der Zorn zeigt in seinen Beinen die eitle Ruhmsucht und in seinem Gang den Neid, indem er in der eitlen Ruhmsucht des Hochmuts jegliche Gerechtigkeit überspringt und im Neid alles zerfetzt, was er nur fassen kann.

Dass *sie in einem stillstehenden Mühlrad eingeklemmt ist,* bedeutet, dass der Zorn nicht auf dem rechten Weg wandelt, sondern sich in seinen Eigenwillen zurückzieht, weil er nichts anderem als seinem eigenen Herzen folgt. *So hält die Gestalt mit ihren Händen die oberen Speichen dieses Rades fest und steht mit ihren Füßen auf den unteren Speichen,* weil der Zorn seine Werke in der Überhöhung der Freiheit seines Eigenwillens kühn ausführt, wodurch er auch seine Schritte dorthin setzt, was schlechter in dieser Freiheit ist, weil er nicht nach der Gerechtigkeit, sondern immer nach dem Unrecht strebt.

Sie hat keine Haare auf ihrem Kopf, weil der Zorn den Geist des Menschen aller Ehre des guten Rufes und des Heils entblößt, so dass der Mensch in seinem Zorn nicht überlegt, was gut und was gerecht ist.

Daher *ist sie an ihrem ganzen Körper nackt,* weil sich der Zorn das Gewand der Zurechtweisung nicht anlegt, sondern in seiner Wut bisweilen auch noch das preisgibt, was selbst für ihn herabwürdigend ist.

Deswegen *speit die Gestalt aus ihrem Mund viel Feuer wie Fackeln aus,* weil der Mensch, wenn er im Zorn entbrennt, in seiner Äußerung hitzige und funkelnde Worte mit böser Rachsucht hervorschleudert, so dass er auch Gott vergisst, wie auch dieses Laster in seinen oben vorgebrachten Worten kundtut. Die göttliche Geduld aber weist den Zorn wegen seiner widerspenstigen Raserei zurecht, ähnlich wie auch Jakob zu seinen zwei Söhnen, die in ihrer Wut Menschen ermordet hatten, sprach, indem er sagte:

73. Die Worte Jakobs

Simon und Levi, kriegerische Gefäße der Ungerechtigkeit. Zu ihrem Rat soll meine Seele nicht gehen, und in ihrer Zusammenkunft soll meine Ehre nicht sein; denn sie haben in ihrer Wut den Mann getötet und in ihrem Eigenwillen Mauern untergraben. Verflucht ist ihre Wut, weil so hartnäckig, und ihr Unmut, weil so hart. Ich werde sie unter Jakob aufteilen und in Israel zerstreuen (Gen 49,5-7). Der Sinn dieser Worte ist folgender:

Der Zorn und der Hass, die sich in der Bosheit verbünden, sind *Gefäße der Verdorbenheit* und widersetzen sich Gott. In Prahlerei verbrennen sie alles, was gerecht ist, und gegen alles bringen sie ihre Beschimpfungen hervor. *Der Geist der Gerechten soll nicht in ihren abgründigen Gedanken bleiben;* sie übertreten nämlich die Gesetze des Herrn und bauen nicht auf dem Fels, auf dem die Füße der Seligen stehen, um alle Wundertaten Gottes zu verkünden. Denn alle Wege und alle Bauten der seligen Sehnsüchte und der seligen Werke sind in Gottes Weisungen begründet.

In ihren Strebungen, mit denen sie meinen, ihren Willen auszuführen, und mit denen sie suchen, ihre heimtückische Hinterlist zu vollzubringen, *soll die Ehre der Gerechten nicht erscheinen,* damit sie darin nicht verdunkelt wird. Diese soll auch nicht in ihrer Mitte sein, damit sie nicht entkräftet wird. Vielmehr soll die Herrlichkeit der Gerechten in den Engeln und mit den Engeln Gottes sein, und mit denen, die das Antlitz der Gottheit im Spiegel betrachten. Die Gerechten sollen nicht mit denen gehen, die *in blutrünstiger Arglist die Tugenden in den seligen Menschen zertreten und in ihrer hinterlistigen Kunst die Befestigungen durchbrechen,* welche die seligen Lehrer zum Schutz der Erwählten errichtet haben. Denn solche *sind in ihrem Wahnsinn* zusammen mit dem Teufel *verflucht,* weil sie in einem *trotzigen* Kampf gegen Gott streiten, indem sie sich Gott widersetzen. Auch sind sie *in der Wut der Verdorbenheit* unbeweglich, weil sie sich vom Bösen *keineswegs abwenden wollen,* sondern mit ihren bösen Werken in der zerstörerischen Verdammnis auszuharren wünschen.

Daher *werden sie aufgeteilt* auf den Ansturm jenes Volkes hin, das sie so unterdrückt, dass sie sich wie eine Schlange in einem Schlupfwinkel zu verstecken suchen, weil sie, durch dieses Volk erschöpft, kaum mehr atmen können. *Sie werden zerstreut* unter jene, die Gott bekennen, jedoch nicht, um an ihrer

Freude teilzuhaben, sondern um wie Spreu von ihnen verworfen und getrennt zu werden. Weil sie Gott nicht folgen, wird er sie der Vergessenheit anheimgeben, so dass sie weder die Gunst der Welt noch die Freude der Seele erfahren werden. Wie vom Wind werden sie in die vielen Leiden ihrer bösen Begierden verweht und werden keine Ruhe finden mit jenen, die Gott dienen, noch mit denen, die sich für die Welt abmühen.

74. Insbesondere über die törichte Freude und ihre Haltung sowie was das bedeutet

Die siebte Gestalt deutet die törichte Freude an, die hier dem Zorn folgt, weil sie sozusagen die Rache und die Abkühlung des Zornes ist. Denn wenn der Mensch nach seinem Zornausbruch Fröhlichkeit zeigt, entehrt er seine Feinde, weil sie, während sie ihn fröhlich sehen, über die ihnen zugefügte Schmähung noch größeren Schmerz empfinden.

Die Gestalt hat von oben bis zu den Lenden die Form eines Menschen, ausgenommen, dass ihre Hände wie die Hände eines Affen sind, weil die Menschen die Erkenntnis des Guten, die sie zur Sehnsucht nach oben wenden sollten, in der Vervielfältigung der verschiedenen Eitelkeiten nach unten zu den fleischlichen Begierden lenken. So überschreiten sie das Maß des heiligen Lebenswandels und der Bindung, weshalb sie auch all ihre Werke in Torheit verzerren. Sie führen nämlich das, was dem Menschen nicht angemessen ist, meistens in hässlicher und tierischer Weise aus.

Von den Lenden bis nach unten gleicht sie einer Ziege, weil solche Menschen vergessen, dass sie Menschen sind, und ihren Verstand und ihre Vernunft zu tierischen Sitten herabwürdigen. Sie überspringen in ihrer Unbeständigkeit das, was vernünftig ist, und suchen nicht danach, verständige Unterscheidung und schamhafte Disziplin in ihrer Vernunft zu erlangen.

Daher sind ihre Füße in der erwähnten Finsternis gefangen, so dass du sie nicht ganz sehen kannst, weil all ihre Wege in lügnerischen Schein verwickelt sind und nicht auf Gerechtigkeit zielen. Während sie nämlich mit bösen Werken verfinstert sind, sind sie der Ehrbarkeit der Getreuen nicht zugänglich, und, völlig ausgelöscht, sind sie im Gedächtnis der Heiligkeit nicht aufbewahrt.

Dass *sie aber kein Kleid trägt, sondern völlig nackt erscheint,* bedeutet, dass die törichte Freude, ohne mit geistiger Freude bekleidet zu sein, nackt vor Gott steht, weil sie zur Unbeständigkeit neigt und die Sehnsucht nach den himmlischen Dingen nicht vermisst. Vielmehr hängt sie ganz den irdischen und vergänglichen Dingen an und kümmert sich nicht um das Ewige, wie auch ihre Worte oben zeigen. Das Seufzen vor Gott aber antwortet ihr, wie vorher dargelegt, und ermutigt die Menschen, sich von den zeitlichen Dingen zum Ewigen hinzuwenden.

75. Insbesondere über die Gestalt des Gotteseifers und was das bedeutet

Dass *du aber siehst, dass der erwähnte Mann an seinem Nacken ein dreischneidiges Schwert an dessen Griff gezückt hält,* bedeutet, dass Gott seinen Eifer offenbart, der auf drei Wegen einherschreitet und in seiner Stärke die Wurzel des Glaubens legt. Denn die göttliche Vergeltung unterdrückte mit offenen Züchtigungen die Sünden der Menschen, die vor dem Gesetz lebten, und derer, die unter dem Gesetz standen, was er auch jetzt, nach dem Gesetz in der Neuheit der Taufe, nicht unterlässt zu tun, indem er mit heilbringenden Tugenden den Glauben begründet und die Sünden der Menschen mit diesem seinem Eifer abwäscht.

Das Schwert bewegt sich hin und her, um dreinzuhauen, weil der Gotteseifer sowohl die Erwählten als auch die Verworfenen durch gerechte Reinigung überall prüft. Denn dieser Gotteseifer kämpft, wie er selbst sagt, gegen den Teufel und gegen all seine Anhänger. Niemand kann ihn überwältigen, weil er nicht aus der Einigung des Mannes mit der Frau stammt, sondern in Gott ist, und er beurteilt in Gott alles gerecht. Er betrachtet den Menschen in all seinen Urteilen und prüft ihn auf sorgfältigste Weise.

Sodom und Gomorra vernichtete er ja mit brausendem Schwefelfeuer, weil sie mit fremden Sünden sündigten, die sie aus dem Schlund des Teufels und in der Art der Viper lernten, weshalb sie auch die Natur des Menschen verspotteten.[13] Ebenso überführte der Gotteseifer die übermütige weibliche Ansicht wegen ihres Ungehorsams in einen anderen Zustand, damit alle Fälle der Sünden in dieser Tat scharf gesalzen werden.[14] Er schlug auch das Volk Israel, als es Gott verließ und den Baal anbetete. Es wurde der Zerstreuung anheimgegeben und in die Knechtschaft bei einem heidnischen Volk verbannt, weil es das rechte Erbe verachtet hatte.

Denn der Gotteseifer unterscheidet, was zu unterscheiden ist, und teilt auf, was aufzuteilen ist. Er teilt auch den Hochmut in zwei Teile und lässt zu, dass er gelegentlich aufsteigt. Da der Hochmut aber nichts von Gott erbittet, sondern alles, was er will, an sich rafft, richtet der Gotteseifer bereits seinen Anfang zugrunde und verweigert ihm das Ende. Er verbrennt auch die Wollust mit höllischem Feuer und kerkert die Gottlosigkeit mit einer ihr angemessenen Strafe

13 Vgl. Gen 19,1-29.

14 Vgl. Gen19,26; Lk 17,32.

ein. Er richtet die eitle Ruhmsucht, die das Herz des Hochmuts ist, ferner die Feuerbrunst der Sünde, die das Herz der Wollust ist, und den Unglauben, der das Herz der Gottlosigkeit ist, hart zugrunde, weil sie sich weit von Gott entfernt haben. Von jenen nämlich, die ihn nicht erkennen wollen, will auch Gott bei der Belohnung der Guten nichts wissen, weil sie ihn nicht suchen.

Es gibt aber Menschen, die zwar gewisse Laster anschauen und küssen, sie aber nicht mit in ihr Bett nehmen. Andere wiederum umarmen manche, spielen aber mit ihnen dann doch nicht in schwereren Sünden herum. Und wieder andere ergreifen in Gedanken und Worten die Laster, aber in ihren Werken folgen sie ihnen schließlich nicht. Solche Menschen lässt der Gotteseifer nicht völlig zugrunde gehen, sondern er entfernt von ihnen das Kupfer durch verschiedene Züchtigungen.

Wer aber Sehnsucht nach dem Leben hat, nehme damit diese Worte auf und verberge sie im innersten Gemach seines Herzens.

Zur Weltliebe

Und ich sah, dass eine Menge böser Geister von denen, die der Gotteseifer mit gerechtem Urteil aus dem Himmel herausgeworfen hatte und die Luzifer zu den Straforten mit sich geschleppt hatte, über den ganzen Erdkreis unter die Menschen ausströmte und in ihnen ihre Bosheit anhäufte. Ihre Menge war unzählbar und ist unzählbar, und niemandem außer Gott allein ist ihre Zahl bekannt. Diese Geister waren ausgestreut, um den Menschen verschiedene Widerwärtigkeiten zuzufügen, so dass ein jeder von ihnen gemäß seiner Bosheit den Menschen Nachstellungen bereitet und in einem Hinterhalt auflauert. Und ich sah einige von ihnen, die alle laut schrien, Luzifer als Herr dürfte niemandem unterworfen sein. Diese zeigen den Menschen die Weltliebe und überreden sie, dieser Liebe anzuhangen.

76. Über die läuternden Züchtigungen der Seelen jener Menschen, die durch Weltliebe gesündigt haben, und warum sie diese auf solche Weise zu erleiden haben

Und siehe, ich sah zwei Feuer, von denen das eine eine blasse Flamme, das andere eine glühendrote Flamme hatte. Jenes Feuer, das die blasse Flamme hatte, war ohne Würmer, während das andere mit der roten Flamme voll von Würmern war. Einige Würmer sahen wie winzige Schlangen aus, andere aber hatten spitzes Gesicht und spitzen Schwanz, allerdings keine Beine. Jene Seelen aber, die durch Weltliebe gesündigt hatten, als sie noch in ihrem körperlichen Dasein gelebt hatten, standen in ihren Qualen zwischen diesen zwei Feuern und wurden von beiden Feuern angegriffen. Besonders aber von der Glut des roten Feuers und von den Bissen seiner Würmer wurden sie gemartert. Die Seelen nämlich, die eine unaufhörliche Neigung zur Weltliebe gehabt hatten, erlitten das blasse Feuer; die aber, die mit ganzer Leidenschaft ihr angehangen hatten, wurden vom roten Feuer gequält. Diejenigen, die durch diese Leidenschaft in unredlicher Gewohnheit einer doppelten Täuschung gehuldigt hatten, indem sie gelobt hatten, was ihnen missfallen hatte, und getadelt hatten, was ihnen gefallen hatte, so als ob sie beschwerliche Last zu tragen hätten, wobei sie es gerne getan hatten, litten unter der Plage der Würmer, die die Form der Schlangen hatten. Jene aber, die sich an der Lust der Weltliebe ergötzt hatten, wurden von den Würmern gequält, die spitzes Gesicht hatten. Die Seelen jedoch, die in der Weltliebe leichter gefehlt hatten, bekamen das blasse Feuer; die aber, die darin schwerer gesündigt hatten, hatten das rote Feuer mit den Würmern zu ertragen.

Und durch den lebendigen Geist sah ich und verstand es.

77. Diese Züchtigungen bewirken die Reinigung in jenen Seelen, die in der Welt durch Reue die Reinigung verdient haben

Und ich hörte eine Stimme, die aus dem lebendigen Licht zu mir sprach: Was du siehst, ist wahr; und es ist so, wie du es siehst; und es ist noch mehr. Denn die Qualen dieser Züchtigungen bewirken die Reinigung in jenen Seelen, die während ihres Lebens in der vergänglichen Welt durch Reue die Reinigung ihrer Sünden in der unvergänglichen Welt verdient haben. Sie konnten sich davon in ihrem körperlichen Dasein nicht vollständig reinigen, weil der Tod sie ereilt hat und die göttliche Strafe des erbarmenden Gottes sie in dieser Welt auch nicht geprüft hat. Daher werden sie nun in diesen Züchtigungen gereinigt, außer wenn sie mittels der Mühen der Lebenden und der Tugenden der Heiligen, die Gott in ihnen gewirkt hat, durch die angeflehte Liebe der göttlichen Gnade diesen Qualen entrissen werden.

78. Die Seelen, die in der seligen Erinnerung aufgehoben sind, werden gereinigt, während diejenigen, die der Vergessenheit anheimgefallen sind, in Vergessenheit bleiben

Diejenigen nämlich, die in die Zahl und in die Erinnerung der Seligkeit aufgenommen sind, entfernen die Makel ihrer Sünden durch diese Reinigungen und gelangen zum Trost. Diejenigen aber, die der Vergessenheit anheimgefallen sind, bleiben in der Vergessenheit anderer Strafen.

79. Auf welche Weise die Menschen durch Reue die Sünde der Weltliebe in sich zu sühnen haben, gemäß dem Urteil eines Richters und dem Maß der Sünde

Wenn aber die Menschen, die der Weltliebe anhangen, die bösen Geister, die ihnen diese Weltliebe vorgaukeln, überwinden wollen, und wenn sie den Züchtigungen, die du siehst, zu entkommen streben, dann sollen sie sich mit einem Bußgürtel und Geißelungen züchtigen, und sich mit einfachem Brot und einfachem Wasser auszehren, je nachdem, wie sie in der Lust, im Willen, nach Zeitlänge und nach Lebensweise gesündigt haben. Dies geschehe so, wie der wahre Lehrer in seiner Menschheit die Reue für die Reuigen darin bestimmt hat, sich den Priestern zu zeigen.[15] Denn wer auf gerechte Weise seine Reue bezeugen will, muss sich seinem Richter stellen, durch den ihm gemäß dem Maß der Sünde eine Buße auferlegt wird. Dieser Richter ist der Priester an der Stelle meines Sohnes. Wenn nämlich der Geist des Menschen sich selbst anklagt, soll er sich dem Priester durch die Aufdeckung seiner Sünden zeigen, wie es im Gesetz über die Aussätzigen durch meinen Diener Mose dargelegt wurde.[16] Deswegen sind die Sünden dem Priester offenzulegen, weil die schamhafte Furcht des Bekenntnisses am Schweiß meines Sohnes und die Reue an den Tropfen seines Blutes teilhaben.

80. Jene Buße gilt als anerkannt, die vom Priester bestimmt wird

Jene Buße gilt als anerkannt, die vom Priester bestimmt wird. Denn die Peiniger fügen den Seelen keine Strafe zu, nur jene, die vom Befehl des Richters festgesetzt wird.

81. Die Weltliebe fürchtet Gott nicht und liebt ihn auch nicht

Die Weltliebe fürchtet Gott nicht und liebt ihn auch nicht, sondern rafft alles an sich, was ihr gefällt. Jedes Ding, nach dem sie in den Geschöpfen lüstern ist, rechtfertigt sie kühn vor Gott, indem sie sagt, es sei zum Gebrauch erschaffen. Daher fürchtet sie Gott nicht, den sie zu fürchten hätte, sondern sie hält ihren eigenen Willen für Gott. Auch liebt sie Gott nicht, weil sie ihre fleischliche Begierde nicht lassen kann, um Gottes Liebe willen sich im Zaum zu halten. Vielmehr umarmt sie voller Sehnsucht die Welt. Gegen eine solche Liebe spricht aber Salomo, durchtränkt vom Geist der Weisheit, wenn er sagt:

15 Vgl. Mt 8,4; Mk 1,44; Lk 5,14; Lk 17,14.
16 Vgl. Lev 14,2.

82. Die Worte Salomos

Der Anfang der Weisheit ist die Furcht des Herrn, sie hat sich bei den Glaubenden gleich im Mutterschoß gebildet; mit den auserwählten Frauen schreitet sie einher, mit den Gerechten und den Glaubenden lässt sie sich erkennen (Sir 1,16[17]). Dies ist auch so zu verstehen:

Der erste Blick der Weisheit ist die Furcht des Herrn, so wie die Morgenröte der Sonne vorausgeht. Wenn nämlich der Mensch versteht, dass er von Gott geschaffen ist, beginnt er, Gott zu fürchten. Was aber gefürchtet wird, wird auch geehrt, und was geehrt wird, wird auch geliebt. Daher soll der Mensch, der sich von Gott geschaffen weiß, in seinen Werken gläubig sein – denn *wie ein Mutterschoß ist der Glaube der Heiligen* – und seinen Glauben auf Gott setzen, dass er ihm das Heil bringt. Auch soll er danach streben, sich um dieses Heil verdient zu machen; und dies tue er im Glauben, in dem die Weisheit erfüllt wird. Der Mensch ist nämlich in seinen Sünden verkrümmt, und daher soll er mit Weisheit überlegen, wie er die Sünden von sich abwirft, und wie er die Verkrümmungen der Laster, die er im Sehen, Hören, Schmecken, Riechen und Tasten in sich hat, von sich entfernt, gleich einem Handwerker, der an seinen Figuren schleift, um sie in schöne und richtige Form zu bringen. O, wie groß ist die Weisheit, dass der Mensch durch die Furcht der Weisheit beginnt, gegen die Rechte des Fleisches zu handeln, so dass er die Sünden unterlässt, die er tun könnte! Und *so hat sich die Furcht des Herrn mit solchen Werken durch die Weisheit im Glauben der Heiligen gebildet,* wie auch im Aufgang der Schöpfung die Weisheit all ihre Werke gut vollendet hat.

Auch *wohnt die Furcht des Herrn in den durch Heiligkeit auserwählten Frauen.* Denn Gott hat die Frau so geschaffen, dass sie sowohl ihm gegenüber als auch ihrem Mann gegenüber Furcht entgegenbringt. Daher ist es recht, dass die Frau immer scheu ist. Sie selbst ist ja wie das Haus der Weisheit, weil in ihr das Irdische und das Himmlische vervollkommnet werden. Denn auf der einen Seite kommt der Mensch durch sie hervor, auf der anderen Seite erscheinen in ihr gute Werke mit keuscher Schamhaftigkeit. Würde sie keine Furcht haben, könnte sie die keusche Schamhaftigkeit nicht pflegen, weil sie gemäß der Art einer Viper alles durchbeißen würde, was sie nur kann. Eine gottesfürchtige Frau aber sammelt allen Reichtum der guten Werke und der heiligen Tugenden in ihrem Schoß und lässt nicht nach, bis sie alles Gute vollbringt.

17 Sir 1,14 nach der Einheitsübersetzung.

So weilt die Furcht des Herrn, wie geglaubt wird, mit den auserwählten Frauen, die in Heiligkeit und Gerechtigkeit auserwählt sind, dort, wo die Tugendkräfte in ihnen wirken. Ferner *wird sie mit den Gerechten,* die das Gesetz und die Gebote des Herrn in allem erfüllen, und auch *mit den Glaubenden,* die ihren Körper und die Welt für Gott verlassen, in großen Wunderwerken *erkannt,* wenn ihre guten und heiligen Werke in der ganzen Welt wie die Sonne aufstrahlen. Diese guten Werke können aber ohne die Furcht des Herrn nicht entstehen, vielmehr werden sie durch sie treu zur Vollendung gebracht. Die Weltliebe entbehrt aber all dieser Werke.

Dies ist aber von den Seelen der Reuigen gesagt worden, die zu reinigen und zu heilen sind, und es ist verlässlich; der Getreue möge darauf achten und es im Gedächtnis des guten Wissens aufbewahren.

Zur Frechheit

Danach sah ich in der erwähnten Menge andere Geister, die im lauten Lärm ihrer überschäumenden Stimmung schrien, Luzifer sei jener Ehre würdig, die er sich angemaßt hat. Diese Geister führen die Menschen besonders zur Frechheit ihres Geistes und spornen sie an, die Frechheit zu ergreifen.

83. Desgleichen über die läuternden Züchtigungen der Seelen jener Menschen, die durch Frechheit gesündigt haben, und warum sie diese auf solche Weise zu ertragen haben

Und ich sah ein großes und glühendrotes Feuer, das von einer so dichten Luft umgeben war, dass seine Flammen wegen der Dichte dieser Luft nicht ausbrechen konnten. In diesem Feuer wimmelte es von vielen feurigen Würmern, die darin mit ihrer Stimme und ihrer Bewegung ein riesiges Getöse verursachten. Jene Seelen, die in ihrem körperlichen Dasein durch Frechheit gesündigt hatten, wurden in diesem beißenden Feuer gemartert, so dass sie dort kaum Atem holen konnten, weil dieses Feuer wegen der dichten Luft unzugänglich war und kein Hauch es durchdringen konnte. Sie wurden an ihren Seiten und Beinen von diesen Würmern aufs Äußerste gequält. Da sie, während sie in der Welt gelebt hatten, mit großem Eifer der Frechheit gehuldigt hatten, brannten sie nun im glühendroten Feuer; und da sie durch dieses Laster die flüchtigen Sitten verschiedener Gegenden nachgeahmt hatten, erlitten sie jetzt die Erstickung im Feuer. Da sie die Seiten ihres Körpers und ihre Beine oft unverschämt hin und her gewunden hatten, wurden sie von den erwähnten Würmern nun bitter angegriffen.

Und ich sah und verstand es.

84. Auf welche Weise die Menschen durch Reue die Sünden der Frechheit in ihrem Körper zu tilgen haben

Und ich hörte aus dem erwähnten lebendigen Licht eine Stimme, die zu mir sprach: Dies ist wahr. Wer nämlich in der Welt durch Frechheit gesündigt hat, wird mit diesen Züchtigungen geprüft, um geläutert zu werden. Wenn die Menschen aber, die diesem Laster verfallen sind, die bösen Geister, die sie zu diesem Laster anregen, zu meiden streben und den Martern dafür zu entfliehen wünschen, dann sollen sie Verzicht auf Speise und Trank üben und sich gerne mit der Geißel züchtigen. Und dies sollen sie nach der Qualität dieser Sünden und nach dem Befehl des ihnen vorgesetzten Richters tun.

85. Die Frechheit, da sie keine Beständigkeit hat, wird Eitelkeit der Eitelkeiten genannt

Die Frechheit kennt nämlich keine Beständigkeit, vielmehr setzt sie sich das, was sie will, in ihren Kopf, und so erweist sie auch Gott keine Ehre in Freude. Sie ergötzt sich bloß an dem, was sie für sich selbst auswählt. Daher wird sie Eitelkeit der Eitelkeiten genannt, und nichts anderes wird ihr von ihrer ganzen Mühe übrig bleiben.[18] Denn sobald die eine Eitelkeit vorbei ist, folgt ihr die nächste. Das aber, was heilig ist, hat Bestand auf ewig.

Wenn der Mensch seiner fleischlichen Sehnsucht nachgibt, dann nennt man das, was er dadurch mit Vergnügen tut, Eitelkeit. In seiner zarten Kindheit liebt er die Spiele, in seiner Jugend umarmt er die Ausschweifung, und erst später erkennt und weiß er vollständiger, was gut und was böse ist. Dann wird er seiner Werke der Kindheit und der Jugend überdrüssig werden, so als ob er darin niemals gelebt hätte. Wenn er dann weiter zum Alter voranschreitet, wird er austrocknen und sich mit Seufzen und Klagen an seine früheren Jahre erinnern, die er aber nicht mehr wieder haben kann. Alles um den Menschen und im Menschen ist ja Eitelkeit. Die Wälder grünen und vertrocknen, die Blumen blühen und verwelken, das Gras wächst und wird abgeschnitten. Was bleibt also übrig?

Was der Mensch jetzt sieht, wird er bald nicht mehr sehen; was er jetzt hat, wird er bald nicht haben; wenn er jetzt lacht, wird er bald weinen. Darum ist alles eitel, weil alles vergänglich ist, indem ja alles stirbt und zu Ende geht. Alles wird sterben, so dass nichts in dieser Welt weiterlebt. Auch wird alles zu Ende gehen, die Berühmtheit wird zur Ruhmlosigkeit, der Reichtum zur Armut.

18 Vgl. Koh 1,2-3; Koh 2,20-23. Im ganzen Kapitel klingt Koh 1-3 und 12,1-9 an.

86. Die Menschen, die himmlisch genannt wurden, werden vergehen, die Stärke der Heiligkeit aber wird niemals aufhören

Die Könige und die Fürsten, die in solchen Ehren gehalten wurden, dass man sie als Himmel rühmte, werden vergehen. Diejenigen aber, die in ihrem Geschlecht von kleinerem Stand waren und denen der Reichtum fehlte, steigen von ihrer Niedrigkeit und Dürftigkeit wie zum Olymp auf. Dennoch werden auch sie dahinschwinden. Die Stärke der Heiligkeit dagegen, aus der alles Gute hervorgeht und die alles Gute trägt, wird niemals vergehen, sondern im ewigen Leben bestehen bleiben.

Dies ist aber von den Seelen der Reuigen gesagt worden, die zu reinigen und zu heilen sind, und es ist verlässlich; der Getreue möge darauf achten und es im Gedächtnis des guten Wissens aufbewahren.

Zur Spaßmacherei

Und ich sah in der erwähnten Menge andere Geister und hörte, dass sie schrien, Luzifer sei des Heils und der Ehre aller Tugendkräfte würdig. Und sie gaben sich den Anschein, als ob sie das unaussprechliche Lied der seligen Geister, das diese vor Gottes Thron sangen, gekannt hätten. Diese Geister verlocken die Menschen, sich mit Worten und Taten der Eitelkeit eines Spaßmachers hinzugeben.

87. Desgleichen über die läuternden Züchtigungen der Seelen jener Menschen, die durch eitle Spaßmacherei gesündigt haben, und warum sie diese auf solche Weise zu erleiden haben

Und ich sah einen schwarzen Nebel, in dem ein riesiges Feuer brannte. Dieses Feuer stieß einen Rauch aus, der jenem Rauch ähnlich ist, mit dem Erz geläutert wird. In diesem Feuer mit seinem Rauch und Nebel wurden jene Seelen gezüchtigt, die, während sie in der Welt gelebt hatten, dem Laster der eitlen Spaßmacherei nachgegeben hatten. Sie erlitten das Feuer wegen der Wonne in diesem Laster, den Rauch wegen ihres Strebens nach diesem Laster und den Nebel schließlich wegen der Wankelmütigkeit ihrer Sitten, die sie durch dieses Laster öfters gewechselt haben.

Und durch den lebendigen Geist sah ich und verstand es.

88. Auf welche Weise die Menschen durch Reue die Sünde der Spaßmacherei in sich zu sühnen haben

Und ich hörte eine Stimme, die aus dem lebendigen Licht wiederum zu mir sprach: Was du siehst, ist wahr; und es ist so, wie du es siehst. Wenn die Menschen aber, die in der Welt diesem Laster anhangen, die Einflüsterungen dieser teuflischen Kunst nicht mehr beachten wollen und vor den Strafen für dieses

Laster zurückschrecken, dann sollen sie ihren Körper gemäß der Qualität und der Quantität ihrer Sünden mit Fasten züchtigen, wobei sie auch kostbare Getränke vermeiden sollen, gemäß dem rechten Urteil ihrer Richter.

89. Der Spaßmacher überführt seine Seele durch schmutzige Sitten in Eitelkeit und Lüge

Die Spaßmacherei lässt manche Menschen in der Wechselhaftigkeit schmutziger Sitten ihre Spiele treiben, so wie sie es sich wünschen und sich selbst auswählen. Die bösen Geister wollen ja die himmlische Symphonie verspotten, doch es wird ihnen nicht gelingen. Daher überfallen sie einige Menschen mit Spaßmacherei und treiben mit ihnen ihre verschiedenen Spiele in Lüge, weil sie nicht imstande sind, sie in der Wahrheit spielen zu lassen. Das symphonische Lob, das Gott gebührt, kann nicht aufhören, weil es unvergänglich ist, denn es ist die Fülle der Wahrheit. Der Spaßmacher aber fragt nur sein Gemüt, wohin es fliegen und was es machen kann, und wenn er dies im Spiegel des Wissens erkennt, überführt er es in Eitelkeit und Lüge. Er gibt mit den Elementen selbst den Ton an, wohin es nach seinem Gefallen gehen soll.

90. Was ohne Gott gesucht wird, wird untergehen

Die Menschenkinder, welche die großartigen Dinge vielfältig erforschen, um sie nach ihrer Möglichkeit zu untersuchen und durchzuführen, sind eitel. Sie verlassen die Wahrheit, die Gott ihnen zeigt und gibt, und bauen mit falschen Göttern falsche Weissagungen wie Berge auf. Überall erkunden sie jene Geschehnisse, die die Schöpfung durch Zeichen andeutet. Während sie dies tun, halten sie die falsche Erkenntnis für die Wahrheit und betrügen sich selbst und andere. Denn was ohne Gott gesucht wird, wird auch ohne Gott gefunden und ist somit dem Untergang geweiht. Doch wenn sie auch Spaß und Tanz in ihren Adern und ihrem Mark suchen und ihn finden, werden sie wie ein Nichts verhöhnt und werden wie Asche vergehen.

Dies ist aber von den Seelen der Reuigen gesagt worden, die zu reinigen und zu heilen sind, und es ist verlässlich; der Getreue möge darauf achten und es im Gedächtnis des guten Wissens aufbewahren.

Zur Verhärtung

Danach sah ich in der erwähnten Menge andere böse Geister, die mit lauter Stimme schrien: „Ist es etwa nicht erlaubt, dass sich jemand dem ersten Gott gleichstellt?“ *Sie führen die Verhärtung mit sich und überreden die Menschen, diese zu ihrer Herrin zu wählen und niemandem Barmherzigkeit zu erweisen.*

Denn was sie im Himmel nicht erreichen konnten, das wollen sie nun im Menschen durchsetzen.

91. Desgleichen über die läuternden Züchtigungen der Seelen jener Menschen, die durch Verhärtung gesündigt haben, und warum sie auf solche Weise bestraft werden

Und siehe, ich sah einen trockenen Brunnen, tief und breit, dessen Boden aus siedendem Pech bestand und in dem ein weites Loch klaffte. Durch diese Öffnung stiegen feuriger Rauch und feurige Würmer aus einem unteren Teil in den Brunnen auf. Auch wurden viele scharfe und feurige Nägel in diesem Brunnen wie vom Wind hin und her getrieben. Und die Seelen, die sich in der Welt durch Verhärtung ohne Barmherzigkeit gegenüber den Menschen verhalten hatten, saßen auf dem Boden des Brunnens und fürchteten sich, durch jenes Loch in das erwähnte Feuer im unteren Teil zu fallen. Sie litten viele Qualen durch den erwähnten Rauch, die Würmer und die Nägel. Da sie zu den Menschen frevelhaft gewesen waren, saßen sie auf dem teerigen, glühenden Boden und hatten wegen ihrer Gottlosigkeit Angst vor dem unteren Feuer. Da sie in ihrer Bosheit Gott geflohen hatten, plagte sie dieser feurige Rauch. Und weil sie den Menschen unmenschliche Leiden zugefügt hatten, quälten sie die erwähnten Würmer. Wegen ihres verhärteten Geistes, der keine Barmherzigkeit gekannt hatte, mussten sie die verletzenden Stiche der feurigen Nägel ertragen.

Und ich sah und verstand es.

92. Auf welche Weise diejenigen, die durch Verhärtung gesündigt haben, ihre Sünden in sich zu läutern haben

Und aus dem lebendigen Licht hörte ich wiederum eine Stimme, die zu mir sprach: Was du siehst, ist wahr. Wenn die Menschen aber, die in der Welt so sehr verhärtet sind, dass sie anderen Hilfsbedürftigen keine Barmherzigkeit erweisen, den erwähnten bösen Geistern, die ihnen diese Verhärtung entgegenhalten, Widerstand leisten, wie auch den Züchtigungen, die du siehst, entkommen wollen, dann sollen sie sich mit bitterem Fasten und harten Geißelungen züchtigen, und dies sollen sie gemäß dem Maß der Sünden und dem Maß der ihnen festgesetzten Verordnung tun.

93. Die Verhärtung kennt weder Barmherzigkeit noch Liebe, noch bringt sie gute Werke hervor, und sie will sich auch auf Befehl der Vernunft nicht erweichen

Die Verhärtung ist nämlich ein sehr schlimmes Laster, weil sie weder die Barmherzigkeit kennt, noch nach der Liebe sucht, noch bringt sie gute Werke hervor.

Eine solch große Verhärtung hatten manche Tyrannen zu eigen, die, obwohl sie Gottes Wundertaten sahen, vom Eigensinn ihres Willens dennoch nicht ließen, sondern ihr Herz und ihren Geist dem Willen Gottes vorzogen und so gegen Gott kämpften. Wie aber Gott in der Bosheit des ersten Engels und in der Torheit des ersten Menschen den Eigensinn ihres Willens vernichtete, und wie er den Pharao in Schrecken versetzte, als er die Erstgeborenen Ägyptens erschlug,[19] so richtet er auch jetzt die Verhärtung zugrunde, die wie die Härte eines Felsens erstarrt ist, so dass sie sich weder durch die Vorschriften des Gesetzes noch auf Befehl der Vernunft des Menschen hin erweichen will. Darum entzieht auch Gott ihr das Heil seiner Hilfe und versenkt sie ähnlich dem Pharao[20] in Schande.

Dies ist aber von den Seelen der Reuigen gesagt worden, die zu reinigen und zu heilen sind, und es ist verlässlich; der Getreue möge darauf achten und es im Gedächtnis des guten Wissens aufbewahren.

Zur Feigheit

Und siehe, ich sah in der erwähnten Menge andere Geister, die laut schrien, Luzifer sei ihr Herr. Und sie verführen die Menschen zur Feigheit und treiben sie dazu, weder Furcht vor Gott zu haben, noch Sorge für die Menschen zu tragen.

94. Desgleichen über die läuternden Züchtigungen der Seelen jener Menschen, die durch Feigheit gesündigt haben, und warum sie diese auf solche Weise zu ertragen haben

Und ich sah einen schwarzen Nebel, gewaltige Winde, den Tumult tosender Gewitter und Regenstürme, in die hinein die erwähnten bösen Geister auch noch Feuer wie Regentropfen warfen. Die Seelen aber, die in der Welt die Feigheit geliebt hatten, so dass sie Gott nicht mit voller Tatkraft gedient hatten, wurden von diesen Stürmen gejagt und durch das Feuer, das diese bösen Geister in die Stürme warfen, versengt. Da sie sich in der Welt von der Gottesfurcht nicht hatten aufschrecken lassen, erlitten sie nun diese Stürme. Und weil sie die Mahnungen der Gerechtigkeit feige vernachlässigt hatten, bekamen sie nun dieses Feuer zu spüren.

Und ich sah und verstand es.

95. Auf welche Weise die Menschen durch Reue die Sünde der Feigheit zu sühnen haben

Und die Stimme, die aus dem lebendigen Licht wiederum zu mir sprach, hörte ich: Was du siehst, ist wahr; und es ist so, wie du es siehst. Wenn die Menschen

19 Vgl. Ex 12,29-30.

20 Vgl. Ex 14,27-28 und 15,4.

aber, welche die Feigheit lieben und Gott weder mit Tatkraft noch mit treuem Glauben dienen, von diesen Geistern nicht länger verspottet werden wollen, sondern sich von ihren Leidenschaften lösen wollen, dann sollen sie sich gemäß der Qualität ihrer Nachlässigkeit mit einem Bußgürtel züchtigen und mit Geißelungen sühnen. Sie sollen sich dem Fasten unterwerfen und die Armen speisen, und dies sollen sie gemäß dem Befehl ihres Seelenführers vollbringen.

96. Die Feigheit leuchtet nicht in der Gottesfurcht

Die Feigheit leuchtet nämlich nicht in der Gottesfurcht, noch glüht sie in brennender Sorge für Gottes Ehre. Denn der Blick der lebendigen Erkenntnis, welcher der Hauch des Lebens in der Seele ist, wird beim Erweis der Gnadengabe verdunkelt, weil die Feigheit diese nicht mit guten Werken suchen will, und weil sie den Glauben, den sie wie eine Rückenstärkung erfahren sollte, in der die Hoffnung des ewigen Lebens ist, in großer Unseligkeit außer Acht lässt. Sie füllt nicht die schallende Trompete der guten Werke, da sie sich nicht mit aufrichtiger Hingabe nach Gott sehnt.

Dies ist aber von den Seelen der Reuigen gesagt worden, die zu reinigen und zu heilen sind, und es ist verlässlich; der Getreue möge darauf achten und es im Gedächtnis des guten Wissens aufbewahren.

Zum Zorn

Danach sah ich in der erwähnten Menge andere Geister, die gegen Gottes Heer riefen: „Welche Macht habt ihr gegen uns? Keine!“ *In großer Wut schauten sie auf die Frauen und sagten:* „Sie sind geöffnet zur Fortpflanzung der Welt, wie die Erde für die Saat. Daher lasst uns eilen und sie verführen, damit sie keine Kämpfer gegen uns hervorbringen!“ *Denn diese bösen Geister stellen den Menschen Zorn, Wut und ähnliche Bosheiten vor Augen, und spornen sie sogar zum Mord an.*

97. Desgleichen über die läuternden Züchtigungen der Seelen jener Menschen, die durch Zorn zusammen mit Hass gesündigt haben, und warum sie diese auf solche Weise zu erleiden haben

Und ich sah eine stürmische Luft wie glühendes Feuer und darunter einen breiten und schwarzen See, der voll schmutziger Fäulnis war. Würmer lagen darin, die auf ihrem Gesicht nur ein Auge hatten und die mit ihrem Schwanz die ganze Fäulnis aufwühlten. Die Seelen aber, die in der Welt von Zorn und Hass besessen waren und nicht davon hatten ablassen wollen, wurden in diesem faulen Schmutz von den Würmern gepeinigt und brannten im Feuer dieser Luft. Da sie nämlich den Zorn mit hartnäckigem Hass unablässig in sich genährt hatten, wurden sie im Schmutz und durch die Würmer des Sees gequält: im Schmutz wegen ihres Zornes und durch die Würmer wegen ihres Hasses. Und weil sie diesen Zorn mit Wut ausgeführt hatten, erlitten sie das Feuer der erwähnten Luft.

98. Desgleichen über die läuternden Züchtigungen, in denen die Seelen jener Menschen sühnen, die durch Zorn ohne Hass gesündigt haben, und warum sie diese auf solche Weise zu ertragen haben

Die Seelen aber, die zwar ohne Hass und ohne die Angewohnheit des Zornes, dennoch ab und zu vom Zorn gepackt worden waren, während sie in ihrem körperlichen Dasein gelebt hatten, liefen nach dem Ablegen ihres Körpers um denselben See herum. Sie sahen jene großen Strafen und fürchteten sich davor. Da aber der Zorn in ihnen keine Wurzeln gefasst hatte, wurden sie von diesen Strafen nicht berührt, sondern sie sahen sie nur wegen ihres aufbrausenden Zorns und so entrannen sie ihnen schnell.

99. Desgleichen über die läuternden Züchtigungen, in denen die Seelen jener Menschen gereinigt werden, die in der Welt durch die Wut des Zornes einen Mord verübt haben, und warum sie in diesen auf solche Weise gefoltert werden

Auch sah ich ein großes Feuer, das verschiedene und bittere Züchtigungen von Hitze, Kälte und verschiedenen Würmern in sich trug. Und die Seelen derer, die in der Welt durch die Wut des Zornes einen Mord verübt hatten, wurden in diesen Züchtigungen gequält. Wegen des Zornes, der zum Mord geführt hatte, erlitten sie das Feuer, wegen ihrer Verblendung, da sie nicht erwägt hatten, was sie taten, die Kälte, und wegen der Unbesonnenheit, da sie das Bild Gottes nicht gefürchtet hatten, die Würmer.

100. Desgleichen über die läuternden Züchtigungen der Seelen jener Menschen, die während ihres Lebens in der Welt aus Habsucht gemordet haben, und warum sie diese auf solche Weise zu erleiden haben

Und ich sah noch ein weiteres Feuer, in dem sich zwei große Würmer mit entsetzlicher Gestalt befanden. Mit ihrem Schnauben bliesen sie dieses Feuer und die darin leidenden Seelen an. Die Seelen nämlich, die in ihrem körperlichen Dasein aus Habsucht gemordet hatten, brannten in diesem Feuer und wurden von diesen Würmern gequält. Wegen des Mordes erlitten sie das Feuer und wegen der Habsucht die Würmer.

101. Desgleichen über die läuternden Züchtigungen, in denen die Seelen jener Menschen gereinigt werden, die bei einem Angriff getötet haben, um nicht selbst getötet zu werden, und warum die Strafen von solcher Art sind

Ich sah auch eine breite und tiefe Grube, die von siedendem Pech und Schwefel voll war. Um sie herum lagen Frösche und Skorpione, die den Seelen, die in dieser Grube litten, Schrecken einjagten, sie aber nicht verletzten. Denn die Seelen derjenigen, die bei einem Angriff aus Notwehr getötet hatten, um nicht selbst getötet zu werden, befanden sich in dieser Grube. Wegen des Mordes, den sie auf diese Weise verübt hatten, mussten sie die Hitze erleiden. Da sie ungestüm und unbeherrscht gewesen waren, wurden sie mit Pech beschmiert. Wegen der Erregung, die sie bei der Tötung überfallen hatte, wurden sie vom Schwefel gefoltert. Und weil sie sich beeilt hatten, ihren Angreifern hinterlistig zuvorzukommen, indem sie in ihren Herzen sagten: „Ich werde dich töten, ehe ich von dir den Tod erleide", mussten sie die Angst vor den Skorpionen ertragen. Und weil sie ihre Tat in Bitterkeit ihres Herzens vollbracht hatten, mussten sie den Schrecken der Frösche ausstehen.

102. Desgleichen über die läuternden Züchtigungen der Seelen jener Menschen, die aus Unwissenheit einen Mord begangen haben, und warum sie diese auf solche Weise durchzustehen haben

Und ich sah eine feurige Luft, die vom Wind hin und her bewegt wurde. Darin befanden sich die Seelen derjenigen, die aus Unwissenheit einen Mord begangen hatten, dies aber für nichts gehalten hatten. Da sie durch den Mord die Luft besudelt hatten, waren sie nun von der feurigen Luft umfasst. Und weil sie ihre Tat geringgeschätzt hatten, erlitten sie die Windstöße.

103. Desgleichen über die läuternden Züchtigungen, in denen die Seelen jener Menschen geprüft werden, die während ihres Lebens in der Welt andere Menschen mit Gift oder auf andere Weise ohne Blutvergießen umgebracht haben, und warum sie diese so zu erleiden haben

Danach sah ich ein großes, rötlich schimmerndes Feuer, in dem es von entsetzlichen Würmern wimmelte, deren Maul wie ein Schweinerüssel war und die das ganze Feuer aufwühlten. In diesem Feuer befanden sich die Seelen derjenigen, die in ihrem körperlichen Dasein andere Menschen mit Gift oder auf andere Weise ohne Blutvergießen umgebracht hatten. Wegen des heimlichen Todes, den sie anderen zugefügt hatten, brannten sie in diesem rötlich schimmernden Feuer. Und wegen des Giftes, mit dem sie gemordet hatten, wurden sie von diesen Würmern mit Schweinerüssel geplagt.

104. Desgleichen über die läuternden Züchtigungen der Seelen jener Menschen, die in sich die Leibesfrucht ausgelöscht und ihre eigenen Kinder ermordet haben, und warum sie diese auf solche Weise zu ertragen haben

Und ich sah ein gewaltig starkes Feuer, das neben einem Brunnen mit lichtklarem Wasser glühte. In diesem Feuer brannten gewisse Seelen, von denen einige um ihren Nabel mit Würmern wie mit Gürteln umgürtet waren. Andere wiederum zogen das Feuer in sich hinein und stießen es wieder aus, wie der Mensch beim Atmen die Luft einzieht und sie wieder ausströmen lässt. Zudem warfen die bösen Geister glühende Steine über sie. Sie alle betrachteten ihre Qualen im Wasser des erwähnten Brunnens wie in einem Spiegel, und dadurch litten sie noch mehr. Das waren die Seelen derjenigen Menschen, die während ihres körperlichen Daseins in der Welt die Leibesfrucht in sich ausgelöscht und die Säuglinge, die aus ihnen geboren waren, umgebracht hatten. Die Seelen derjenigen, die in sich selbst die Empfängnis ausgemerzt hatten, brannten in diesem Feuer wegen ihrer Übertretung und mussten wegen ihrer Unmenschlichkeit die Würmer ertragen, die sie umgürteten. Die Seelen derjenigen, die ihre Kinder dem Tod ausgeliefert hatten, wurden wegen ihrer Bosheit im selben Feuer gezüchtigt. Wegen des unmenschlichen Mordes nahmen sie das Feuer in sich auf und spien es wieder aus. Wegen der Härte, die sie mit ihrer Tat erwiesen hatten, mussten sie die Steinwürfe der bösen Geister erleiden. Da sie aber unterlassen hatten, zu überlegen, was sie getan hatten, sahen sie die Qualen, die sie ertrugen, sich im erwähnten Wasser spiegeln. Dies geschah jedoch nicht zu ihrem Trost, sondern zur Vermehrung ihrer Schmerzen.

105. Die Seelen derjenigen, die sich selbst in den Tod gestürzt haben, sind in der Hölle und leiden an den Martern der Räuber

Die Seelen derjenigen aber, die sich selbst in den Tod gestürzt hatten, sah ich nicht, noch deren Züchtigungen, sondern ich erkannte nur, dass sie sich in der Grube der Hölle befanden. Da sie sich selbst getötet hatten, erlitten sie die Martern der Freibeuter. Und weil sie über ihre Tat keine Reue empfunden hatten, wurden sie in die Grube der Hölle versenkt.

Und durch den lebendigen Geist sah ich und verstand es.

106. Wie die Menschen für ihre Wutausbrüche zu sühnen haben, während sie noch leben, und auf welche Weise sie den Zorn, den sie mit Hass ausgeübt haben, mit Bußgürtel, Schlägen und Fasten zu tilgen haben

Und aus dem lebendigen Licht hörte ich wiederum eine Stimme, die zu mir sprach: Was du siehst, ist wahr; und es ist so, wie du es siehst. Daher sollen die

Menschen, die in solche Laster verstrickt sind, auf die die erwähnten Züchtigungen folgen, und die vor jenen Qualen zurückschrecken, für ihre Wutausbrüche Sühne leisten, solange sie noch in dieser Welt leben, damit sie in der künftigen nicht noch schwerere Strafen erleiden müssen. Daher sollen sich jene, die dem Zorn mit Hass und aus Angewohnheit gehuldigt haben, wenn sie die bösen Geister, die ihnen diesen Zorn anraten, von sich selbst wegjagen wollen und danach streben, den Strafen zu entgehen, mit einem Bußgürtel und mit Schlägen peinigen und sich ein völliges Fasten auferlegen.

107. Die Menschen, die den Zorn ohne Hass ausgeübt haben, sollen sich Buße auferlegen, damit sie nicht den geschuldeten Züchtigungen unterworfen werden

Die aber den Zorn ohne bösen Hass in sich entfachen ließen und die dies wiedergutmachen wollen, sollen sich Bußgürtel und Geißelungen ohne Fasten auferlegen, gemäß dem Maß und der Schwere ihrer Sünden und gemäß dem Maß, das ihr Seelenführer festsetzt.

108. Der Zorn ist wie das Herz des Teufels und will das erschüttern, was himmlisch ist

Der Zorn ist ein sehr schlimmes Laster, weil er wie das Herz des Teufels ist und sich gelegentlich im Schlupfwinkel einer Unke versteckt.[21] In der Gewohnheit seiner Bedrohungen überfällt er den Menschen, so dass dieser seinen Sinn verliert und vor dem Segen Abrahams flieht,[22] der mit gutem Willen allen Geboten Gottes gehorchte, weshalb aus ihm ein großes Volk in Segen hervorging.

Der zornige Mensch zernagt jeglichen Samen der Tugendkraft, beißt alles Keimende ab und ist dem widerspenstigen Dieb ähnlich. Er knirscht wegen jeglicher Gabe, die Gottes Finger in den Menschen legt, überall, wo er nur kann, stiftet er Zornausbrüche und Streit, und nicht nur an der Unzucht, sondern an aller Übertretung von Gottes Gesetzen hat er seinen Anteil. Denn der Zorn ist jener Drache, der alles verbrennt, wohin er nur geht. Er ist jener Dieb, der alles stiehlt und raubt, was er nur stehlen und rauben kann. Im Zorn verliert der Weise seine Vernunft an die Torheit, streitet der Geduldige in Ungeduld und gerät der Mäßige in Unmaß.

21 Gregor der Große schreibt in seinem Werk Moralia in Iob: Die Herzen der Bösen werden zum „Schlupfwinkel der Unke". Vgl. Angela Carlevaris: Similia – Auctores alii, in: Hildegardis Bingensis: Liber Vite Meritorum, ed. Angela Carlevaris (Corpus Christianorum. Continuatio Mediaeualis 90), Turnhout 1995, S. 303-410, dort S. 331.

22 Zum Segen Abrahams siehe Gal 3,14.

Der Zorn ist jene Bitterkeit, die die Güte und die Süße im Gesetz und in den Geboten Gottes ausspeit. Er ist jener Mord, der Körper und Seele teilt, weil er nicht erträgt, dass sie zusammengehören. Der Zorn ist jener harte und unerträgliche Fels, der danach trachtet, alles Gute und alle Gerechtigkeit zu zerschmettern. Daher ist sein Anteil in der Hölle, weil er alles, was himmlisch ist, zu erschüttern wünscht. Wenn er sich des Menschen bemächtigt, bringt er ihn aus der Fassung und stürzt ihn in eine so große Verrücktheit, dass der Mensch weder das Irdische noch das Himmlische bedenkt. Jenen, der nach Gottes Abbild erschaffen wurde, zerreibt er und richtet ihn völlig zugrunde. Durch diesen Frevel häuft er seine Qualen noch mehr an. Deshalb sollen die Menschen, die wegen eines Mordes die Gerechtigkeit verletzt haben, in ihrem Körper, mit dem sie diese beißende Sünde verübt haben, mit grauenvollen Qualen sühnen, bis sie ihre Seele den erwähnten Züchtigungen entreißen.

109. Derjenige, der aus Wut und Zorn einen Mord verübt hat, soll sich mit strengem Fasten und Geißelung sühnen und sich läutern, ferner durch Entzug des Lichtes für eine gewisse Zeit

Wenn jemand aber, der aus Wut und Zorn die Seele eines Menschen aus dem Körper herausgerissen hat und dafür Sühne leisten will, um die erwähnten Peinigungen nicht zu erleiden, dann soll er sich für eine längere Zeit mit strengem Fasten plagen und sich mit Geißelungen läutern. Auch die Helle des Lichtes soll er für eine gewisse Zeit meiden, weil er die Luft mit Blutvergießen besudelt hat. Dies soll er mit dem Urteil des ihm vorgesetzten Lehrers vollbringen.

110. Derjenige, der aus Habsucht einen Menschen getötet hat, hat mit Fasten und Geißelungen seinen Körper zu züchtigen und die Gesellschaft der Menschen für eine gewisse Zeit zu meiden

Wenn jemand aber, der vom Feuer der Habsucht entfacht, die Seele und den Körper eines Menschen getrennt hat und den oben erwähnten Martern vorbeugen will, dann soll er für eine längere Zeit ein strenges Fasten mit bitteren Geißelungen auf sich nehmen und die Gesellschaft der Menschen meiden. Er soll für eine gewisse Zeit ein einsames Leben im Wald führen, und dies soll er mit angemessener Gerechtigkeit tun.

111. Derjenige, der einen Menschen, der ihn töten wollte, aus Notwehr getötet hat, soll sich mit entsprechendem Fasten in Reue läutern, jedoch leichter als bei den vorherigen Fällen

Wenn jemand, der einen Menschen Hals über Kopf getötet hat, weil er meinte, dass er von ihm selbst getötet wird, und so dessen Willen zuvorgekommen ist, dann soll er, wenn er die Strafen dieses Vergehens von sich abschütteln will, sich mit Fasten reinigen, je nachdem, wie das rechte Urteil und die Qualität seiner Übertretung ihm das auferlegen, jedoch etwas leichter als in den vorherigen Fällen.

112. Derjenige, der einen Menschen unwissend in den Tod geschickt hat, hat sich selbst mit Fasten durch Reue zu reinigen, jedoch leichter

Auch derjenige, der einen Menschen unwissend in den Tod geschickt hat und vor den erwähnten Qualen zurückschaudert und wünscht, davon verschont zu werden, soll sich gemäß der Gerechtigkeit ein Fasten auferlegen, jedoch kürzer und leichter, weil sein Wille dieser Sünde nicht zugestimmt hat.

113. Derjenige, der einen Menschen mit Gift oder auf andere Weise ohne Blutvergießen umgebracht hat, hat sich mit strengem Fasten, mit Schlägen und mit einem Bußgürtel in Reue zu peinigen, und soll auch die Gesellschaft der Menschen für eine gewisse Zeit meiden

Wenn derjenige, der einen Menschen mit Gift oder auf andere Weise ohne Blutvergießen in den Tod geschickt hat, sich den Foltern für dieses Verbrechen entreißen will, dann soll er für eine lange Zeit streng fasten und sich hart schlagen. Auch soll er gelegentlich den Bußgürtel tragen und sein Lager mit Asche bestreuen, die Gesellschaft der Menschen meiden und bisweilen ein einsames Leben im Wald führen.

114. Die Frauen, die ihre Empfängnis zerstört haben, haben Fasten und Schläge in Reue anzunehmen

Die Frauen aber, die ihre Empfängnis, das heißt ihre Leibesfrucht, in sich zugrunde gerichtet und vernichtet haben, sollen in wahrer Reue strenges Fasten und harte Schläge annehmen, damit sie den erwähnten Züchtigungen entkommen.

115. Diejenigen, die ihre eigenen Kinder umgebracht haben, haben sich mit strengem Fasten, harten Schlägen und mit groben Kleidern in der Dürftigkeit der Einsamkeit zu peinigen

Diejenigen aber, die die Säuglinge, die aus ihnen geboren wurden, umgebracht haben und auf diese Weise schlimmer als Bestien gesündigt haben, sollen sich, um der tödlichen Verdammnis zu entkommen, mit strengem Fasten, harten Schlägen und groben Kleidern in der Dürftigkeit der Einsamkeit sühnen, damit sie im künftigen Leben das Heil der Erlösung finden.

116. Derjenige, der sich selbst in den Tod gestürzt hat, hat sich selbst ohne Trost ausgelöscht

Derjenige aber, der sich selbst in den Tod gestürzt hat, hat sich selbst dem Gedächtnis der Guten entzogen, weil der Trost der Reue dem Ausgang seiner Seele nicht mehr vorausgegangen ist. Da er nämlich das getötet hat, mit dem er sich selbst in Reue hätte reinigen können, hat er sich selbst ohne Trost ausgelöscht.

117. Bei der richtenden Buße ist die natürliche Fähigkeit zu berücksichtigen

Bei jeder richtenden Buße sind die natürliche Fähigkeit und die Schwäche der menschlichen Natur zu berücksichtigen. Selig ist also jener, der für seine Sünden Reue und Buße in sich trägt und sie dem Richter des diesseitigen und des jenseitigen Lebens darbietet! Denn die Buße, die in diesem vergänglichen Leben mit Zerknirschung begonnen wird, bleibt für das ewige Leben in Herrlichkeit aufbewahrt.

118. Gott, der alles geschaffen hat, wollte seine Herrlichkeit nicht für sich allein behalten, und seinem Ratschluss vermag sich niemand zu widersetzen

Gott hat alles geschaffen und alles Geschaffene mit Leben erfüllt. Wie er es bereits vor der Welt beschlossen hatte, führte er all seine Werke zur Vollendung. Seine Herrlichkeit wollte er aber nicht für sich allein behalten, sondern er verteilte sie auf alle Geschöpfe, damit auch sie sich mit ihm freuen, so wie auch eine Henne ihre Küken unter ihre Flügel sammelt.

Der erste Engel aber stürzte und tötete sich selbst und brachte auch den ersten Menschen zu Fall. Im Fall des Menschen gerieten die Elemente in Verwirrung. Bei der Tötung Abels[23] nahmen sie sein Blut auf, da die Erde sein Blut trank. Und der Teufel sprach bei sich: „Meinen ganzen Willen werde ich in Gottes Werk durchsetzen, und ich werde damit mehr erreichen, als ich durch mich allein vollbringen könnte.“ Gott aber schaute in seinem großen Ratschluss in sich hinein, um zu entscheiden, auf welche Weise er den Menschen gerecht machen könnte, der verloren ging. Gottes Ratschluss ist nämlich so groß, dass kein Geschöpf ihn durchdringen kann. In diesem Ratschluss hat Gott bestimmt, dass sein Sohn aus der Jungfrau geboren wird, um den Menschen zu retten, und diesem Ratschluss konnte sich niemand wiedersetzen.

23 Vgl. Gen 4,8.

119. Gegen die Fähigkeit des Menschen, zu sündigen, hat der Sohn Gottes in seinem Leib viel Leid ertragen und auch die Sünden der Reuigen an sich gezogen

Denn gegen die Fähigkeit des Menschen, zu sündigen, nahm der Sohn Gottes in seinem Kindesalter Weichheit an. Gegen den Genuss, den der Mensch im Fleisch hat, hielt er in seiner Jugend Anstrengungen aus. Gegen die Unersättlichkeit der Habsucht im Menschen ertrug er Hunger. Gegen die begangenen Sünden der Ungerechten ließ er sich von Traurigkeit erfassen. Gegen die Tyrannei der Gottlosen wurde er mit viel Spott geschmäht. Gegen die Bosheit der Mörder litt er am Kreuz. Gegen die schweren Todsünden, in denen die Menschen begraben wurden, gab er am Kreuz seinen Geist auf, um sie dem Tod zu entreißen. In all diesen Schmerzen hat er alle Sünden der Reuigen und derjenigen, die ihn nicht verleugnen, an sich gezogen. Deshalb wird er auch der Engel des großen Ratschlusses genannt,[24] weil er in all dem gerecht und gütig ist.

120. Obwohl der Mord das schlimmste Übel unter allen Übeln ist, wird der Mörder durch die durchbohrten Wundmale Christi mit Buße gesühnt

Obwohl alle Sünden gefährlich und böse sind, so ist doch der Mord das schlimmste Übel unter allen Übeln. Denn der Mensch nimmt sich nicht zu Herzen, dass Gott zu fürchten ist, wenn er jenes Werk auslöscht, das als Abbild Gottes erschaffen ist. Daher wird derjenige, der so sehr verblendet ist, dass er Gott in einer solchen gefährlichen Tat ignoriert, durch die durchbohrten Wundmale Christi mit Buße gesühnt. Er allein ertrug die Kelter des seligen Leides,[25] um den verlorenen und fallenden Menschen zu retten, wozu er der Hilfe eines anderen Menschen nicht bedurfte.

Dies ist aber von den Seelen der Reuigen gesagt worden, die zu reinigen und zu heilen sind, und es ist verlässlich; der Getreue möge darauf achten und es im Gedächtnis des guten Wissens aufbewahren.

Zur törichten Freude

Ich sah auch andere Geister in dieser Menge, die mit listigem Winken einander Beifall klatschten und schrien: „Luzifer ist unser Herr. Und was wird uns schaden, wenn ein anderer stärker ist als er? Wir haben diesen Herrn, mit ihm wer-

---

24 Anklang an den Introitus zu Weihnachten „Puer natus est nobis", nach Jes 9,5. Vgl. Carlevaris: Similia (wie Anm. 21), S. 332.

25 Vgl. Jes 63,3.

den wir durchsetzen, was wir wollen.“ *Diese bösen Geister regen die Menschen zu törichter Freude an und überzeugen sie, die festgesetzte Gerechtigkeit zu missachten.*

121. Desgleichen über die läuternden Züchtigungen der Seelen jener Menschen, die durch törichte Freude gesündigt haben, und warum sie diese auf solche Weise zu ertragen haben

Und ich sah einen Sumpf von großer Weite, aus dem ein abscheulicher Rauch aufstieg, der sich dann über diesem Sumpf wie Nebel ausdehnte. In diesem Sumpf sprudelte eine Menge winziger Würmer. Hier befanden sich die ihrem Körper entkleideten Seelen jener Menschen, die in der Welt in törichter Freude ausschweifend gewesen waren. Sie wurden sowohl vom Rauch gequält, als auch vom Nebel bedrängt und von den Würmern gepeinigt. Da sie in ihrem Körper der törichten Freude gefrönt hatten, während sie in der Welt gelebt hatten, mussten sie nun in diesem Sumpf untertauchen. Da sie wegen dieser Freude Gottes Gesetz vernachlässigt hatten, erlitten sie jetzt jenen Rauch. Weil sie durch diese Freude die Gottlosigkeit geliebt hatten, wurden sie nun vom Nebel verfinstert. Und weil sie in dieser Freude unnütze Worte gesprochen hatten, wurden sie von den Würmern verwundet.

Und ich sah und verstand es.

122. Auf welche Weise die Menschen durch Reue die Sünden der törichten Freude in sich zu sühnen haben

Und ich hörte aus dem lebendigen Licht eine Stimme, die wiederum zu mir sprach: Was du siehst, ist wahr; und es ist so, wie du es siehst; und es ist noch mehr. Wenn die Menschen aber, die sich durch törichte Freude verfehlen, die bösen Geister, die sie zu dieser Freude anspornen, überwinden wollen und den dafür geltenden Strafen zu entfliehen streben, dann sollen sie ihren Körper mit Geißelungen und Fasten im Zaume halten, soweit sie das Maß der Sünde und das Maß des ihnen vorgesetzten Richters in sich einsehen. Die törichte Freude liebt nämlich die Wahrheit nicht, sondern führt alles aus, was sie ergötzt. Sie behauptet zugleich, dass ihr böser Wille gar nicht schädlich ist, und in ihren Werken kennt sie Gott nicht, sondern sie schärft ihre Zunge sogar gegen Gott, wie geschrieben steht:

123. Der Psalmist über dasselbe

Die Kinder der Menschen, ihre Zähne sind Waffen und Pfeile, und ihre Zunge ist ein scharfes Schwert (Ps 56,5 / 57,5). Dies ist auch so zu verstehen:

Die Kinder des Fleisches, die gemäß dem Fleisch in Sünden geboren sind, haben in ihrem Fleisch eine gewisse Stütze wie Zähne, die eine Härte gegen die

Sehnsucht der Seele darstellt. Denn wie sich manche Menschen gegen andere rüsten, um nicht verletzt zu werden, so leistet auch das Fleisch, das sich mit schmutziger Freude stur und ungerecht *ausgerüstet* hat, gegen den Willen und die Freude der Seele Widerstand. Es schießt gegen Gott und gegen das Heil seiner eigenen Seele lästernde Worte wie giftige *Pfeile* los, die mit den festhaftenden Wurfgeschossen der Sünden die Seelen verwunden und sie mit solchen Wunden oft schmerzlich durchdringen. Denn solche Menschen verkehren die Vernunft, die in ihnen ist, ins Böse, *schärfen sie wie ein Schwert* mit treulosen Worten, und lassen mit Spiel und Scherz eine gewisse Eleganz aufkommen, wodurch sie sich fein zeigen. So ziehen sie viele an sich und verwunden deren Seele, indem sie diese auf solche Weise verführen.

124. Wenn sich die Seelen derjenigen, die in der Welt Buße getan haben, noch nicht vollständig entsühnt haben, werden sie, nachdem sie den Leib abgelegt haben, mit Züchtigungen vollkommen geläutert

Diejenigen aber, die ihre Seele zu Gott aufrichten wollen, sollen sich solcher Eitelkeiten enthalten, und sie dürfen nicht zulassen, dass sie mit solchen Wunden schädlich verletzt werden. Sie sollen, solange sie es können, Buße tun. Denn die Seelen derjenigen, die in dieser Welt zwar Buße getan haben, aber sich noch nicht vollständig geläutert haben, weil der körperliche Tod ihnen zuvorgekommen ist, werden, nachdem sie den Körper abgelegt haben, mit den Züchtigungen geprüft, die sie verdienen werden, wie gesagt wurde.

Dies ist aber von den Seelen der Reuigen gesagt worden, die zu reinigen und zu heilen sind, und es ist verlässlich; der Getreue möge darauf achten und es im Gedächtnis des guten Wissens aufbewahren.

Zweiter Teil – Inhalt

Zweiter Teil
Über den Mann, der nach Westen und nach Norden schaut

Völlerei <ingluvies ventris>
1. Die Worte der Völlerei
2. Die Antwort der Enthaltsamkeit <abstinentia>

Bitterkeit <acerbitas>
3. Die Worte der Bitterkeit
4. Die Antwort der wahren Freigebigkeit <vera largitas>

Gottlosigkeit <impietas>
5. Die Worte der Gottlosigkeit
6. Die Antwort der Frömmigkeit <pietas>

Falschheit <fallacia>
7. Die Worte der Falschheit
8. Die Antwort der Wahrheit <veritas>

Streit <contentio>
9. Die Worte des Streites
10. Die Antwort des Friedens <pax>

Unglückseligkeit <infelicitas>
11. Die Worte der Unglückseligkeit
12. Die Antwort der Seligkeit <beatitudo>

Maßlosigkeit <immoderatio>
13. Die Worte der Maßlosigkeit
14. Die Antwort der Unterscheidung <discretio>

Verdammnis der Seelen <perditio animarum>
15. Die Worte der Verdammnis der Seelen
16. Die Antwort der Erlösung der Seelen <salvatio animarum>

Der Gotteseifer
17. Die Worte im Gebrüll des Löwen
18. Gott hat sich der Finsternis der teuflischen Hinterlist entgegengestellt und alle Mittel des Alten und des Neuen Testamentes hervorgebracht
19. In der Stärke des Gottessohnes befindet sich jener Schutz, den er noch niemandem geoffenbart hat
20. Die Lehrer versuchen, die Mysterien, die in der alten Prophetie verhüllt waren, zu enthüllen, und sie werden darin niemals nachlassen
21. Damit die Geheimnisse des Alten und des Neuen Testamentes geübt werden, werden sie den Getreuen vorgelegt
22. Der Schutz der Prophetie bemühte sich um das Alte Testament
23. Im Alten Gesetz wurde die Erde auf körperliche Weise geheiligt, im Neuen aber der Himmel durch den Gottessohn verherrlicht
24. Die Alten hielten in der Beschneidung am Körperlichen fest, die Getreuen aber dienen in der Taufe dem Geist
25. Paulus über dieselbe Sache
26. Die Vernunft unterscheidet alles, was von Gott gegeben ist
27. Die Vernunft, die im Alten Gesetz erblühte, hat die künftige Heiligkeit in Christus geoffenbart

28. Die Vernunft offenbart in Gottes Sohn Gott und Mensch, denn in seiner Inkarnation hat er keine Minderung seiner Gottheit erfahren, und ist in denen geblieben, die ihn mit reinem Herzen schauen
29. Die Propheten haben die Menschwerdung Christi wie im Schatten vorausgeschaut, haben aber nichts anderes gesprochen, als was sie gesehen und erkannt haben
30. Der Heilige Geist hat die Vernunft des Menschen dermaßen überströmt, dass die Propheten durch Vision und Weisheit sowie Erkenntnis wie entrückt die Wunder Gottes verkündet haben
31. Die Vernunft bleibt in Gottes Weisheit vollständig bestehen, obwohl sie sich öfter dem Fleisch zuwendet
32. Die Mysterien des Alten Testamentes rüsten die klugen Menschen gegen den Teufel, damit sie nicht aufhören, bis ihre Herzen erfüllt sind
33. David über dieselbe Sache
34. Viele sind vor dem Gesetz, viele im Gesetz und viele in der Taufe fest bestehen geblieben und haben sich durch ihre treuen Werke einen Ruheplatz in der Wohnstätte der Seligkeit vorbereitet
35. In geheimnisvollen Freuden weilen die Seelen der vollendeten Heiligen, die von anderen Menschen so verschieden waren, wie die Engel von den Menschen
36. Die Seelen der Heiligen sehnen sich danach, dass ihnen der Leib wiedergegeben wird, ähnlich wie wenn ein hungriges Kind von seinem Vater Brot erbittet
37. Bevor die Verstorbenen ihren Leib zurückerhalten, wird die Welt erschüttert
38. Obwohl die Werke der Heiligen unterschiedlich sind, erkennen sie durch die Berührung des Heiligen Geistes einander als Gefährten
39. Im finsteren Unglauben setzt der Teufel jenen, die Gott in Ruhe dienen sollten, unpassende Dinge vor
40. Die alte Schlange, die sich gegen das, was himmlisch ist, auflehnt, will alle Menschen mit sich in den See des Verderbens ziehen
41. Insbesondere über die Völlerei und ihre Haltung sowie was das bedeutet
42. Insbesondere über die Bitterkeit und ihre Haltung sowie was das bedeutet
43. Der Prophet Jesaja über dieselbe Sache
44. Insbesondere über die Gottlosigkeit und ihre Haltung sowie was das bedeutet
45. Insbesondere über die Falschheit und ihre Haltung sowie was das bedeutet
46. David über dieselbe Sache
47. Insbesondere über den Streit und seine Haltung sowie was das bedeutet
48. Insbesondere über die Unglückseligkeit und ihre Haltung sowie was das bedeutet
49. Insbesondere über die Maßlosigkeit und ihre Haltung sowie was das bedeutet
50. Insbesondere über die Verdammnis der Seelen und ihre Haltung sowie was das bedeutet
51. Die Worte des Propheten Jeremia über dieselbe Sache
52. Insbesondere über die Gestalt des Gotteseifers und was das bedeutet
53. Der Gotteseifer sucht jene Menschen oft mit körperlichen Züchtigungen heim, die den Willen Gottes verachten
54. Der Prophet Jeremia über dieselbe Sache
55. Oft kommt es vor, dass Gottes Vergeltung jene Menschen, die ihre Nächsten bedrängen, von allem Glück der Welt abschneidet, weil Gott alles Verborgene kennt
56. Gott hat keinen Menschen geschaffen, der nicht über die Erkenntnis von Gut und Böse verfügen würde

Zur Völlerei

57. Über die läuternden Züchtigungen der Seelen jener Menschen, die in der Welt durch Völlerei gesündigt haben, und warum sie diese auf solche Weise zu erleiden haben

58. Auf welche Weise die Menschen durch Reue diese Sünden in sich zu tilgen haben
59. Von denen, die der Völlerei huldigen, muss man sagen, dass für sie der Bauch ihr Gott ist
60. Die Worte des Mose

Zur Bitterkeit

61. Desgleichen über die läuternden Züchtigungen der Seelen jener Menschen, die durch Bitterkeit gesündigt haben, und warum sie diese auf solche Weise zu erleiden haben
62. Auf welche Weise die Menschen durch Reue diese Sünden in ihrem Körper zu sühnen haben
63. Die Bitterkeit, die Gott ablehnt, verdreht im verbitterten Menschen die Wahrheit zur Lüge, und bisweilen tötet sie den Menschen, obwohl sie vorgegeben hat, ihn zu schützen

Zur Gottlosigkeit

64. Desgleichen über die läuternden Züchtigungen der Seelen jener Menschen, die in der Welt durch Gottlosigkeit gesündigt haben, und warum sie diese auf solche Weise zu ertragen haben
65. Auf welche Weise die Menschen durch Reue diese Sünden in sich zu tilgen haben
66. Die Gottlosigkeit, weil sie keine Gottesfurcht kennen will, bringt in ihrer Bosheit Schmähungen hervor
67. David über dieselbe Sache

Zur Falschheit

68. Desgleichen über die läuternden Züchtigungen der Seelen jener Menschen, die durch Falschheit ohne Eid oder mit Eid gesündigt haben, und warum sie diese auf solche Weise zu erleiden haben
69. Auf welche Weise die Menschen durch Reue die Sünde, die sie entweder ohne Eid oder mit Eid begangen haben, in ihrem Körper zu tilgen haben
70. Die Falschheit, die sich mit der Wahrheit nicht freut, verwickelt die Lügner so sehr in Lügen, dass sie für nichts gehalten werden

Zum Streit

71. Desgleichen über die läuternden Züchtigungen der Seelen jener Menschen, die durch Streit entweder mit Werken oder ohne Werke mit Worten gefehlt haben, und warum sie diese auf solche Weise zu ertragen haben
72. Auf welche Weise die Menschen durch Reue diese Sünde in ihrem Körper zu tilgen haben
73. Der Streit, der ein unruhiges Übel ist, veranlasst die Menschen, die Streitigkeiten lieben, dem Teufel zu folgen
74. David über dieselbe Sache
75. Weiter im Buch Genesis über dieselbe Sache

Zur Unglückseligkeit

76. Desgleichen über die läuternden Züchtigungen der Seelen jener Menschen, die gemeint haben, sie seien im Unglück geboren worden, und dadurch gesündigt haben, und warum sie diese auf solche Weise zu erleiden haben
77. Auf welche Weise die Menschen durch Reue diese Sünde in ihrem Körper zu tilgen haben
78. Diejenigen, die meinen, dass sie im Bösen erschaffen worden sind, sündigen, denn die Natur des Menschen ist gut

Zur Maßlosigkeit

79. Desgleichen über die läuternden Züchtigungen der Seelen jener Menschen, die durch Maßlosigkeit gesündigt haben, und warum sie diese auf solche Weise zu ertragen haben
80. Auf welche Weise die Menschen durch Reue diese Sünde in ihrem Körper zu sühnen haben

ZWEITER TEIL

Über den Mann, der nach Westen und nach Norden schaut

Und ich sah, dass sich der erwähnte Mann nach Westen wandte, so dass er sowohl nach Westen als auch nach Norden schaute. Und siehe, er hatte an seinen beiden Schultern je einen Flügel, der seinen Arm bedeckte; auch an seinem Rücken befand sich ein Flügel, ebenso an seiner Brust. All diese Flügel waren in die Höhe aufgerichtet, wie zum Fliegen bereit.

Der Flügel, der sich am Rücken des Mannes befand, neigte sich mit seiner höchsten Spitze ganz zum linken Flügel, jedoch nicht zum rechten. Der Flügel, der sich an seiner Brust befand, war aber an seiner höchsten Spitze ein wenig in zwei Teile geteilt, so dass sich der eine Teil zum linken Flügel, der andere zum rechten Flügel beugte.

In der Mitte eines jeden Flügels erschien ein Buch. Das Buch, das sich im linken Flügel befand, hatte zwei Blätter, von denen das eine von grüner, das andere von silberner Farbe war. Und auf dem grünen Blatt stand folgendes geschrieben: „Noah betrat die Arche, wie Gott ihm befahl. Wer kann diesen Gott an ein Ende führen? Er begann, den Menschen durch Wasser wieder aufzubauen, nachher aber ließ er den Menschen durch Wasser wiedergeboren werden.“ *Auf dem silbernen Blatt stand aber geschrieben:* „Gott hat das Gesetz auf steinernen Tafeln geschrieben, weil der Mensch keine Weichheit für den göttlichen Sinn besaß. Nachher hat Gott in Weichheit wie auf fleischliche Herzen geschrieben.“

Auch im Buch des rechten Flügels gab es zwei Blätter, von denen das eine von saphirblauer, das andere von goldener Farbe war. Auf dem saphirblauen Blatt stand geschrieben: „Der Herr sandte das Wort in Jakob und es fiel auf Israel.“[26] *Auf dem goldenen Blatt stand geschrieben:* „Im Anfang war das Wort und das Wort war bei Gott.[27] Im Anfang hat das Wort Gottes alles erschaffen, und nachher hat es sich seinem geschaffenen Werk zugeneigt.“

Das Buch aber, das sich im Flügel am Rücken dieses Mannes befand, war einem marmornen, unbehauenen Stein von weißer Farbe ähnlich. Gottes Finger schrieb darauf folgendes: „Die Prophetie hat durch Vision und Weisheit sowie Erkenntnis den Menschen prophezeit. Auch jene Wurzel, aus der Gott den Menschen im Lehm aufsteigen ließ, hat der Geist Gottes belebt und angehaucht. Dies sind die Wunderwerke der Gottheit, die Gott in den Menschen durch Voraussehen,

26 Jes 9,7.
27 Joh 1,1.

Schreiben, Harfenspiel und Cherubizieren mit den Flügeln der Prophetie[28] bewirkt."

Das Buch des Brustflügels war vollständig und ganz schwarz sowie voll von Sternen. Es enthielt zahlreiche zusammengestellte Schriften mit weißen Buchstaben, die aus der Tiefe der vorherigen Bücher gesammelt waren. Philosophen und Weise haben sie jenen Büchern entnommen und zusammengetragen, und sie haben damit die Wege der Gerechtigkeit gegen den Westen und den Norden für Gott bereitet, so wie ein Mensch dies tut, wenn er aus einem Brunnen Wasser schöpft und nicht davon ablässt, bis er sein Gefäß gefüllt hat. Ebenso hat Gott im Anfang alle Geschöpfe erschaffen und nicht aufgehört, bis er all seine Werke vollendet hat.

Jene erwähnte blendende Wolke, die den Mann von seinen Schultern bis zu seinen Schenkeln umgab, war erfüllt mit den Seelen der Gerechten. Und ich hörte in dieser Wolke gleichsam den Klang eines Donners, der sanft erschallte: „Bringt Lob dem König dar, der über alles herrscht, und bringt Herrlichkeit dem lebendigen Gott dar!" *Dann erhoben sich jene Seelen, die im Fortgang des Lebens voranschritten und sich nicht mehr umdrehten, so wie die Räder des Lebens im laufenden Geist fortgingen und nicht umkehrten.*

An einem heimlichen Ort in dieser Wolke waren weitere Seelen verborgener Heiliger wie in einem überaus klaren Spiegel verborgen, die mit verschiedenen kostbaren Edelsteinen und Juwelen geschmückt waren. Sie sangen zum Klang der Trompeten, zupften die Harfe nach allen Arten von Musik und erschallten wie das Rauschen des Meeres und vieler Wasser. Und sie sprachen auch: „Wie lange werden wir noch warten? Und wann wird die Zeit kommen, dass unsere Werke, die auf der Straße vor Gottes Angesicht erscheinen, uns unsere Zelte vor Gott zurückgeben, damit wir ohne den Schleier des Mose[29] sein Antlitz schauen können?" *Eine göttliche Antwort wurde ihnen zuteil:* „Es wird erst geschehen, wenn sich die vier Winde ineinander verwickelt haben und zu einer Masse zusammengeschmolzen sein werden, wenn das Haupt der alten Schlange zertreten werden wird, so dass sie nichts mehr auszurichten vermag, und wenn die Sonne mit dem Löwen alles Flüchtige gesammelt haben wird." *Die erwähnten Seelen der Gerechten erkannten und hörten jene verborgenen Heiligen Gottes, und sahen sie wie in einem leuchtenden Spiegel, und sie sehnten sich nach der Antwort, die jenen gegeben wurde, und warteten mit ihnen, bis der Löwe sein Brüllen ausstößt und bis jegliche Spaltung in der Welt zu Ende geht.*

---

28 Siehe Ez 10-11.
29 Vgl. Ex 34,33.

Und siehe, im erwähnten Nebel, der verschiedene Arten von Lastern enthielt, die ich, wie gesagt, vorher gesehen hatte, erblickte ich auch jetzt acht Laster in ihren Gestalten auf folgende Weise:

Ich sah eine gewisse Gestalt, die wie eine Schlange in der erwähnten Finsternis auf ihrem Rücken lag. Ihre Augen brannten wie Feuer, ihre Zunge hing aus ihrem Mund heraus und das Ende ihres Schwanzes war abgeschnitten. Ihr Körper war schwarz, und Streifen von blasser, giftiger Farbe zogen sich von ihrem Kopf nach unten in der Länge ihres Körpers.

Völlerei <ingluvies ventris>

Der Bauch dieser Schlange war aber offen, und darin erschien die Gestalt eines Menschen, die wie in einer Wiege auf ihrem Rücken lag. Auf ihrem Kopf hatte sie eine Filzmütze wie einen ein wenig nach oben gerichteten Helm, und ihre Haare waren weiß und hingen unter der Filzmütze auf ihre Schultern herab. Sie trug ein Kleid aus feiner, weißer Seide und war auch mit einem Mantel umhüllt, dessen Farbe der Farbe der Schlange ähnlich war. Und diese Gestalt sprach:

1. Die Worte der Völlerei

„Gott hat alles erschaffen. Warum sollte ich verschmachten? Wenn Gott nicht wüsste, dass dies alles notwendig ist, hätte er es nicht erschaffen. So wäre ich töricht, wenn ich meinen eigenen Willen in all dem nicht walten lassen würde, da ja Gott will, dass der Körper des Menschen an Kräften nicht verliert."

2. Die Antwort der Enthaltsamkeit <abstinentia>

Und wiederum hörte ich aus der erwähnten stürmischen Wolke, die sich von Süden nach Westen ausbreitete, eine Stimme, die mit folgenden Worten antwortete:

„Niemand zupft die Harfe so, dass ihre Saiten zerreißen. Wenn ihre Saiten kaputt sind, wie könnte sie klingen? Auf keine Weise! Du, Schlund, du stopfst deinen Bauch so voll, dass all deine Adern krank sind und in Raserei geraten. Und wo ist dann der süße Klang der Weisheit, die Gott dem Menschen gegeben hat? Du bist ja stumm und blind, und weißt nicht, was du so daherredest. Wie aber der herabstürzende Regen die Erde umwühlt, so lässt das Übermaß an Fleisch und Wein den Menschen in Hohn und Gotteslästerung stürzen. Ich dagegen sah im Lehm die schöne Gestalt, die Gott als den Menschen erschaffen hat. Daher bin ich ein angemessener Regen, damit das Fleisch nicht in Lastern wuchert. Und ich fördere in den Menschen die Mäßigung zutage, damit ihr Fleisch keinen Mangel leidet und durch maßloses Verschlingen von nahrhafter

Speise nicht mehr zunimmt, als es nötig ist. Denn ich bin eine Harfe, da ich in schönen Klängen des Lobes erschalle und so die Härte des Herzens mit dem guten Willen durchbohre. Wenn nämlich der Mensch seinen Körper mit Maß ernährt, dann erklinge ich in seinen Gebeten auf der Harfe bis zum Himmel; und wenn er seinen Körper in maßvollem Essen rein hält, singe ich zur Orgel, was du, Schlund, nicht kennst, nicht verstehst, und auch nicht zu erkennen und zu verstehen suchst. Denn bald wühlst du dich im Übermaß des Fastens so sehr auf, dass du kaum mehr leben kannst, bald überfüllst du deinen Bauch so in Gefräßigkeit, dass du vor Hitze brodelst und Schaum erbrichst. Ich aber halte im Essen Maß, damit die Säfte im Menschen weder ausgetrocknet werden, noch ihr Maß übersteigen, und dann singe ich Lobgesänge zur Harfe und zur Orgel. O all ihr Getreuen, entzieht euch der Schlemmerei! Denn der Bauch der alten Schlange hat die Schlemmerei verschlungen und dadurch viel Dreck erbrochen."

Bitterkeit <acerbitas>

Die zweite Gestalt war aber wie ein Leopard. Und sie sprach:

3. Die Worte der Bitterkeit

„Jede Kühnheit und jeden Sieg halte ich für nichts, und ich will nicht, dass sich mir jemand widersetzt. Auch auf das, was mir in den Schriften und im Glauben lästig und schädlich ist, werde ich nicht antworten, sondern ich werde es durchbeißen."

4. Die Antwort der wahren Freigebigkeit <vera largitas>

Und wiederum hörte ich aus der erwähnten stürmischen Wolke eine Stimme, die dieser Gestalt eine Antwort gab:

„Du bist eine gefährliche, verdammte und beißende Verbitterung. Du willst weder Gott noch seinen Geboten Antwort geben, sondern harrst in deiner Bitterkeit aus. Ich aber bin freigebig in Regen und Tau, in Salbe und Arzneien, so dass ich durch die Gnade im Regen, durch die Freude im Tau, durch die Barmherzigkeit in der Salbe und durch den Trost in den Arzneien für alle Schmerzen wirke. Auf diese Weise bleibe ich in ihnen und so werde ich herrschen auf ewig. Dein Stoff aber ist die Hölle, von dort bist du auch aufgestiegen."

Gottlosigkeit <impietas>

Die dritte Gestalt hatte aber die Form eines Menschen, ausgenommen, dass ihr Kopf, der zwischen ihren Schultern aus der Brust herausragte, teils einem tierischen, teils einem menschlichen Kopf ähnelte. Sie hatte nämlich große, feurige Augen und einen Mund wie den eines Leoparden. Von ihren beiden Wangen zog sich je ein pechschwarzer Streifen hin zum Kinn. Aus den beiden Mundwinkeln hing der Kopf einer Schlange heraus, und aus ihrem Mund stieß sie viele Flammen aus. Sie stand auf ihren Knien, ihr Körper aber war aufgerichtet. Sie umhüllte ihren Kopf mit einem dunklen, teerigen Schleier nach weiblicher Art. Ihr übriger Körper war mit einem schwarzen Gewand bekleidet, dessen Ärmel leer herunterhingen, weil sie ihre Arme im Inneren des Gewandes zusammenlegte. Und sie sprach:

5. Die Worte der Gottlosigkeit

„Ich will weder Gott noch Menschen gehorchen. Wenn ich nämlich einem anderen gehorchen würde, würde er mir befehlen zu tun, was ihm Nutzen bringt, auf meinen Nutzen aber würde er nicht achten, sondern mir sagen: ‚Gib nach!' Das wird jedoch nicht vorkommen. Wenn mir jemand ein Unrecht zufügt, so werde ich es ihm hundertfach heimzahlen, und meine Sache ordne ich so, dass niemand es wagt, sich mir zu widersetzen. Ich will unter niemandes Füßen liegen. Ich werde vielmehr jegliche Sache, die sich auf meinen Nutzen bezieht, so tun, wie jeder es tut, der kein Narr ist. Wenn Gott will, dass ich tue, was ihm gefällt, dann soll er mir auch nichts anderes bieten als Gutes."

6. Die Antwort der Frömmigkeit <pietas>

Und wiederum hörte ich aus der erwähnten stürmischen Wolke eine Stimme, die dieser Gestalt antwortete:

„Du bist teuflisch und grausam, und große Bosheit herrscht in dir. Wenn nämlich Gott zulassen würde, dass du alles tust, was du willst, was wäre er dann? Und wenn Gott dir Gutes geben würde für das Böse, das du tust, wo wäre das Zepter seiner Macht? Als du mit dem Bösen begonnen hast, hat Gott dich wie Blei in die Unterwelt gestürzt, daher werden dich auch alle Geschöpfe in die Verfolgung treiben. Wo ist nun also deine Macht? Finsternis, Gotteslästerung und Misshandlung sind in dir! Wo liegst du? In Schmähungen! Wo weidest du? In Verwirrungen! Wo ist deine Bleibe? Dort, wo ein jeder gegen den anderen ist, wo ein jeder sein Unglück wiederkäut, und wo Mord und böses Blutvergießen geschehen."

Falschheit <fallacia>

Die vierte Gestalt war aber von einer so dichten Finsternis umgeben, dass ich keine einzelnen Glieder an ihr unterscheiden konnte, ausgenommen, dass ich sie nur mit Mühe als eine formlose und verunstaltete menschliche Figur in dieser Finsternis erkannte. Sie stand über einem trockenen, harten und schwarzen Schaum, der viele Feuerflammen ausstieß. Und sie sprach:

7. Die Worte der Falschheit

„Wer kann schon alles gemäß der Wahrheit sagen? Wenn ich nämlich anderen ihr Glück wahrhaftig sagen würde, würde ich mich selbst verletzen. Denn wenn ich einen anderen erhebe, falle ich selbst. Deswegen werde ich in meinen Mund bloß windige Worte nehmen, die mir Ehre bringen, und so werde ich das, was ich auf der einen Seite nicht erreichen kann, auf der anderen suchen. Denn wenn ich wahrhaftig wäre, dann könnte ich die Dinge nicht nach allen Seiten ringsherum erforschen. Wenn ich aber mein Geschäft treibe, dann werde ich erwerben, was mir nicht gehört, und so werde ich sagen können, was ich will. Viele wahrhaftige Menschen sind nämlich in der Wahrheit so starr, dass sie sich nicht bewegen können, so als wenn sie an einen Baum gebunden wären. Sie geben nur das bekannt, was sie sehen und hören, und daher werden viele von ihnen arm, dürftig und verbannt werden.

Ich aber finde, was ich durch Betrug suche. Wenn ich nämlich vornehmer und reicher sein will als andere, dann zeige ich mich ihnen auch mit meinen Worten vornehmer und reicher. Und das ist mir besser, als so an einen Baum gebunden zu sein. Und oft sage ich, was ich weder sehe noch höre, und so weiche ich etlichem Übel aus, zahlreiche Übel aber übergehe ich. Wenn meine Rede eindeutig wäre, würde ich von allen verurteilt. Deswegen vervielfältige ich meine Reden, damit niemand mich übertrifft, und dies ist mir nützlicher, als wenn man mich mit Knüppeln und Schwertern schlagen würde. Denn ich habe noch keinen Vornehmen und keinen Reichen gefunden, der es ohne mein Geschäft geschafft hätte."

8. Die Antwort der Wahrheit <veritas>

Und wiederum hörte ich aus der erwähnten stürmischen Wolke eine Stimme, die dieser Gestalt antwortete:

„O, deine Zunge ist von einer Schlange und von der Hölle, du bist ohne jegliche Grünkraft von Gottes Gnade und entfachst immer nur die Flammen des Unrechts und des Betrugs. Du wirst am Bösen niemals satt, weil du selbst aus dem Bösen entstanden bist. Du bist die Tochter des Teufels, deswegen sind all deine Wege unrecht, und du weißt nicht, wohin du gehst. Dein Innerstes ist das Murren und der vom Teufel eingeflüsterte Betrug, weil du an den Brüsten einer Dirne saugst; von dort bekommst du auch deinen Lohn. Du vertreibst jegliche Ehre, Glückseligkeit und Würde von dir.

Ich aber bin auf allen Wegen Gottes eine Säule und bin die wohlklingende Trompete von Gottes Gerechtigkeit. Ich zähle all seine Werke, was sie sind und welche sie sind, und ich zeige sie in der Wahrheit. Daher werde ich im Palast des Königs und in all seiner Ehre zur Beratung gerufen. Ich trage auch Ohrringe und Armspangen, und ich bin der schimmernde Glanz an allem Schmuck Gottes, weil ich durch Gottes Gerechtigkeit die Wahrheit sage. Der Himmel und die Erde sowie jegliche Geschöpfe, die das Herzstück der Welt sind, sind wahrhaftig; und die Wasser, die unter dem Himmel und der Erde fließen, weil sie deren Flüssigkeit sind, bleiben in der Wahrheit. Du aber, du ungerechtes Stück, du bist ein böser Wurm, und deswegen wird man dich wie stinkenden Dreck zertreten."

Streit <contentio>

Die fünfte Gestalt erschien aber in der Form eines Menschen. Sie hatte krause, schwarze Haare und ein feuriges Gesicht. Sie war mit einem bunten Kleid bekleidet, das an den Schultern Löcher hatte, durch die sie ihre Arme streckte. In ihrer linken Hand hielt sie eine Axt, die sie an sich festgebunden hatte und mit deren Schneide sie immer wieder ihre Hände verletzte, weil sie sie vor Wut daran stieß, so dass sie auch ihr Kleid mit Blut bespritzte. Und sie sprach:

9. Die Worte des Streites

„Jenes Übermaß kann ich weder ertragen noch aushalten, dass irgendjemand seinen Mantel abwirft und mich damit belastet, so wie die Eselin, der ihr Fohlen folgt, mit einem Sack beladen wird.[30] Solange ich atme und lebe, lasse ich nicht zu, dass jemand mich durch den Unsinn seines Willens umhaut. Allen verbiete ich, dass sie mich wie Erde niedertreten. Viel größeres Unrecht werde ich ihnen zufügen, als sie mir tun, weil es mich nicht schaudert, ihnen so viel Belästigung und Schmach anzutun, dass sie dadurch sogar in ihrem Herzen zerfleischt werden."

10. Die Antwort des Friedens <pax>

Und wiederum hörte ich aus der erwähnten stürmischen Wolke eine Stimme, die dieser Gestalt antwortete:

„O knirschende, feurige Hitze der Schmach! Du bist blutiges Verbrechen und Zähneknirschen, und kochst in mannigfaltigem Unrecht, um Blut zu vergießen. Du willst nach deinem Willen einherschreiten, wohin es dir beliebt. In

30 Vgl. dazu Christus als den Friedenskönig in Mt 21,2 und 7.

deinem Mund trägst du grausame Heftigkeit, mit der du viele zermalmst, und du entehrst jene, die der Sanftmut folgen. Denn die guten Ratschläge und den ruhigen Geist zerstörst du, und mit deinem Trug setzt du ihnen ein Ende. In keiner Sache siehst du die Wohnung des Friedens, auch sehnst du dich nicht danach, noch willst du sie. Vielmehr wickelst du dich in einen Schlupfwinkel wie eine Schlange, und durch Geschosse fügst du einem jeden Wunden zu, weil du dem Sprung der beißenden Würmer ähnlich bist, die besonders den Menschen den Tod bringen. Daher bist du der Schatten des Todes und ein sehr schlimmes Gift und das rasche Verderben der Menschen.

Ich aber bin für alle eine Arznei. Jene, die du verfolgst, salbe ich, und jene, die du verwundest, heile ich. Alle rastlosen Kriege und jede Schwatzhaftigkeit der Unruhestifter halte ich für nichts, denn ich bin ein Berg voll von Myrrhe, Weihrauch und allen Düften. Auf dem Gipfel des Berges bin ich die Wolkensäule,[31] denn ich ziehe alles Gute an mich und schreite über alle Himmel fort. Darum werde ich über dich herfallen und in deiner Kränkung unablässig ausdauern, und ich werde dir keine Ruhe lassen."

Unglückseligkeit <infelicitas>

Die sechste Gestalt war aber einem aussätzigen Menschen ähnlich und hatte schwarze Haare. Es fehlte ihr das Kleid und sie bedeckte sich mit großen Blättern irgendwelcher Kräuter, während sie sich mit ihren Händen an die Brust schlug. Und sie sprach:

11. Die Worte der Unglückseligkeit

„Was für ein Heil habe ich, außer Tränen? Und was für ein Leben habe ich, außer Schmerzen? Und was für eine Hilfe wird mir zuteil, außer der Tod? Und was für eine Antwort wird mir gegeben, außer das Verderben? Denn Besseres werde ich nicht haben."

12. Die Antwort der Seligkeit <beatitudo>

Und wiederum hörte ich aus der erwähnten stürmischen Wolke eine Stimme, die dieser Gestalt eine Antwort gab:

„Du bist die Gefräßigkeit der Strafen, und nach etwas anderem hast du kein Verlangen. Gott muss angerufen werden und seine Güte muss gesucht werden. Du zerschneidest dich selbst, weil du nicht auf Gott vertraust. Du erbittest nichts von Gott, deswegen wirst du auch nichts finden. Ich aber rufe zu

31 Vgl. Sir 24,4.

Gott und empfange seine Antwort, ich bitte ihn, und in seiner Güte gibt er mir, was ich möchte. Ich suche bei ihm und finde auch bei ihm. Denn ich bin eine ehrfurchtsvolle Freude und zupfe die Harfe vor Gott, indem ich all meine Werke ihm gebe. Um der treuen Hoffnung willen, die ich ihm entgegenbringe, sitze ich auf seinem Schoß. Du aber vertraust nicht auf Gott und hast keine Sehnsucht nach seiner Gnade, deswegen stößt dir alles Übel zu."

Maßlosigkeit <immoderatio>

Die siebte Gestalt sah aus wie ein Wolf. Sie beugte ihr Schienbein und saß auf ihren Füßen, während sie überall herumlauerte, um alles zu verschlingen, was sie rauben konnte. Und sie sprach:

13. Die Worte der Maßlosigkeit

„Wonach es mich verlangt und was ich suchen kann, das sammle ich ein und enthalte mich keineswegs. Warum sollte ich mich enthalten, wenn ich doch keine Belohnung dafür bekomme? Warum sollte ich aufgeben, was ich bin, wenn doch jede Gattung nach ihrer Art existiert? Wenn ich so leben würde, könnte ich kaum atmen. Was wäre dann mein Leben? Was mir an Spiel und Lachen entgegenkommt, das werde ich tun. Wenn mein Herz fröhlich ist, warum sollte ich es binden? Und wenn meine Adern voller Vergnügen sind, warum sollte ich sie durchschneiden? Und wenn ich zu reden weiß, warum sollte ich schweigen? Denn alle Regungen meines Körpers sind mir zum Heil, und wie ich erschaffen worden bin, so mache ich es. Warum sollte ich mich in etwas anderes verwandeln, als was ich bin? Ein jedes Geschöpf wächst seiner Natur gemäß, und wie es ihm angemessen ist, so tut es. Und ich mache es auch so."

14. Die Antwort der Unterscheidung <discretio>

Und wiederum hörte ich aus der erwähnten stürmischen Wolke eine Stimme, die dieser Gestalt eine Antwort gab:

„O du Spion der Heimtücke, in deinem Hinterhalt zerbeißt du alles, was in der Vernunft ehrenhaft ist, weil du den Jungen der Bestien gleichst, die kein Maß kennen, und handelst wie ein unreines Tier. Alles nämlich, was Gott eingerichtet hat, gibt einander Antwort. Die Sterne schimmern vom Licht des Mondes, und der Mond leuchtet vom Feuer der Sonne. Alles ist dem Größeren untergeben, und nichts überschreitet sein eigenes Maß. Du achtest aber weder Gott noch seine Geschöpfe, sondern hängst wie eine leere Scheide, die vom Wind hin und her geweht wird.

Ich aber wandle auf dem Pfad des Mondes und auf dem Pfad der Sonne. Ich beachte jede Bestimmung Gottes und wachse damit in ehrenhaften Sitten, in Liebe zähle ich alles vollständig. Denn im Palast des Königs bin ich die Erste und erforsche all seine Geheimnisse. Und ich lasse in ihnen nichts leer, sondern umfasse sie alle und liebe sie, und ich leuchte mit ihnen wie ein Sonnenstrahl. Du aber bist eine zerfetzende Krankheit und das Aas für Würmer."

Verdammnis der Seelen <perditio animarum>

Die achte Gestalt ähnelte aber einem Turm, der an seiner Spitze ein Schutzdach mit drei Fenstern hatte. Darunter erschienen zwei Arme eines Menschen, die dazu gehörenden Hände streckten sich über dieses Schutzdach aus. Jene Arme waren mit einer Finsternis wie mit Ärmeln umhüllt, die Hände aber waren nackt, jedoch feurig. Und die Gestalt sprach:

15. Die Worte der Verdammnis der Seelen

„Welche Verdienste und welchen Lohn werde ich haben? Das Feuer! Denn ich und die Ursache, aus der ich hervorkam, wollen nichts anderes. Ich fliehe ja alles, was hell ist, und weigere mich, jeglichem lichten Werk zu folgen. Ich will nicht den Schmuck der Leuchtenden haben, weil ich die Seelen plündere. Das ist ja mein Werk, weil jener es so will, aus dem ich entstanden bin. Und ich bin der Fluch, den er gemacht hat."

16. Die Antwort der Erlösung der Seelen <salvatio animarum>

Und wiederum hörte ich aus der erwähnten stürmischen Wolke eine Stimme, die dieser Gestalt eine Antwort gab:

„Du bist der Pfeil des Teufels, da du im nächtlichen Hinterhalt fliegst und die Seligen im Martyrium verwundest, wenn sie das wollen, was du nicht willst, und das tun, was du verschmähst. Du willst sie dabei verderben, aber du kannst es doch nicht. Denn die Seligen erheben sich zusammen mit der Schar der Engel unter dem Banner des Glaubens und eilen zügig gegen dich. Sie sehnen sich wie mit großem Durst, dich niederzudrücken, gleich dem Hirsch, der sich sehnt, aus der Wasserquelle zu trinken.[32] Sie werden dich in der Taufe und in den sieben Gaben des Heiligen Geistes, die in der Menschheit des Erlösers erschienen sind, wie in der Sintflut verschlingen. Das ist nämlich dein Ende, weil du gegen Gott bist.

32 Vgl. Ps 42,2.

Ich aber bin das Gebäude alles Guten und der Turm Jerusalems in den Werken der Heiligen. Durch den Widder, der im Gestrüpp hing[33] – und der Christus darstellte – nehme ich die Reuigen an, und ich halte die Einfachen durch den Glauben der Taufe und die Unschuldigen durch die Salbung des Heiligen Geistes fest. Denn ich bin durch die blendendweiße Jungfräulichkeit, die im Fleisch Christi wie eine Lilie blühte, auf dem Weg des Heils wiederhergestellt, und ich bin Gottes Heerschar."

Der Gotteseifer

Und siehe, vor dem erwähnten Mann stand ein Löwe, der sich gegen die Laster wandte. Er stieß mit dem Wind ein lautes Gebrüll aus und rief:

17. Die Worte im Gebrüll des Löwen

„O teuflische Laster, ich werde euch in heißer Feuersbrunst ausplündern und in dieser Plünderung werde ich euch ein Ende machen, weil ihr all eure Kräfte darauf setzt, gegen Gottes Gerechtigkeit und gegen mich Widerstand zu leisten."

18. Gott hat sich der Finsternis der teuflischen Hinterlist entgegengestellt und alle Mittel des Alten und des Neuen Testamentes hervorgebracht

Und wiederum hörte ich eine Stimme aus dem Himmel, die sagte: Gott hat sich der Finsternis der teuflischen Hinterlist mit vielen Zeichen und verschiedenen Züchtigungen entgegengestellt und den Wahnsinn der aufständischen Laster so verdunkelt, dass sie sich der Seligkeit der himmlischen Bürger nicht widersetzen konnten. Als Gott selbst aus dem Himmel herunterblickte, hat er seine Getreuen mit aller Heiligkeit gefestigt.

Daher *siehst du, dass sich der erwähnte Mann nach Westen wendet, so dass er sowohl nach Westen als auch nach Norden schaut,* denn Gott ist der starke Krieger, der tapfer gegen den Teufel steht. In seinem uralten Ratschluss hat er sich immer schon vorgenommen, dass er gegen die Finsternis des fallenden Irrtums und gegen die törichte Kälte der Unwissenheit alle Mittel des Alten und des Neuen Testamentes und die gesamte Möglichkeit der guten Werke hervorbringt.

19. In der Stärke des Gottessohnes befindet sich jener Schutz, den er noch niemandem geoffenbart hat

Dass *der Mann an seinen beiden Schultern je einen Flügel hat, der seinen Arm bedeckt,* bedeutet, dass sich in der Stärke der Gottheit und der Menschheit des

33 Vgl. Gen 22,13.

Gottessohnes jener Schutz befindet, der sich niemals erschöpft und der keine Grenze kennt. Denn Gott behütet darin und dadurch alles, und verbirgt damit all die Werke, die in seinem uralten geheimen Ratschluss verborgen sind und die er noch niemandem offen dargelegt hat. Denn obwohl Gott jeden Tag neue Wunder bewirkt, gibt es dennoch im Geheimnis seines Ratschlusses vieles, was er noch in keiner Offenbarung an den Tag gelegt hat, so wie auch die Gedanken des Menschen nicht bekannt sind, bevor er sie in sichtbare Werke überführt.

20. Die Lehrer versuchen, die Mysterien, die in der alten Prophetie verhüllt waren, zu enthüllen, und sie werden darin niemals nachlassen

Auch an seinem Rücken befindet sich ein Flügel, ebenso an seiner Brust, die jene Mysterien sind, die vor der Geburt des Gottessohnes, gleichsam wie an seinem Rücken, durch die Hand seines Schutzes in der alten Prophetie mit viel Dunkelheit verhüllt waren. Die wahren Lehrer versuchen, sie zu erschließen, je nachdem, wie Gott sie enthüllen will. So schöpfen die Lehrer jetzt aus der Tiefe der Weisheit, wie aus einem Brunnen, die Mysterien des Neuen Testamentes zur Verteidigung der geistlichen Dinge, und sie werden darin nicht nachlassen, wie auch Gott nicht nachgelassen hat, bis er an sechs Tagen sein ganzes Werk vollendet hat. Sie werden jedoch diesen Brunnen niemals ganz ausschöpfen können.

21. Damit die Geheimnisse des Alten und des Neuen Testamentes geübt werden, werden sie den Getreuen vorgelegt

Daher *sind all diese Flügel in die Höhe aufgerichtet, wie zum Fliegen bereit,* denn alle Geheimnisse sowohl des Alten als auch des Neuen Testamentes werden den Getreuen vorgelegt, um in guten Werken offenbart und geübt zu werden.

22. Der Schutz der Prophetie bemühte sich um das Alte Testament

Der Flügel, der sich am Rücken des Mannes befindet, neigt sich mit seiner höchsten Spitze ganz zum linken Flügel, jedoch nicht zum rechten, denn der Schutz der prophetischen Mahnung verfügte über eine große Stärke und strengte sich in der Beförderung seiner Geheimnisse und in der Unversehrtheit seiner Worte für die ganze Verteidigung des Alten Testamentes an. Denn die Prophetie und das Gesetz sind eins, und für diejenigen, die nach dem Fleisch lebten, sorgten sie mit fleischlichen Dingen vor, strebten aber nicht nach der rechten Seite des Geistigen, denn jener war noch nicht gekommen, der den himmlischen Lohn verheißen hat.

23. Im Alten Gesetz wurde die Erde auf körperliche Weise geheiligt, im Neuen aber der Himmel durch den Gottessohn verherrlicht

Der Flügel, der sich an der Brust des Mannes befindet, ist aber an seiner höchsten Spitze ein wenig in zwei Teile geteilt, denn der Schutz der verborgenen Tiefe neigt sich im Aufgang seines Ursprungs zugleich zum Alten und zum Neuen Testament hin, indem die wahren Lehrer mit geheimnisvollen Worten die geheimnisvollen Mysterien in der Prophetie und im Evangelium vervielfachen, so dass die Erde bereits im Alten Gesetz durch verschiedene Reinigungen auf körperliche Weise äußerlich geheiligt wurde; im Neuen aber wird der Himmel durch den Gottessohn mit vielen und mannigfaltigen Wunderzeichen der rechten und geistigen Gerechtmachung verherrlicht.

24. Die Alten hielten in der Beschneidung am Körperlichen fest, die Getreuen aber dienen in der Taufe dem Geist

Und der eine Teil beugt sich zum linken Flügel, der andere zum rechten Flügel, denn das Alte Testament neigte sich zur Verteidigung des Irdischen, das Neue aber seufzt nach dem Schutz des Himmlischen. Während die Alten in der Beschneidung am Körperlichen festhielten, dienen die Getreuen durch den Gottessohn in der Taufe dem Geist. Jene sind aufgrund der Beobachtung des Körperlichen nicht gerecht gemacht worden, diese aber haben in ihrer Reinigung durch die Treue Christi von oben Belohnung erlangt, wie auch der Apostel Paulus sagt:

25. Paulus über dieselbe Sache

Wir wissen aber, dass der Mensch nicht aus den Werken des Gesetzes gerecht gemacht wird, sondern allein durch die Treue Jesu Christi. Und wir glauben an Christus Jesus, um gerecht gemacht zu werden aus der Treue Christi und nicht aus den Werken des Gesetzes (Gal 2,16). Der Sinn dieser Worte ist folgender:

Gottes Gnade hat die Unterwerfung des Volkes durch den Heiligen Geist erlangt. Denn der Fall Adams hat die Seelen der Gerechten getötet und deswegen hat auch Gottes Finger durch Mose das Gesetz geschrieben. Das verletzte Fleisch konnte nämlich das verletzte Fleisch nicht befreien, weil es verletzt war. Daher hat Gott Mose durch das Gesetz geboten, dass die Menschen ihm in gehorsamer Unterwerfung Böcke und Stiere opferten, damit sie in diesem Mysterium lernten, dass sie nachher sich selbst Gott opfern sollen durch die Tötung der Natur des Blutes, so wie auch sie Tiere opferten.

Als aber der unbefleckte und reine Mensch sich selbst durch sein Blut und seinen Tod Gott als Opfer dargebracht hat, sind alle Völker in ihm gereinigt worden. Darum sollen die Menschen in ihrer Erkenntnis *einsehen, dass der Mensch durch die Werke des körperlichen Gesetzes nicht gerecht gemacht wird,* da sie es auf körperliche Weise beobachten. Das Blut und die Asche der Tiere können die Menschen weder gerecht machen noch sie befreien, allein im Sohn Gottes ist die Gerechtigkeit der Wahrheit, die den Menschen den Weg des Heils weist. Denn *durch die Treue des Gottessohnes* werden diejenigen, die treu an ihn glauben, geheilt. Daher sollen *die Getreuen treu an ihn glauben,* der der Weg und die Wahrheit ist – nämlich in der Treue der Weg und im Glauben die Wahrheit –, *damit sie durch die getreuen Werke, die sie aus der Liebe des Gottessohnes wirken, gerecht gemacht werden, und nicht aufgrund der Werke, die ihnen,* während sie noch in der Bitterkeit widerstreben, *vorgeschrieben werden.*

Denn die guten Werke weisen durch die Abwendung von den todbringenden Werken auf die himmlische Heimat hin, weil auch Christus die Menschen in Reue salbt und sie durch sich selbst heilt. Er ist nämlich das reine und fette Opfertier, das für alle, die an ihn glauben, hingegeben wurde. Das Alte Gesetz hat den Menschen weder vollkommen gerecht gemacht noch ihn befreit, sondern den Weg gezeigt. Denn es ist wie der Klang vor dem Wort gewesen, das Wort ist aber der Sohn Gottes, der das Neue Gesetz in der Wahrheit gegeben hat.

26. Die Vernunft unterscheidet alles, was von Gott gegeben ist

Dass aber *in der Mitte eines jeden Flügels ein Buch erscheint,* bedeutet, dass sich inmitten der Macht des göttlichen Schutzes die Vernunft befindet, die alles, was von Gott gegeben ist, ihm gemäß hervorbringt, ordnet und unterscheidet, denn es gibt nichts, was sie nicht auf ihre feine Art erforscht und durchdringt.

27. Die Vernunft, die im Alten Gesetz erblühte, hat die künftige Heiligkeit in Christus geoffenbart

Und *das Buch, das sich im linken Flügel befindet, hat zwei Blätter,* denn diese Vernunft, die im Alten Gesetz durch die göttliche Verteidigung erblühte, brachte zwei Sichtbarmachungen der Rechtschaffenheit hervor, *von denen das eine von grüner, das andere von silberner Farbe ist,* weil die grüne Grünkraft der Gerechtigkeit in der Materie von Gottes Werk begründet ist, die Gott selbst hervorgebracht hat. Denn wie die Erde alle Grünkraft wachsen lässt, so zeigt das Alte Testament jeden Keim und jede Blüte der künftigen Gerechtigkeit. Und dies offenbart sich auch auf dem silbernen Fundament der reinen Erkenntnis, das die künftige reine Heiligkeit in Christus kundtut.

Daher siehst du jenen Text auf dem grünen Blatt geschrieben stehen, weil die blühende Sichtbarmachung der göttlichen Unterweisung zeigt, dass Noah durch die Arche jenem gehorchte,[34] der weder Anfang noch Ende hat, und der den untergehenden Menschen im Wasser wiederhergestellt hat; nachher aber hat er bestimmt, dass der Mensch durch die Taufe zum Leben erneuert wird.

Auch *auf dem silbernen Blatt steht ein Text geschrieben,* weil in der Reinheit der wahren Erkenntnis der Sichtbarmachung geoffenbart wird, dass Gott den Menschen im Alten Gesetz eine Härte vorgelegt hat, weil diese ihm gegenüber Härte und keine Weichheit erwiesen haben; nachher aber haben ihre erweichten Herzen die göttlichen Worte im Neuen Gesetz aufgenommen.

28. Die Vernunft offenbart in Gottes Sohn Gott und Mensch, denn in seiner Inkarnation hat er keine Minderung seiner Gottheit erfahren, und ist in denen geblieben, die ihn mit reinem Herzen schauen

Auch im Buch des rechten Flügels gibt es zwei Blätter, weil die Vernunft, die im Neuen Testament den Schutz der höchsten Seligkeit hat, sich zwei Darstellungen zuwendet, indem sie den einen Herrn als Gott und Mensch in Gottes Sohn offenbart. *Und das eine Blatt ist von saphirblauer, das andere von goldener Farbe,* weil die Jungfräulichkeit in Christus wie Saphir widerstrahlt, als er, geboren aus der jungfräulichen Natur, die Keuschheit lehrte, damit alle, die ihm nachfolgen wollen, die Keuschheit lieben. Darum leuchtet in ihm auch der goldene Glanz, weil die Getreuen an ihn als den wahren Gott, gezeugt von Gott dem Vater, glauben, der alles mit dem Vater geschaffen hat. Im Anfang der Schöpfung war der Sohn Gottes in seiner Fülle, wie er vor der Welt gewesen war, und hat keinerlei Schwächung seiner Kräfte erlitten, als er die Geschöpfe hervorgehen ließ. Denn er, der selbst nicht erschaffen ist, hat alles erschaffen, und auch in seiner Inkarnation hat er keine Minderung seiner Gottheit erfahren.

Das siehst du auf dem saphirblauen Blatt geschrieben, denn in fester Offenbarung hat die Jungfrau in reiner Jungfräulichkeit den reinen Menschen geboren, als der Herrscher aller sein Wort in milder Sendung den Getreuen bestimmte. Und er ist in denjenigen geblieben, die Gott mit reinem Herzen schauen wollen.

Und dies steht auch auf dem goldenen Blatt geschrieben, denn in offener Sichtbarmachung und durch die Zeichen zahlreicher Wunder ist der Gottessohn in der Welt erschienen und hat kundgetan, dass er der Ursprung ist und als Sohn Gottes kam, das heißt, er ist jener Ursprung, der alle Geschöpfe hervorbrachte,

34 Vgl. Gen 6,22.

und der sich nachher aus diesen Geschöpfen die Jungfrau zur Mutter auserwählte.

29. Die Propheten haben die Menschwerdung Christi wie im Schatten vorausgeschaut, haben aber nichts anderes gesprochen, als was sie gesehen und erkannt haben

Dass aber *das Buch, das sich im Flügel am Rücken dieses Mannes befindet, einem marmornen, unbehauenen Stein von weißer Farbe ähnlich ist,* bedeutet, dass die Vernunft im Schutz der starken Prophetie bleibend, die Christus als den Kommenden prophezeite, seine Menschwerdung wie im Schatten vorausgeschaut hat. Denn wer den Rücken eines anderen sieht, kennt noch nicht dessen Gesicht, sondern fragt verwundert, wie sein Gesicht wohl aussehen mag. So haben auch die Propheten den Sohn Gottes prophezeit, ihn jedoch noch nicht im Fleisch erkannt. Daher war in ihnen eine gewisse Härte gleichsam eine marmorne Festigkeit, weil sie, erfüllt vom Heiligen Geist, niemandem schmeichelten, sondern in der Unversehrtheit der Wahrheit ausharrten, und sich in ihren Worten nicht hin und her zerrissen. Von niemand anderem haben sie empfangen, was sie gesagt haben, allein von dem, der der vollkommen unteilbare Gott ist.

Auf diese Weise waren sie auch steinig, weil sie in ihrer Unbeugsamkeit geblieben sind und niemandem nachgegeben haben. Das haben sie in der Klarheit ihrer Einfachheit getan, weil sie nichts anderes gesprochen haben, als was sie gesehen und erkannt haben, so wie auch das Kind in seiner Einfachheit nichts anderes spricht, als was es sieht und erkennt.

30. Der Heilige Geist hat die Vernunft des Menschen dermaßen überströmt, dass die Propheten durch Vision und Weisheit sowie Erkenntnis wie entrückt die Wunder Gottes verkündet haben

Gottes Finger aber hat darauf seine Geheimnisse *geschrieben,* die er offenbaren wollte. Denn der Heilige Geist hat die Vernunft des Menschen dermaßen überströmt, dass dieser prophetisch sprach. Dies bewirkte er *durch Vision,* indem die Propheten, durch den Heiligen Geist erleuchtet, im Heiligen Geist das Künftige aus der Ferne vorausschauten. Andere sprachen vieles *durch Weisheit,* weil die Allmacht Gottes ihren Geist berührte, so dass sie vieles in zeichenhaften Hinweisen hervorbrachten, wie auch die Weisheit alles erbaut hat. Wiederum andere *durch Erkenntnis,* indem das Wort Gottes so tief in ihre Erkenntnis hineinblickte und in sie einhauchte, dass sie Geheimnisvolles und Verborgenes sprachen.

Denn jene Wurzel, aus der Gott den Menschen im Lehm aufsteigen ließ, hat der Geist Gottes belebt und angehaucht, das heißt: Jenes nie endende Leben, nämlich die Seele, die nicht endet, hat der Heilige Geist mit seiner Einströmung in den Propheten so erleuchtet, dass sie wie in einem fremden Leben auf fremdartige Weise Gottes Wunder verkündeten, so wie auch der Lehm in ein fremdes Leben, nämlich in Fleisch und Blut, verwandelt wurde.

Dies aber *sind die Wunderwerke der Gottheit, die Gott* in seiner Wunderbarkeit durch die Propheten hervorbringt, nämlich *durch Voraussehen,* wenn sie sagen, was sie im Geist vorausschauen, *durch Schreiben,* wenn sie dies auf Gottes Geheiß dem guten Gedächtnis überliefern, *durch Harfenspiel,* weil die Vernunft, durch den Heiligen Geist angehaucht, Weisen erfunden hat, um in Klang und Worten Gott zu loben, und weil sie selbst die Stimme entsendet; und auch in all diesem lobt sie Gott. Und dies *bewirkt Gott in den Menschen durch Cherubizieren mit den Flügeln der Prophetie,* weil in diesen Dingen, wie gesagt, die Propheten, im Geist der Prophetie emporgehoben, zahlreiche Wunder ähnlich den Cherubim zeigen, die Gottes verborgene Geheimnisse kennen und die verkünden, was Gott in seinem verborgenen Urteil wirkt, wo er will, wie er will und in denen er will.

31. Die Vernunft bleibt in Gottes Weisheit vollständig bestehen, obwohl sie sich öfter dem Fleisch zuwendet

Dass aber *das Buch des Brustflügels vollständig und ganz schwarz sowie voll von Sternen ist,* bedeutet, dass die Vernunft in der tiefen Weisheit von Gottes Schutz unversehrt bestehen bleibt und sich in keine widersprüchliche Verschiedenheit teilt, obwohl die Menschen in ihren Sitten vielerlei Verschiedenheiten aufweisen. So haben auch alle Weisen sowohl des Alten als auch des Neuen Testamentes von Christus dasselbe Eine gesagt und in ihm dasselbe Eine getan.

Das Buch ist aber schwarz, weil die Vernunft sich im menschlichen Sinn öfter dem Fleisch zuwendet und sich häufig wundert, was und welches das ist, wovon es spricht. Dasselbe Buch leuchtet aber im Licht der Sterne, weil in den Menschen Glaube und Einsicht zu finden sind. Durch den Glauben glauben sie an Gott, den sie nicht sehen können, und durch die Wunder Gottes sehen sie ein, was ihre Einsicht oftmals nur mit Mühe einzusehen vermag, nämlich wenn sie erkennen, dass sie von Gott erschaffen sind.

32. Die Mysterien des Alten Testamentes rüsten die klugen Menschen gegen den Teufel, damit sie nicht aufhören, bis ihre Herzen erfüllt sind

Das Buch enthält zahlreiche zusammengestellte Schriften mit weißen Buchstaben, die aus der Tiefe der vorherigen Bücher gesammelt sind, weil die Vernunft im Glanz von Gottes Güte die gesammelten Mysterien des Alten und des Neuen Testamentes zur Aufzeichnung und zur Bestärkung vorlegt, indem die getreuen und klugen Menschen, die dies alles aus den umfassenden Lehren zusammengebracht haben, dadurch die Wege der Rechtschaffenheit gegen die Finsternis des Unglaubens und gegen den Teufel selbst bereiten. Dies tun sie im Durst nach den Schriften, wenn sie in großer Sehnsucht aus ihnen schöpfen und nicht aufhören, bis sie die Erkenntnis ihres Herzens mit ihnen erfüllt haben, wie auch Gott mit seinem Werk nicht aufgehört hat, bis er alles zur Vollendung geführt hat. Denn während solche Menschen die Schriften scharfsinnig untersuchen und gründlich durchsieben, ehren sie Gott und preisen seinen Namen. Denn dadurch, dass sie andere Menschen aufbauen, suchen sie auch die Ehre Gottes, wie der Psalmist David sagt:

33. David über dieselbe Sache

Alle Völker, die Du erschaffen hast, kommen und beten Dich an, Herr; und sie verherrlichen Deinen Namen, denn groß bist Du und Du wirkst Wunder. Du allein bist Gott (Ps 85,9 / 86,9). Der Sinn dieser Worte ist folgender:

Gott hat alle Geschöpfe erschaffen und er hat gestattet, dass auch der Mensch Werke wirkt. Denn die Menschen wirken, gestalten und befehlen. Sie wirken nämlich in den Geschöpfen und gestalten ihnen gemäß neue Dinge, so wie sie es wollen, wobei sie doch nicht vermögen, ihnen den Lebensgeist zu geben, und sie legen denjenigen Gebote vor, denen sie vorstehen. Und da Gott den Menschen erschaffen und ihn mit dem Hauch seines Geistes zum Leben erweckt hat, *kommen alle Völker,* die aus Adam stammen und *Gottes Geschöpfe sind,* mit ihrem Willen, sie suchen Gott und *beten ihn* vor seinem Angesicht *an,* indem sie seinen Namen anrufen, weil sie ihn erfahren. Denn sie können sich von Gott nicht trennen, wie auch ein Sohn nicht verleugnen kann, dass er einen Vater hat. *So verherrlichen sie den Namen Gottes,* wenn sie zu ihm rufen und ihn anflehen.

Einige Menschen aber halten das Werk ihrer eigenen Hände für Gott und nennen dieses Werk Gott. Das hat ihnen der Teufel geraten, wodurch er diese Menschen auch aufgeblasen macht. Sie meinen, Gottes Namen zu verherrlichen, während sie Gott gar nicht kennen; und sie wollen einen Gott haben, wobei sie Gott nicht besitzen. Darum wurde das Alte und das Neue Gesetz dem Menschen gegeben, damit der Mensch glaubend, sehend und anbetend Gott erkennt. Aus diesen zwei Bereichen, aus dem Alten und dem Neuen Testament, haben die klugen Philosophen Weisheit geschöpft und nicht gezögert, ihre Gefäße damit zu füllen. Gott hat daran ein großes Gefallen gehabt, wie auch alles, was Gott geschaffen hat, ihm gefiel.

Daher ist Gott groß in seinen Wundern, groß auch in den höchsten Kräften, und er tut Wunderbares, wodurch seine großartigen Werke in mächtiger Schönheit strahlen. Gott hat nämlich Noah aufgetragen, die Arche zu betreten, er hat Abraham viel Gutes erwiesen, er hat Mose das Gesetz gegeben, und er hat diejenigen, die an seinen Sohn glauben, zum Leben zurückgeführt. Das alles sind große Wundertaten, die sich die Getreuen stets mit Hingabe in ihr Gedächtnis zurückrufen und nicht aufhören, in ihnen die große Tiefsinnigkeit zu erschließen, weil sie aus Gott hervorgegangen sind. Und wer dies alles gemacht hat, *ist Gott allein,* weil alles Gute von ihm stammt und zu ihm zurückkehrt. Denn als Gott den Menschen erschaffen hat, hat er ihn dazu bestimmt, wie ein Rad im Geist des Lebens zu kreisen, weshalb der Mensch auch immer wieder zu Gott zurückkehrt.

34. Viele sind vor dem Gesetz, viele im Gesetz und viele in der Taufe fest bestehen geblieben und haben sich durch ihre treuen Werke einen Ruheplatz in der Wohnstätte der Seligkeit vorbereitet

Dass du aber siehst, dass *jene erwähnte blendende Wolke, die den Mann von seinen Schultern bis zu seinen Schenkeln umgibt, mit den Seelen der Gerechten erfüllt ist,* bezeichnet, dass der Glanz von Gottes Wundern, der sich vom starken Anfang der entstehenden Geschöpfe bis zur Menschwerdung des Erlösers der Menschen ausspannt und auch jetzt in der Herrlichkeit der Menschwerdung erscheint, die Schar jener Seelen enthält, die Gott dienen. Denn viele sind vor dem Gesetz, viele im Gesetz und viele in der Taufe fest bestehen geblieben und haben durch die Erlösung des Gottessohnes die höchste Seligkeit erlangt. Sie freuen sich jetzt in jenen Wohnungen, die Gott für sie seit Anbeginn der Welt vorgesehen hat. Die getreuen Menschen bereiten nämlich für ihre Seele durch ihre treuen Werke einen Ruheplatz in der Wohnstätte der Seligkeit vor, wo sie nach der Vollendung ihres körperlichen Daseins glücklich ruhen.

Daher hörst du in dieser Seligkeit einen aus den Höhen der Engel ausgehenden Aufruf an diese Seelen, sie sollen den loben, der über alles herrscht, und den verherrlichen, der in Ewigkeit lebt. Und so erheben sich die Seelen der Gerechten in Freude und schreiten im Leben zum Leben voran und weichen nicht zurück, weil sie darin auf ewig bleiben werden. So schreiten auch die Räder des Lebens, die auf die Gottheit hinweisen, im laufenden Geist, der ohne Verzug die Taufe heiligt, zur Erziehung und zur Reinigung der Menschen voran und lassen nicht davon ab. Denn keine andere Lehre wird gegeben, als jene, die die Menschen zum Leben führt. Diese Seelen haben in ihrem irdischen Dasein die Götzen gemieden und sind mit Abraham aus ihrer Heimat ausgewandert. Die Tätigkeiten, die sie in irdischer Sorge verrichteten, haben sie verlassen, und so lebten sie in unbekannten Ländern wie Verbannte unter Seufzen, wodurch sie ihre Verdienste vermehrten, weil sie in Gottes Geboten wandelten, und nun empfangen sie dafür einen reichen Lohn.

35. In geheimnisvollen Freuden weilen die Seelen der vollendeten Heiligen, die von anderen Menschen so verschieden waren, wie die Engel von den Menschen

Im Glanz dieser Seligkeit, in geheimnisvollen Freuden, weilen weitere Seelen der vollendeten Heiligen, die sich der göttlichen Betrachtung hingegeben haben, während sie in ihrem körperlichen Dasein lebten. Sie sind geschmückt mit aller Art himmlischer Gotteskräfte und jeglicher Heiligkeit. Sie loben Gott mit den erhabenen Klängen der Trompeten: Dies ist die Aushauchung, die aus dem Mund der Propheten, der Weisen und anderer Auserwählter Gottes tönt, denn die Werke des Heiligen Geistes sind unzählbar in den Menschen. Und sie frohlocken in voller Freude auf der Harfe, so dass sie in wunderbaren und unsagbaren Klängen erschallen, die das menschliche Herz weder hören noch verstehen kann. Und da sie mit Feuer und Wasser in der Heiligkeit der Taufe gute Werke gewirkt und mit diesen Werken die anderen Elemente in Bewegung gebracht haben, ertönen sie wie das Rauschen des Meeres und das Rauschen vieler Wasser, die durch die Fülle der Klänge wunderbare Musik entstehen lassen.

Dies sind jene, die sich, während sie noch auf der Erde lebten, in der Absicht ihres Herzens von der fleischlichen Begierde erhoben und die irdischen Lüste abgeschüttelt haben, als ob sie nicht Menschen wären. So haben sie sich von anderen Menschen getrennt, wie die Engel von den Menschen getrennt sind. Sie flogen mit ihren spiegelhaften Werken in den Himmel empor und erblickten Gott durch die Fenster des Glaubens gleichsam mit der guten Einfachheit eines Kindes; und sie haben darin beständig ausgeharrt.

36. Die Seelen der Heiligen sehnen sich danach, dass ihnen der Leib wiedergegeben wird, ähnlich wie wenn ein hungriges Kind von seinem Vater Brot erbittet

Daher fragen sie auch mit der Stimme ihrer Sehnsucht, wie lange sie noch auf die Zeit warten müssen, bis ihre Werke, die in klarer Offenbarung vor dem Angesicht des lebendigen Gottes leuchten, ihnen den Leib, in dem sie sich abgemüht haben, wiedergeben, so dass sie nach der Beseitigung aller Schwierigkeiten, mit denen Mose sein Gesicht bedeckt hat,[35] Gott schauen können.

35 Vgl. Ex 34,33.

Denn die Werke der Heiligen, die sie durch die Eingebung des Heiligen Geistes gewirkt haben, strahlen vor Gott wie der Himmel, weil sie mit Gott und in Gott ausgeführt worden sind. So gewährt Gott diesen Seelen für ihre Werke Erholung und Ruhe, aber noch nicht die vollkommene Freude, bis die Fülle des Volkes am Jüngsten Tag eingezogen sein wird. Dann wird Gott durch die heiligen Werke der Heiligen ihren Leib und ihre Seele vereinen, und so wird der Himmel ihrer Werke sie zu Gottes Angesicht führen, den sie dann vollkommen schauen werden.

Da aber der Leib zusammen mit der Seele die guten Werke hervorgebracht hat, kann die Seele, solange sie des Leibes entbehrt, nicht jene Vollständigkeit erreichen, um auch ohne den Leib das Angesicht Gottes vollständig sehen zu können. Sobald sich aber Leib und Seele verbinden, enthüllt Gott sein Angesicht, damit die Seligen ihn auf diese Weise sehen können. Denn nun sind beide, Leib und Seele, vereint, die ja gemeinsam ihr Werk getan haben. Dieser Ruf ist stark und er ist der laute Ruf der Heiligen, weil sie kaum erwarten können, bis sie ihren Leib wiedererlangen werden. Mit so großer Sehnsucht suchen sie nach der Gestalt ihres Leibes, wie ein hungriges Kind, das von seinem Vater Brot erbittet, und der Vater antwortet ihm gütig, dass er ihm schnell das Brot geben wird.

37. Bevor die Verstorbenen ihren Leib zurückerhalten, wird die Welt erschüttert

So erhalten sie folgende Antwort: Bevor sie ihren Leib zurückerhalten werden, wird die Welt erschüttert und in eine andere verwandelt werden. Der alte Feind wird mit all seinen Kräften zerschlagen werden, und der wahre Gott, als Gott und Mensch existierend, wird all seine Glieder in seinen Auserwählten sammeln und sie werden die Unversehrtheit ihres Leibes wiederempfangen.

38. Obwohl die Werke der Heiligen unterschiedlich sind, erkennen sie durch die Berührung des Heiligen Geistes einander als Gefährten

Die oben erwähnten Seelen der Seligen kennen diese Auserwählten Gottes, weil sie, obwohl sie auf die Eingebung des Heiligen Geistes verschiedene gute Werke gewirkt haben und ihre Werke unterschiedlich sind, dennoch durch die Berührung des glühenden Heiligen Geistes einander als Gefährten erkennen. Sie hören die Melodien von deren Gesängen und deren Freude, sie sehen diese in der klaren Reinheit ihrer Erkenntnis und ihrer Betrachtung, und sie vernehmen mit ihnen zusammen die von oben gewährte göttliche Antwort. Denn auch sie harren aus, bis der stärkste Gott seinen stärksten Befehl erteilt und jegliches teuflische Treiben am Ende der Welt bezwingt, damit sie ihren Leib zur ewigen Seligkeit und Herrlichkeit zurückerhalten.

39. Im finsteren Unglauben setzt der Teufel jenen, die Gott in Ruhe dienen sollten, unpassende Dinge vor

Dass du aber *im erwähnten Nebel, der verschiedene Arten von Lastern enthält, die du, wie gesagt, vorher gesehen hast, auch jetzt acht Laster in ihren Gestalten erblickst,* bedeutet, dass du im finsteren Unglauben, in dem du vorher die mannigfaltigen Nachstellungen des Teufels gesehen hast, nun eben viermal zwei Laster in ihren verkehrten Merkmalen schaust. Sie schwärmen bacchantisch durch die vier Regionen der Welt und durch die vier Elemente, womit sie den Erdkreis in Verwirrung bringen, weil sie jene, die Gott in Ruhe dienen sollen, mit ihren Anfeindungen unablässig belästigen.

Der Teufel aber zeigt sich mit seinen Kräften und Lastern so, als ob er Gott wäre, und setzt den Menschen unpassende Dinge in unzählbarer Menge vor. Dies tut er solange, bis er nichts mehr vermag.

40. Die alte Schlange, die sich gegen das, was himmlisch ist, auflehnt, will alle Menschen mit sich in den See des Verderbens ziehen

Dass du aber *eine gewisse Gestalt siehst, die wie eine Schlange in der erwähnten Finsternis auf ihrem Rücken liegt,* bedeutet, dass der Teufel, jene alte Schlange, in der Finsternis seiner Verdorbenheit gierige Lust gegen das wendet, was himmlisch ist, indem er den Menschen überredet, von der himmlischen Sehnsucht zur irdischen Begierde hinunterzusteigen.

Ihre Augen brennen wie Feuer, weil das Streben des Teufels darauf ausgerichtet ist, im Feuer des Hasses Flammen des Betrugs herauszustoßen; *ihre Zunge hängt aus ihrem Mund heraus,* denn unbändige Lüge geht aus der Bissigkeit des Teufels hervor; und *das Ende ihres Schwanzes ist abgeschnitten,* weil der Teufel sein Werk nach seinem Willen nicht zu Ende führen kann. Denn er würde alle Menschen in den See des Verderbens ziehen, wenn sich die göttliche Majestät ihm nicht entgegen stellen würde.

Ihr Körper ist aber schwarz, weil der Teufel ganz und gar darauf hinaus ist, den Menschen die Gottesvergessenheit einzureden; *und Streifen von blasser, giftiger Farbe ziehen sich von ihrem Kopf nach unten auf der Länge ihres Körpers,* weil die Wege des Satans die Blässe des Todes enthalten und durch Völlerei giftige Erschütterungen der Menschlichkeit herausstoßen, so dass diese Wege im Verderben ihren Anfang nehmen und sich in die Verkehrtheit dieses Verderbens verlängern, bis sie zu einem schlimmen Ende führen. Denn wie der Anfang des Teufels böse ist, so ist es auch sein Ende.

41. Insbesondere über die Völlerei und ihre Haltung sowie was das bedeutet

Dass *der Bauch dieser Schlange aber offen ist,* bedeutet, dass der Teufel seinen Schlund öffnet, um die Seelen zu verschlingen; und dass *darin die Gestalt eines Menschen erscheint, die wie in einer Wiege auf ihrem Rücken liegt,* stellt die Völlerei des Bauches dar, weil der Teufel die Menschen zuerst zur Gefräßigkeit verführt, um sie dann leichter und vollständiger in andere Laster zu verstricken. Denn die Völlerei liegt gleichsam in Unwissenheit durch die gefräßige Begierde in Ruhe auf dem Rücken da, um den Menschen von der Sehnsucht nach dem Paradies wegzuziehen. So ist der Mensch durch die List der Schlange zuerst mit einer Speise verführt worden.

Auf ihrem Kopf hat sie eine Filzmütze wie einen ein wenig nach oben gerichteten Helm, weil die Völlerei ihren Eigenwillen im Geist der Menschen mit leerer Macht eitel nach oben richtet. Denn während sie ihren Bauch vollstopfen, werden sie übermütig, da sie nun meinen, die Fülle aller Güter zu haben.

Ihre Haare sind weiß und hängen unter der Filzmütze auf ihre Schultern herab, weil die Völlerei den Schimmer des Überflusses in der Macht der Stärke zur Schau trägt, während sie alle ohne Ehrfurcht verachtet und sich niemandem unterwerfen will.

Daher *trägt sie ein Kleid aus feiner weißer Seide,* weil sie vom kulinarischen Genuss erlesener Festmähler umschlungen ist; *und ist auch mit einem Mantel umhüllt, dessen Farbe der Farbe der Schlange ähnlich ist,* weil sie sich die Weite der Begierde in der Verschiedenheit der Laster anlegt, die die teuflische Ungerechtigkeit hervorbringt, um die Menschen wenigsten durch Überfluss an Speise und Trank zu verführen, wie auch dieses Laster, wie oben gesagt, in seinen eigenen Worten darlegt. Die Enthaltsamkeit aber widersetzt sich ihm mit ihrer Erwägung und ermahnt den Menschen, damit er sich selbst nicht in eine solche Verspottung bringt.

42. Insbesondere über die Bitterkeit und ihre Haltung sowie was das bedeutet

Die zweite Gestalt zeigt aber die Bitterkeit, die hier auf die Völlerei folgt. Denn nachdem sich der Mensch mit übermäßiger Gefräßigkeit beladen hat, gerät er beim Überfluss an Speise in herbe Bitterkeit, so wie nach dem Sommer der Winter kommt. Und *sie ist wie ein Leopard,* weil all ihre Werke verbittert sind. Die Bitterkeit ahmt das wilde Tier in seinen zwei Naturen nach, weil auch sie sowohl in ihren Worten als auch in ihrem Werk bitter ist, wie sie auch in ihrer Rede oben zeigt. Daher werden ihr die Worte der wahren Freigebigkeit zugerufen, und auch die Menschen werden aufgefordert, sich gütig und freigebig zu verhalten. Denn große Bitterkeit herrscht dort, wo sich der Mensch von Gott abwendet und sich gegen Gott verhärtet, so als wäre Gott nicht sein Helfer, und wo er Gott nichts von dem zurückgibt, was Gott ihm gegönnt hat. Daher bereitet eure Seele für Gott, ihr Vornehmen und Weisen, wie auch Jesaja auf meine Eingebung hin euch verkündet, wenn er sagt:

43. Der Prophet Jesaja über dieselbe Sache

Wenn du dem Hungrigen deine Seele reichlich gibst und die niedergedrückte Seele sättigst, wird dein Licht im Dunkel aufgehen, und deine Dunkelheit wird hell wie der Mittag. Und Ruhe wird dir der Herr, dein Gott, für immer gewähren, und er wird deine Seele mit Glanz erfüllen und deine Gebeine befreien (Jes 58,10-11). Der Sinn dieser Worte ist folgender:

Die Seele verfügt über Seufzen, Sehnsucht und Willen, und hängt zusammen mit dem Fleisch, das aus der Erde genommen ist. Und wenn die Seele das Fleisch in Bewegung bringt, nämlich nachdem sie es belebt hat, spürt das Fleisch die Sünden, aus denen sie aufgestiegen ist. Wenn das Fleisch sie ausgeführt hat, dann hungert die Seele nach ihrem Dienst, nämlich Gutes zu tun. Der Mensch soll zum Seufzen seiner Seele, mit dem er sich nach Gott ausrichtet, schnell aufstehen, und zur Sehnsucht, mit der er Gott umarmt, zügig aufsteigen, und den Willen, mit dem er Gott liebt, munter halten. Die Seele nämlich umfasst viel Gutes und Böses, wie der Mensch in seinen Taten dies oft zeigt. Die Seele ist wie der Wind, der über das Gras weht, und wie der Tau, der auf das Gras herunterfällt, und sie ist wie die regenreiche Luft, die das Gras wachsen lässt. Daher soll der Mensch den Sehnsüchtigen seinen guten Willen *reichlich geben*. Auf welche Weise? Er sei Wind, indem er den Bedürftigen hilft; er sei Tau, indem er die Vereinsamten tröstet, und er sei regenreiche Luft, indem er die Verzagten wieder kräftigt und sie wie *Hungernde* mit Unterweisung sättigt. *So reicht er ihnen seine Seele,* wenn er ihnen mit allen Kräften seiner Seele einsichtsvoll beisteht.

Wenn du, o Mensch, dies tun wirst und wenn du die von Dämonen und Menschen bedrängte und von Sünden gefesselte und gefangene Seele mit überzeugenden Worten heilst und mit heiligen Tröstungen erfüllst, dann wird *dein Licht* durch den Aufgang der Gerechtigkeit *inmitten der Dunkelheit* der Sünden *aufgehen.* Du schreitest auf dem guten und heiligen Weg einher, so dass du aufhörst zu sündigen, und beginnst, gute Werke zu tun. Da verdunkelt die Finsternis der Sünden nicht mehr das Licht der Heiligkeit, sondern sie dient, sogar gegen ihren Willen, diesem Licht. *Dann wird auch die Finsternis* deiner begangenen Sünden *der Mittagshelle gleich* und schwindet dahin, denn wie sich nach dem Mittag der Tag neigt, so werden auch deine Sünden abnehmen und zu nichts vergehen.

So wird dir d*er Herrscher aller* und *der Gott der gesamten Schöpfung* in seiner Gnade Ruhe vor deinen Feinden gewähren, und dies tut er auf immer, damit sie dich nicht mehr beherrschen, sondern du sollst sie wie Schemel unter deine Füße unterwerfen. *So wird er mit* himmlischer Fröhlichkeit und *dem Glanz* der höchsten Klarheit *deine Seele erfüllen,* die gleichsam vom heiteren Tag der Wohltaten strahlt. *Deine Gebeine,* nämlich die Gebeine deiner Glieder, die gute und heilige Werke gewirkt haben, wird er von der Verderbnis befreien, nämlich in der Zukunft der Auferstehung, so dass sie nicht länger sterblich bleiben, sondern heilig und unverdorben genannt werden.

44. Insbesondere über die Gottlosigkeit und ihre Haltung sowie was das bedeutet

Die dritte Gestalt tut aber die Gottlosigkeit kund, die hier nach der Bitterkeit einherschreitet. Denn wo sich die Bitterkeit im Geist der Menschen einnistet, da schließt sich ihr die Gottlosigkeit an, die keine Freude an Gottes Gütern unangefochten lässt, sondern alles Gute zerfetzt, soweit sie es kann.

Sie hat die Form eines Menschen, ausgenommen, dass ihr Kopf, der zwischen ihren Schultern aus der Brust herausragt, teils einem tierischen, teils einem menschlichen Kopf ähnelt, weil die Gottlosigkeit dadurch, dass sie in den Menschen herrscht und ihren eigenen Anfang im Eigensinn ihres Gewissens weiterführt, tierische und bissige Sitten an den Tag legt, die heimtückischen Sitten aber unter der Gestalt der Menschlichkeit versteckt. Sie lehnt die wahre Lehre, die Güte, den Gehorsam und die Unterwerfung ab, die in Gott sind, und in allem entbehrt sie der Schönheit der Gerechtigkeit.

Sie hat große, feurige Augen und einen Mund wie den eines Leoparden, weil sie in ihrer Absicht große Barschheit mit brennender Raserei zeigt, und alles, was sie kann, zerreißt und zerstückelt. Sie will weder Gnade noch Barmherzigkeit, auch erkennt sie nicht mit Unterscheidung die Weisheit, sondern strebt danach, die Heiligen und die Gerechten zu zertreten.

Deswegen zieht sich von ihren beiden Wangen je ein pechschwarzer Streifen hin zum Kinn, weil sie sowohl durch knirschende als auch tätige Bissigkeit in ihrem garstigen und bösen Willen starrsinnig ist und zur Torheit neigt. Und so verbleibt sie in trügerischer Täuschung ohne die Ehre Gottes.

Aber auch *aus den beiden Mundwinkeln hängt der Kopf einer Schlange heraus,* weil sie, Gott wie Menschen verachtend, ihrer Bissigkeit kein Ende setzt, sondern in ihrer schlangenähnlichen Gesinnung immer zu neuen Anfängen voranschreitet; und *aus ihrem Mund stößt sie viele Flammen aus,* weil sie die Menschen mit den brennenden Pfeilen ihrer Worte angreift, bis sie sie auf vielerlei Weise zur Raserei bringt.

Dass *sie auf ihren Knien steht, während ihr Körper aufgerichtet ist,* bedeutet, dass sie ihre Kraft auf die Verehrung von Götzen verwendet, und so die Menschen, die vor Gottlosigkeit toben, den Götzen ähnlich macht. Und sie betrügt sie auch, weil sie dann meinen, dass sie gerecht sind und Gerechtigkeit üben.

Daher *umhüllt sie ihren Kopf mit einem dunklen, teerigen Schleier nach weiblicher Art,* weil sie den Geist der Menschen unter dem finsteren und dichten Schirm der Leichtsinnigkeit in Härte fesselt; *ihr übriger Körper ist mit einem schwarzen Gewand bekleidet,* weil sie sich den Irrtum der verderbenden Grausamkeit anzieht und dadurch der Lauterkeit des Lebens entbehrt; *dessen Ärmel hängen leer herunter, weil sie ihre Arme im Inneren des Gewandes zusammenlegt,* was bedeutet, dass ihre Werke keinen zum Ziel führenden Nutzen enthalten, sondern jeglicher Stärke beraubt sind und niemandem als gut erscheinen, wie dieses Laster, wie oben dargelegt, in seinen Worten offensichtlich macht. Ihm antwortet die Gotteskraft der Frömmigkeit, und gibt zu verstehen, dass sich die Gottlosigkeit in dauernder Lästerung befindet.

45. Insbesondere über die Falschheit und ihre Haltung sowie was das bedeutet

Die vierte Gestalt weist aber auf die Falschheit hin, die hier die Gottlosigkeit begleitet. Denn wenn der Mensch gottlos ist, dann hat er Zugang zur Falschheit und, nachdem er die Wahrheit abgeworfen hat, baut er eifrig irgendwelche Lügen auf. *Sie ist von einer so dichten Finsternis umgeben, dass du keine einzelnen Glieder an ihr unterscheiden kannst,* weil die Falschheit im Unglauben ganz grob geworden ist und keine Rechtschaffenheit der guten Werke in sich hat. Man findet in ihr keine Echtheit, allein die Finsternis des Todes gibt es in ihr in Fülle.

Dass du sie nur mit Mühe als eine formlose und verunstaltete menschliche Figur in dieser Finsternis erkennst, bedeutet, dass die Schönheit der Wahrheit und der Schmuck der Gerechtigkeit in all ihren Worten und Taten fehlen. Ohne jegliche Echtheit schreitet sie allein in der Finsternis des Todes einher, so dass sie bald sicher, bald unsicher auf ihren Wegen geht, weil keine Aufmerksamkeit der Liebe, mit der Gott erblickt wird, in ihr zu finden ist, allein nur der unfruchtbare und falsche Betrug, den sie durch die Menschen und in den Menschen unablässig ausführt.

Und *sie steht über einem trockenen, harten und schwarzen Schaum, der Feuerflammen ausstößt,* weil sich die Falschheit auf die Täuschung der Worte stellt, die keine Festigkeit haben. Ohne die Grünkraft der Gerechtigkeit sieht sie ausgetrocknet aus, ohne die Süße der Güte hart und ohne den hellen Glanz der

Tugenden schwarz. Es gibt in ihr keine Sicherheit, nur die Flamme des Zornes, der viel Unrecht verübt, wie sie selbst oben in ihrer Rede zeigt. Mit der Antwort der wahren Wahrheit wird sie aber in die Schranke gewiesen, und die Menschen werden zur Wahrhaftigkeit aufgefordert. Denn wer die Lüge liebt, bleibt nicht nur bei diesem einen Laster, sondern interessiert sich für andere, und wenn er in ihnen verfangen bleibt, dann drängt es ihn zu weiteren Lügen, wie auch der Prophet David, der mit meinem Geist wahrhaft durchtränkt war, zeigt, wenn er sagt:

46. David über dieselbe Sache

Entfremdet haben sich die Sünder vom Mutterleib an, sie sind vom Schoße an herumgeirrt und haben falsche Worte gesprochen (Ps 57,4 / 58,4). Der Sinn dieser Worte ist folgender:

Die Ursünde ist durch eine Speise entstanden, die die selige und glückliche Natur des Menschen in die Sterblichkeit wendete. Durch jene Speise ist nämlich die gute Erkenntnis eingeschlafen und die böse Erkenntnis durch ein fremdes Leben aufgestanden. Denn *entfremdet haben sich die Übertreter der Gerechtigkeit* von der wahren Wahrheit. Die Natur des Menschen *ist fremd geworden im* giftigen *Mutterleib* durch den Mund der Schlange, die trügerisch fragte, warum der Mensch denn von der Frucht nicht essen durfte. Als aber die ersten Eltern auf den Rat der Schlange Gottes Gesetz übertraten, starben sie den Tod. Daher sind auch ihre Kinder von der Empfängnis an *entfremdet* vom Schutz der Heiligkeit durch die tödliche Gottesvergessenheit. Darum sollen die Menschen eine große und angemessene Enthaltsamkeit beim Essen bewahren, weil der alte Feind mit seiner gefräßigen Kehle den Menschen zuerst durch das Essen verführt hat. Denn wenn der Geschmack des Menschen nach Speise verlangt, kommt ihm die Habgier entgegen, durch die er seinen Bauch mit allen Speisen vollstopft und alle Wege der guten Erkenntnis irrend verlässt.

Und so *irrten die Menschen vom Mutterschoß an herum,* weil nämlich die ersten Eltern in der ersten Ursünde der Sünde einen Anfang gesetzt haben und später in diesem Wirbel anfällig für die Sünde geworden sind. Denn nach dem Schmecken der Speise ist das Schmecken der Sünde gekommen, und als sie dies vollbracht hatten, *sprachen sie falsche Worte,* weil der Teufel durch die Speise eine große Lüge aufrichtete, mit der er Gott und seine Gerechtigkeit verleugnete. Und so machen es auch alle, die durch übermäßiges Essen und Trunkenheit ihren Bauch gierig vollstopfen. Durch übermäßiges Essen werden die Menschenkinder lügnerisch, indem sie die Wahrheit vernachlässigen und sie verleugnen. Und weil schon am Ursprung der Menschen die Einflüsterung des Teufels zugegen ist, lügen die Menschen, wie auch der Teufel es tut, und so töten sie sich selbst und andere. Wenn sie sich aber Gott, der Himmel und Erde erschaffen hat, widersetzen, wo werden sie dann sein, wenn nicht in der Unterwelt?

Bisweilen nennen sie das Verderben Leben und geben vor, dass sie sich mit ihren Worten einen Himmel schaffen, den sie aber niemals gesehen haben, noch jemals haben schaffen können. Was ein Verderben ist, das nennen sie eine große Ehre, und mit ihren Lügen führen sie den Menschen auf vielerlei Weise hinters Licht. Auch loben sie den Menschen durch Täuschung und töten ihn durch Betrug, und so sind sie denen ähnlich, die auf dem Horeb das Kalb machten und sagten, es sei der Gott Israels.[36] Und so machen es jene Menschen, die in Lüge wohnen und untereinander Eitles reden und die sich in der ganzen Schöpfung Dinge versprechen, wie sie nur wollen. Und alle, die so handeln, sind tot, wie auch die Götzen tot sind. Sie sind im Norden, ja sie sind selbst der Norden, und sie werden fallen.

47. Insbesondere über den Streit und seine Haltung sowie was das bedeutet

Die fünfte Gestalt zeigt aber den Streit, der hier der Falschheit folgt. Denn wenn der Mensch lügnerisch ist, verfällt er dem Streit, so dass ein jeder mit seinem Bruder in Tücke und Unrecht betrügerisch zankt.

Und *sie erscheint in der Form eines Menschen und hat krause, schwarze Haare und ein feuriges Gesicht,* weil der Mensch, der ein vernunftbegabtes Wesen ist, mehr als alle anderen Lebewesen, die ohne Vernunft sind, den Streit liebt. Er verspottet beim Streiten häufig die anderen Geschöpfe und dies tut er durch verschlungene Unzüchtigkeit und geschwärzten Ärger, auf dem vielfach gewundenen Weg der Erkenntnis und in der Absicht seines feurigen Willens, wenn er wütend in seinem Zorn tobt.

Dass *sie mit einem bunten Kleid bekleidet ist, das an den Schultern Löcher hat, durch die sie ihre Arme streckt,* bedeutet, dass der Streitsüchtige seine Sehnsüchte mit der Mannigfaltigkeit der anderen Laster bedeckt. Er kennt in seiner wahnsinnigen Härte weder Unversehrtheit noch echte Zügelung, sondern nur Löcher bacchantischer Spaltungen, und er schleudert seine Werke gleichsam wie Verlängerungen seiner Arme nach seinem Eigenwillen heraus. Wer nämlich streitsüchtig ist, der achtet weder den Willen noch das Wohl der anderen, sondern läuft nach dem Eigenwillen seiner Begierde.

36 Vgl. Ex 32,1-6.

Daher *hält sie in ihrer linken Hand eine Axt, die sie an sich festgebunden hat,* weil der Streitsüchtige in seiner feindlichen Härte Wortfetzen wiederholt, die er in seinen verkehrten Sitten sammelt; und *mit deren Schneide verletzt sie immer wieder ihre Hände, weil sie sie vor Wut daran stößt, so dass sie auch ihr Kleid mit Blut bespritzt,* weil der Streitsüchtige mit den Stichen seiner feindlichen Worte häufig seine eigenen Werke zum Eitern bringt, wenn er sich selbst im Wahnsinn Widerwärtigkeiten herbeiholt, und zwar so, dass er in seinen frevelhaften Werken sein eigenes Gewissen vor anderen entblößt und sich selbst dabei so aufreizt, dass er mit seiner Schelte sich selbst und andere verwirrt, wie auch die oben dargelegten Worte dieses Lasters deutlich machen. Mit dem Urteil des höchsten Friedens wird ihm aber Einhalt geboten, und die Menschen werden aufgefordert, dieses Laster zu meiden.

48. Insbesondere über die Unglückseligkeit und ihre Haltung sowie was das bedeutet

Die sechste Gestalt stellt die Unglückseligkeit vor, weil hier nach dem Streit die Unglückseligkeit kommt, die sich von allen Gütern Gottes abwendet. Denn die Menschen, die meinen, dass sie das Heil haben, Gott aber nicht verehren, laufen in den Tod.

Sie ist einem aussätzigen Menschen ähnlich und hat schwarze Haare, denn wie ein Aussätziger von den Gesunden und Reinen getrennt ist, damit sie von ihm nicht berührt werden, so ist auch die Unglückseligkeit von allen Gotteskräften abgesondert und leuchtet in keinerlei Klarheit. Dennoch ist sie einem Menschen ähnlich, weil der Mensch, während sich alle übrigen Geschöpfe in ihrem Gehorsam Gott gegenüber als glücklich erweisen, sich selbst durch die teuflische Einflüsterung die Unglückseligkeit verursacht und diese in der Schwärze der überflüssigen und vielfältigen Ungerechtigkeiten, die wie Haare sind, vollständig macht. Ein solcher Mensch schämt sich nicht einmal, dass er sich auf die Mahnung weiser Menschen hin nicht bessern will.

Es fehlt ihr das Kleid und sie bedeckt sich mit großen Blättern irgendwelcher Kräuter, weil die Unglückseligkeit, entblößt von allem Gut der Heiligkeit, ohne Freude der Erlösung ist. Sie umgibt sich jedoch mit der weiträumigen Unbeständigkeit verschiedener Eitelkeiten und versucht, durch vielerlei Mannigfaltigkeit ihrer Sitten das Glück zu erwerben, was ihr aber nicht gelingt. *Sie schlägt sich mit ihren Händen an die Brust,* weil sie mit ihren Werken ihr Gewissen anklagt, wobei sie durch ihre bösen Handlungen nur das Innerste ihres Herzens offen legt. Sie setzt keine treue Hoffnung auf Gott, sondern stößt böse Seufzer nach unzähliger Trübsal aus, wie sie auch in ihrer Rede, wie oben dargelegt, zeigt. Daher wird sie in der Antwort der Seligkeit zurückgewiesen, und die Menschen werden belehrt, nicht in diesem Zustand zu bleiben.

49. Insbesondere über die Maßlosigkeit und ihre Haltung sowie was das bedeutet

Die siebte Gestalt bedeutet die Maßlosigkeit, die sich hier der Unglückseligkeit treffend anschließt. Denn wenn sich der Mensch gegen Gottes Güter als Rebell aufführt, dann sprosst sofort die Maßlosigkeit in jedweder Sache hervor, in der der Mensch meint, einen Stand zu haben. Aber sie wird dort nicht wirksam bleiben, weil alles, was gegen Gott ist, nicht bestehen kann, sondern vergehen wird.

Sie sieht aus wie ein Wolf, weil sie im Ungestüm der Arglist und im rauen Wechselspiel aller Übel ohne Unterscheidung ist; *sie beugt ihr Schienbein und sitzt auf ihren Füßen, während sie überall herumlauert, um alles zu verschlingen, was sie rauben kann,* weil sich die Maßlosigkeit mit ihrer gebeugten Stärke auf den bösen Wegen ihres Eigenwillens auf das Schlechtere stürzt. Sie betrachtet allerlei Eitelkeiten, um diese an sich zu reißen, womit sie jegliche Ehrbarkeit der Mäßigung zerstört und zunichte macht, und um dadurch im Vergnügen ihres Gelüstes zu bleiben, wie sie auch in ihren Worten oben zeigt. Ihr antwortet die wahre Unterscheidung und ermutigt die Menschen, dass sie in allem auf das angemessene Maßhalten achten.

50. Insbesondere über die Verdammnis der Seelen und ihre Haltung sowie was das bedeutet

Die achte Gestalt bezeichnet die Verdammnis der Seelen, die hier nach der Maßlosigkeit kommt. Denn wenn sich der Mensch durch Maßlosigkeit Gott widersetzt, läuft er offenkundig der Verdammnis seiner Seele entgegen, die sich weigert, mit Gott zu sein, und gegen ihn knirscht. Sie stellt sich in Aussicht, dass sie als Berg des Heils emporragen wird, während sie ganz und gar eine Ruine ist. In ihr hat bereits der erste Engel für sich und für alle, die ihm folgen, seinen Ruin errichtet.

Und *sie ähnelt einem Turm, der an seiner Spitze ein Schutzdach mit drei Fenstern hat,* weil in der Verdammnis eine große und unerschütterliche Festigkeit gleich einem Turm enthalten ist, in der sich der Hochmut wie auf seiner Höhe seine eigene Sicherheit gleich einem Schutzdach errichtet, die aber nicht auf Gott ausgerichtet ist, sondern auf die Traurigkeit des Todes zugeht. Durch Sinn und Verstand sowie Erkenntnis schaut der Hochmut wie zu drei Fenstern hinaus, um die Seelen ins Verderben zu führen. Mit diesen drei Vermögen leugnet er auch den wahren Glauben an die heilige Dreifaltigkeit, weil er nicht glaubt, dass ein Gott in drei Personen ist und drei Personen im einen Gott sind.

Dass aber *darunter zwei Arme eines Menschen erscheinen und die dazu gehörenden Hände sich über dieses Schutzdach ausstrecken,* bedeutet, dass unter der Vorsorge der Verdammnis die Achtung heiliger Ehrfurcht nicht Gott entgegengebracht wird, sondern dem Teufel. Denn der Mensch erhebt sich in seinem Unglauben immer wieder zum Bösen, so dass er seine verfluchten Werke über die todbringende Sicherheit ausstreckt, weil er seine Hoffnung nicht auf Gott setzt, sondern bloß auf leere Eitelkeit richtet.

Jene Arme sind mit einer Finsternis wie mit Ärmeln umhüllt, die Hände aber sind nackt, jedoch feurig, weil die Stärke und die Verkehrtheit der Verdammnis in der Dunkelheit und im Versteck räuberischer Sitten liegen, indem sie die Seele ihrer Anhänger heimlich tötet. Auch die Werke der verdorbenen Menschen sind nackt, bar jeglicher Heiligkeit, dennoch brennend im Feuer der Bitterkeit ohne jegliche Hoffnung auf Heil. Denn diese Verdammnis sucht nichts anderes und ersehnt nichts anderes, als die Seelen dorthin zu führen, wo sie selber ist, wie auch ihre oben dargelegte Rede zeigt. Die Erlösung der Seelen aber weist sie zurück und warnt die Menschen, sie nachzuahmen, weil die Verdammnis die Erlösung für nichts hält.

Diese ist aber selber die Verdammnis in der Verdorbenheit und hat kein Heilmittel der Erlösung in der Erlösung, weil sie gegen Gott ist. Sie wollte jenem anhangen, der kein Licht hat, sondern in der Finsternis bleibt, wie der Prophet Jeremia, vom Heiligen Geist ermahnt, sagt:

51. Die Worte des Propheten Jeremia über dieselbe Sache

Wie ist es, Israel, dass du im Land der Feinde lebst? Du bist in einem fremden Land alt geworden, du bist mit Toten verunreinigt worden, du bist zu jenen gezählt worden, die in der Unterwelt sind, du hast die Quelle der Weisheit verlassen. Denn wenn du auf Gottes Weg gewandelt wärest, hättest du für immer in Frieden im Land gewohnt (Bar 3,10-13). Der Sinn dieser Worte ist folgender:

Woher kommt dieses Übel, dass du, der du die Sichtbarmachung aller Wunder Gottes bist und den man den Himmel mit all seinen Leuchten nennt, dort, wo du Gott hättest schauen sollen, also *in jenem Teil,* mittels dessen *dein Geist das Land ist,* nun als *die Wohnstätte all deiner Feinde* erscheinst? Denn böse Begierden sprossen in deinem Fleisch hervor, die sich feindlich zur Seele verhalten. *Dein Land* beginnt nämlich in der ersten Grünkraft mit Spielereien, dann gerät es in Zügellosigkeit, und schließlich schreitet es in die Tiefe des Meeres. Das sind die schmutzigen, lauen und hässlichen Werke, durch die dein *Geist in einem fremden Land gealtert ist,* so dass du ganz in Sünden lebst, die der Heiligkeit widersprechen. Du kennst Gott nicht und willst ihn nicht, auch antwortest du keineswegs seinen Geboten. Vielmehr schläfst du in seinem Gesetz und in diesem Schlaf *bist du mit todbringenden Werken besudelt,* die im Unglauben getan sind und deshalb vor Gott und seinen Heiligen stinken. Daher *bist du für die Unterwelt bestimmt worden* mit jenen, die in den Qualen der Hölle wohnen, die weder den Tag des Glaubens gesehen, noch die Sonne der Barmherzigkeit geschaut haben und den Mond der Heiligkeit mit allen Sternen der Tugenden verlassen haben, weil sie das Licht aller Gnade Gottes abgelehnt haben.

Und *so hast du die Quelle der Weisheit verlassen,* nämlich das unendliche Leben, das in Gott ist und das kein Mensch durch Wissen, Erkennen oder Schauen ausschöpfen kann. *Denn wenn du auf dem Weg von Gottes Geboten gewandelt wärest,* indem du den Spuren Christi gefolgt wärest, würde dir die Seligkeit leuchten, und die Ehre des Herrn der Heerscharen würde dich zum Leben führen. So *würdest du in der friedenstiftenden Liebe wohnen,* die alles umfasst. Gott würde dich auf der Erde vor den Menschen und im Himmel vor seinen Engeln zeigen, dich als klares Licht im Ruhm der heiligsten Werke sichtbar machen und dich wie den süßen Klang einer Harfe erschallen lassen. Da du aber dies alles vernachlässigt hast, lebst du auf den Trümmern deines Verfalls.

Du aber, o Israel, der du dich danach sehnst, Gott in heiligen Werken zu schauen, darfst die verlorenen Söhne Jakobs nicht nachahmen, die den Teufel hätten verachten sollen, dies aber nicht taten. Vollbringe vielmehr jene Werke, die Gott Adam im Paradies aufgetragen hat, die er später auch in Abel verherrlichte,[37] die er in der Beschneidung Abrahams in der Offenbarung der wahren Dreifaltigkeit kundtat,[38] die er in Mose durch die rotglühende Flamme zeigte[39] und die er schließlich in den Söhnen Israels offen legte, als er ihre frevelhaften Werke tilgte.[40] Besteige die Leiter der Gotteskräfte, die Jakob erschien,[41] indem du Christus, dem Sohn Gottes, nachfolgst, der die hellleuchtenden Gotteskräfte mitgebracht hat und allen, die ihn suchen, Barmherzigkeit erweist. Er hat dies auch in sich selbst geoffenbart, als er in der Welt war, wie es ihm gefiel. Denn er ruhte wie ein Einhorn im Schoß der Jungfrau, und er bestieg später wie ein Steinbock den Berg der Gotteskräfte und der Wunder, durch die er den Teufel vollständig überwand und seine Macht zerschlug.

37 Vgl. Gen 4,4.
38 Vgl. Gen 17-18.
39 Vgl. Ex 3,2.
40 Vgl. Dtn 4,3.
41 Vgl. Gen 28,12 und Regula Benedicti – Die Benediktusregel 7 (wie Anm. 5), S. 100-115.

52. Insbesondere über die Gestalt des Gotteseifers und was das bedeutet

Dass du siehst, dass *vor dem erwähnten Mann ein Löwe steht, der sich gegen die Laster wendet,* bedeutet, dass in der Erhabenheit der Gottheit die Menschheit des Erlösers ist. Er, der als Gott und als Mensch existiert, widersetzt sich mit der stärksten Kraft seines Eifers den teuflischen Lastern, wenn er *mit dem Wind ein lautes Gebrüll ausstößt und ruft,* dass er sie im Feuer des Heiligen Geistes ausplündert und ihnen auf diese Weise ein Ende bereitet, weil sie gegen ihn kämpfen wollen. Denn er sandte einen lauten Schlachtruf mit dem Sturm des Heiligen Geistes aus, als er mit diesem Heiligen Geist seine Jünger durchdrang und ihnen befahl, zu predigen und Zeugnis abzulegen von der neuen Heiligung, damit sie auf diese Weise der alten Schlange die verlorenen Seelen entreißen und ihre bösen Einflüsterungen vernichten, mit welchen sie stets darauf drängt, sich gegen die Wahrheit und das Heil der Menschen zu empören. Obwohl der Teufel mit seinen bösen Machenschaften danach trachtet, gegen Christus, den Sohn Gottes, in seinen Heiligen Widerstand zu leisten, richtet Christus, gleich einem starken Löwen, alle Glieder und Absichten des Teufels und die Laster in seinem Gefolge zugrunde und zermalmt sie völlig.

53. Der Gotteseifer sucht jene Menschen oft mit körperlichen Züchtigungen heim, die den Willen Gottes verachten

Und wie der Gotteseifer den Teufel und die Laster, die ihm folgen, mit göttlicher Macht bändigt und niederdrückt, und, nachdem sie niederdrückt sind, vernichtet, so läutert er durch seinen Zorneseifer mit körperlichen Züchtigungen häufig jene Menschen, die sich ihm widersetzen und die seligmachenden und gerechten Mahnungen nicht annehmen. Er zerstreut sie und sucht sie mit körperlichen Strafen heim. Wie nämlich die Stärke des Löwen die übrigen Tiere verschlingt, so zermürbt auch der starke Gotteseifer die Eingeweide des Teufels. Dieser Gotteseifer vernichtet ganz und gar die erste Lüge, mit der der Teufel in sich selbst seinen Sturz bereitet hat. Derselbe Eifer tötet seine Feinde, die untereinander sagen, dass sie nichts anderes tun können, als das, was ihre Natur verlangt, und die ständig nur nach dem Ausschau halten, was ihnen gefällt. Sie verstricken sich in die Laster des Teufels, so dass sie den Willen Gottes verachten und die Werke Gottes zurückweisen, als ob es Gott nicht gäbe. Daher werden sie durch den Gotteseifer zerstreut und zerschlagen, wie auch diejenigen auseinander gejagt werden, von denen der Prophet Jeremia spricht, wenn er sagt:

54. Der Prophet Jeremia über dieselbe Sache

Die Hände barmherziger Mütter kochten ihre eigenen Kinder. Sie sind ihnen zur Speise geworden, beim Zusammenbruch der Tochter meines Volkes. Der Herr hat seinen Grimm randvoll erfüllt und den Zorn seines Unmutes ausgegossen. Er hat in Zion Feuer entzündet und dessen Fundamente verzehrt (Klg 4,10-11). Der Sinn dieser Worte ist folgender:

Die gebrechlichen Werke von Frauen, die nicht über das starke Mark der Männer verfügen, sondern in der Not ihres Herzens zu jenen Werken neigen, die im Feuer des Heiligen Geistes nicht gekocht worden sind, *haben die Kinder* ihres Eigenwillens *gekocht,* wenn sie in fleischlicher Lust brennen. Darum werden sie auch in ihren Seelen zugrunde gehen, weil die Sünden des brodelnden Fleisches weitere Sünden an sich ziehen. Und *so wird ihr Wille,* nämlich der Wille solcher Menschen, *zu ihrer eigenen Speise,* wenn sie alles, auch wonach es sie verlangt, ausführen. Dies tun sie *zum Zusammenbruch und zum Untergang der Seelen jener,* die mit heiligen Werken *zum Volk Gottes hätten gerechnet werden sollen.* Und da es ihnen an der Vollkommenheit der guten Gotteskräfte und an der Heiligkeit der Würde mangelt, sagen sie: „Was ist das, was wir nie gesehen haben? Wir hören vieles, was wir nicht verstehen, und wir wissen davon, dass es nicht wahr ist." Während sie störrisch so reden, nimmt in ihnen die Freude des Lebens mit jeglicher Heiligkeit ab, und all die Tugenden, mit denen sie geschmückt werden sollten, werden in ihnen ausgelöscht.

Dann erfüllt der Herrscher aller an ihnen *seine Rache, wenn er seinen ganzen Zorn über sie erweckt,* so dass er sie nicht schont, sondern ihre Ungerechtigkeiten mit seiner ausgegossenen Strafe wie durch eine Überschwemmung betrübt und sie verschmähend zunichtemacht. Und *so entzündet er auch seinen Eifer* in jenem Aufstieg, durch den sie Gott hätten sehen sollen, was sie aber nicht taten, sondern sich zum Hochmut aufgeblasen haben. Sie meinen nämlich, zu einem solchen Berg aufsteigen zu können, auf dem sie niemand überwinden kann. Doch *dann wühlt der Gotteseifer die Fundamente* dieses Hochmuts *auf,* indem er ihn völlig zerstört, und reißt seine Wurzeln aus, damit er nie mehr hervorwachsen kann. So wird der Hochmut weder in seinem Anfang noch in seinem Ende Heil finden, denn der Weg derer, die ihm folgen, wird in den Abgrund führen, weil sie an Gott, der sie erschaffen und vom Teufel befreit hat, nicht in Treue glauben.

55. Oft kommt es vor, dass Gottes Vergeltung jene Menschen, die ihre Nächsten bedrängen, von allem Glück der Welt abschneidet, weil Gott alles Verborgene kennt

Gott schickt seine Vergeltung gewissen Menschen gemäß seinem geheimen Urteil auf körperliche Weise, damit jene, die körperlich gesündigt haben, auch körperlich bestraft werden. Warum dies geschieht, weiß er allein, der seine Geheimnisse nicht jedem offenbart. Wenn nämlich gewisse Menschen ihre Nächsten bedrängen und deren Vermögen enteignen, und wenn sie andere tyrannisch in Knechtschaft unterwerfen, kommt es oft vor, dass Gottes Vergeltung sie trifft, so dass sie und ihre Kinder jegliches Glück in der Welt verlieren und das Brot der Zerknirschung, nicht das Brot des Jubels essen. Und da die Bosheit in ihnen in aller Verkehrtheit vollständig ist, macht auch Gott mit rechtem Urteil und mit rechter Prüfung seine Urteile vollständig. Mit Feuer verzehrt er ihre Zuversicht und vernichtet ihre Stärke, indem er jene Festungen zerschlägt und niederreißt, auf die sie mehr vertrauen als auf Gott.

Und wenn Gott dies alles tut, beurteilt er alles gerecht und legt einem jeden seine Urteile nach dessen Werken auf. Gott weiß nämlich um alles, und seine Erkenntnis bringt niemandem Verderben, sonst wäre er nicht der gerechte Richter.

Der Teufel trachtet jedoch danach, alles zu verderben, was er sieht und was er kennt, soweit er es von sich aus vermag. Gott aber ist von jeher und immer gewesen, und daher kennt er alles Verborgene. Der Teufel, der einen Anfang hat, hat zwar alles, was erschaffen worden ist, gesehen, aber das Innere der Herzen hat er nicht durchschaut. Gott dagegen umfasst alles, weil er alles bewirkt und geschaffen hat, woran er Gefallen hat.

56. Gott hat keinen Menschen geschaffen, der nicht über die Erkenntnis von Gut und Böse verfügen würde

Gab es etwa einen Menschen in der Welt, der nicht über die Erkenntnis von Gut und Böse verfügt hätte? Nein! Aufgrund seiner Erkenntnis von Gut und Böse hat nämlich der Mensch die Gottesliebe und die Gottesfurcht, um mit ihnen den Pflug zu ergreifen und seinen Acker fruchtbar zu machen. Er soll die unnützen Kräuter vermeiden und sie samt ihrer Wurzeln ausreißen, und in dieser Mühe darf er nicht verdrießlich werden. Das ist ein großes Zeugnis und eine große Sache: Denn Himmel und Erde können nichts an ihrer Lage wenden, weil Himmel und Erde auf nichts anderes ausgerichtet sind, als auf das, wozu sie bestimmt sind.

Wer aber Sehnsucht nach dem Leben hat, nehme damit diese Worte auf und verberge sie im innersten Gemach seines Herzens.

Zur Völlerei

Und siehe, ich sah in der erwähnten Menge weitere böse Geister, die mit lautem Geschrei riefen: „Warum wäre Luzifer ein Knecht der Unterwerfung, wenn es ihm gebührt, dass er der Herr ist?“ *Sie bringen den Menschen die Gefräßigkeit nahe und verführen sie mit ihren Einflüsterungen zur Völlerei des Bauches.*

57. Über die läuternden Züchtigungen der Seelen jener Menschen, die in der Welt durch Völlerei gesündigt haben, und warum sie diese auf solche Weise zu erleiden haben

Und ich sah ein großes, kräftig brennendes Feuer, das eine gewisse Schwärze in sich hatte, wodurch es sehr heftig brannte. In diesem Feuer und in seiner Schwärze wurden jene Seelen gepeinigt, die in ihrem körperlichen Dasein der Völlerei gehuldigt hatten. Einige der erwähnten Geister schlugen aus diesem Feuer Funken aus, mit denen sie diese Seelen quälten, während sie sagten: „Bah! Sie haben ihren Körper mehr geliebt als ihre Seele!“ *Wegen des heißen Begehrens nach Speise und Trank, mit dem sie ihren Körper abgemüht hatten, während sie in ihrem körperlichen Dasein gelebt hatten, spürten diese Seelen die Hitze dieses Feuers. Wegen der zahlreichen Missetaten, die sie durch Gefräßigkeit vollbracht hatten, erlitten sie dessen Schwärze. Und weil sie dies alles in eitlem Überfluss getan hatten, mussten sie die Funken dieses Feuers und die Verspottung dieser Geister erdulden.*

Und durch den lebendigen Geist sah ich und verstand es.

58. Auf welche Weise die Menschen durch Reue diese Sünden in sich zu tilgen haben

Und wiederum hörte ich aus dem lebendigen Licht eine Stimme, die zu mir sprach: Was du siehst, ist wahr. Wenn die Menschen aber, die die Völlerei lieben, der Belästigung der Dämonen und der Not der Züchtigungen entkommen wollen, dann sollen sie Verzicht auf Speise und Trank auf sich nehmen, gemäß der Qualität und dem Übermaß ihrer Unbesonnenheit sowie nach der Zulassung ihres Meisters.

59. Von denen, die der Völlerei huldigen, muss man sagen, dass für sie der Bauch ihr Gott ist

Jene, die der Völlerei huldigen, schreien häufig gegen Gott und wollen ihn zum Unrecht provozieren, indem sie sagen: „Wieso hat Gott uns zu seiner Ehre bestimmt, wenn er sie uns doch wegnimmt, als ob wir diese Ehre nicht haben dürften? Dürfen wir etwa nicht tun, was uns ergötzt?“ Von solchen Menschen muss man sagen, dass für sie der Bauch ihr Gott ist,[42] weil sie ihre ganze Absicht, ihre Sorge und ihre Sehnsucht darauf verwenden, ihren Bauch zu füllen, und nach ihrem Willen ist ihr Beschluss, dass sie all ihre Werke auf die Völlerei zuordnen. Daher steht von ihnen auch geschrieben:

60. Die Worte des Mose

Wo sind ihre Götter, auf die sie ihre Zuversicht gesetzt haben, von deren Opfertieren sie das Fett gegessen und den Wein des Trankopfers getrunken haben? (Dtn 32,37-38). Dies ist auch so zu verstehen:

Wo ist die Herrlichkeit jener, auf die die Gefräßigen *ihre Hoffnung gesetzt haben,* als sie sich bei vielerlei Schmaus maßlos betrunken haben, da sie wussten, dass es auch jenen gefiel. Ihre Herrlichkeit ist aber nichts anderes, als die Marter und die Begründung des Unglücks in den verlorenen Menschen, wenn sie diese mit ihren Verführungen fangen und in Verwirrung stürzen.

Ihre Zuversicht ist die Speise, die sie maßlos aufnehmen und durch die sie die Zuversicht als Täuschung haben. Darum raten sie den Menschen, mit Eifer an untauglichen Schmausereien teilzunehmen. Denn wie das Feuer vom Blasebalg entzündet wird, so entsteht jegliches Übel aus der Völlerei. Doch welche Zuversicht oder welcher Sieg ist von denen zu erwarten, die töten, und das, was sie getötet haben, völlig vernichten? Der Teufel weiß nämlich, dass der Mensch ohne Speise nicht leben kann und dass er Gottes Gebote zu halten hat. Deshalb überredet er zuerst den Menschen, dass er Gottes Gebote in Speise und Trank übertritt, damit er den Menschen nachher umso leichter täuschen kann. Was der Teufel nämlich zunächst in seiner Absicht hat, davon überzeugt er den Menschen, damit dieser es in Werken ausführt. Die bösen Geister aber sind wegen ihrer Verdorbenheit für die höllischen Strafen bestimmt. Sie haben keine andere Freude, als die Menschen zu täuschen, solange der Mensch Gutes und Böses wirken kann. Deswegen werden sie nachher keine Freude haben, sondern die vollständigen Qualen der Strafen erlangen. Sie versuchten nämlich durch die Götzen zu erreichen, dass die Menschen *Opfertiere und Fett sowie Wein* mittels untauglicher Gastmähler darbringen. Denn was Gott im Alten Testament zu verbrennen befohlen hat, das geben diese an die Tischgesellschaft. Gott befiehlt den Menschen, sich sowohl der Speise als auch der Sünde zu enthalten, während der Teufel dem völlig widerspricht. Der Verzicht auf Speise verursacht keine Lüsternheit, die Völlerei

42 Vgl. Phil 3,19.

aber schon. Daher soll der Mensch, der Gott dienen will, die Gefräßigkeit fliehen und seinen Bauch zügeln.

Dies ist aber von den Seelen der Reuigen gesagt worden, die zu reinigen und zu heilen sind, und es ist verlässlich; der Getreue möge darauf achten und es im Gedächtnis des guten Wissens aufbewahren.

Zur Bitterkeit

Danach sah ich in der erwähnten Menge andere Geister, und ich hörte, dass auch sie so schrien: „Was ist das, was jener, der Gott genannt wird, macht? Und was hat das damit zu tun, dass sich Luzifer die Ehre ersehnt hat?" *Und diese Geister werfen auf die Menschen die Bitterkeit und überreden sie, dass sie sich zu den Geboten Gottes und zu den Menschen bitter verhalten.*

61. Desgleichen über die läuternden Züchtigungen der Seelen jener Menschen, die durch Bitterkeit gesündigt haben, und warum sie diese auf solche Weise zu erleiden haben

Und ich sah ein gewaltiges Feuer von schwarzer, roter und weißer Flamme. Darin wimmelte es von feurigen Vipern riesigen Schreckens, die aus ihrem Mund viel Feuer ausspuckten. Die Seelen, die in ihrem körperlichen Dasein dem Laster der Bitterkeit gefrönt hatten, brannten in diesem Feuer und wurden von den Vipern gequält. Wegen des Unglaubens, den sie in sich versteckt gehalten hatten, erlitten sie die schwarze Flamme, wegen der Bitterkeit, die sich in ihrem Herzen eingenistet hatte, mussten sie die rote Flamme erdulden, und wegen der Heimtücke und der Verspottung, die in ihnen gewesen waren, ertrugen sie die weiße Flamme. Und da sie in ihren Worten und Werken gegen den göttlichen Befehl und gegen die menschliche Verfasstheit bittere Widerspenstigkeit gerichtet hatten, wurden sie von den Vipern angegriffen.

Und ich sah und verstand es.

62. Auf welche Weise die Menschen durch Reue diese Sünden in ihrem Körper zu sühnen haben

Und aus dem lebendigen Licht hörte ich wiederum eine Stimme, die zu mir sprach: Was du siehst, ist wahr. Wenn also die Menschen, die sich durch Bitterkeit Gott und den Menschen widersetzt haben, den Widerwärtigkeiten der erwähnten Geister und den Strafen nicht erliegen wollen, dann sollen sie sich Fasten und Gebeten hingeben, gemäß der Beschaffenheit ihrer Übertretungen und der Verordnung des Richters, der über sie urteilt, denn sie haben in ihrer großen Bitterkeit Gott verachtet.

63. Die Bitterkeit, die Gott ablehnt, verdreht im verbitterten Menschen die Wahrheit zur Lüge, und bisweilen tötet sie den Menschen, obwohl sie vorgegeben hat, ihn zu schützen

Die Bitterkeit lehnt Gott ab und liebt nicht seine Güte, sie sucht auch nicht seine Barmherzigkeit und hat kein Gefallen an seinen Urteilen. Vielmehr knirscht sie mit bösen Worten gegen diese Urteile und wählt lieber, sich selbst in allen Dingen zu sichern. So schaut sie nicht in Gottesliebe und Gottesfurcht voraus, was zu tun ist. Denn was sie will, das tut sie, und was sie nicht will, das zernagt sie in ihrer Bosheit. Denn der verbitterte und vergrämte Mensch flieht die Weisheit, verlässt die Seligkeit und zerschmettert die Liebe, weil er ihre Werke hasst und die Wahrheit zur Lüge verdreht. Ein solcher Mensch hüllt sich in Bitterkeit ein, so dass er das Leben für die Werke des Todes verkauft und den Becher des Todes trinkt. Er sucht in trügerischer Nachforschung, wie er ein jedes Ding ergreifen, wie er es nach seinem Willen zerteilen und verwerfen kann. Die Bitterkeit tötet einen solchen Menschen, obwohl sie vorgegeben hat, ihn zu schützen. Deshalb sät der Mensch nichts, um in Glauben und Nützlichkeit zu ernten, und er bringt nichts in die Scheune ein, was Gott seinen Kindern zuteilt. Vielmehr häuft er mit den Werken, in denen er sich nichtsnutzig abmüht, bitteres Stöhnen an, und er sehnt sich nicht nach der Freude des Lebens, sondern hält in seiner Umarmung die Mühe des Schmerzens fest, in der er Gott nicht anruft.

Dies ist aber von den Seelen der Reuigen gesagt worden, die zu reinigen und zu heilen sind, und es ist verlässlich; der Getreue möge darauf achten und es im Gedächtnis des guten Wissens aufbewahren.

Zur Gottlosigkeit

Und ich sah in der erwähnten Menge andere Geister, die schrien und sagten: „Luzifer hat größere und weit mehr Wunder in sich als Gott. Wer Luzifer ist, das wissen wir, und wir wollen keinen anderen Herrn haben." *Diese Geister spornen die Menschen zur Gottlosigkeit an, und wenn diese ihr zustimmen, dann ahmen sie sie zu ihrem eigenen großen Schaden nach.*

64. Desgleichen über die läuternden Züchtigungen der Seelen jener Menschen, die in der Welt durch Gottlosigkeit gesündigt haben, und warum sie diese auf solche Weise zu ertragen haben

Und ich sah ein großes Feuer, das von feurigem, glühendem Blei, gemischt mit Schwefel, völlig überlief und jede Art von feurigen Würmern in sich hatte. Jene Seelen, die in ihrem körperlichen Dasein der Gottlosigkeit gefolgt waren, wurden von diesen

Qualen bedrängt. Wegen der Verdorbenheit der Gottlosigkeit hatten sie die Glut des Feuers auszuhalten, wegen der unerträglichen Schwere dieses Lasters mussten sie das glühende Blei ertragen, wegen des Unmutes, durch den sie andere verachtet hatten, wurden sie durch den Schwefel bestraft, und wegen der Wut, die sie in dieser Gottlosigkeit gezeigt hatten, als sie die Menschen nicht anerkennen wollten, wurden sie durch den Schrecken dieser Würmer gefoltert.

Und durch den lebendigen Geist sah ich und verstand es.

65. Auf welche Weise die Menschen durch Reue diese Sünden in sich zu tilgen haben

Und wiederum hörte ich aus dem erwähnten lebendigen Licht eine Stimme, die zu mir sprach: Dies ist wahr. Wenn aber die Menschen, die sich die Werke der Gottlosigkeit angeeignet haben, den Einflüsterungen dieser Geister und den Gefahren dieser Strafen zu entkommen streben, dann sollen sie sich mit Eifer Fasten und körperliche Züchtigungen vornehmen, wie ihnen von ihren Seelenführern auf gerechte Weise gezeigt wird, da sie zahlreiche Werke gottlos vollbracht haben.

66. Die Gottlosigkeit, weil sie keine Gottesfurcht kennen will, bringt in ihrer Bosheit Schmähungen hervor

Die Gottlosigkeit will nämlich weder die Gottesfurcht noch kennt sie die Gottesliebe, auch wirkt sie nichts in göttlicher Kraft, sondern sie schaut mit all ihren Werken nach Norden, und all ihre Werke zerstreut sie in das böse Wissen. So bringt sie mit Winken der Augen Schmähungen in Bosheit hervor. Daher wird von denen, die ihr nachfolgen, durch den Propheten, dem es mein Geist eingegeben hat, gesagt:

67. David über dieselbe Sache

Ihre Wohnstätte soll die Wüste sein, und keiner soll in ihren Zelten wohnen (Ps 68,26 / 69,26). Dies ist auch so zu verstehen:

Der Wille der Gottlosen, die das Gute nicht sammeln, sondern zerstreuen, *soll niedergerissen werden,* obwohl sie ihn *für eine sichere Wohnstätte halten.* Ihr Wille soll völlig zersprengt werden, weil sie keinen Lehrer und keinen Vorgesetzten haben wollen, und weil sie niemanden ertragen, der ihnen ähnlich ist. Sie raffen an sich, was sie wollen, und zertreten, was sie nicht wollen. So singen sie, bar jeder geistlichen Freude, keine Psalmen, sie verspotten die Liebe, verleugnen die Güte, fliehen den Segen und verbünden sich mit dem Fluch. Daher *soll niemand in den Zelten dieser bösen Gewohnheiten wohnen,* vielmehr soll sich jeder von ihnen abwenden, der sich nach den himmlischen Zelten sehnt. Den Gottlosen ist ja die Seligkeit fremd, weil sie mit dem Auge der Erkenntnis nicht danach suchen, Gutes zu vollbringen, sondern durch ihre Werke auf den Teufel schauen und Gott verachten.

Daher kennt Gott auch nicht die Werke, die sie wirken, und die Fundamente, die sie legen, sondern verwirft sie wie Mist. Sie errichten in ihren Gedanken, wie sie Gottes Gesetz vereiteln und ihren eigenen Willen in allen Dingen verwirklichen können. Deswegen wird ihnen das Licht der Wahrheit in all ihren Angelegenheiten entzogen, weil sie es nicht gesucht haben und nicht wollten, sondern durch ihre Werke im Schatten des Todes wandelten. So werden sie bekommen, was sie gesucht haben, und sie werden besitzen, was sie ersehnt haben. Denn sie werden auf den Sturz zugehen, auf den sie zugesteuert sind, indem sie Gott verlassen haben. Jene aber, die Gott lieben, ziehen die Treue an, damit sie Gott umso vollkommener anhangen können.

Dies ist aber von den Seelen der Reuigen gesagt worden, die zu reinigen und zu heilen sind, und es ist verlässlich; der Getreue möge darauf achten und es im Gedächtnis des guten Wissens aufbewahren.

Zur Falschheit

Auch andere Geister sah ich in derselben Menge, die alle mit lautem Geschrei brüllten und sagten: „Den Thron unseres Herrn, der Luzifer ist, werden wir höher als alles andere über den Sternen sehen, weil nur das geschehen wird, was er will. Und wer wird ihm ähnlich sein?“ *Diese Geister senden nämlich gegen Gottes Thron und gegen seine Ehre Schmähungen aus und sind das Auge des Hochmuts. Sie feuern die Menschen an, an Lügen und Schmähungen festzuhalten.*

68. Desgleichen über die läuternden Züchtigungen der Seelen jener Menschen, die durch Falschheit ohne Eid oder mit Eid gesündigt haben, und warum sie diese auf solche Weise zu erleiden haben

Und ich sah ein Feuer, das ganz schwarz brannte und in dem Seeungeheuer lagen, die mit ihrem Atem in dieses Feuer bliesen. Neben diesem Feuer floss ein Strom mit kaltem Wasser, in den diese Seeungeheuer zuweilen hineinstiegen und ihn völlig aufwühlten. Über dem Feuer und dem Strom lag eine feurige Luft, die mit ihrer Glut das Feuer und den Strom berührte. Die Seelen jener, die sich in der Welt das Laster der Falschheit ohne Eid und ohne Meineid zugezogen hatten, wurden in dem Feuer und dem Wasser gemartert, so dass sie aus der Glut des Feuers in die Kälte des Wassers und aus diesem Wasser in das Feuer hin- und herliefen, während die erwähnten Seeungeheuer sie peinigten. Die feurige Luft beschädigte diese nicht, sie fügte nur jenen

Qualen zu, die in ihrem körperlichen Dasein in der Falschheit mit Eid und Meineid ausgeharrt hatten. Da diese Seelen nämlich in ihrem körperlichen Dasein viele Lügen erzeugt hatten, erlitten sie das Feuer. Da sie sich in die Abgründe der Lüge hineingesteigert hatten, wurden sie mit dem kalten Wasser gefoltert. Da sie die Lüge hier und dort vermehrt hatten, wurden sie von den Seeungeheuern gequält. Weil sie durch Eid und Meineid unzählige Lügen hervorgebracht hatten, brannten sie darüber hinaus noch in der feurigen Luft.

Und ich sah und verstand es.

69. Auf welche Weise die Menschen durch Reue die Sünde, die sie entweder ohne Eid oder mit Eid begangen haben, in ihrem Körper zu tilgen haben

Und wiederum hörte ich aus dem lebendigen Licht eine Stimme, die zu mir sprach: Was du siehst, ist wahr; und es ist so, wie du es siehst; und es ist noch mehr. Wenn aber die Menschen, die der Falschheit dienen, von den erwähnten bösen Geistern und den Foltern für dieses Laster abgeschreckt worden sind, dann sollen sie sich mit Fasten und Geißelungen sowie einem Bußgürtel über eine längere Zeit gemäß dem Urteil ihres Richters züchtigen. Diejenigen aber, die die durch Eid und Meineid verursachte Lüge austilgen wollen, sollen sich härtere Züchtigungen an Fasten und Schlägen und groben Kleidern über eine lange Zeit auferlegen.

70. Die Falschheit, die sich mit der Wahrheit nicht freut, verwickelt die Lügner so sehr in Lügen, dass sie für nichts gehalten werden

Die Falschheit freut sich nicht mit der Wahrheit, sondern sie dämmt auf, was nicht ist und was nicht sein kann, und das tut sie mit Überheblichkeit und ungerechter Freude. Niemandem bekennt sie die Wahrheit, sondern sie spricht in Lüge stets etwas Fremdes, was niemand sehen kann. Und sie strebt danach, dies auch gegen Gott und seine Heiligen, in denen Gott viele Wunder wirkt, zu tun. Dieses Laster ist ganz und gar unmenschlich. Wenn der Mensch aufgrund seiner menschlichen Begierden sündigt, so ist dies menschlich; was aber die Lüge verfolgt, das ist außerhalb des Menschen. Denn die Lügner verwickeln sich so in Lügen, wie sich die Unke in ihrem Schlupfwinkel versteckt. Darum biegen sie sich von der Seligkeit und dem freudigen Leben ab, das innerhalb der Tore der Tochter Zion[43] ist. Da sie den Werken des Teufels folgen, weisen sie die Lehre des Heiligen Geistes zurück. Die Lügner machen sich durch die Erhöhung der Lüge gleichsam zu Hügeln der Welt, und so herrschen sie mit

43 Vgl. Ps 9,15.

den Weisen und den Reichen dieser Welt, obgleich sie doch für nichts gehalten werden. Gott aber ist in allem und über alles, und erwägt alles Gerechte und Ungerechte mit gleichem Urteil, und gleicht einem jeden gemäß dem Maß und der Qualität seiner Tat sein Verdienst aus.

Dies ist aber von den Seelen der Reuigen gesagt worden, die zu reinigen und zu heilen sind, und es ist verlässlich; der Getreue möge darauf achten und es im Gedächtnis des guten Wissens aufbewahren.

Zum Streit

Und ich sah in der erwähnten Menge andere Geister, die mit lauter Stimme gegen Gottes Heerschar schrien und sagten: „Wer seid ihr und woher kommt ihr, dass ihr nicht wollt, dass euch jemand ähnlich wird? Wir werden euch alle Zeit anstrengen und euch eure Klarheit entrissen. Und so wird unsere Klarheit viel größer sein als eure Klarheit.“ *Und diese Geister zeigen den Menschen den Streit und fordern sie auf, streitsüchtig zu sein.*

71. Desgleichen über die läuternden Züchtigungen der Seelen jener Menschen, die durch Streit entweder mit Werken oder ohne Werke mit Worten gefehlt haben, und warum sie diese auf solche Weise zu ertragen haben

Und ich sah eine Zisterne von großer Tiefe, in der ein sehr schwarzer, feuriger Nebel war und um die herum ein gewaltiger, feuriger Wind brauste. In dem Nebel und dem Wind wimmelte es von Würmern, die entsetzlich aussahen. Die Seelen aber, die in ihrem körperlichen Dasein mit Werken Streit verursacht hatten, wurden, nachdem sie ihren Leib abgelegt hatten, von dem feurigen Nebel und dem feurigen Wind gequält. Sie fielen nämlich vom Wind gestoßen in die Zisterne, dann kletterten sie aus der Zisterne wieder in den Wind hinauf und mussten die Peinigungen der Würmer ertragen. Diejenigen aber, die dem Streit erlegen waren, ohne sie in Werken auszuführen, erlitten diese Züchtigungen, aber ohne die Strafen in der Zisterne, weil sie nicht in sie hineinfielen. Denn die Seelen, die in ihrem körperlichen Dasein streitsüchtig gelebt hatten und anderen dadurch viele Beschwerden zugefügt hatten, wurden in dem schwarzen, feurigen Nebel gemartert. Da sie den Streit mit harten Werken vollendet hatten, erlitten sie in der Zisterne das schreckliche Feuer. Wegen ihrer Gottlosigkeit, durch die sie mit anderen gezankt hatten, brannten sie im feurigen Wind. Wegen der Verwirrung, da sie andere beim Streiten mit bösen Werken verwirrt hatten, fielen sie in die Zisterne. Da sie dadurch, dass sie andere mit Schmähungen angegriffen hatten, wiederum ihrer Gottlosigkeit verfallen waren, mussten sie nun von den Qualen der Zisterne zu den Qualen des Windes zurückkehren. Und da sie beim Streit vermessen gewesen waren, erlitten sie die Würmer in den erwähnten Feuern. Diejenigen aber, die nur mit Worten, nicht aber mit Werken gestritten hatten, da sie den Streit nicht in Werken ausgeführt hatten, bekamen nicht die Strafen der Zisterne, wohl aber die anderen Bedrängnisse für den Streit zu spüren.

Und durch den lebendigen Geist sah ich und verstand es.

72. Auf welche Weise die Menschen durch Reue diese Sünde in ihrem Körper zu tilgen haben

Und aus dem lebendigen Licht hörte ich wiederum eine Stimme, die zu mir sprach: Was du siehst, ist wahr. Daher sollen die Menschen, die die bösen Geister, die ihnen den Streit einreden, von sich verjagen wollen, wie auch den Foltern für den Streit, den sie mit ihren Werken angerichtet haben, zu entfliehen wünschen, ihren Körper mit Fasten entkräften, sich fetter Speisen enthalten und sich mit Schlägen züchtigen. Diejenigen aber, die ohne Werke, allein mit Worten zu streiten gepflegt haben, sollen nur auf Speise und Trank verzichten.

73. Der Streit, der ein unruhiges Übel ist, veranlasst die Menschen, die Streitigkeiten lieben, dem Teufel zu folgen

Der Streit ist nämlich ein unruhiges Übel. Er liebt nicht die Eintracht und flieht die Geduld. Er erträgt kein Unrecht, vielmehr sucht er nach reizbaren Menschen, feuert sie zum Zank an und lässt nicht zu, dass sie friedfertig reden. Denn er ist begehrlich und willfährig zum Reden, und er greift einen jeden mit zänkischen Worten an. Die Menschen, die den Zank lieben, ahmen den Teufel nach, der die Schönheit der guten Engel verdunkeln wollte, um so sich selbst schöner zu zeigen, als diese sind. Darum hat Gott ihn und alle, die ihm folgen, in unendliche Verwirrung gestürzt, wo sie andauernden Widerwärtigkeiten ausgesetzt sind, wie David, durch mich inspiriert, darstellt, wenn er sagt:

74. David über dieselbe Sache

Diejenigen, die mich erniedrigen, sollen sich mit Schande bekleiden, und sich mit ihrer Schmach wie mit einem Mantel bedecken (Ps 108,29 / 109,29). Dies ist auch so zu verstehen:

Mit fortdauernder Zerknirschung sollen sich die bösen Geister *bekleiden*, die mit bissiger Verleumdung die himmlischen Gaben zernagen. *Sie sollen die Kleider der Schande anziehen*, weil ihre Meinung schwindet. Was sie machen wollten, das konnten sie nicht durchsetzen. Ihre Klarheit hat sich in Schwärze verwandelt, denn wovon sie meinten, dass es geschehen kann, das ist nichts geworden. So sollen sie auch *eine Bedeckung von doppelter Schande* erhalten, weil sie die Seligkeit verloren und sich die Unglückseligkeit angezogen haben. Sie sind aus der Herrlichkeit vertrieben worden und haben ihre Strafen erhalten. Diese Geister schlagen den Menschen vor, alles, was gut und ehrenhaft errichtet ist, zu zerstören, Gleichgesinnte zum Streit herauszufordern und ihren Vorgesetzten Unrecht zuzufügen, indem sie ihnen mit trotziger Unverschämtheit zurufen, wie geschrieben steht:

75. Weiter im Buch Genesis über dieselbe Sache

Wer hat dich zum Gebieter und Richter über uns gestellt? (Ex 2,14[44]). Dies ist auch so zu verstehen:

Welche Autorität oder welche Macht hat dich, der du uns ähnlich bist, *dazu bestellt, dass du über uns herrschst,* als ob wir nicht Menschen wären? Und was beurteilst du unsere Werke, als seist du Gott? Oder was für eine Kraft hat dir diese Herrschaft gegeben, dass du uns wie ein Rad herumdrehst? Ihr nämlich, die ihr uns vorstehen wollt und die ihr behauptet, ihr seid unsere Lehrer, nennt uns krumm und träge, und befehlt uns, nicht zu streiten. Ihr legt uns vieles anderes auf, was ihr verweigert, zu tragen, und ihr gebietet uns auch, von vielem abzulassen, was ihr sowohl geheim als auch öffentlich tut.

Auf diese Weise treibt der Streit das Gesetz und die Lehrer von sich fort, und behauptet, dass die Urteile des Gesetzes nicht nach dem Recht, sondern nach dem Willen und der Macht der Mächtigen bestimmt sind. Diejenigen aber, die ihre Seelen retten wollen, dürfen solchen Streitigkeiten nicht unterliegen, sondern müssen mit Worten und Taten friedfertig wandeln und guten Willen zu Werken der Gerechtigkeit haben.

Dies ist aber von den Seelen der Reuigen gesagt worden, die zu reinigen und zu heilen sind, und es ist verlässlich; der Getreue möge darauf achten und es im Gedächtnis des guten Wissens aufbewahren.

Zur Unglückseligkeit

Ich sah aber in der erwähnten Menge weitere Geister, die alle schrien und sagten: „Wir wollen keinen anderen Gott außer dem, der Luzifer ist. Er wird nämlich einst gegen jenen kämpfen, der behauptet, er sei Gott.“ *Diese Geister stellen den Menschen mehrere Formen von Unglückseligkeit vor und legen ihnen nahe, zu glauben, sie seien im Unglück geboren worden.*

44 In der Kapitelüberschrift steht Buch Genesis angegeben, die ausgelegte Schriftstelle aber stammt aus dem Buch Exodus.

76. Desgleichen über die läuternden Züchtigungen der Seelen jener Menschen, die gemeint haben, sie seien im Unglück geboren worden, und dadurch gesündigt haben, und warum sie diese auf solche Weise zu erleiden haben

Und ich sah einen breiten und tiefen Graben, in dem ein Schwefelfeuer und verschiedene Würmer waren. Darin litten die Seelen jener, die in ihrem körperlichen Dasein nicht ganz auf Gott vertraut hatten, sondern all das Missgeschick, das ihnen widerfahren war, ihrer eigenen unglücklichen Natur zugeschrieben hatten. Da sie auf Gott nicht vertraut hatten, befanden sie sich in diesem Graben, und da sie im Misstrauen nichtswürdig gesündigt hatten, versengte sie das Schwefelfeuer. Da sie beteuert hatten, dass sie all die ihnen zustoßenden Widerwärtigkeiten wegen des Unglücks ihrer Natur zu erfahren hatten, erlitten sie die Peinigungen der Würmer.

Und ich sah und verstand es.

77. Auf welche Weise die Menschen durch Reue diese Sünde in ihrem Körper zu tilgen haben

Und aus dem lebendigen Licht hörte ich wiederum eine Stimme, die zu mir sprach: Was du siehst, ist wahr; und es ist so, wie du es siehst. Wenn die Menschen aber, die jene Geister, die ihnen das Unglück vor Augen führen, zu überwinden wünschen und die erwähnten Strafen für das unglückselige Misstrauen von sich vertreiben wollen, dann sollen sie entweder ein einsames Leben ergreifen oder sich dem Gehorsam des klösterlichen Lebenswandels unterwerfen.

78. Diejenigen, die meinen, dass sie im Bösen erschaffen worden sind, sündigen, denn die Natur des Menschen ist gut

Gewisse Menschen, wenn ihnen irgendwelche Widerwärtigkeiten zustoßen, misstrauen Gott. Sie meinen, dass sie schlecht und im Bösen erschaffen worden sind, und sagen: „Gott kann und will uns nicht zu Hilfe kommen. Wir sind ja in einem solch großen Unglück geboren worden, dass es für uns keinen Beistand gibt." Die aber so zu sich reden, sollen in sich gehen und ihre Hoffnung auf die Barmherzigkeit Gottes setzen. Sie sollen durch tiefes Seufzen rufen, dass sie gesündigt haben, damit sie es verdienen, Gottes Gnade zu erlangen. Die Natur des Menschen ist nämlich gut, der Mensch wendet sie selbst in das Gegenteil, wenn er seinen Körper ungezügelt gehen lässt, wie es ihm gefällt.

Dies ist aber von den Seelen der Reuigen gesagt worden, die zu reinigen und zu heilen sind, und es ist verlässlich; der Getreue möge darauf achten und es im Gedächtnis des guten Wissens aufbewahren.

Zur Maßlosigkeit

Danach sah ich in derselben Menge andere Geister, die gegen die guten und gerechten Engel Gottes schrien und sagten: „Wenn ihr eurem Herrn Herrlichkeit und Ehre erweist, dann auch wir genauso unserem Herrn!" *Und diese Geister zeigen den Menschen die Maßlosigkeit und ermutigen sie, dass sie sich auf allerlei Weise maßlos verhalten.*

79. Desgleichen über die läuternden Züchtigungen der Seelen jener Menschen, die durch Maßlosigkeit gesündigt haben, und warum sie diese auf solche Weise zu ertragen haben

Und ich sah ein Meer von wunderlicher Länge und Breite, das mit Schwefel angereichert war und in starkem Feuer glühte. Darin litten die Seelen derjenigen, die in ihrem körperlichen Dasein durch Worte, Taten und alle Regungen ihres Körpers und ihrer Gedanken Maßlosigkeit betrieben hatten, und sich in dem, was sie unangemessen getan hatten, nicht hatten mäßigen wollen. Wegen der Sünden, mit denen sie sich schmutzig gemacht hatten, wurden sie in das Wasser dieses Meeres getaucht. Wegen des Vergessens, durch das sie Gott nicht hatten erkennen wollen, wirkte der Schwefel auf sie ein, und wegen der Vernachlässigung von Gottes Gesetz wurden sie vom Feuer gequält.

Und ich sah und verstand es.

80. Auf welche Weise die Menschen durch Reue diese Sünde in ihrem Körper zu sühnen haben

Und aus dem lebendigen Licht hörte ich wiederum eine Stimme, die zu mir sprach: Was du siehst, ist wahr. Wenn aber die Menschen, die mit allem, was sie tun, maßlos umgehen, die bösen Geister, die ihnen durch dieses Laster zusetzen, wie auch die Strafen zu vermeiden wünschen, dann sollen sie das Joch des Gehorsams auf sich nehmen und sich fetter Speisen enthalten.

81. Die Maßlosigkeit, die im Übermaß bleiben will, wird wie Staub verstreut

Die Maßlosigkeit wohnt weder im Himmel, noch hat sie eine vollständige Wohnstätte auf der Erde, weil ihr jedweder Weg verhärtet ist. Denn sie will überall im Übermaß bleiben, indem sie sagt: „Ich wäre gefangen, wenn ich nicht alles durchforschen würde." Aber sie sehnt sich nicht nach Ruhe, auch will sie sie nicht, weshalb sie wie ein Rad herumläuft, das geschlagen wird; und wie Staub, der durch den Schrecken des Windes verstreut wird, so wird auch sie getrieben, weil sie Übermaß für sich anhäuft. Daher wehe denen, die auf der Erde wohnen, die Gott über den Wassern gefestigt hat; und wehe denen, die auf dem Meer reisen, mit dem Gott die Erde umgürtet hat! Denn der Teufel lässt auf der Erde und auf dem Meer viel Maßlosigkeit auf die Menschen los, um sie in die Verwirrung des gleichen Falles zu bringen, durch den er gefallen ist. Er ist ja dem Menschen feindselig gesinnt, weil der Mensch von Gott dazu erschaffen worden ist, dem Teufel Widerstand zu leisten und das Himmlische zu erlangen.

Dies ist aber von den Seelen der Reuigen gesagt worden, die zu reinigen und zu heilen sind, und es ist verlässlich; der Getreue möge darauf achten und es im Gedächtnis des guten Wissens aufbewahren.

Zur Verdammnis der Seelen

Auch andere Geister sah ich in der erwähnten Menge, und sie schrien mit lauter Stimme und riefen: „Wer ist Gott? Und wer sind wir?“ *Sie verachten Gott, als ob er nicht Gott wäre, und, um die Menschen mit sich zusammen in die Verdammnis zu führen, überreden sie die Menschen, Gott nicht zu trauen, sondern ihn auf jede mögliche Weise zu verachten.*

82. Desgleichen über die Verdammnis der Seelen jener Menschen, die Gott verachten, als ob er nicht Gott wäre, und sich selbst in das Verderben schicken, und warum es so ist

Ich sah, dass für diese Verdammnis die Grube der Hölle zusammen mit dem Teufel bereitet war. Diejenigen nämlich, die nicht auf Gott vertrauen, sind der höllischen Strafen würdig.

Und durch den lebendigen Geist sah ich und verstand es.

83. Auf welche Weise die Menschen sich selbst dem Teufel und der Verdammnis zu entreißen haben

Und aus dem lebendigen Licht hörte ich wiederum eine Stimme, die zu mir sprach: Was du siehst, ist wahr; und es ist so, wie du es siehst. Wenn die Menschen also die bösen Geister, die sie zu Werken auffordern, die auf die Verdammnis zielen, von sich wegjagen wollen und sich danach sehnen, sich von der Verdammnis zu entfernen, dann sollen sie auf Gott vertrauen und seine Gebote gerecht und heilig, soweit sie können, mit gutem Willen erfüllen. Sie sollen Nachtwachen, Fasten und Almosen üben, damit sie sich dem Teufel, der in der Verdammnis ist, entreißen. Wer nämlich nicht auf Gott vertraut, der weiß nicht, was die Seele ist, und sucht auch nicht, Gott durch die Wunder, die er in seinen Geschöpfen wirkt, zu verstehen und zu sehen. Denn Gott, der auf einem so hohen Gipfel wohnt, dass der Mensch ihn körperlich nicht sehen kann, leuchtet den Menschen in großer Klarheit seiner Werke, und er gewährt ihnen alles, was nötig ist. Und wer könnte dies tun, wenn nicht Gott?

84. Wenn den Knechten gestattet wird, alle Geheimnisse ihrer Herren zu kennen, wollen sie über sie herrschen

Was würde es dem Herrn nützen, wenn er seinem Knecht gestatten würde, all seine Geheimnisse zu kennen? Oder was bringt es der Herrin, wenn ihre Magd um all ihre verborgenen Angelegenheiten wüsste? Wo dies so wäre, da wollten die Knechte über ihre Herren herrschen.

85. Der Mensch möge Gott in der Lauterkeit des Glaubens verstehen und die teuflischen Täuschungen von sich selbst abweisen

Wenn aber der Mensch sich selbst und die Geschöpfe, die er sieht, nicht kennt, wie könnte er Gott, den er nicht sieht, an ein Ende führen? Vielmehr soll er Gott in der Lauterkeit des Glaubens verstehen und sehen, und er soll nicht in Verzweiflung sagen, dass er nicht weiß, wer Gott ist, der ihm helfen könnte; auch nicht, dass er so tief in das Böse versunken ist, dass er das Leben und die fröhliche Freude nicht mehr erlangen kann. Denn die Schar des Teufels gibt den Menschen vor, Gott sei nicht wie Gott, sondern wie ein geschnitztes Bild, und wegen ihrer Verdorbenheit strebt sie danach, die selige Herrlichkeit lieber zu verleugnen, als dass sie sich danach sehnen würde, sie zu besitzen. Das aber soll der Mensch nicht tun, wenn er das Heil erreichen will. Vielmehr soll er auf Gott vertrauen und die teuflischen Täuschungen von sich selbst abweisen. Er möge sich von seinen Sünden, soweit er kann, durch wahre Reue reinigen, damit er, nachdem die Seele ihren Körper ausgezogen haben wird, verdienen möge, dass er im jenseitigen Leben milder geläutert und den geschuldeten Züchtigungen schneller entrissen wird.

Dies ist aber von den Seelen der Reuigen gesagt worden, die zu reinigen und zu heilen sind, und es ist verlässlich; der Getreue möge darauf achten und es im Gedächtnis des guten Wissens aufbewahren.

Dritter Teil – Inhalt

Dritter Teil
Über den Mann, der nach Norden und nach Osten schaut

1. Die Klage der Elemente
2. Gottes Antwort an die Elemente

Hochmut <superbia>

3. Die Worte des Hochmuts
4. Die Antwort der Demut <humilitas>

Neid <invidia>

5. Die Worte des Neides
6. Die Antwort der Liebe <caritas>

Eitle Ruhmsucht <inanis gloria>

7. Die Worte der eitlen Ruhmsucht
8. Die Antwort der Gottesfurcht <timor Domini>

Ungehorsam <inoboedientia>

9. Die Worte des Ungehorsams
10. Die Antwort des Gehorsams <oboedientia>

Unglaube <infidelitas>

11. Die Worte des Unglaubens
12. Die Antwort des Glaubens <fides>

Verzweiflung <desperatio>

13. Die Worte der Verzweiflung
14. Die Antwort der Hoffnung <spes>

Lüsternheit <luxuria>

15. Die Worte der Lüsternheit
16. Die Antwort der Keuschheit <castitas>

Der Gotteseifer

17. Die Worte des Gotteseifers
18. Obwohl der Teufel nicht aufhört, den Menschen mit den Lastern in sein Netz einzufangen, vermag er Gottes Herrlichkeit dennoch nicht zu vernichten
19. Gott gibt dem Menschen zu verstehen, dass er nicht in die Verwirrung der Sünde geraten soll
20. Die Winde, die Luft und die Grünkraft der Welt, die Gott vollkommen gehorchen, zeigen, dass der Mensch mit seinen guten Taten nicht sich selbst, sondern Gott die Ehre geben soll
21. David über dieselbe Sache
22. Wie die Elemente die verschiedenen Geschöpfe zum Keimen bringen und ihnen dann die Fruchtbarkeit entziehen, so kommen auch die Tugenden aus der Seele durch den guten Ruf hervor und kehren dorthin durch beschauliche Gebete zurück
23. Die Elemente, obwohl sie nicht auf menschliche Art sprechen können, werden durch die Ungerechtigkeit der Menschen umgestürzt, weil sie an deren Abscheulichkeit Anteil haben
24. Gott peinigt zuweilen die von Sünden beschmutzten Menschen, damit sie zu ihm in Reue zurückkehren
25. Gott will, dass vor seinem Angesicht alles rein ist

26. Die Winde und die Luft verderben häufig die Früchte der Erde, weil die Menschen ihr Herz nicht der Gerechtigkeit öffnen
27. Manche verkehrte Menschen fragen, wer jener Herr sein kann, den sie nie gesehen haben
28. Die Menschen sehen Gott durch die gute Erkenntnis und durch andere zeitliche Geschöpfe
29. Der Mensch versucht seinen Schöpfer festzubinden wie die Schöpfung
30. Kein Mensch kann die Schriften erfinden, wenn nicht die Weisheit sie eingegeben hätte
31. Solange die Schöpfung den Menschen das hervorbringt, was zu ihrem Gebrauch geeignet ist, wird der Mensch keine vollkommene Freude sehen, die er nach dem Ende der Welt mit der höchsten Seligkeit selig haben wird
32. Das Buch der Weisheit über dieselbe Sache
33. Die sieben Laster, die versuchen, sich den Gaben des Heiligen Geistes zu widersetzen, werden von Gottes Kraft besiegt
34. Insbesondere über den Hochmut und seine Haltung sowie was das bedeutet
35. Insbesondere über den Neid und seine Haltung sowie was das bedeutet
36. Das Buch der Weisheit von derselben Sache
37. Insbesondere über die eitle Ruhmsucht und ihre Haltung sowie was das bedeutet
38. Insbesondere über den Ungehorsam und seine Haltung sowie was das bedeutet
39. Insbesondere über den Unglauben und seine Haltung sowie was das bedeutet
40. Paulus zur selben Sache
41. Insbesondere über die Verzweiflung und ihre Haltung sowie was das bedeutet
42. Insbesondere über die Lüsternheit und ihre Haltung sowie was das bedeutet
43. Paulus zur selben Sache
44. Desgleichen insbesondere über die Gestalt des Gotteseifers und was das bedeutet
45. Die Worte Hiobs über dieselbe Sache

Zum Hochmut

46. Über die läuternden Züchtigungen der Seelen jener Menschen, die durch Hochmut gesündigt haben, und warum sie diese auf solche Weise zu ertragen haben
47. Auf welche Weise die Menschen durch Reue die Sünde des Hochmuts in ihrem Körper zu sühnen haben
48. Bußgürtel, Kniebeuge, Schläge, Seufzen und Tränen lassen den Hochmut untergehen
49. Der Hochmut, der die Mutter der Laster ist, ist nicht fruchtbar im Tau des Segens der Tugenden

Zum Neid

50. Desgleichen über die läuternden Züchtigungen der Seelen jener Menschen, die durch Neid gefehlt haben, und warum sie diese auf solche Weise zu erleiden haben
51. Auf welche Weise die Menschen durch Reue den Fehler des Neides in sich zu reinigen haben
52. Die neidischen Menschen schätzten das Gute in anderen nicht und strebten danach, Christus zu unterdrücken, weshalb sie selbst zerstört wurden
53. Der Neid, gepaart mit Hass, erregt alle Kräfte der Seele des Menschen und gleicht dem Teufel, der versucht, sich Gott zu widersetzen

Zur eitlen Ruhmsucht

54. Desgleichen über die läuternden Züchtigungen der Seelen jener Menschen, die in der Welt durch eitle Ruhmsucht gesündigt haben, und warum sie diese auf solche Weise zu erleiden haben
55. Auf welche Weise die Menschen durch Reue die Sünde der eitlen Ruhmsucht in ihrem Körper zu sühnen haben

77. Die Jungfrauen, die das Gelübde der Keuschheit nicht erfüllen, sollen den Schleier ihrer Jungfräulichkeit ablegen und den der Witwenschaft erhalten, und sie sollen sich auf folgende Weise in Reue züchtigen
78. Derjenige, der sich Gott geweiht und hinter sich zurückgeblickt hat, ist dem Heiden ähnlich
79. Auf welche Weise diejenigen sich züchtigen sollen, die in Unzucht die menschliche Natur preisgegeben haben
80. Die Sünde der widrigen Unzucht in der menschlichen Natur ist frevelhaft, weil sie die Kraft im Herzen des Teufels ist
81. Auf welche Weise sich derjenige züchtigen soll, der mit einem Tier geschlechtlich verkehrt
82. Der Mensch, der mit einem Tier Unzucht treibt, ist in dieser Sünde elender als die Würmer, die von ihrer eigenen Natur nicht abweichen
83. Der Mensch, der sich durch Lüsternheit verfehlt, bringt den Dämonen Opfer dar und errichtet sich selbst eine Ruine, er wird aber von Gott gerichtet
84. David über dieselbe Sache

Dritter Teil

Über den Mann, der nach Norden und nach Osten schaut

Und ich sah, dass sich der erwähnte Mann nach Norden wandte, so dass er sowohl nach Norden als auch nach Osten schaute. Die Winde, die Luft und die Grünkraft der Welt, die sich unter dem Himmelsgewölbe befanden und in denen der Mann von seinen Schenkeln bis zu den Knien stand, umgaben ihn von seinen Schenkeln bis zu den Knien gleichsam wie mit einem Kleid; das Feuer und das Licht der Luft waren wie zum Schmuck an diesem Kleid. Aus dem Mark seiner Hüfte schwitzten aber die Kräfte der Elemente hervor und kehrten wiederum in sein Mark zurück, so wie wenn der Mensch beim Atmen die Luft einzieht und sie wieder ausströmen lässt.

1. Die Klage der Elemente

Und ich hörte eine laute Stimme, die aus den Elementen der Welt zu dem Mann sprach: „Wir können nicht laufen und unseren Weg demgemäß vollenden, wie unser Gebieter es uns bestimmt hat. Denn die Menschen drehen uns mit ihren bösen Werken um wie eine Mühle. Daher stinken wir vor Pest und vor Hunger nach der ganzen Gerechtigkeit."

2. Gottes Antwort an die Elemente

Der Mann aber antwortete: „Mit meinem Besen werde ich euch reinigen und werde die Menschen zuweilen peinigen, bis sie zu mir zurückkehren. In jener Zeit werde ich viele Herzen nach meinem Herzen vorbereiten. Und sooft ihr verschmutzt werdet, werde ich euch durch die Peinigung derer, die euch verschmutzen, reinigen. Wer könnte mich niederdrücken? Die Winde sind vom Gestank heiser geworden, die Luft speit Schmutz aus, weil die Menschen ihren Mund nicht zur Rechtschaffenheit öffnen. Auch die Grünkraft welkt wegen des ungerechten Aberglaubens der verkehrten Menschenmassen, die jede Angelegenheit nach ihren Wünschen bestimmen und sagen: ‚Wer ist denn jener Herr, den wir niemals gesehen haben?' Ich antworte ihnen: Seht ihr mich nicht bei Tag und bei Nacht? Seht ihr mich nicht, wenn ihr sät und wenn die Saat mit Regen begossen wird, damit sie wächst? Die ganze Schöpfung strebt nach ihrem Schöpfer und versteht offensichtlich, dass einer sie erschaffen hat. Der Mensch dagegen ist ein Rebell und zerteilt seinen Schöpfer in viele Geschöpfe. Wer hat aber die Schriftrollen in Weisheit hervorgebracht? Sucht in ihnen, wer euch erschaffen hat! Solange die Schöpfung ihren Dienst auf eure Nötigung ausübt, werdet ihr keine vollkommene Freude finden. Nachdem aber die Schöpfung in Dürre verwelkt sein wird, werden die Auserwählten die höchste Freude im Leben aller Freuden sehen."

Im erwähnten Nebel, der, wie gesagt, verschiedene Arten der Laster enthielt, sah ich auch jetzt sieben in folgenden Gestalten:

Hochmut <superbia>

Die erste Gestalt hatte gleichsam ein weibliches Gesicht, feurige Augen und eine Nase, die mit Schlamm beschmutzt war, ihren Mund aber hielt sie geschlossen. Sie hatte keine Arme und Hände, sondern an ihren beiden Schultern je einen Flügel gleich dem einer Fledermaus, und zwar so, dass sich der rechte Flügel gegen Osten, der linke aber nach Westen ausstreckte. Diese Gestalt hatte eine männliche Brust, der ihre Beine und Füße wie die Beine und Füße einer Heuschrecke direkt angeheftet waren, so dass ihr der Bauch und der Rücken fehlten. Ihren Kopf aber sowie ihren übrigen Körper sah ich weder mit Haaren noch mit irgendeinem Gewand bedeckt, vielmehr steckte sie ganz und gar in der erwähnten Finsternis, ausgenommen, dass sich etwas wie ein dünner Faden ähnlich einem goldenen Reif von ihrem Scheitel bis unter ihr Kinn auf der Oberfläche des Kiefers zog. Und die Gestalt sprach:

3. Die Worte des Hochmuts

„Über den Bergen schreie ich. Und wer ist es, der mir gleichen könnte? Meinen Mantel breite ich über die Hügel und die Felder aus, und will nicht, dass jemand mich im Kampf bezwingt. Ich erkenne niemanden an, der mir ähnlich wäre."

4. Die Antwort der Demut <humilitas>

Und ich hörte aus der erwähnten Sturmwolke, die sich von Süden nach Westen ausstreckte, eine Stimme dieser Gestalt antworten:

„Ich bin eine Wolkensäule.[45] Warum sollte ich nicht ertragen, wenn jemand mir ein entsetzliches Unrecht zufügt, da der Schöpfer selbst vom Himmel herabstieg, um den Menschen an sich zu ziehen? Ich habe mit dem Schöpfer in den Höhen gewohnt und bin mit ihm auf die Erde herabgestiegen, so wohne ich an allen Peripherien der Erde. Daher kann ich keine flüchtigen Worte lügnerisch sprechen, nämlich dass ich sagen würde: Ich bin dieser oder jener, wobei ich es nicht bin. Wenn ich so sprechen würde, wäre ich nicht die Sonne, welche die Finsternis erleuchtet.[46] Denn mit Gott ziehe ich durch alle

45 Vgl. Ex 13,21 u.ö. sowie Sir 24,4.

46 Vgl. Lk 1,78-79.

Finsternisse hindurch. Daher kann mich kein Sturm erschüttern, weil ich in voller Güte mit Gott bin."

Neid <invidia>

Ich sah eine zweite Gestalt, die ein widernatürliches Aussehen hatte und deren Kopf, Schulterblätter und Arme denen eines Menschen ziemlich ähnlich waren, bis auf die Hände, die wie die Tatzen eines Bären waren. Ihre Brust, ihr Bauch und ihr Rücken übertrafen in ihrer Dicke das menschliche Maß. Von den Hüften abwärts aber glich sie wiederum einem Menschen, ausgenommen, dass sie hölzerne Füße hatte. Ihr Kopf war feurig, und sie stieß Flammen aus ihrem Mund aus. Weitere Kleider trug sie aber nicht, sondern sie steckte völlig in der erwähnten Finsternis, allein das rechte Schulterblatt ragte daraus hervor. Und die Gestalt sprach:

5. Die Worte des Neides

„Ich bin der Hirt und der Hüter jeden Unmaßes. Alle männliche Grünkraft treibe ich fort, wo ich nur will, auch die tauglichen Worte unterdrücke ich. Und wenn sie in ihrer Vielheit wie Sand am Meere sind und klug wie Schlangen, ich zernage sie, und sie können mir keinen Widerstand leisten, denn ich werde die Hölle genannt. Und so ziehe ich sehr viele an mich, und alles, was Gott wirkt, beschmutze ich. Wenn ich das, was leuchtend ist, nicht besitzen kann, halte ich es für nichts. Denn wenn mich diejenigen, die mich Nacht nennen, mit ihren Wassern besprengen, werde ich schnell austrocknen. Auch meine Reden ziele ich wie Pfeile im Dunkeln, und alle, die sich gerecht im Herzen nennen, verletze ich. Denn meine Kräfte sind wie der Nordwind. Alles aber, was mir gehört, werde ich dem Hass übergeben, weil dieser von mir geboren ist, er ist jedoch geringer als ich."

6. Die Antwort der Liebe <caritas>

Und wiederum hörte ich aus der erwähnten Sturmwolke folgende Antwort an diese Gestalt:

„O du beißender Dreck! Du bist wie eine Viper, die sich selbst tötet. Denn alles, was in Beständigkeit und Ehre ist, kannst du nicht ertragen. Du bist jenes Götzenbild, das sich gegen Gott richtet und die Völker durch Unglauben tötet. Daher nennst du dich zu Recht die Hölle, weil diese gegen jede rechte Mäßigung ein Übermaß hat, und weil sie alles, was aus der Weisheit aufsteigt, zerfetzen will. Sie vermag aber nichts in den strahlenden Dingen.

Ich aber bin jene Luft, die alle Grünkraft nährt und die Blüten mit ihren reifenden Früchten sprießen lässt. Denn ich bin durch jede Einhauchung von

Gottes Geist belehrt. So lasse ich die klarsten Bäche hervorquellen, das heißt die Tränen aus gutem Seufzen. Aus den Tränen bringe ich aber durch heilige Werke Wohlgeruch hervor. Auch bin ich jener Regen, der aus dem Tau hervorquillt, durch den alle Kräuter in fröhlichem Leben zu mir lachen.

Du aber, ein böses Wesen und schlimmes Gift, greifst in deinen Qualen alles an, aber zertreten kannst du es nicht. Denn je mehr du wütest, umso mehr wächst all das. Und wo du als tödlich erscheinst, da leben die Lebenskräfte auf und in Gottes Macht erscheinen die Blüten der Weinberge. Du bist ein verruchter und nächtlicher Gräuel und das Zischeln des Teufels, und nichts anderes ersehnst du. In der Überhebung deines Geistes sagst du: Ich werde mehr Völker an mich ziehen als die Zahl des Sandes am Meer. Doch wirst du dahinschwinden.

Ich aber bewirke bei Tag und bei Nacht die Kraft der Gleichheit und des guten Werkes. Denn ich breite meinen Mantel über den Tag und über die Nacht aus. Ich vollende alle guten Werke am Tag und salbe alle Schmerzen der Nacht, und so werde ich in keiner Hinsicht angeklagt. Ich bin die liebenswürdige Freundin am Throne Gottes, und Gott verbirgt mir keinen seiner Ratschlüsse. Das königliche Brautgemach besitze ich, und alles, was Gott gehört, gehört auch mir. Und wo der Sohn Gottes die Sünden der Menschen in seiner Tunika[47] abwischt, da verbinde ich die Wunden mit mildestem Linnen. Du aber schäme dich, weil der bessere Teil nicht dein ist."

Eitle Ruhmsucht <inanis gloria>

Die dritte Gestalt hatte aber die Form eines Menschen, ausgenommen, dass ihre Hände struppig waren und ihre Beine und Füße den Beinen und Füßen eines Kranichs ähnelten. Sie trug auf ihrem Kopf eine aus Grashalmen geflochtene Mütze und war mit einem schwarzen Gewand bekleidet. In der rechten Hand hielt sie einen grünen Zweig, in der linken einige Blumen, die sie mit großer Aufmerksamkeit betrachtete. Und sie sprach:

7. Die Worte der eitlen Ruhmsucht

„Alle Ursachen untersuche ich aufmerksam und ich bin Zeuge dafür, dass ich sie in meiner Tüchtigkeit richtig begreifen kann. Wie würde es sich daher geziemen, dass ich die Ehre versäumen würde in dem, was ich sehe und kenne. Ich vertraue auch darauf, dass ich mit meiner Fähigkeit durch Dörfer und

47 Tunika bezeichnet den Leib Christi, den er bei seiner Menschwerdung angenommen hat. Siehe auch unten VI 32, S. 327. Vgl. Carlevaris: Similia (wie Anm. 21), S. 353.

Straßen fliegen kann, wie die Vögel, die in den Wäldern wohnen und singen, was sie nur wollen. Denn ich will ihren Gesang lernen und tönen wie sie, und dies alles werde ich mit menschlichem Sinn vermischen. Und ich werde die Sitten der edlen Wildtiere mit der Anmut von Mädchen ausüben. Alles, was mein ist, ordne ich so an, dass alle, die mich sehen, sich daran freuen, und alle, die mich hören, mir darin Ehre erweisen, damit sich alle über meine Tüchtigkeit wundern. Ich bin nämlich eine Harfe mit den Vögeln und edel mit den Wildtieren sowie weise mit den Menschen. Alles, was fröhlich ist, sammle ich mit lobenswertem Frohsinn bei mir. Und wenn ich es so mache, wer ist mir ähnlich? Wenn ich nicht suchen würde, würde ich nichts finden, und wenn ich nicht bitten würde, würde man mir nichts geben. Denn ich besitze nur dann das Glück, wenn ich es mir selbst mit Weisheit und Tüchtigkeit erwerbe. Ich halte es für nichts, wenn es jemandem beschwerlich und lästig ist, dass ich weise und tüchtig bin. Vielmehr will ich meinen Ruhm haben. Und warum sollte es Gott lästig sein, wenn ich so geschaffen bin?“

8. Die Antwort der Gottesfurcht <timor Domini>

Wiederum hörte ich aus der erwähnten Sturmwolke eine Stimme, die dieser Gestalt eine Antwort gab:

„Obwohl du nichts fürchtest und jegliches Ding gierig an dich reißt, bist du doch die schlimmste Leere des schlimmsten Götzenbildes. Was ist das, was der Mensch ohne Gottes Gnade tun könnte? Nichts! Wenn nämlich der Mensch das Rad seiner Erkenntnis in die Eitelkeit lenkt, dann tötet Gott ihn; wenn er sich aber zum Guten aufrichtet, wird Gott ihm helfen. Du aber willst alles tun, was du dir ausdenkst. Aber wenn du etwas zu tun beginnst, ist dein Kopf steif nach unten geheftet, deine Füße aber richten sich durch Gottes Urteil nach oben. Vor dem Bad der Taufe scheust du dich, und die Arznei Gottes suchst du nicht, sondern du badest mit schneller Eitelkeit in allem Bösen und verlangst nicht zu haben, was zum Leben gehört.

Ich aber habe die Ehre Gottes, indem ich jede Sünde so betrachte, wie sie ist, und weil ich sie nicht für weniger halte, als sie ist, und weil ich sie fliehe. Ich seufze in Gottes Liebe, fürchte sein Urteil und freue mich an seinem Lohn. Wie könnte ich es verdienen, der himmlischen Freuden teilhaftig zu werden? Freilich, wenn ich den Gestank der Sünde fliehe, die Pracht der Welt verlasse, mich davor hüte, dass die Befleckung des Fleisches in mir brennt, und darauf achte, dass ich nicht willig in den Sünden bleibe. Denn in den Geschöpfen suche ich nicht irgendwelche Veranlassung entsprechend dem Geschmack der Sünde, sondern ich strebe danach, in ihnen eine Weide zu finden. Daher wird mir Gott geben, dass ich vom Baum des Lebens essen werde.[48] Dadurch zeigt sich, dass Gott im Menschen des guten Werkes niemals entbehrt, obwohl die Anfechtungen des Teufels den Menschen bedrängen. Gott selbst hat ja den guten Menschen als ein gutes Fundament gegründet, das die heiligsten Werke sind, damit der Mensch ein Haus im Zelt Gottes sei. So soll jener Mensch, der im Hause Gottes wohnen will, sprechen und dies wiederkäuen. Du aber, du verderbliche Pest, du wirst ‚Keine Ehre der Ehre' genannt werden."

Ungehorsam <inoboedientia>

Die vierte Gestalt sah ich als eine, die einen Kopf wie den Kopf einer Schlange hatte und eine gefiederte Brust, die wie die Brust einer Möwe war, während die Beine und die Füße wie die Beine und die Füße einer Viper waren. Ihr Rücken und ihr Schwanz sowie ihr übriger Körper ähnelten einem Krebs. Und sie bewegte sich Hals über Kopf hin und her, als würde sie vom Wind bewegt. Während sie sich so bewegte, schüttelte sie heftig die erwähnte Finsternis. Sie wandte sich dem Norden zu und spuckte viel Feuer aus ihrem Mund aus. Und sie sprach:

9. Die Worte des Ungehorsams

„Warum beachten wir die Befehle anderer? Wenn wir so handeln, dann sehen wir nicht, noch erkennen wir, was wir sind. Wir gelten als glaubwürdige Philosophen und sind weiser als alle anderen. Sollten wir also nicht tun, was wir wissen? Umso mehr sollten wir es tun! Denn viele Meister legen uns nach ihrem eigenen Willen und aus ihrer eigenen Bosheit Vorschriften fest. Sollten wir handeln, wie es ihnen gefällt? Was wäre denn das?

Wenn ich Bäume voll von Blüten sähe, wenn ich alle Stimmen der Vögel verstünde, und wenn sie alle mir Befehle gäben, würde ich trotzdem nicht wissen, was ich tun könnte. Was ich aber in mir bestimme, davon weiß ich, was für eine Tüchtigkeit und was für einen Nutzen das hat, und ich verstehe, was für ein Heil das mir bringt. Es ist für mich besser, das zu tun, was ich weiß, als das, was ich nicht erkenne. Denn was ich nicht kenne, das schadet manchmal mehr, als dass es nützt. Also, was ich sehe, was ich anfasse und was ich mit meinem Sinn verstehe, das muss ich tun. Ich frage aber durch die Geschöpfe der Schöpfung, was mir Heil und was mir Schaden bringt. Denn Gott hat sie geschaffen, damit sie mir durch die Unterwerfung unter meine Befehle Gehorsam leisten. Warum hätte mir Gott die Geschöpfe unterworfen, wenn ich von ihnen kein Zeichen erhalten könnte? Deswegen betrachte ich in ihnen, was mir gefällt."

48 Vgl. Offb 2,7.

10. Die Antwort des Gehorsams <oboedientia>

Aus der erwähnten Sturmwolke hörte ich aber eine Stimme, die dieser Gestalt antwortete:

„Ich, der ich Gott gehorche, habe eine gewisse Bindung. Aber was und welche ist sie? Als Gott in seinem Wort alles erschaffen hat, indem er sagte, ‚es werde' und es so geschah,[49] da war ich das Auge und erwachte in Gottes Geheiß. Und so ist alles erschaffen worden. Als aber der erste Engel zu leben begann, widersetzte er sich sogleich Gott, ich aber sagte, dass seine Werke nicht leben, weil er auf eine andere Weise sein wollte. So versuchte er auch mich zu bedrängen und anzugreifen, aber er war dazu nicht imstande. Denn ich existiere als die Sonne, der Mond und die Sterne und der Quell der Wasser, und ich bin die Wurzel in allen Werken Gottes, so wie die Seele im Körper ist. Und wie der Wille im Menschen vollbringt, was er ersehnt, so bin ich der Wille in Gott, der alles vollbringt, was Gott befiehlt. Im alten Ratschluss war ich mit Gott, und Gott hat alles durch mich geordnet, was er erschaffen wollte. Im Geheiß seines Wortes ertönte ich wie eine Harfe, weil ich sein Gebot bin. Ich berühre nichts, ich will nichts, ich ersehne nichts, nur allein das, was in Gott ist, denn ich bin von ihm ausgegangen und durch ihn gewachsen, und ich will keinen anderen Gott. Du aber, du Übertretung der Gebote des Schöpfers, in deiner Vermessenheit sagst du, dass du Gott bist und du nimmst auf niemanden Rücksicht, sondern was du willst, das tust du. Wo sind also Himmel und Erde, die du geschaffen hast? Und wo ist die Schönheit der Berge und der Felder, die du geordnet hast? Nichts davon hast du gemacht, dennoch verschmähst du, was Gott geschaffen hat. Wieso? Wenn du nämlich von dir selbst redest und alles danach beurteilst, wie es dir gefällt, willst du Gott nicht, der vor der Vorzeit der Tage war und der nach der Vollendung des letzten Tages sein wird. Daher bist du, du Böser, den trockenen Blättern der Bäume und den Schuppen der Fische ähnlich, weil du, wie sie, abgeworfen wirst. Denn dein Name bleibt nicht in Tauglichkeit, sondern im Tod."

Unglaube <infidelitas>

Die fünfte Gestalt hatte gleichsam die Form eines Menschen, mit der Ausnahme des Kopfes, und steckte von den Knien bis zu den Fußsohlen in der erwähnten Finsternis. In ihrem Kopf erschien nämlich keine andere Kontur, als dass er überall mit schwarzen Augen voll war. Von diesen Augen war eines etwa auf ihrer Stirn, das ab und zu wie ein prasselndes Feuer funkelte. Die rechte Hand hatte sie auf die Brust gelegt, in

49 Vgl. Gen 1,3; 1,6; 1,14. Siehe oben I 8, S. 51 und unten VI 32, S. 327.

der linken aber hielt sie einen Stab und hatte sich einen Mantel von schwarzer Farbe umgeworfen. Und sie sprach:

11. Die Worte des Unglaubens

„Ich kenne kein anderes Leben als dieses, das ich sehe und anfasse und das ich streicheln kann. Welchen Lohn wird mir ein zweifelhaftes Leben geben? Von diesem sage ich aber: Es ist oder es ist nicht. Und wenn ich so suche und forsche, sehe, höre und erkenne, dann finde ich nichts. Denn wenn ich durch die Sichtbarmachung der Schöpfung gelegentlich etwas finde, was mir nützt, was könnte es mir schaden? Ich gehe aber nur auf den Wegen und fliege nur in der Wissenschaft, die ich gut kenne. Denn wenn ich über die Flügel der Winde fliegen will, werde ich zu Boden geschlagen. Oder wenn ich die Sonne und den Mond frage, was ich machen soll, geben sie mir zu wenig Antwort. Oder wenn ich einen Ton höre, weiß ich nicht, ob er mir Vorteil bringt oder ob er mich verletzt. Ich weiß nämlich nicht, was vorausschauend ist. Nur was ich sehe, das kenne ich. Auch viele Gerüchte, viele Reden und viele Lehren höre ich, die ich nicht kenne. Deshalb werde ich machen, was mir am besten zum Nutzen ist."

12. Die Antwort des Glaubens <fides>

Und wiederum hörte ich aus der erwähnten Sturmwolke eine Stimme, die dieser Gestalt eine Antwort gab:

„O du nichtsnutziges Ding, du bist der Trug des Teufels, der in seiner Brust alles verleugnet, was gerecht ist. Daher verweist du auch auf seine Brust. Denn der Vorsatz deiner Gedanken strebt zum Teufel, der dir zur Rechten steht. Deshalb sind auch deine Augen so verdunkelt, dass du den Weg jener Erlösung nicht mehr sehen kannst, die zum Himmel hinaufsteigt und dich, der du die Nacht bist, so zusammendrückt, wie die rechte Hand auf die linke fällt. Auch dich drückt die Rechte nieder, und dadurch ist ihr Aufstieg ruhmreich, weil die böse Erkenntnis die Magd der guten Erkenntnis genannt wird. Diese will nämlich mit der Magd nicht zusammen dienen, wie auch die Herrin die Sklavendienste der Magd nicht tut; und deshalb hat sie einen ruhmreichen Namen, und zwar dass sie Herrin genannt wird. Du gehst als Verdammte aus, indem du den Urteilsspruch über dich ausbreitest, denn alles, was im Glauben lichtvoll ist, fliehst du. Auch deine Grübelei wirft den Menschen, die du betrügst, immer die Sünde entgegen, weil du nicht auf dem Weg von Gottes Geboten wandeln willst.

Ich aber lobe Gott treu mit den Engeln, weil ich alles will, was Gott gehört. Mit dem Cherub schreibe ich all seine Urteile auf, die er hervorbringt, wie er sie in Gott sieht. Aber auch ich beurteile alles durch die Propheten, die Weisen und die Schriftgelehrten. Alle Reiche der Welt glänzen durch Gottes Gerechtigkeit in mir. Und ich bin der Spiegel in Gott, denn ich erstrahle in allen Geboten Gottes."

Verzweiflung <desperatio>

Die sechste Gestalt sah ich in der Form einer Frau, deren Haupt mit einem dunklen Schleier nach Frauenart bedeckt war. Auch der übrige Körper war mit einem dunklen Gewand bekleidet. Vor ihrem Angesicht erschien etwas wie ein Berg von brennendem Schwefel, ähnlich stand auch an ihrer rechten und ihrer linken Seite etwas wie ein Schwefelberg. Sie alle stürzten in die erwähnte Finsternis hinab, was ein großes Getöse verursachte. Hinter ihr aber, das heißt in ihrem Rücken, erscholl das Geräusch eines überaus großen Donners. Vor all dem erschrocken, presste die Gestalt unter großem Heulen und Zittern ihre Arme und Hände auf ihre Brust und tauchte ganz in die erwähnte Finsternis unter, während sie sprach:

13. Die Worte der Verzweiflung

„Ich bin furchtbar erschrocken! Und wer könnte mich trösten? Wer könnte mir helfen, um mich diesem Unheil, das mich zerdrückt, zu entreißen? Das Feuer der Hölle ist um mich herum, und Gottes Zorn hat mich in die Hölle geworfen. Was bleibt mir übrig, außer der Tod? Ich habe keine Freude im Guten und keinen Trost in der Sünde, auch gibt es in der ganzen Schöpfung nichts Gutes."

14. Die Antwort der Hoffnung <spes>

Und wiederum hörte ich aus der Sturmwolke eine Stimme, die dieser Gestalt antwortete:

„O Zündstoff des Teufels, du bist der Zündstoff der Sünde! Du weißt nicht und bedenkst nicht, was für ein großes Gut es in Gott gibt! Wenn du das Gute suchst, kann dir niemand außer Gott darin nutzen. Und wenn du das Böse suchst, wird dich niemand außer Gott darin beurteilen. Gott hat ja Himmel und Erde und alles, was zu etwas taugt, erschaffen, und er hat mit seinem Gebot die Hölle gefesselt. Jede gute Belohnung wird von ihm gewährt, und jede Beurteilung des Bösen kommt von ihm. Warum also hältst du dir das Verderben vor, obwohl du nicht verurteilt bist? Die bösen Geister wollen Gott nicht, und auch du vertraust nicht auf ihn. Alle Geschöpfe eilen Gottes Geboten entgegen, der Teufel aber lehnte diese ab. Daher wurde er in die Hölle geworfen, und er vermag nichts anderes, als was in der Macht der Hölle steht. Deswegen darf kein Mensch, der sich danach sehnt, etwas Gutes zu vollbringen, sich selbst sein Verderben vorhalten, denn Gott ist das höchste Gut und lässt die guten Werke eines jeden nicht ohne ihren Lohn leer ausgehen.

Ich aber sitze in gutem Verlangen am Thron Gottes und im Glauben umarme ich all seine Werke. Indem ich gute Werke vollbringe, ziehe ich die ganze Erde an mich. Das tust du nicht, du tödliche und höllische Verdorbenheit, weil du den guten Werken Gottes nicht traust. Was nutzt es aber dir? Viele Strafen hältst du dir bisweilen vor, die du nicht sehen wirst, und dabei verlierst du in kindischer Torheit das Leben."

Lüsternheit <luxuria>

Die siebte Gestalt hatte etwa die Form einer Frau und lag auf ihrer rechten Seite. Die Beine hatte sie gekrümmt hochgezogen, wie ein Mensch, der auf seinem Bett müßig herumliegt. Ihre Haare waren wie Feuerflammen und ihre Augen weiß wie Kreide. Sie trug weiße Schuhe an ihren Füßen, die aber so schlüpfrig waren, dass sie darauf weder gehen noch stehen konnte. Aus ihrem Mund stieß sie mit keuchendem Atem giftigen Schaum aus. An ihrer rechten Brust säugte sie etwas wie einen kleinen Hund, an der linken aber etwas wie eine Viper. Mit den Händen rupfte sie Blüten von Bäumen und Kräutern ab und roch an ihrem Duft. Sie hatte keine anderen Kleider angezogen, sondern war ganz Feuer, und alles, was ihr nahte, verdorrte in ihrer Glut wie Heu. Und sie sprach:

15. Die Worte der Lüsternheit

„Ich senke die Form von Gottes Ebenbild tief in den Schmutz, was Gott sehr lästig ist. So werde ich alle verderben. Ich bin nämlich ruhmreich und hoch, und ziehe alles an mich, was mir erlaubt ist durch die eingegossene Natur, die mir angeboren ist. Warum sollte ich verzichten? Und warum sollte ich die Gefälligkeiten eines fröhlichen Lebens und des hüpfenden Geistes von mir abschneiden? Wenn ich ein Stückchen von meiner Sache ausführe, ist das etwa sündhaft? Wenn ich das aber nicht mache, was der Wille meines Fleisches von mir fordert, dann werde ich zornig, listig, betrügerisch, verworren und verstrickt in Unruhe. Der Himmel soll seine Gerechtigkeit haben und die Erde soll ihre Geschäfte tun. Wenn die Natur des Fleisches Gott lästig wäre, dann hätte er das so gemacht, dass das Fleisch sie nicht verwirklichen könnte."

16. Die Antwort der Keuschheit <castitas>

Und wiederum hörte ich aus der erwähnten Sturmwolke eine Stimme, die wie vom Diadem des Königs dieser Gestalt eine Antwort gab:

„Ich bin nicht müßig, wie du ein Unflat bist, da du ständig in zügelloser Laune spielst. Denn auf jenes Bett, auf dem du liegst, lege ich mich nicht hin, weil du die Schande zu dir rufst. Auch bringe ich über meine Lippen keine giftigen Worte, die schlüpfrige Hässlichkeit lehren. Vielmehr schöpfe ich im Brunnen des Segens aus dem süßesten Tau meinen Trank, denn all meine Werke finden Erquickung bei Gott. Ich sitze nämlich in der Sonne und schaue auf den König der Könige, weil ich alle guten Werke freiwillig wirke. Ich will aber nicht den Schwanz des Skorpions, der dich mit seinem Schmutz verwundet, sondern ich besitze in der Symphonie des frohen Lebens die Freuden der Ehre und der Schamhaftigkeit. Das fröhliche Leben, das ich führe, schnürt mich durch hässliche Schmähungen nicht zusammen, noch verwundet es mich durch den Schmutz der Unkeuschheit.

Du aber, o Schmutzige, du bist die Völlerei der Schlange, die du durch das Gehör der Ohren in Adam und in Eva gewachsen bist, als der Gehorsam in ihnen entschwand. Ich aber bin im höchsten väterlichen Wort entstanden. Himmel und Erde werden dich zuschanden bringen, wenn sie dich nackt in deiner Verwirrung erblicken werden."

Der Gotteseifer

Zur rechten Seite des erwähnten Mannes sah ich eine Gestalt in menschlicher Form stehen, die ein feuriges Gesicht hatte und mit einem stählernen Gewand bekleidet war. Und sie rief gegen die erwähnten Laster und sprach:

17. Die Worte des Gotteseifers

„O ihr Eingeweide des Teufels und seine eingegossenen Bosheiten, die er in seinen todbringenden Künsten auf das menschliche Geschlecht loslässt! Im Blut Christi werdet ihr zuschanden kommen und im Alpha und Omega zunichte gehen, denn ihr seid der schlimmste Tod."

18. Obwohl der Teufel nicht aufhört, den Menschen mit den Lastern in sein Netz einzufangen, vermag er Gottes Herrlichkeit dennoch nicht zu vernichten

Und wiederum hörte ich aus dem Himmel eine Stimme, die zu mir sprach: Der Schöpfer, der die Welt geschaffen hat, hat sie mit den Elementen gefestigt und mit großartigem Schmuck ausgestattet, indem er sie zum Dienste des Menschen mit verschiedenen Geschöpfen erfüllt hat. Der Teufel aber lässt in seinem Neid davon nicht ab, dass er den Menschen mit nichtswürdigen Lastern in sein Netz einfängt, um die diesem gegebene Ehre völlig hinwegzuraffen.

Trotzdem kann er Gottes Herrlichkeit nicht vernichten, wie es dir in der gegenwärtigen Vision gezeigt wird.

19. Gott gibt dem Menschen zu verstehen, dass er nicht in die Verwirrung der Sünde geraten soll

Denn dass du siehst, *dass sich der erwähnte Mann nach Norden wendet, so dass er sowohl nach Norden als auch nach Osten schaut,* bedeutet, dass Gott dem Menschen deutlich zu verstehen gibt, dass er nicht in die Verwirrung der Blindheit und der Sünden geraten soll. Vielmehr soll der Mensch diese munter meiden und sich auf die Ehre des wahren Lichtes vorbereiten, weil er über die gute und die böse Erkenntnis verfügt. Der Mensch kann nämlich im Rad der Erkenntnis erwägen, zu welcher Seite er sich neigen soll.

20. Die Winde, die Luft und die Grünkraft der Welt, die Gott vollkommen gehorchen, zeigen, dass der Mensch mit seinen guten Taten nicht sich selbst, sondern Gott die Ehre geben soll

Und *die Winde, die Luft und die Grünkraft der Welt, die sich unter dem Himmelsgewölbe befinden und in denen der Mann von seinen Schenkeln bis zu den Knien steht, umgeben ihn von seinen Schenkeln bis zu den Knien gleichsam wie mit einem Kleid,* denn das Wehen und die Weite der Winde, die liebliche Feuchtigkeit der Luft und die durchdringende Grünkraft der Bäume und der Kräuter, die in der Stärke der oberen Elemente gehalten sind, in denen auch Gott durch deren Hervorbringen und Erhaltung wirkt, erweisen Gott die Ehre mit ihrem Hervorgehen und Wachsen, weil sie ihm in allem vollkommen gehorchen. Denn Gott wird durch das Geheimnis der Geschöpfe verherrlicht, so wie der Mensch, wenn er sich mit einem Gewand bekleidet, geehrt wird.[50]

Auch das Feuer und das Licht der Luft sind wie zum Schmuck am Kleid des Mannes, denn das Feuer, indem es die verschiedenen Geschöpfe mit seiner Wärme bläht, und das Licht, das sie milde erleuchtet, ehren Gott, wie wenn sie ihn mit ihrem Dienst schmücken, weil Gott durch sie erkannt und der Allmächtige genannt wird. Wie der Mensch durch den Glanz seines Gewandes und das Diadem seines Hauptes als Herr und König angesprochen wird, so wird auch Gott durch die gerechten Werke der Seele verherrlicht. Denn wie es Kräfte der Geschöpfe gibt, so auch Kräfte der Seele.

50 Zur Symbolfunktion der Kleidung im Mittelalter siehe Anne Müller: Art. Kleidung, Tracht, Habit, in: Gert Melville/Martial Staub (Hg.): Enzyklopädie des Mittelalters Bd. 1, Darmstadt 2013², S. 258.

Denn *wie der Wind* fliegt der Anfang der gerechten Sehnsüchte in der Seele; *wie die Luft* spendet in ihr der Geschmack des guten Willens Feuchtigkeit; *wie die Grünkraft der Welt* erblüht in ihr zum Wachsen die Vollendung der vollendeten Werke; und *wie unter dem Himmelsgewölbe* ist dies alles in der Weisheit der höchsten Geheimnisse aufgehoben, weil die Weisheit in der Seele des Gerechten gute Werke zu wirken beginnt und sie vollendet. Und darin steht Gott *wie von seinen Schenkeln bis zu den Knien,* weil dadurch, dass alles aus ihm hervorgeht, all dies von ihm zur vollkommenen Vollendung auch gehalten wird. Daher *dienen* all die guten Werke *von den Schenkeln* der Zeugung, indem diese guten Werke im Menschen von Gott gezeugt werden, *bis zu den Knien* der Stärkung, indem sie von Gott gekräftigt werden, *zum Gewand* der Verherrlichung. Denn es ist gerecht, dass der Mensch mit seinen guten Taten nicht sich selbst, sondern Gott die Ehre gibt.

Das Feuer des heiligen Aufstiegs aber, mit dem die gläubige Seele entzündet wird, damit sie in den heiligen Werken nicht austrocknet oder nachlässt, und *das Licht* der Wahrheit, wenn der gute Ruf unter den Menschen gesehen und gehört wird, *dienen am Gewand* von Gottes Herrlichkeit *zum Schmuck.* Denn dies alles geschieht zur Herrlichkeit und zur Ehre Gottes. Die heilige Seele wird mittels der gerechten Werke, die sie im Leib wirkt, Gott Herrlichkeit und Ehre erweisen, weil sie mit seiner Hilfe die Werke vollbringt, wie der Prophet bezeugt, wenn er sagt:

21. David über dieselbe Sache

Mein Gott, mein Helfer, ich hoffe auf ihn. Mein Beschützer und das Horn meines Heils, er nimmt mich an (Ps 17,3 / 18,3). Der Sinn dieser Worte ist folgender:

Mein Gott, durch den ich erschaffen bin, durch den ich lebe und nach dem ich mich ausstrecke, wenn ich seufze, und von dem ich alles Gute erbitte, weil ich erkenne, dass er mein Gott ist, und weil ich spüre, dass ich ihm zu dienen habe, da ich durch ihn meinen Verstand habe, er ist in allem Guten *mein Helfer,* denn durch ihn vollbringe ich gute Werke. Daher *setze ich auch meine Hoffnung auf ihn,* weil ich seine Gnade wie ein Gewand anziehe. Und so ist er auch *mein Beschützer,* denn er schützt mich vor dem Bösen dadurch, dass mein schlechtes Gewissen mich beißt und mir den Rat gibt, keine bösen Werke zu tun.

Gott selbst ist zudem *das Horn der Erlösung* meiner Seele, weil er mich durch den Heiligen Geist das Gesetz lehrt, in dem ich auf seinen Wegen wandeln kann und in dem ich die Speise des Lebens erhalte, die denen, die wahrhaft glauben, zum Leben gereicht wird. Solange ich sie empfange, *wird Gott mich,* den er durch dies alles geheiligt und auserwählt hat, in der höchsten Seligkeit *annehmen* und mir auf seinem Schoß einen Platz geben.

22. Wie die Elemente die verschiedenen Geschöpfe zum Keimen bringen und ihnen dann die Fruchtbarkeit entziehen, so kommen auch die Tugenden aus der Seele durch den guten Ruf hervor und kehren dorthin durch beschauliche Gebete zurück

Aus dem Mark seiner Hüfte, nämlich der Hüfte des erwähnten Mannes, *schwitzen aber die Kräfte der Elemente hervor und kehren wiederum in sein Mark zurück, so wie wenn der Mensch beim Atmen die Luft einzieht und sie wieder ausströmen lässt,* denn wie das Mark den Menschen kräftigt und wie seine Hüfte ihn trägt, so kommen die Kräfte der Elemente, die die Welt halten und tragen, aus der starken Wirkkraft des Schöpfers hervor, wenn sie den verschiedenen Geschöpfen Wärme, Feuchtigkeit, Grünkraft und Halt verleihen, sie keimen und wachsen lassen und sie dann in diese starke Wirkkraft ihres Schöpfers wieder hinein sammeln, wo sie zulassen, dass die Geschöpfe abnehmen.

Denn die Geschöpfe, die unter den Elementen existieren, entstehen und vergehen. Wenn nämlich die Elemente zu ihrem Dienst voranschreiten, ermöglichen sie die Fruchtbarkeit. Wenn sie sich aber auf Gottes Geheiß wieder sammeln, entziehen sie die Fruchtbarkeit, ähnlich wie der Mensch es tut, wenn er ausatmet, damit er nicht in Unfruchtbarkeit dahinschwindet, und wenn er einatmet, damit sich seine Lebenskraft erquickt. Diese Werke beziehen sich auch auf das Leben der Seele. Denn die Stärke des geistlichen Lebens ist wie das Mark der Hüfte im Fleisch, aus dem die Kräfte der Tugenden wie der Elemente durch den guten Ruf herausgehen; und sie kehren wiederum in diese Stärke durch beschauliche Gebete zurück; ähnlich wie auch die Zerknirschung des Herzens im Menschen, zu Gott bewegt, Tränen ergießt, und, wenn die Zerknirschung aufhört, die Tränen wiederum in sich selbst aufbewahrt.

23. Die Elemente, obwohl sie nicht auf menschliche Art sprechen können, werden durch die Ungerechtigkeit der Menschen umgestürzt, weil sie an deren Abscheulichkeit Anteil haben

Dass *du eine laute Stimme hörst, die aus den Elementen der Welt zu jenem Mann spricht,* bedeutet, dass die Elemente ihre Klage wie einen großen Schrei zu ihrem Schöpfer tragen, nicht so, als ob sie auf menschliche Art reden würden, sondern dadurch, dass sie durch gewisse Zeichen ihre Unterdrückung zum Ausdruck bringen, wenn sie das rechte Maß, das sie von ihrem Schöpfer erhalten haben, durch bestimmte fremde Bewegungen und fremde Bahnen überschreiten, da sie in die Sünden der Menschen verstrickt sind. So zeigen sie, dass sie ihren Lauf und ihren Dienst nicht auszuführen vermögen, wie es ihnen von Gott aufgetragen wurde, weil sie durch das Unrecht der Menschen umgedreht werden. Daher stinken sie vor Pest übler Gerüchte und vor Hunger der schwindenden Gerechtigkeit, weil die Menschen diese nicht mehr auf rechte Weise ausüben. Manchmal ziehen sie auch den Rauch des straffälligen Gestanks der Schändlichkeit der Menschen ein, weil sie an deren Abscheulichkeit Anteil haben. Die Menschen sind ja mit den Elementen und die Elemente mit den Menschen verbunden.

24. Gott peinigt zuweilen die von Sünden beschmutzten Menschen, damit sie zu ihm in Reue zurückkehren

Dieser Mann aber, nämlich Gott, *antwortet, dass er mit seinem Besen,* das heißt mit seinen Urteilen und Züchtigungen, die Elemente reinigen und die von Sünden beschmutzten Menschen mit zahlreichen Schlägen und Verlusten zuweilen peinigen wird, *bis sie in Reue zu ihm zurückkehren.* Denn auf diese Weise wird er dann den Willen der Menschen für sich vorbereiten.

25. Gott will, dass vor seinem Angesicht alles rein ist

Sooft die Elemente durch die verwerflichen Taten der Menschen verschmutzt werden, wird Gott sie immer wieder durch die Qualen und die Nöte der Menschen reinigen. Denn Gott will, dass vor seinem Angesicht alles rein ist, weil er auch von niemandem an ein Ende geführt, noch niedergedrückt werden kann.

26. Die Winde und die Luft verderben häufig die Früchte der Erde, weil die Menschen ihr Herz nicht der Gerechtigkeit öffnen

Auch *die Winde* sind *vom Gestank* der Scheußlichkeiten belastet, so dass sie nicht mit reiner Luft wehen, sondern mit dem Sturm heftiger Gewitter vorüberziehen; und *die Luft speit* wegen der vielfachen Unreinheit der Menschen Schmutz aus, indem sie lästige und unangemessene Feuchtigkeit ausscheidet, die die Grünkraft und die Früchte, die die Menschen nähren sollten, austrocknet. Die Luft ist auch bisweilen nebelig, bisweilen schneeig; und daraus entstehen sehr häufig schädliche und unnütze Würmchen, die den Früchten der Erde Schaden bringen und sie auffressen, so dass sie den Menschen nicht zum Nutzen wachsen. Denn die Menschen verschließen ihr Herz und ihren Mund vor der Gerechtigkeit und anderen Tugenden und öffnen sie nicht der Wahrheit.

27. Manche verkehrte Menschen fragen, wer jener Herr sein kann, den sie nie gesehen haben

Daher fehlt *die Grünkraft* in jenen, in denen sie gedeihen sollte, und nur trockene Dürre herrscht wegen des verderblichen *Aberglaubens* teuflischer Künste, die in den verdorbenen Menschen zu finden sind, die alles, was sie tun, nach ihren Lüsten und Begierden umstürzen. In ihrem Herzen und mit ihrer Zunge fragen sie, *wer jener Herr ist* oder wer jener Herr sein kann oder was für eine Macht er hat, den sie niemals gesehen haben, weil er immer im Verborgenen ist.

28. Die Menschen sehen Gott durch die gute Erkenntnis und durch andere zeitliche Geschöpfe

Ihnen antwortet Gott, indem er sie zugleich auch fragt, ob sie ihn durch die Erleuchtung der guten Erkenntnis und durch die Erleuchtung der zeitlichen Sonne nicht sehen, wodurch sie das Gute tun sollten; und ob sie ihn im Schatten des Herzens und im Dunkel der Nacht nicht sehen, wodurch sie das Böse hätten vermeiden sollen; oder ob sie ihn in den Samen der Gerechtigkeit nicht erkennen, die der Heilige Geist zum reichen Wachstum begießt; oder ob sie ihn nicht sehen, wenn sie die zeitlichen Samen in die Erde säen, die von Tau und Regen befeuchtet werden und so wachsen. Dies alles könnte durch niemand anderen als allein durch den Schöpfer geschehen.

29. Der Mensch versucht seinen Schöpfer festzubinden wie die Schöpfung

Denn *die ganze Schöpfung strebt nach* dem, der sie in ihren Diensten geformt hat, und erkennt, dass *Gott allein* sie erschaffen hat, denn *einer ist, der alles gemacht hat. Der Mensch* aber, durch vielerlei Eitelkeiten gefesselt und geteilt, versucht auch seinen eigenen Schöpfer festzubinden, wenn er ablehnt, dass Gott darüber hinaus gehen kann, und wenn er ihn *in zahlreiche Geschöpfe aufteilt.* Denn der Mensch macht nach dem Geschmack seines Eigenwillens Gott zu irgendeiner Ursache, die er sich selbst in seinem Eigenwillen festlegt, so dass er behauptet, Gott habe ihn so erschaffen, dass er die Sünde, die er tun will, nicht vermeiden kann.

30. Kein Mensch kann die Schriften erfinden, wenn nicht die Weisheit sie eingegeben hätte

Wer aber die Schriften gemacht hat, wird in vielfältiger *Weisheit erkannt.* Denn Gott hat sie gemacht und kein Mensch hätte sie erfinden können, wenn nicht Gottes Weisheit sie eingegeben hätte. In diesen Schriften muss man mit feiner und einsichtiger Erforschung danach *suchen, wer den Menschen geschaffen hat.* Denn Gott ist es, der ihn geschaffen hat.

31. Solange die Schöpfung den Menschen das hervorbringt, was zu ihrem Gebrauch geeignet ist, wird der Mensch keine vollkommene Freude sehen, die er nach dem Ende der Welt mit der höchsten Seligkeit selig haben wird

Solange die Schöpfung durch zeitliche Notwendigkeit den Menschen in der Welt zu Hilfe kommt und das hervorbringt, was zum Gebrauch der Menschen geeignet ist, wird der Mensch die Größe und die Vollkommenheit der ewigen Freuden nicht sehen, weil die Elemente mit den Menschen und die Menschen mit den Elementen in der Welt verkehren.

Nachdem aber das Ende der Welt angekommen sein wird, so dass *die Schöpfung in die Dürre* der zeitlichen Erschöpfung fallen wird, werden *die Auserwählten* ihren Schöpfer und den Vergelter der guten Taten im ewigen Leben und voller Freude mit höchster Seligkeit sehen. Dann werden sie keine Sorge und keine Bedürfnisse der Elemente und der zeitlichen Dinge mehr haben, denn sie sind in Ewigkeit und gehören Gott im seligen Leben an, wie geschrieben steht:

32. Das Buch der Weisheit über dieselbe Sache

Die Gerechten werden leuchten und dahineilen wie Funken auf dem Stoppelfeld. Sie werden die Nationen richten und über die Völker herrschen, und ihr Herr wird regieren auf ewig (Weish 3,7-8). Der Sinn dieser Worte ist folgender:

Den Glanz der Ewigkeit und der unvergänglichen Freude werden jene empfangen, *die* durch heilige Werke *gerecht sind:* durch Werke, die sie im Glauben an die heilige Trinität in dem Rad, das Ezechiel sah,[51] gewirkt haben, und in denen Gott sie sehen wird und sie Gott sehen werden. Und so werden sie in die Höhe und die Weite der strahlenden Seligkeit mit Freude und Fröhlichkeit ohne die Last des gebrechlichen Fleisches emporgehoben. Dort werden sie in ihren heiligen Werken *Funken sprühen* und die Schwere des Körpers nicht mehr spüren. Sie werden in die Weite geführt und kein Hindernis wird sie mehr gefangen halten.

Daher werden sie auch mit dem gerichtlichen Urteil des Herrn jene *richten*, denen Sünden anhaften, indem sie deren Sünden zertreten, die diese nicht gewohnheitsmäßig verübt haben. So werden sie mit rechtem und gerechtem Urteil *über die Völker herrschen*, die wahrnehmen, dass sie in irdischen Sorgen

51 Vgl. Ez 1,15.

und Wünschen ein Volk von dieser Welt waren. Dann *wird* mit königlicher Ehre und unsterblicher Herrschaft *der lebendige Herrscher jener regieren,* die das Leben in heiligen Werken und heiligen Verdiensten erlangt haben werden. Dies wird er tun in jener Unvergänglichkeit, die kein Ende haben wird.

33. Die sieben Laster, die versuchen, sich den Gaben des Heiligen Geistes zu widersetzen, werden von Gottes Kraft besiegt

Dass *du im erwähnten Nebel, der, wie gesagt, verschiedene Arten der Laster enthält, auch jetzt sieben in folgenden Gestalten siehst,* bedeutet, dass in der verderblichen Dichte des Unglaubens, in der es viele Formen und unterschiedliche Arten der schlimmen und unreinen Laster gibt, wie vorher gesagt, nun so viele Laster in ihren nichtswürdigen Künsten erscheinen, wie die Zahl der Gaben des Heiligen Geistes ist. Die Laster versuchen, diesen Gaben Widerstand zu leisten, aber sie werden dazu nicht imstande sein, weil Gottes Kraft die Verkehrtheit des Teufels vollständig besiegt.

34. Insbesondere über den Hochmut und seine Haltung sowie was das bedeutet

Die erste Gestalt zeigt den Hochmut, welcher der Anfang aller Laster und die Ursache sowie die Quelle von allem Bösen ist. Denn er stürzte den Engel aus dem Himmel herab und vertrieb den Menschen aus dem Paradies. Er ist es, der auch den Seelen, die durch gute Werke zum Leben zurückzukehren verlangen, am Ende ihrer Werke auflauert, so dass er die himmlische Belohnung fortreißt. Denn sooft sich der Mensch wegen seiner guten Taten erhebt, verliert er durch Hochmut den glücklich machenden Lohn.

Sie hat gleichsam ein weibliches Gesicht, weil der Hochmut seinen ganzen Willen im ersten Engel, der aus dem Himmel stürzte, zur Torheit verkehrt hat, mit der er dann die erste Frau aus dem Paradies hinausgeworfen hat, wie er auch jetzt die Menschen durch verkehrte Weichheit außer sich zu bringen pflegt.

Ihre Augen sind feurig, weil die Absicht des Hochmuts in Bosheit brennt, *ihre Nase ist mit Schlamm beschmutzt,* weil der Hochmut ohne Unterscheidungsvermögen in Torheit besudelt ist; *und sie hält ihren Mund geschlossen,* weil der Hochmut keine Rechtschaffenheit in den Worten liebt, sondern Gott und alles, was gut ist, verneint.

Die Gestalt hat aber keine Arme und Hände, weil die Stärke und die Werke des Hochmuts nicht das Leben, sondern den Tod bewirken. *An ihren beiden Schultern hat sie je einen Flügel gleich dem einer Fledermaus,* weil sich der

Hochmut sowohl im himmlischen als auch im irdischen Bereich betrügerisch gleichsam wie eine herrschaftliche Verteidigung bereitet, wo er sich nicht mit dem rechten Flug der Gerechtigkeit, sondern mit dem hinterlistigen und nächtlichen Selbstvertrauen verbindet. *Der rechte Flügel streckt sich gegen Osten aus, der linke aber nach Westen,* weil er sich in himmlischen Dingen Gott widersetzt, in irdischen Angelegenheiten aber zum Teufel eilt.

Die Gestalt hat eine männliche Brust, weil der Hochmut in seinem Herzen immer die Geschwulst des eitlen Größenwahns trägt. *Daran sind ihre Beine und Füße wie die Beine und Füße einer Heuschrecke direkt angeheftet,* weil der Hochmut in dieser Geschwulst zusammen mit der eitlen Ruhmsucht des leeren und unbeständigen Beispiels die Verzögerung seiner Wege zeigt und bewegt. *So fehlen ihr der Bauch und der Rücken,* weil er niemandem eine nützliche Weide bietet, noch eine starke Stütze gewährt, mit der man im Guten ausharren könnte.

Dass *du aber ihren Kopf sowie ihren übrigen Körper weder mit Haaren noch mit irgendeinem Gewand bedeckt siehst,* bedeutet, dass der Hochmut in seinem Geist und in seinen Werken ohne die Haare der Klugheit und ohne das Gewand des Heils töricht und nackt einherschreitet, wie er sich dir zeigt. *Sie steckt ganz und gar in der erwähnten Finsternis,* weil der Hochmut auf jegliche Weise in der Verkehrtheit der Untreue liegt; ausgenommen, *dass sich etwas wie ein dünner Faden ähnlich einem goldenen Reif von ihrem Scheitel bis unter ihr Kinn auf der Oberfläche des Kiefers zieht,* weil der Hochmut weder Ehre noch Liebe, sondern allein Verachtung dem erweist, den er als den allumfassenden Gott erkennt. Und er führte dies vom Beginn seiner Überheblichkeit äußerlich wie eine ausgespannte Schnur der Oberfläche fort bis zu jener Torheit, wo er sich zähneknirschend und beißend Gott entgegen stellte, dem gegenüber er aber nicht zu gelten vermochte.

Wie er aber damals umgeworfen schändlich stürzte, so reißt er auch jetzt, je höher er sich im Geist und in den Taten der törichten Menschen erhebt, diese umso tiefer mit sich in den Abgrund. Er will sich jedoch niemandem ähnlich wissen, wie er oben auch sagt. Die Demut leistet ihm Widerstand und mahnt die Menschen, den Hochmut zu verabscheuen.

35. Insbesondere über den Neid und seine Haltung sowie was das bedeutet

Die zweite Gestalt bedeutet den Neid, der hier den Hochmut begleitet, weil auch sein Werk der Zunder alles Bösen ist. Denn wenn sich die Menschen im Hochmut aufblähen, beneiden sie den Fortschritt anderer, wodurch sie alles Böse hervorrufen.

Du siehst, dass die Gestalt ein widernatürliches Aussehen hat, weil der Teufel all seine Werke, die er tut, mit Neid vollbringt. Er beneidet nämlich den Menschen darum, dass dieser, wie es dir gezeigt wird, die himmlische Glückseligkeit erlangt.

Ihr Kopf, ihre Schulterblätter und ihre Arme sind denen eines Menschen ziemlich ähnlich, bis auf die Hände, die wie die Tatzen eines Bären sind, weil der Mensch, obwohl er in seinem Geist, gleichsam in seinem Kopf, Gott erkennt, den anderen Menschen in seinem Urteil oft nicht Gottes Geboten gemäß beurteilt, sondern wie der Neid es ihm eingibt. Dadurch setzt der Neid auch in den Schulterblättern seiner Zuversicht und seiner Macht wissend Unrecht statt Gerechtigkeit und zeigt sich hart durch die Arme der Stärke. Dies tut er aber nach menschlicher Art, indem er durch menschliches Wissen, das er in sich hat, den Menschen schweigend Böses zufügt. Seine grausamen Taten ahmen jedoch die wilde Plünderung und die tierische Raubsucht nach, da er alles, was er nur kann, kräftig und verbittert zerfetzt, zertritt und zerstört.

Ihre Brust, ihr Bauch und ihr Rücken übertreffen in ihrer Dicke das menschliche Maß, weil das Wissen, der Halt und die Kraft der Sitten eines neidischen Menschen in solch großer Verdorbenheit und in solch böser Verstrickung über das Menschliche hinaus greifen, dass man darin weder eine rechte Lehre, noch eine wohlgeordnete Veranlagung, noch eine angemessene Unterstützung findet, sondern nur die wütende und bitter aufgeblasene Geschwulst von unpassender Übertreibung ohne Mäßigung.

Von den Hüften abwärts aber gleicht die Gestalt wiederum einem Menschen, ausgenommen, dass sie hölzerne Füße hat, weil der neidische Mensch, durch fleischliche Begierde gebeugt, anderen viele Bosheiten zufügt, obwohl der Mensch ein größeres und tieferes Wissen hat als andere Geschöpfe. In diesen Taten weist er aber dürre und tote Spuren ohne jede Grünkraft der Tauglichkeit auf, weil er weder auf seinen eigenen Spuren noch auf denen der anderen richtig schreitet.

Ihr Kopf ist feurig und sie stößt Flammen aus ihrem Mund aus, weil die Absicht des Neides in den Gewohnheiten der Viper brennt, und weil er in seinen Worten alles Böse menschlicher Feuersbrunst hervorbringt, von denen die Menschen ausdörren.

Weitere Kleider trägt die Gestalt nicht, weil nichts, was gut ist, den Neid bedeckt. Da er weder Gerechtigkeit noch festgelegtes Gesetz will, lebt er ohne die Bestimmung eines Gesetzes, so dass er weder im Großen noch im Kleinen nach der richtigen Tauglichkeit sucht. *Sie steckt aber völlig in der erwähnten Finsternis,* weil der Neid all seine Kräfte auf die Bitterkeit des Unglaubens setzt, um dem Fortschritt anderer Schaden zuzufügen, wo er die Gerechtigkeit weder sucht, noch sie beachtet, sondern das Böse erstrebt, durch das auch der Teufel sich die Welt unterworfen hat, wie es geschrieben steht:

36. Das Buch der Weisheit von derselben Sache

Durch den Neid des Teufels ist der Tod in die Welt hineingetreten. Ihn ahmen alle nach, die ihm angehören (Weish 2,24). Der Sinn dieser Worte ist folgender:

Der Teufel widersetzte sich Gott und wollte seine Ehre aufteilen, so dass er sogar Anspruch auf einen gleichen Teil davon erhob. Deshalb warf Gott ihn in die Hölle und ließ nicht zu, dass der Teufel seinen eigenen Willen vollstreckte. Als der Teufel den erschaffenen Menschen sah, erkannte er dessen Kraft und breitete sofort *seinen Neid* aus, indem er den Menschen fragte, warum denn Gott ihm das Gebot, das er von ihm empfangen hatte, gegeben habe.

So hat der Teufel *durch das Übel des Neides* von Gott dessen eigenes Werk, das der Mensch war, entfernt und zu sich gezogen, denn der Mensch hat seinen Gott verlassen und sich an den Teufel gebunden. Auf diese Weise, durch den Hauch des Neides als teuflischer Einflüsterung, *ist der* alles vernichtende *Tod* offen *in die Welt gekommen.* Er hat die Welt unterjocht und in ihr seine Macht gezeigt, indem er den Menschen, der in der Welt Herr sein sollte, dazu gezwungen hat, ihm zu dienen, ähnlich wie wenn jemand ein Haus betritt, um dort seine Herrschaft auszuüben. *Auf den Spuren* dieses alten Verführers schreiten alle, die sich an seinem Unrecht *ein Beispiel nehmen,* so dass sie andere durch Neid niederdrücken. *So gehören sie ihm an,* weil sie das, was sie als gut und recht erkennen, von sich abwerfen, und Gottes Gaben, die er gegeben und bestimmt hat, beißend zernagen, weshalb sie mit dem Teufel auch in der Hölle Gemeinschaft haben werden.

Die Getreuen aber, die vor diesem Übel fliehen und Gott durch den Glauben umarmen, sind Söhne von himmlischem Lohn. Sie werden nämlich von Gott den ersehnten Lohn empfangen, weil sie ihm in seinen Wundern Ehre erwiesen haben, weswegen sie auch als Himmel mit allem Schmuck gerühmt werden.

Dass aber *das rechte Schulterblatt der Gestalt des Neides aus der Finsternis hervorragt,* bedeutet, dass der Mensch sich, wenn er die rechte Zuversicht und die rechte Macht – die für die guten und heiligen Werke nötig sind – dem Fortschritt anderer missgönnt, über die teuflische Verdorbenheit setzt, indem er dem anderen Menschen das nehmen will, was dieser von Gott hat. Denn der Neid ist ein Plünderer und gleicht dem Räuber, der auf dem Weg Höhlen einrichtet, um den Vorbeigehenden dadurch zu täuschen und ihm das Geld, das er bei sich trägt, wegzunehmen. Er ist auch ähnlich der Viper, die sowohl bei der Empfängnis als auch beim Schlüpfen ihre eigenen Erzeuger tötet. Der Neid gräbt nämlich mit seinen Sitten eine Grube, wenn er dem Menschen abzieht, was gut ist. Er zerfetzt auch diejenigen, die ihre Güter ihm reichlich zur Verfügung gestellt haben, und stellt ihnen auf viele Weise einen Hinterhalt, wie er in seinen oben vorgebrachten Worten zeigt. Die Liebe aber weist ihn zurück und warnt die Menschen, neidisch zu sein.

37. Insbesondere über die eitle Ruhmsucht und ihre Haltung sowie was das bedeutet

Die dritte Gestalt aber zeigt die eitle Ruhmsucht, die hier dem Neid folgt, weil sie seine Begleiterin ist durch die unruhige Wechselhaftigkeit fremder Dinge. Denn wenn die Menschen den Fortschritt anderer beneiden, verlangen sie danach, sich selber zu rühmen.

Sie hat die Form eines Menschen, weil die eitle Ruhmsucht in der fleischlichen Lust und Begierde zu finden ist, *ausgenommen, dass ihre Hände struppig sind,* weil sie die Werke, die der Mensch der Vernunft gemäß auf seinen Verstand ausrichten sollte, in tierische Taten verkehrt. *Ihre Beine und Füße ähneln den Beinen und Füßen eines Kranichs,* weil sie ihre eitle Willkür, gleichsam in ihren Beinen, nach den Eingebungen des Teufels ausstreckt und mit ihren Spuren der Unbeständigkeit folgt. So heftet sie in den Menschen, die sie nachahmen, die eitle Höhe ohne die Kraft der guten Wege eher auf die törichte Unvernunft als auf die rechte und wahre Klugheit.

Deshalb *trägt sie auch auf ihrem Kopf eine aus Grashalmen geflochtene Mütze,* weil die Menschen, die der eitlen Ruhmsucht folgen, in ihrem Geist die irdischen und hinfälligen Ehren lieben, die, obwohl sie jetzt noch blühen, schnell verdorren wie Gras.

Sie ist mit einem schwarzen Gewand bekleidet, weil dieses Laster nicht im Leben steht, sondern mit der Finsternis des Unglaubens im völligen Untergang des Todes umhüllt ist.

Dass sie aber in der rechten Hand einen grünen Zweig hält, in der linken aber einige Blumen, die sie mit großer Aufmerksamkeit betrachtet, bedeutet, dass die Menschen, welche die eitle Ruhmsucht nachahmen, die geistlichen Werke selbstgefällig und prahlend zur Schau stellen, so als ob sie in himmlischen Dingen die Grünkraft hätten. Manchmal weisen sie aber wegen des Beifalls der Welt weltliche Werke auf, so als ob sie in irdischen Angelegenheiten durch ihre Tüchtigkeit blühten. Auf dies richten sie all ihre Intention, weil sie sich danach sehnen, sich in allem durch die Eitelkeit der Prahlerei zu rühmen, wie auch dieses Laster in seiner Rede oben darlegt. Die Gottesfurcht aber gibt ihm Antwort und enthüllt die eitle Ruhmsucht als verabscheuenswert.

38. Insbesondere über den Ungehorsam und seine Haltung sowie was das bedeutet

Die vierte Gestalt aber zeigt den Ungehorsam, der hier nach der eitlen Ruhmsucht kommt, weil er ihr und anderer Laster Wagen ist und all seine Handlungen gemäß dem Willen der eitlen Ruhmsucht und der weiteren Laster vorbereitet, ausrüstet und mit seinem Feuer durchdringt.

Du siehst, dass sie einen Kopf wie den Kopf einer Schlange hat, denn wie die Intention des Ungehorsams von Anfang an in der Intention der alten Schlange eingeschlossen war, so auch jetzt, wenn der Ungehorsam die Menschen überzeugt, dass sie Gott nicht gehorchen. *Und die Gestalt hat eine gefiederte Brust, welche wie die Brust einer Möwe ist,* weil der Ungehorsam erreicht, dass sich die Menschen in ihrem Wissen durch ihren Eigenwillen in die Höhe erheben und in dieser Höhe nicht die Klugheit, sondern die Torheit nachahmen, da sie Gott nicht erkennen, und ganz und gar nur das ausführen, was ihnen selbst gefällt.

Und sie hat die Beine und die Füße, wie die Beine und die Füße einer Viper sind, weil der Ungehorsam die Schritte solcher Menschen ihren willkürlichen Sehnsüchten gemäß lenkt, indem er sie von der seligmachenden Unterwerfung fernhält und, während sie sich Gott widersetzen, sie in der Frechheit und der Verwegenheit der Nichtsnutzigkeit festigt.

Ihr Rücken und ihr Schwanz sowie ihr übriger Körper ähneln einem Krebs, weil der Ungehorsam die Zuversicht, die er aus der Kraft der Empörung gewinnt, auch in seinem Werk zu Ende führt, indem er im Bösen verharrt. Daher schreiten auch alle weiteren Verbindungen seiner verkehrten Taten mal in hartnäckiger Dreistigkeit vorwärts, dann weichen sie wieder in trügerischer Hinterlist zurück, so dass er weder in diesem noch in jenem Beständigkeit bewahrt, sondern alles, was in Gottes Geboten bestimmt ist, durch schlimmste Täuschung verwirft und durch breite Verhöhnung planlos verwirrt.

Deswegen bewegt sich die Gestalt Hals über Kopf hin und her, als würde sie vom Wind bewegt, und während sie sich so bewegt, schüttelt sie heftig die erwähnte Finsternis, weil die Menschen, die den Ungehorsam lieben, nicht in einem einzigen empörerischen Werk stehen, sondern sich bald von diesem zu jenem, bald von jenem zu diesem unverschämt ausstrecken, getrieben von teuflischen Künsten. Bei der Aufregung dieser Unruhe kommt die ganze Verkehrtheit der Laster in Bewegung, weil solche Menschen durch das Übel des Ungehorsams alle weiteren Laster an sich ziehen.

Dass sich aber die Gestalt dem Norden zuwendet und viel Feuer aus ihrem Munde ausspuckt, bedeutet, dass sich der Ungehorsam auf den Teufel bezieht, der sich im Norden durch die Unüberlegtheit des Ungehorsams gegen Gott stellen wollte, weil der Teufel den Ungehorsam zuerst entstehen ließ. Daher speit dieses Laster auch in seiner Rede eine große Feuersbrunst verschiedener Laster aus und erweist niemandem die geschuldete Ehrerbietung des Gehorsams, sondern alle, soweit es kann, mit seinen Worten verbrennt, wie es durch sich selbst zu erkennen gibt, wie oben gesagt. Ihm antwortet der Gehorsam und überzeugt getreu die Menschen, den Ungehorsam nicht nachzuahmen.

39. Insbesondere über den Unglauben und seine Haltung sowie was das bedeutet

Die fünfte Gestalt aber zeigt den Unglauben, der hier dem Ungehorsam folgt. Denn wenn die Menschen jenes Laster geschätzt haben, werden sie zum Unglauben gelangen, so dass sie Gott verneinen.

Die Gestalt hat gleichsam die Form eines Menschen, mit der Ausnahme des Kopfes, weil der Unglaube weiß, dass es Gott gibt, aber er weigert sich, ihn würdig zu verehren. Denn in seinem zur Ungläubigkeit umgeformten Geist fehlt ihm der rechte Anfang, Gott durch den Glauben zu erkennen.

Von den Knien bis zu den Fußsohlen steckt die Gestalt in der erwähnten Finsternis, weil sich der Unglaube weder beweglich zum wahren Glauben noch wandelnd im wahren Glauben zeigt, sondern sich als unbeweglich in der Finsternis des Unglaubens bleibend erweist, während Gott von ihm in Worten und Taten überhaupt keine Kenntnis nimmt.

In ihrem Kopf erscheint nämlich keine andere Kontur, als dass er überall mit schwarzen Augen voll ist; von diesen Augen ist eines etwa auf ihrer Stirn, das ab und zu wie ein prasselndes Feuer funkelt, weil sich im Geist des Unglaubens keine Klugheit, sondern die Torheit menschlichen Wissens befindet. Dort bringt er mit den durch Unglauben geschwärzten Blicken seiner inneren Intention die Fülle der Ungläubigkeit hervor, indem er überall herumblickend alle Werke des Unglaubens an sich zieht und die Leuchten der wahrhaft sehenden Wahrheit rücksichtslos von sich weist. Oft behaupten nämlich die ungläubigen Menschen, dass sie die Richtigkeit des Glaubens haben, obwohl ihre Taten von heimtückischer Verkehrtheit überlaufen. Deshalb richten sie von ihren vielen Absichten, die sie in ihrem Geist nicht verbergen können, eine Absicht darauf, den angeblich leuchtenden Glauben irgendwann auch offen zu zeigen. Dabei bestärken sie ihren Unglauben mit den Elementen und durch die Stellung der Sterne, wenn sie, getäuscht, ihre Hoffnung auf jene heften. Doch können sie darin weder die Zuversicht der Glückseligkeit noch das Licht des Lebens ergreifen.

Dass die Gestalt aber die rechte Hand auf die Brust legt und in der linken einen Stab hält, bedeutet, dass die ungerechten Menschen, die den Unglauben lieben, gemäß den Begierden ihres Herzens in guten und heiligen Werken müßig sind. In ihren bösen Taten hegen sie leere Zuversicht, durch die sie Gott in zwei Teile trennen, indem sie ihn durch die oberen und die unteren Geschöpfe in den Elementen zerspalten und so keine Wahrheit des Lebens innehaben.

Und diese Gestalt *hat sich einen Mantel von schwarzer Farbe umgeworfen,* weil sich der Unglaube lieber mit dem finsteren Betrug der diabolischen Künste schützt, als dass er nach dem Besitz des seligen Lebens strebt, wie er auch in seiner Rede oben zeigt. Der Glaube aber zeiht dieses Laster der Lüge und mahnt die Menschen, dass sie sich im wahren Spiegel der Reinheit nach Gott ausstrecken, wie auch der Apostel Paulus sie ermutigt, wie es geschrieben steht:

40. Paulus zur selben Sache

Treten wir mit aufrichtigem Herzen in der Fülle des Glaubens hinzu, nachdem das Herz durch Besprengung vom schlechten Gewissen gereinigt und der Leib mit reinem Wasser gewaschen wurde. Halten wir am unwandelbaren Bekenntnis unserer Hoffnung fest, denn er ist treu, der die Verheißung gegeben hat (Hebr 10,22-23). Der Sinn dieser Worte ist folgender:

Treten wir durch die Mahnung des Heiligen Geistes *in wahrhaftiger Absicht* zur höchsten Seligkeit *hinzu,* fangen wir im Frieden mit dem Guten an und vollenden wir es in der Güte, weil die geschwisterliche Liebe im Frieden glüht und die Güte, die Gott nachahmt, all die Bedürfnisse des Menschen berücksichtigt. Und so, *in reiner und einfältiger Vollkommenheit des wahren Glaubens* unseres Herzens – nicht in bösartiger Doppelzüngigkeit, durch die sich der Mensch nach seinem Eigenwillen dieses erwählt, jenes verachtet –, *in unserem Herzen besprengt* durch die Bäche der Schriften, sollen wir das Gewissen, das uns ständig zum Bösen treibt, von uns zurückweisen und in den einzelnen Worten dieser Schriften danach suchen, wer Gott ist und was seine Werke sind. So werden wir *dieses Gewissen* in uns *reinigen,* das, durch den Fall Adams mit den Schuppen des Todes verdunkelt, den wahren Glauben und seine Werke häufig verleugnet. Diese sind in uns solange nicht rein, bis uns die Sünden abgewaschen sind. *Unser Körper* soll sichtbar *mit dem Wasser* der Taufe *überströmt werden,* das der Heilige Geist unsichtbar reinigt und lebendig macht, damit der Schmutz der Sünden in der Seele durch dieses Wasser abgewaschen und auch die elende Natur des Fleisches von seinem unreinen Schaum erfrischt wird.

Wenn dies geschehen sein wird, sollen wir mit starkem und aufrichtigem Glauben am Bekenntnis jener Hoffnung festhalten, das wir in der Taufe öffentlich gestanden haben, als wir Gott bekannt und dem Teufel widersagt haben. Dieses Bekenntnis soll von uns durch keinerlei Verführung der teuflischen Künste weichen, sondern in uns gut verwurzelt und gut gefestigt unverwundbar bleiben. Denn wir sind im Bad der Neugeburt auf diese Weise gezeichnet worden, dass wir Gottes Söhne genannt werden durch die lautere Gerechtigkeit. *Denn er ist treu* in jeder Gabe und in jedem Werk, der *die verheißene Belohnung* des seligen Erbes seinen Getreuen und den an ihn Glaubenden *geben wird,* die von ihm, dem wahren Sohn Gottes, der am Ende der Zeiten wahrhaft Mensch geworden ist, in dieser Fülle des Glaubens den sicheren und ewigen Lohn empfangen werden.

41. Insbesondere über die Verzweiflung und ihre Haltung sowie was das bedeutet

Die sechste Gestalt stellt aber die Verzweiflung dar, die hier nach dem Unglauben auf seinen Spuren schreitet, weil sie sein und anderer Laster Zündstoff ist. Denn es gibt keine Hoffnung in ihr, noch in den anderen Lastern, sondern sie ist, als ob sie nicht sei.

Und du siehst diese Gestalt *in der Form einer Frau,* was ihren Mangel und ihre Lähmung in den guten und rechten Tröstungen bedeutet, wodurch sie keinen Sieg, sondern die wertlose Verwirrung weiblicher Schwäche aufweist.

Ihr Haupt ist mit einem dunklen Schleier nach Frauenart bedeckt, auch der übrige Körper ist mit einem dunklen Gewand bekleidet, weil die Absicht der Verzweiflung gebrechlich und schwach ist, umgeben von der Finsternis der Verödung und des Zweifels. Auch ihre übrigen Werke erklärt sie als wahrhaft verderblich und bar jeglichen Gewandes des Lichtes und der Freude, da sie sich keine Ehre der seligen Hoffnung, sondern die Schande des Zweifels umlegt. Denn wenn die Menschen, durch den Teufel betrogen, durch Verzweiflung Gottes Gnade misstrauen, entblößen sie sich aller Güter der höchsten Würde.

Daher *erscheint vor ihrem Angesicht etwas wie ein Berg von brennendem Schwefel,* weil solche Menschen dort, wo sie den wahren Glauben in seliger Hoffnung erblicken sollten, die Verzweiflung gleich einem hohen Berg der ausdörrenden und stinkenden Torheit vor sich halten, die der Seele die Grünkraft und den guten Duft der Tugenden entzieht, so wie der Schwefel den Körper ausdörrt und stinkend macht.

Ähnlich steht auch an ihrer rechten und ihrer linken Seite etwas wie ein Schwefelberg, weil solche Menschen, wo sie ihr Herz im Guten zu Gott, gleichsam zur Rechten, erheben sollten und das Böse, gleichsam zur Linken, ausspeien sollten, dort in ihrem Geist überhebliche Aufgeblasenheit in erhitztem und bitterem Schmerz und in verzweifelter Unruhe hegen, indem sie von Gottes Güte nichts halten und darauf nicht hoffen, sondern nur das, was böse und widrig ist, in ihrem Herzen anhäufen.

Die Berge stürzen in die erwähnte Finsternis hinab, was ein großes Getöse verursacht, weil die Verzweiflung, während sie diese Menschen in das Verderben stürzt, ihnen viele Täuschungen, schrillende Strafen und teuflisches Hohngelächter einbringt.

Hinter ihr aber, das heißt in ihrem Rücken, erschallt das Geräusch eines überaus großen Donners, denn in jenem Widerspruch, mit dem die Verzweiflung Gott hintansetzt, so dass sie verweigert, ihn anzuschauen, befällt sie der Sturz des ersten Engels und reißt sie in den Untergang großen Elends und vieler Strafen mit sich, denn sie suchte nicht die Barmherzigkeit Gottes, solange sie sie finden konnte.

Vor all dem erschrocken, presst die Gestalt unter großem Heulen und Zittern ihre Arme und Hände auf die Brust und taucht ganz in die erwähnte Finsternis unter, weil die Menschen, nachdem sie durch die teuflische Verführung in die Verzweiflung geraten sind, vor all ihren begangenen Taten erschrecken. Unter Heulen der Trostlosigkeit und im Schrecken der Vergessenheit, wodurch sie sich selbst nicht erkennen, stürzen sie die Stärke und den Zusammenhalt ihrer Werke, die sie in die Höhe der seligen Hoffnung emporzuheben hätten, in die Schmerzen der bösen Erkenntnis ohne jeglichen Trost der guten Erkenntnis. Sie übergeben sich völlig dem nichts taugenden Unglück, weil sie nicht zur Herrlichkeit auferstehen wollten, wie dieses Laster in seinen Worten, wie oben gesagt, zeigt. Ihm antwortet aber die Hoffnung und mahnt die Menschen, dass sie diesem Laster in ihrem Herzen nicht zustimmen.

42. Insbesondere über die Lüsternheit und ihre Haltung sowie was das bedeutet

Die siebte Gestalt bedeutet die Lüsternheit, die hier der Verzweiflung folgt. Denn nachdem die Menschen an der Barmherzigkeit Gottes verzweifelt sind, so dass sie keine Hoffnung auf etwas Gutes ihm gegenüber schöpfen, ergreifen sie die Lüsternheit, durch die sie all ihre Begierden ausüben, und sie tun, was ihr Fleisch in seinem Schmutz verlangt.

Sie hat etwa die Form einer Frau, denn wie die Frau zum Gebären fruchtbar ist, so ist die Lüsternheit das Verlangen und der Zündstoff der Sünde.

Und sie liegt auf ihrer rechten Seite, weil sie sich die Rechtschaffenheit der guten und reinen Werke unterbreitet, und durch den Willen des Fleisches nennt sie manchmal Gott und entschuldigt sich selbst, manchmal sagt sie, dass sie Reue haben will, die sie aber nicht hat, und so sündigt sie vollständig im Selbstvertrauen.

Die Beine zieht sie gekrümmt hoch, wie ein Mensch, der auf seinem Bett müßig herumliegt, weil die Lüsternheit die Stärke, in der sie vor Gott aufrecht stehen sollte, in die Gebrechlichkeit des Fleisches niedergestreckt, verdreht. Sie zieht durch die Verderbtheit der hässlichen Werke diese Schwäche an sich und so ruht sie auch genüsslich in ihrem Geist; und sie sagt in den lüsternen Menschen, dass sie es nicht vermag, sich der Begierde des Fleisches zu enthalten.

Ihre Haare sind wie Feuerflammen, weil die Menschen, die lüstern leben, die Scham, die sie in ihrem Geist zur Reinheit erheben sollten, in die Glut des Gelüstes herunterziehen. Sie nähren in sich die Flammen der bösen Feuersbrunst, wodurch sie sich selbst und andere entzünden.

Und ihre Augen sind weiß wie Kreide, weil dieses Laster die Absichten der verkehrten Menschen auf den unreinen Müßiggang heftet, damit sie nichts erwägen, was ihnen als mühsam vorkommt. Dadurch stehen sie umso bereiter für ihren Eigenwillen ein.

Sie trägt aber weiße Schuhe an ihren Füßen, die aber so schlüpfrig sind, dass sie darauf weder gehen noch stehen kann, weil sie auf den Spuren der Menschen üppige Wollust, aber keine rechte Abtötung des Fleisches hinterlässt. Auch tut sie auf diesen Spuren so zügellose Gebärden kund, dass sie überhaupt nicht darauf bedacht ist, in rechtschaffener Ehre zu wandeln und in sanfter Beständigkeit auszudauern, vielmehr schreitet sie auf Abwegen der hässlichen Begierde. Dabei springt sie ab und zu in die Luft, wodurch sie meistens in die Abgründe stürzt. Und da die unreinen Menschen zu den Verlockungen des Fleisches neigen und den Schmutz menschlicher Besudelung lieben, wobei sie den schlimmen Tieren gleichen und die himmlische Enthaltsamkeit fliehen, werden sie nach göttlichem Urteil vielen Leiden des Körpers ausgesetzt, denn sie wollen nicht aus ihrem eigenen Willen das, was sie im Guten hätten ersehnen sollen, wie durch den Apostel Paulus geschrieben steht:

43. Paulus zur selben Sache

Deshalb übergab Gott sie durch die Begierde ihres Herzens der Unreinheit, damit sie mit Misshandlungen ihren Körper in sich selbst schwächen, weil sie die Wahrheit Gottes in Lüge gewandelt haben, und lieber die Schöpfung verehrt und ihr gedient haben, als dem Schöpfer, der gepriesen sei in Ewigkeit (Röm 1,24-25). Der Sinn dieser Worte ist folgender:

Da die verkehrten Menschen ihren Willen auf frevelhafte Sehnsüchte richten und davon nicht abweichen, lässt *der Schöpfer,* in dessen Macht sie stehen und ohne dessen Erlaubnis nichts geschieht, mit gerechtem Urteil zu, dass solche Menschen *in die Begierden ihrer Gedanken und ihrer Willensstrebungen laufen,* um so *in Unreinheit* zu fallen, der sie ungestüm anhangen. So verkehren sie ihr Fleisch in Schmach und Widerspruch, wenn sie jene Sünden, die unanständig sind, in sich auf schändliche Weise verüben. Was immer sie nämlich begehren und wollen, das begehen sie in ihrer Schmach und verlassen Gott. Ihn erkennen sie zwar in ihrem Verstand, dennoch achten sie nur auf das, was sie in ihrem Fleisch erfüllen können. Dadurch ahmen sie den ersten Engel nach, der durch seinen bösen Willen das Leben in sich verändern wollte, was er aber nicht vollbringen konnte, weil Gott ihn dem Tod, der vom Leben abgezogen ist, übergeben hat. Auf diese Weise lässt Gott auch zu, dass solche Menschen zur Begierde ihres Willens übergehen, weil sie nicht zu dem, was himmlisch ist, eilen. Mit unreinem Blut und schmachvoller Feuchtigkeit besudeln und entehren sie sich, indem sie sowohl in sich selbst als auch in anderen die menschliche Natur mit übler Befleckung umwerfen und zerreißen. Dadurch zerstören sie die angemessene Zeugung, die Gott bestimmt hat. Sie zerbeißen auch die schamhafte Disziplin und geben sie in aller Unreinheit und unmenschlicher Ansteckung preis.

Und da sie ihren Körper widernatürlich umformen, *verändern sie* auch *jene Wahrheit,* durch die Gott wahrer Gott ist, *in eine Lüge,* mit der sie Gott lästern. Sie verehren Götzen, die über keine Wahrheit verfügen, sondern einen falschen Namen in sich führen, weil sie weder sich selbst noch anderen nützen können. In sklavischer Gesinnung *dienen sie der ihnen unterworfenen Schöpfung,* wenn sie vor ihr ihre Knie beugen und ihr ihre Bitten vortragen, während sie jenen, der sie geschaffen hat, verlassen und ihm die schuldige Ehrerbietung nicht erweisen.

Daher fügt ihnen der Teufel viele Leiden und brennende Unreinheiten des Fleisches zu, denen sie sich nicht entreißen wollen und können. Sie verehren ja das, von dem sie keine Erleichterung und kein Heil zu erwarten haben. Sie haben nämlich die Schöpfung, die Adam in Vernunft durch ihre Aufgaben und ihre Namen erkannt hat,[52] zu ihrem Gott erwählt, und fordern das Heil von dieser Schöpfung, die eigentlich zu ihrem Dienst geschaffen worden ist. Sie nennen den Sklaven Gott, während sie den wahren Gott verlassen, der *in unvergänglicher Ehre über seine ganze Schöpfung in Ewigkeit gepriesen ist.* So ist Gott

52 Vgl. Gen 2,19-20.

die Wahrheit, der Teufel jedoch die Lüge, der sich ständig beeilt, jene, die ihm dienen, zur schlimmsten Besudelung des Körpers und der Seele zu beugen.

Daher *stößt* die Lüsternheit *aus ihrem Mund mit keuchendem Atem giftigen Schaum aus,* weil sie mit ihren Worten den Drang und die Überheblichkeit des Hochmuts zeigt und in etlichen hässlichen Reden ihre lüsternen Begierden kundtut; *an ihrer rechten Brust säugt sie etwas wie einen kleinen Hund, an der linken aber etwas wie eine Viper,* weil sie, wo den Menschen in Rechtschaffenheit durch die Weisheit, gleichsam zur Rechten, Nahrung zustehen sollte, dort die Unreinheit mit Dummheit füttert, und wo sie sich in Klugheit von der Ungerechtigkeit, gleichsam von der Linken, abhalten sollte, dort die Bitterkeit mit Torheit nährt. Sie schont niemanden, sondern lässt denen Ärgernisse widerfahren, die ihr widerstehen, und sie zerfleischt sogar jene, die ihr anhangen.

Deshalb *rupft sie mit den Händen Blüten von Bäumen und Kräutern ab, und riecht an ihrem Duft,* weil sie die Menschen dazu überredet, dass sie in ihren Werken das Blühen der größeren und widernatürlichen, wie auch der kleineren und natürlichen Leidenschaften des Fleisches begehren und das, was erblüht, dem Genuss gewohnter Leckereien beigeben. Denn wenn der Geschmack des Schmutzes und der Duft der Unreinheit schändlich wiederholt genossen werden, dort wächst auch das Verlangen nach schlimmen und lüsternen Begierden in den Menschen, die es dann wiederholt ausführen.

Sie hat auch andere Kleider nicht angezogen, sondern ist ganz Feuer, und alles, was ihr naht, verdorrt in ihrer Glut wie Heu, weil sie des Schmucks der Schamhaftigkeit und der Ehrenhaftigkeit entbehrt und sich in ihrer Verwirrung allen nackt zeigt und deutlich macht, dass sie das teuflische, höllische Feuer ist. Mit der trügerischen Glut ihres Unflats erregt sie die Adern und das Fleisch der Menschen, die ihr entgegenlaufen, die Frucht der Heiligkeit aber entzieht sie ihnen wie ausgetrocknetes Heu. Sie verführt sie zu lüsternen Reizen fleischlicher Begierden, wie sie auch in ihrer Rede oben darlegt. Die Keuschheit widersetzt sich ihr und ermahnt die Menschen, sich von der Lüsternheit abzuwenden und der Keuschheit getreu nachzufolgen.

44. Desgleichen insbesondere über die Gestalt des Gotteseifers und was das bedeutet

Dass du *zur rechten Seite des erwähnten Mannes eine Gestalt in menschlicher Form stehen siehst,* bedeutet, dass der Gotteseifer als einer erscheint, der in der Gerechtigkeit und der Stärke Gottes die Sünden der Menschen reinigt und verbannt. Denn der Mensch, der nach Gottes Bild erschaffen und mit der Erkenntnis von

Gut und Böse durchdrungen ist, muss mit dem gerechten Urteil des höchsten Richters, der alles wahrhaft beurteilt, gerichtet werden.

Die Gestalt *hat ein feuriges Gesicht,* weil dieser Eifer alles, was unrecht ist, mit der Glut seiner Urteile wie Feuer verzehrt; nicht, dass er alles mit Feuer reinigt, sondern dass er alles Böse austreibt und zunichte macht.

Daher *ist sie mit einem stählernen Gewand bekleidet,* weil die Gerechtigkeit, die stark und beständig in ihren Urteilen ist, den Gotteseifer gleich einem Kleid umgibt. Denn alles, was der Gotteseifer beurteilt, richtet er so, wie es gerecht ist.

Und dass *diese Gestalt gegen die erwähnten Laster ruft,* bedeutet, dass der Gotteseifer die teuflischen Täuschungen der erwähnten Laster zurückweist und sie vollständig zermürbt. Denn diese Laster, die die Eingeweide der alten Schlange und die Ausstöße ihrer Ungerechtigkeit sind, stechen todbringende Pfeile in die Menschen. Sie werden aber durch das Martyrium des Gottessohnes zuschanden gemacht und durch die ewige Gottheit zerrieben. So werden sie vollständig zugrunde gehen, und der Tod wird auf ewig zerstört werden, wenn sich Gott würdigen wird, seine Macht zu offenbaren, der sich niemand widersetzen kann, wie auch Hiob bezeugt, wenn er sagt:

45. Die Worte Hiobs über dieselbe Sache

Gott, dem sich niemand widersetzen kann und unter dem sich die beugen, die den Erdkreis tragen (Ijob 9,13). Der Sinn dieser Worte ist folgender:

Gott, der alles geschaffen hat und in dessen Macht alles ist, ist so mächtig in der Stärke seiner Urteile, dass *weder in den Engeln noch in den Menschen eine solche Stärke zu finden ist, die* seiner Prüfung *zu widerstehen vermag,* wenn Gott seine Strafe mit gerechtem Urteil gegen jene entblößt, die gefehlt haben. Denn Gottes Zorn ist so einzigartig, dass er sich dem Übel der Ungerechtigkeit stets widersetzt und mit dem Bösen keine Verbindung hat, sondern es vollkommen niederwirft, wie er das Böse in Engel und Mensch niedergeworfen hat.

Gott hat seine Urteile nämlich so festgesetzt, dass er der Ungerechtigkeit Gerechtigkeit und den Verbrechern Tadel entgegenhält. Das geschieht dort, wo der Sünder durch Buße gerecht gemacht wird, nämlich wenn er über sich in Reue urteilt, wenn er sich ans Kreuz seiner Buße bringt und wenn er sich mit Tränen verwundet, indem er seine Sünden dem Priester bekennt. Denn der Hohepriester, der Sohn Gottes nämlich, hat sich am Kreuz als Opfer hingegeben, wodurch er die vielen Sünden der Menschen durch das Vergießen seines Blutes abgewaschen hat. Niemand kann Gott in dieser Hinsicht

Widerstand leisten, denn er allein ist Gott und er allein ist der gerechte Richter, der alles gerecht beurteilt und alles gut ordnet.

Seinen Geboten sind nämlich *alle unterjocht, die* von ihm die Kraft haben, *den Erdkreis zu tragen*, nämlich jenen Kreislauf, in dem die Welt besteht. Sie tun es Gottes Anordnung und Bestimmung gemäß. Diese sind aber die Sonne, der Mond, die übrigen Planeten und die Sterne mit weiteren Himmelsbildern, die in ihrer glühenden Kraft das Rad des Erdkreises halten. Sie ziehen die Wasser an sich und saugen sie auf, damit dieser Erdkreis durch Dürre nicht austrocknet, sondern er auf diese Weise durch das Wasser leuchtet. Immerzu dienen sie Gottes Urteilen, weil sie in ihrem Dienst mit den Menschen verbunden sind und ihre Taten wahrnehmen, und sie tun nichts anderes, als was ihnen aufgetragen wird. Dies alles ist vom höchsten Schöpfer auf diese Weise geordnet, der alles so ordnet und bestimmt, dass einem jeden eine gut geordnete und gut entschiedene Bestimmung zukommt.

Wer aber Sehnsucht nach dem Leben hat, nehme damit diese Worte auf und verberge sie im innersten Gemach seines Herzens.

Zum Hochmut

Und siehe, ich sah in der erwähnten Menge andere Geister, die schreiend sagten: „Wer ist der Herr? Luzifer ist der Herr, und kein anderer.“ *Sie stellen den Menschen den Hochmut vor und überreden sie, dass sie sich selbst vorzüglicher als andere einschätzen.*

46. Über die läuternden Züchtigungen der Seelen jener Menschen, die durch Hochmut gesündigt haben, und warum sie diese auf solche Weise zu ertragen haben

Und ich sah ein gewaltiges Feuer, das ganz in starker Glut brannte und in dem sich eine Menge großer und entsetzlicher Würmer befand. In diesem Feuer wurden die Seelen jener gezüchtigt, die mit Taten und Worten die Überheblichkeit des Hochmuts in sich gepflegt hatten, während sie in der Welt gelebt hatten. Wegen des Hochmuts wurden sie in jenem Feuer gequält, wegen der Überheblichkeit aber von den Würmern, die sich darin befanden, geplagt.

Und ich sah und verstand es.

47. Auf welche Weise die Menschen durch Reue die Sünde des Hochmuts in ihrem Körper zu sühnen haben

Und aus dem lebendigen Licht hörte ich wiederum eine Stimme, die zu mir sprach: Was du siehst, ist wahr. Die Menschen aber, die die bösen Geister, die

ihnen den Hochmut vorhalten, zu besiegen streben und den Züchtigungen für dieses Laster entfliehen wollen, sollen mit einem Bußgürtel, Kniebeugen und Schlägen, mit Seufzen und Tränen ihren Körper zähmen und züchtigen.

48. Bußgürtel, Kniebeuge, Schläge, Seufzen und Tränen lassen den Hochmut untergehen

Mit all diesen Bedrängnissen wird der Hochmut im Menschen überwunden, weil sie dem Hochmut den Kampf ansagen. Der Bußgürtel verhindert nämlich, dass die Überheblichkeit des Geistes hochkommt, die Kniebeuge spornt die Seele zum Seufzen an, die Schläge fesseln den Hochmut, das Seufzen verwundet ihn und die Tränen versenken ihn. Das Seufzen nämlich sieht auf Gott, die Tränen aber bekennen ihn. So kann man den Hochmut zurückdrängen.

49. Der Hochmut, der die Mutter der Laster ist, ist nicht fruchtbar im Tau des Segens der Tugenden

Der Hochmut ist nämlich der erste Betrug, der Gott verabscheut. Daher gilt er auch als die Mutter aller Laster. Und wie der Mensch seinen ganzen Körper mit den fünf Sinnen steuert, so zieht auch der Hochmut mit einigen Lastern, und zwar mit dem Hass, dem Ungehorsam, der eitlen Ruhmsucht und der Falschheit, alle Arten der Laster an sich und führt sie in den Irrtum.

Denn der Hochmut wollte über Gott hinaus steigen und hat versucht, wie weit seine Möglichkeiten reichen. Der Hass wollte Gott nicht bekennen, sondern kämpfte gegen Gottes Gerechtigkeit, wobei er jedoch viele Wunden erhielt. Der Ungehorsam unterwarf sich nicht den Geboten Gottes, sondern schrie, dass Gott keine Macht hat. Die eitle Ruhmsucht ersehnte sich das, was nicht möglich war, nämlich, dass sie Gott genannt werden wollte. Die Falschheit begehrte danach, Gott ein Ende zu setzen, und verachtete den lebendigen Gott, um sich einen stummen Gott zu wählen.

Wie aus Eva das ganze Menschengeschlecht hervorging, so entstanden aus dem Hochmut alle Übel der Laster. Daher besiegte der Teufel diese Frau durch den Hochmut, als er sie überredete, von der Frucht zu essen. Wer aber den Hochmut an sich zieht, der entbehrt der Liebe Gottes und ist im Tau des Segens der Tugenden nicht fruchtbar.

Deswegen soll der Mensch, der Gott demütig dienen will, den Hochmut fliehen und ihn vollständig von sich vertreiben.

Dies ist aber von den Seelen der Reuigen gesagt worden, die zu reinigen und zu heilen sind, und es ist verlässlich; der Getreue möge darauf achten und es im Gedächtnis des guten Wissens aufbewahren.

Zum Neid

Ich sah in derselben Menge auch andere Geister, die schreiend sagten: „Was für eine Herrlichkeit und was für ein Reich ist das, das niemand bekommen kann?“ *Sie überreden die Menschen, dass sie keine Gabe Gottes im Menschen schätzen, sondern nur sich selbst gefallen und den Erfolg und die guten, geglückten Werke anderer beneiden.*

50. Desgleichen über die läuternden Züchtigungen der Seelen jener Menschen, die durch Neid gefehlt haben, und warum sie diese auf solche Weise zu erleiden haben

Und ich sah einen großen, hohlen Berg, der innen ganz von Feuer und glühendem Pech brannte und in dem eine Menge Vipern herumkroch. Der Berg hatte einen engen Schlund, durch den die Seelen aus- und eingingen.

Neben diesem Berg herrschte aber eine entsetzliche Kälte, die einen feurigen Nebel mit zahlreichen Skorpionen über sich hatte. Mit diesen Qualen wurden die Seelen jener gemartert, die in ihrem irdischen Dasein dem Neid, verbunden mit dem Hass, gefrönt hatten, so dass sie von den Strafen des Berges zu den Strafen der daneben herrschenden Kälte und von den Strafen der Kälte wieder zu den Strafen des Berges hin- und hergingen. Da sie in ihrem Herzen über andere im Neid aufgebraust waren, brannten sie im Feuer dieses Berges. Da sie das Glück und die Tätigkeiten anderer neidisch verleumdet hatten, wurden sie mit dem Pech geschwärzt, und weil sie andere bissig und gottlos gequält hatten, wurden sie von den Vipern gemartert. Wegen des Hasses, den sie im Neid gehegt hatten, erlitten sie die Kälte, die neben dem Berg herrschte, wegen der Grausamkeit dieses Hasses spürten sie den feurigen Nebel und wegen der bissigen Wildheit des Hasses erlitten sie die Skorpione. Und weil sie Neid zusammen mit Hass und Hass zusammen mit Neid in sich getragen hatten, gingen sie von diesen Strafen zu den anderen hin und von den anderen zu diesen wieder zurück.

Und ich sah und verstand es.

51. Auf welche Weise die Menschen durch Reue den Fehler des Neides in sich zu reinigen haben

Und ich hörte aus dem lebendigen Licht wiederum eine Stimme, die zu mir sprach: Was du siehst, ist wahr. Wenn die Menschen aber diese schlimmen Geister, die ihnen Neid und Hass einflüstern, wie auch diese Züchtigungen vermeiden wollen, dann sollen sie sich mit einem Bußgürtel und Geißelungen züchtigen und ihre Knie vor Gott beugen, weil sie viele Menschen neidisch gereizt und sie durch Neid und Hass ihres Glücks beraubt haben.

52. Die neidischen Menschen schätzten das Gute in anderen nicht und strebten danach, Christus zu unterdrücken, weshalb sie selbst zerstört wurden

Die neidischen Menschen schätzen nämlich nicht das Gute, das sie in anderen sehen und erkennen, noch erkennen es an, vielmehr rufen sie laut, dass ihre eigenen Taten auf geraden und rechten Wegen glücklich vorankommen. Daher lässt Gott zu, dass sie fallen, weil sie nicht in Beständigkeit stehen wollen, wie auch die Juden es nicht wollten: Sie verwarfen, was sie erkannten, und lehnten ab, was sie sahen. So verließen sie die rechten Pfade und gingen auf unrechten voran, als sie jenen, den ich zu ihrer Erlösung gesandt habe, durch ihre widerspenstigen Werke zu unterdrücken suchten, damit er nicht aufersteht. Sie sahen die Sonne der Lehre leuchten, aber beeilten sich, sie zu verdunkeln; auch nahmen sie seine Wunder wahr, aber sie suchten, sie durch den verdorbenen Neid ganz zu zerstören. Daher habe ich sie zerstört und wie Staub zerstreut, weil sie dem, was sie sahen, nicht glaubten. So wird mit rechtem Urteil derjenige vor Gott und den Menschen fallen, der das Gute und das Heilige, das er sieht und erkennt, nachzuahmen verachtet.

53. Der Neid, gepaart mit Hass, erregt alle Kräfte der Seele des Menschen und gleicht dem Teufel, der versucht, sich Gott zu widersetzen

Der Neid macht nichts Gutes, sondern er verletzt und stürzt jeden zu Boden, der darin zu stehen scheint. Wenn sich der Neid also mit dem Hass verbündet hat, erregt er alle Kräfte der Seele. Jener Mensch nämlich, der in der Schwärze des Neides Hass pflegt, entbehrt der Glut des Heiligen Geistes, in der der freudige und unendliche Tag der Freuden begründet ist. Der Hasserfüllte kennt diese Freude nicht, weil er sich am Vorteil der anderen nicht mitfreuen kann, sondern mit bitterem Hass alles zerbeißt. Daher ist er dem Teufel ähnlich, der bereits in seinem ersten Ursprung zu hassen begann, wodurch er allen Schmuck des Himmels verlor, weil er versuchte, sich durch Neid und Hass Gott zu widersetzen.

Diejenigen aber, die sich danach sehnen, Gott zu dienen, sollen sich scheuen, dies zu tun. Sie sollen dieses Übel von sich werfen, um den Spiegel ihrer Seele nicht zu verdunkeln.

Dies ist aber von den Seelen der Reuigen gesagt worden, die zu reinigen und zu heilen sind, und es ist verlässlich; der Getreue möge darauf achten und es im Gedächtnis des guten Wissens aufbewahren.

Zur eitlen Ruhmsucht

Ich sah aber in derselben Menge andere Geister, die mit lautem Geschrei riefen: „Wir werden keinen anderen Gott anrufen als Luzifer, denn mit ihm werden wir die erhabene Herrlichkeit besitzen.“ *Sie zeigen den Menschen die eitle Ruhmsucht und treiben sie an, ihr eifrig nachzufolgen.*

54. Desgleichen über die läuternden Züchtigungen der Seelen jener Menschen, die in der Welt durch eitle Ruhmsucht gesündigt haben, und warum sie diese auf solche Weise zu erleiden haben

Und siehe, ich sah einen langen und breiten Sumpf, der viel Dreck und zahlreiche Arten von Würmern enthielt und einen sehr üblen Gestank verbreitete. Darin wurden die Seelen jener gepeinigt, die während ihres irdischen Daseins mit größtem Eifer der eitlen Ruhmsucht gehuldigt hatten. Da sie sich zur Genüge eitel gerühmt hatten, wurden sie vom Dreck dieses Sumpfes beschmiert. Weil sie sich in diesem Laster gebrüstet hatten, wurden sie von den Würmern gepeinigt, und weil sie überall maßlos gehandelt hatten, wurden sie durch den Gestank belästigt.

Und ich sah und verstand es.

55. Auf welche Weise die Menschen durch Reue die Sünde der eitlen Ruhmsucht in ihrem Körper zu sühnen haben

Und aus dem lebendigen Licht hörte ich wiederum eine Stimme, die zu mir sprach: Was du siehst, ist wahr; und es ist so, wie du es siehst. Jene Menschen aber, die danach streben, die Geister, die ihnen die eitle Ruhmsucht vorgaukeln, zu überwinden, und wünschen, den Strafen für dieses Laster zu entfliehen, sollen sich mit Fasten und Schlägen züchtigen und Gott viele Gebete darbringen, außerdem sollen sie dieses Laster vollkommen fliehen.

56. Die eitle Ruhmsucht, die ihren Eigenwillen haben will, macht alles zum Spott, was heilig ist

Die eitle Ruhmsucht schaut nämlich nach der linken Seite und erwägt, was sie in Unvernunft machen kann. Sie will überall ihren Eigenwillen haben. Sie schmückt sich um der anderen willen und sehnt sich danach, wegen der anderen geehrt und gelobt zu werden. Wenn sie sich aber so schmückt, fürchtet sie Gott nicht; wenn sie sucht, geehrt zu werden, liebt sie Gott nicht; und wenn sie danach strebt, gelobt zu werden, verlässt sie Gottes Gerechtigkeit. Denn wegen der Ergötzung an ihrem Eigenwillen gewährt sie Gott keinen Gehorsam, fürchtet ihn nicht, noch liebt sie ihn, noch bewahrt sie seine Gebote. Daher halten auch jene, die der eitlen Ruhmsucht nachfolgen, nur das für das Beste, was sie

durch sich selbst lernen und durch sich selbst bestimmen. Denn sie suchen weder den Dienst Gottes, noch lieben sie den Sohn Gottes, sondern alles, was heilig und gerecht ist, machen sie zum Spott nach ihrem eigenen Vergnügen.

Jene aber, die sich danach sehnen, Gott treu zu dienen, sollen diese Eitelkeit von sich abweisen und an der Zügelung ihrer Seele mit seligmachenden Werken festhalten.

Dies ist aber von den Seelen der Reuigen gesagt worden, die zu reinigen und zu heilen sind, und es ist verlässlich; der Getreue möge darauf achten und es im Gedächtnis des guten Wissens aufbewahren.

Zum Ungehorsam

Auch andere Geister sah ich in derselben Menge und hörte, dass sie so schrien: „Gott soll nicht allein Gott sein, sondern auch ein anderer wird außer ihm allmächtig sein." *Sie fordern die Menschen zum Ungehorsam auf und bringen ihnen bei, dass sie ihren Vorgesetzten widerstehen.*

57. Desgleichen über die läuternden Züchtigungen der Seelen jener Menschen, die durch Ungehorsam gefehlt haben, und warum sie diese auf solche Weise zu erleiden haben

Ich sah eine sehr dichte Finsternis, in der die Seelen jener Menschen, die sich während ihres irdischen Daseins dem Ungehorsam angeschlossen hatten, über einem feurigen Estrich wie irrend herumgingen. Auf diesem Boden lagen bissige Würmer, die mit ihren Bissen nach den Seelen griffen. Da solche Menschen blind gewesen waren, indem sie die Gebote ihrer Vorgesetzten nicht hatten erfüllen wollen, irrten sie in dieser Finsternis herum. Weil sie im Ungehorsam unverschämt nach ihrem Eigenwillen gewandelt waren, schritten sie im Feuer des Estrichs herum, und weil sie gegen ihre Vorgesetzten widerspenstig gekämpft hatten, wurden sie von den Würmern gepeinigt.

Und ich sah und verstand es.

58. Auf welche Weise die Menschen durch Reue den Fehler des Ungehorsams in sich zu sühnen haben

Und ich hörte wiederum aus dem lebendigen Licht eine Stimme, die zu mir sprach: Was du siehst, ist wahr; und es ist so, wie du es siehst. Wenn daher die Menschen, die dem Ungehorsam willfährig sind, diese Geister, die ihnen den Ungehorsam nahelegen, abzuschütteln beabsichtigen und sich danach sehnen, den Strafen für den Ungehorsam zu entkommen, dann sollen sie vor ihren Vorgesetzten mit Kniebeugen und mit demütigen Worten um Verzeihung bitten und sich auf deren Befehl für eine Zeit lang in das einsame Leben begeben.

Sie sollen sich bisweilen mit Fasten und Schlägen peinigen und gelegentlich ein grobes Kleid anziehen. So sollen sie, nachdem die Gerechtigkeit ausgeglichen worden ist, wieder unter die Söhne des Vaters aufgenommen werden.

59. Der Ungehorsam, der ein sehr schlimmes Übel ist, will weder Gott fürchten, noch den Menschen ehren

Der Ungehorsam ist ein sehr schlimmes Übel, denn er will weder Gott fürchten, noch den Menschen ehren. Denn jene, die diesem Laster folgen, sagen sich: „Pah, was sehen wir? Und was können wir tun? Was uns Blinde vorlegen, davon wissen wir nicht, was das ist. Unsere Gerechtigkeit ist größer und nützlicher als ihre Gerechtigkeit. Und was bringt es uns, wenn wir wirken, was uns durch Neid und Hass aufgetragen wird? Wir werden davon keinen Nutzen haben. Denn dadurch wollen sie uns ja besiegen."

Wer aber seine Hoffnung auf Gott setzen will, der soll die selige Unterwerfung ergreifen und dem Gebot seiner Oberen gehorchen. Er soll nicht jenem nachfolgen, der sich seinem Schöpfer nicht unterwerfen wollte und so aus den Höhen des Himmels in die Tiefe der Unterwelt gestürzt ist.

Dies ist aber von den Seelen der Reuigen gesagt worden, die zu reinigen und zu heilen sind, und es ist verlässlich; der Getreue möge darauf achten und es im Gedächtnis des guten Wissens aufbewahren.

Zum Unglauben

Danach sah ich in der erwähnten Menge andere Geister, die mit großem Geschrei riefen und sagten: „Gott wird ein Ende haben und ein anderer wird an seine Stelle treten." *Sie stellen den Menschen den Unglauben vor und überreden sie, dass sie kein Vertrauen auf Gott setzen.*

60. Desgleichen über die läuternden Züchtigungen der Seelen jener Menschen, die in der Welt durch Unglauben gesündigt haben, und warum sie diese auf solche Weise zu ertragen haben

Und ich sah ein gewaltiges Feuer, das von dichter Finsternis umgeben war und unter dem sich ein stinkender Schlamm in wunderlicher Breite, Länge und Tiefe ausstreckte. Sowohl im Feuer als auch im Schlamm wimmelte es von vielen Würmern, die eine entsetzliche Gestalt hatten. In diesen Züchtigungen befanden sich die Seelen jener, die in der Welt lebend nicht auf Gott vertraut hatten, sondern ihn wie eine Skulptur für nichts gehalten hatten. Wegen der Bosheit, die sie in sich gehegt hatten, brannten sie in diesem Feuer, wegen des Abfalls vom Glauben, da sie Gott nicht beachtet hatten, waren sie von Finsternis umgeben, wegen der Ungläubigkeit, durch die sie jegliche würdige Freude der Geschöpfe Gottes in Schikane und Leid gewandelt hatten, wurden sie mit Schlamm beschmiert, und wegen des Misstrauens, durch das sie nicht auf Gott gehofft hatten, mussten sie die Peinigungen der Würmer ertragen.

Und ich sah und verstand es.

61. Auf welche Weise die Menschen durch Reue die Sünde, die sie sich durch Unglauben zugezogen haben, in sich zu tilgen haben

Und wiederum hörte ich aus dem lebendigen Licht eine Stimme, die zu mir sprach: Was du siehst, ist wahr. Damit die Menschen aber, die sich im Unglauben auszehren, den Einfluss dieser Geister überwinden und sich diesen Züchtigungen entreißen, sollen sie sich mit Fasten, Geißelungen, Gebeten und Kniebeugen züchtigen, bis die göttliche Kraft von ihnen die Taten und die Worte des Unglaubens abwendet.

62. Der Unglaube, der weder auf Gott noch auf die Menschen vertraut, verachtet Gottes Schöpfung

Der Unglaube widersetzt sich Gott und kämpft gegen die Menschen, weil er weder auf Gott noch auf die Menschen vertraut, sondern häufig so spricht: „Was bin ich? Was war ich? Und was werde ich sein?" Jene, die so sprechen, sind blind, weil sie daran zweifeln, dass das Heil in Gott ist, da sie niemandem vertrauen und weder Tag noch Nacht kennen wollen. Da sie nämlich Gott nicht erkennen wollen, leugnen sie den Tag, und da sie seine Urteile nicht ehren, fürchten sie die Nacht nicht, und weil sie sich unehrlich den Menschen gegenüber verhalten, verachten sie Gottes Schöpfung und sind auch in ihren Gedanken verblendet, so dass sie keine Fähigkeit zum richtigen Abwägen in sich haben. Deshalb heißt es von ihnen:

63. Die Worte Davids über dieselbe Sache

Sie sollen von ihren Gedanken abfallen. Wegen der Menge ihrer gottlosen Frevel treibe sie fort, denn sie reizen dich, Herr (Ps 5,11). Dies ist auch so zu verstehen:

Die verkehrten Menschen werden *in der Verdorbenheit ihrer Verkehrtheit entleert fallen,* weil sie ohne den Trost und ohne das Heil des Lobes und der Herrlichkeit, ihrer Gedanken entblößt, zurückbleiben. Daher *treibe du,* der du alles gerecht waltest, *sie fort, gemäß dem mehrfachen Gewicht ihrer gottlosen Frevel,* weil sie überaus zahlreich sind. *Sie reizen dich* und stoßen dich von sich. Eine große Gottlosigkeit herrscht nämlich in jenen Menschen, die ablehnen, das zu erkennen und zu tun, was sie recht zu erkennen und gedeihlich zu tun vermöchten. Stattdessen wenden sie sich fremden Dingen zu, die sie nichts angehen, die sie weder sehen noch erkennen, von denen sie aber meinen, dass es sie gibt. Die Gottlosigkeit des Unglaubens ist von solcher Art, dass sie ein jedes Ding so bestimmt und ordnet, als ob sie deren Schöpferin wäre, vieles aber hasst sie, weil sie immer auf etwas Fremdes bedacht ist. Daher sind jene, die sich mit der Gottlosigkeit verbünden, nichts, weil sie, indem sie Gott reizen, ins Nichts zurückgesetzt werden. Denn sie weisen Gottes Herrlichkeit und die Freude, die in Gott ist, zurück, und verehren Gott nicht, so wie der Mensch seinem Feind keine Ehre erweist.

Selig sind aber jene, die Gott lieben und die Werke des Unglaubens fliehen, die sich getreu nach dem Guten ausrichten und sich so Gott verbinden, denn sie wollen lieber mit ihm als mit dem Teufel sein.

Dies ist aber von den Seelen der Reuigen gesagt worden, die zu reinigen und zu heilen sind, und es ist verlässlich; der Getreue möge darauf achten und es im Gedächtnis des guten Wissens aufbewahren.

Zur Verzweiflung

Ich sah aber in der erwähnten Menge andere Geister, die ebenfalls mit lautem Geschrei so riefen: „Lasst uns eilen, damit Luzifer seinen Willen durchsetzt!" *Sie stacheln die Menschen zur Verzweiflung an, damit sie ihre Hoffnung nicht auf den setzen, der sie erschaffen hat.*

64. Über die läuternden Züchtigungen der Seelen jener Menschen, die, während sie in der Welt gelebt haben, an Gottes Barmherzigkeit verzweifelt sind, und warum sie zur Läuterung diese auf solche Weise zu ertragen haben

Und siehe, ich sah einen langen Graben, der so tief war, dass ich den Boden in der Tiefe nicht erblicken konnte. Darin brannte ein riesiges Feuer, das sehr übel roch. In diesem Graben befanden sich die Seelen jener, die an Gottes Gnade und Barmherzigkeit verzweifelt waren, während sie in ihrem körperlichen Dasein gelebt hatten. Da sie die Hoffnung auf die Erlösung von sich weggestoßen hatten, befanden sie sich in diesem Graben. Da sie auf diese Weise zahlreiche Sünden verübt hatten, brannten sie im Feuer. Und weil sie in diesen Sünden kein Maß gekannt hatten, mussten sie den Gestank dieses Feuers ertragen.

Und ich sah und verstand es.

65. Auf welche Weise die Menschen die Verzweiflung durch Mühen und mit Sanftheit von sich forttreiben sollen

Und aus dem lebendigen Licht hörte ich wiederum eine Stimme, die zu mir sprach: Was du siehst, ist wahr. Aber was kann jenen, die sich in die

Verzweiflung hineinsteigern und Gottes Güte nicht trauen, weil sie von Gott denken, als ob es ihn nicht gäbe, etwas anderes zuteilwerden als der Tod? Damit solche Menschen aber den bösen Geistern widerstehen, die sie zur Verzweiflung anregen, und damit sie die Verzweiflung von sich forttreiben, sollen sie in reinen Gebeten und Kniebeugen mit gutem Willen beharrlich bleiben. Es ist für sie aber nicht förderlich, wenn sie hartes Fasten und andere schwere Mühen ergreifen, da sie sonst in noch größere Verzweiflung geraten würden, wobei sie durch dieses Laster ohnehin schon viele Schmerzen mit scharfer Bitterkeit in ihrem Herzen tragen.

66. Die Verzweiflung, während sie die Seele des Menschen tötet, zerstört alles Gute

Die Verzweiflung verwundet nämlich den Körper des Menschen und tötet seine Seele. Auch verachtet sie Gott und seine Urteile. Sie beharrt auf dem Bekenntnis, dass Gottes Hilfe in nichts zu finden sei, und sagt zu sich: „Was hat Gott gemacht? Und wo werde ich sonst sein können, wenn nicht im Verderben?" So wird die Verzweiflung durch das Gute zerstört: Sie wird durch den Glauben zu Boden geworfen und durch das Gesetz der Schriften getilgt, denn alles Gute wird in diesen beiden auf seine Echtheit erprobt und erkannt, so wie alles gegen Silber gewechselt und damit verglichen wird.[53]

Die Verzweiflung aber traut Gott nicht, noch glaubt sie an ihn, noch versteht und erkennt sie, was sie selbst ist. Und weil sie von solcher Art ist, zerstört Gott sie in allen und vor allen. Das Holz nämlich, wenn es in sich keine Grünkraft hätte, wäre kein Holz, und wenn die Obstbäume nicht blühen würden, würden sie keine Frucht bringen. So ist auch der Mensch ohne die Grünkraft des Glaubens nichts, und ohne das Verständnis der Lehre und der Schriften bringt er keine Frucht. Daher wird der Kreislauf des Menschenherzens, wenn darin durch die Verzweiflung alles Todbringende zusammenkommt, durch die göttliche Macht zerstört. Denn Gott verwirft die Verzweiflung, damit sich kein Geschöpf daran erfreut.

Dies ist aber von den Seelen der Reuigen gesagt worden, die zu reinigen und zu heilen sind, und es ist verlässlich; der Getreue möge darauf achten und es im Gedächtnis des guten Wissens aufbewahren.

53 Siehe Michael Rothmann: Art. Geld, in: Gert Melville/Martial Staub (Hg.): Enzyklopädie des Mittelalters Bd. 2, Darmstadt 2013[2], S. 164-166.

Zur Lüsternheit

Auch andere Geister sah ich in der erwähnten Menge und ich hörte, dass sie schrien: „Ist es nicht großartig, was Luzifer getan hat? Wir fühlen uns eins mit ihm." *Sie verführen die Menschen zur Lüsternheit und reizen sie, das Vergnügen des Fleisches zu befriedigen.*

67. Desgleichen über weitere läuternde Züchtigungen der Seelen jener Menschen, die durch Lüsternheit und Unzucht gesündigt haben, und warum sie diese auf solche Weise zu erleiden haben

Und ich sah ein gewaltiges Feuer, das mit sehr starker Glut brannte und ganz von üblem Gift und stinkendem Schwefel durchdrungen war. Das Feuer brodelte heftig von der verderblichen Stärke des Giftes und des Schwefels, deren Einströmung dieses Feuer in Bewegung setzte, wodurch ein lautes Getöse entstand. Mit diesen Qualen wurden die Seelen jener gemartert, die in ihrem körperlichen Dasein der Lüsternheit und der Unzucht gehuldigt hatten. Wegen der Glut der Lüsternheit erlitten sie das Feuer, wegen der Ergötzung an der Unreinheit, die sie in Lüsternheit getrieben hatten, wurden sie mit dem Gift verseucht, und wegen ihres unablässigen lasterhaften Werkes wurden sie vom Schwefel gequält.

68. Desgleichen über weitere läuternde Züchtigungen, in denen die Seelen jener Menschen gezüchtigt werden, die Ehebruch begangen haben, und warum sie diese auf solche Weise zu ertragen haben

In diesem Feuer war aber ein weiteres Feuer, dem die bösen Geister die Seelen jener, die Ehebruch begangen hatten, zuführten und wieder zurückzogen, wie ein Zweig hin- und hergebeugt wird, der an einen Zaun gelehnt und wieder weggezogen wird. Da sie, während sie in der Welt gelebt hatten, einen ehebrecherischen Körper gehabt hatten, wurden sie in dem erwähnten Feuer einem weiteren Feuer zugeführt. Und weil sie sich mit anderen Menschen vereinigt hatten, wurden sie auf verschiedene Weise in unterschiedliche Richtungen gebogen.

69. Desgleichen über weitere läuternde Züchtigungen, in denen die Seelen jener Menschen geläutert werden, die Gott ihre Keuschheit gelobt hatten und dieses Gelübde gebrochen haben, und warum sie diese Züchtigungen auf solche Weise zu ertragen haben

Ich schaute auch in die Höhe einer Luftschicht, wo Hagel, mit Feuer und Kälte vermengt, niederprasselte. In dieser Höhe befanden sich die Seelen jener, die in ihrem körperlichen Dasein Gott Keuschheit gelobt und dieses Gelübde gebrochen hatten. Sie fielen aus dieser Höhe herunter und dann kehrten sie, wie vom Wind hinaufgeschleudert, wieder zurück. Mit einem Band von Finsternis waren sie so eingehüllt, dass sie sich nicht bewegen konnten, der Hagel aber fiel zusammen mit Feuer und Kälte auf sie herab. Die bösen Geister verspotteten sie, indem sie schrien: „Warum habt ihr das Gelübde, das ihr gelobt habt, so schmachvoll verlassen?" *Wegen des Gelübdes der Keuschheit, das sie nicht gehalten hatten, fielen sie von der Höhe herunter, wegen der Gottesvergessenheit, kraft deren sie sich ihres Gelübdes nicht hatten erinnern wollen, als sie hemmungslos gesündigt hatten, lagen sie gebunden in dieser Finsternis, und wegen der Lust des Fleisches, um derentwillen sie Gottes Liebe geringgeschätzt hatten, mussten sie den Hagel mit Feuer und Kälte ertragen.*

70. Desgleichen über die läuternden Züchtigungen, in denen die Seelen jener Menschen gereinigt werden, die die menschliche Natur mit widriger Unzucht verkehrt haben, und warum sie diese auf solche Weise zu erleiden haben

Ich sah aber einen breiten und tiefen Sumpf, der voll von üblem Schlamm war und durch den die Seelen jener wateten, die in ihrem irdischen Dasein die menschliche Natur in sich selbst, sowohl in Männern als auch in Frauen, mit widriger Unzucht verkehrt hatten. Die bösen Geister schütteten feuriges Wasser über sie und zwangen sie, dass sie sich in den engen feurigen Pässen im Schlamm versteckten. Da sie die menschliche Natur sowohl in sich als auch in anderen durch Unzucht zerstört hatten, wateten sie im Schlamm, und da sie dies in Glut schlimmster Begierde getan hatten, schütteten die bösen Geister feuriges Wasser über sie. Und weil sie durch dieses Laster auch die menschliche Scham verworfen hatten, wurden sie durch diese Geister in den engen Pässen in den Schlamm zurückgestoßen.

71. Desgleichen über die läuternden Züchtigungen, in denen die Seelen jener Menschen geprüft werden, die mit Tieren in Unzucht verkehrt haben, und warum sie diese auf solche Weise zu ertragen haben

Und ich sah, dass die bösen Geister die Seelen jener, die mit Tieren in Unzucht verkehrt hatten, durch Feuer gleich Dornen und scharfen Stacheln mit feurigen Geißeln schlugen und sie zwangen, hin und her zu laufen. Gleichzeitig machten ihnen auch die Tiere Vorwürfe. Wegen des unmenschlichen Geschlechtsverkehrs wurden sie mit den Spitzen des Feuers gefoltert, wegen der widrigen Begierde dieses Geschlechtsverkehrs wurden sie mit feurigen Geißeln übel zugerichtet, und weil sie nicht erwogen hatten, was sie taten, mussten sie sich die Schmähungen der Tiere anhören.

Und ich sah und verstand es.

72. Auf welche Weise die Menschen, die durch Lüsternheit und Unzucht gesündigt haben, diese Sünde in ihrem Körper durch Reue zu sühnen haben

Und aus dem lebendigen Licht hörte ich wiederum eine Stimme, die zu mir sprach: Was du siehst, ist wahr; und es ist so, wie du es siehst; und es ist noch mehr. Daher sollen die Menschen, die die Geister, die sie zur Lüsternheit der Unzucht verlocken, überwinden wollen und wünschen, den Züchtigungen dafür fernzubleiben, sich mit Fasten und Schlägen züchtigen und ihr Fleisch mit lauteren Gebeten erschöpfen, damit sie es auf diese Weise der guten Sehnsucht unterwerfen.

73. Die Unzucht ist den Nattern und den wilden Tieren ähnlich, die andere Tiere töten

Die Unzucht ist nämlich den schlimmsten Nattern ähnlich, die schmeichelnd täuschen. Auch hat sie die Bosheit des Teufels in sich, der tötet und die Gerechtigkeit verlässt. Daher töten die Menschen, die in Unzucht die Lüsternheit lieben und die Vorschriften des Gesetzes geringachten, sowohl ihre Seele als auch ihren Körper, so wie das wilde Tier, das ein anderes zu einem faulen Aas macht.

74. Der Mann und die Frau, die durch magische Kunst miteinander verkehren, sind nicht würdig, nachher eine rechtmäßige Ehe zu schließen

Diejenigen aber, die sich mittels übler Künste in der Bindung eines unreinen Verkehrs miteinander vereinigen, sind nicht würdig, dass sie rechtmäßig die Ehe schließen, weil sie sich bereits vorher durch verführerische Künste des Götzendienstes aneinander gebunden haben.

75. Auf welche Weise sich jene züchtigen sollen, die durch Ehebruch gesündigt haben

Wenn diejenigen aber, die sich in ehebrecherischer Unzucht entehrt und die rechte Verbindung, die Gott verbunden hat, in frevelhafter Übertretung zerrissen haben, den Strafen für diese Sünde zu entkommen wünschen, dann sollen sie ein grobes Kleid anziehen und sich mit strengstem Fasten und züchtigenden Schlägen gemäß dem Gebot ihres Seelenführers demütigen.

76. Der Ehebruch, der ein großes Unrecht ist, schwächt die Ehebrecher in ihren Kräften

Diese Überschreitung ist nämlich ein großes Unrecht und ist allen gegenüber unangemessen und unerträglich. Denn als Gott den ersten Menschen geformt hat, führte er die Frau aus seiner Seite hervor, so dass die beiden ein Fleisch geworden sind. Danach, überströmt mit Gottes Gabe, lebten sie in einer Liebe. Wenn daher Menschen, die durch rechtmäßige Ehe verbunden und durch einen Vertrag von altehrwürdiger Autorität geheiligt sind, diesen Vertrag verletzen und sich nach anderen Partnern ausstrecken, dann verlieren sie die Festigkeit ihrer Kraft und werden in ihrer Stärke geschwächt, wie auch Samson schwach geworden ist, als seine Frau ihn betrog. Und sie stürzen in einen großen Fall, wie auch Samson sich selbst dem Tod auslieferte.[54]

77. Die Jungfrauen, die das Gelübde der Keuschheit nicht erfüllen, sollen den Schleier ihrer Jungfräulichkeit ablegen und den der Witwenschaft erhalten, und sie sollen sich auf folgende Weise in Reue züchtigen

Diejenigen aber, die das Gelübde der Keuschheit zerreißen und die Keuschheit, die sie Gott gelobt haben, nicht halten, sollen den Schleier der Jungfräulichkeit ablegen, wenn sie als Jungfrauen Gott geweiht waren, um die Qualen dieser Strafe zu verringern, und sie sollen durch ihren Seelenführer den Schleier der Witwenschaft empfangen. Ferner sollen sich sowohl diese als auch jene, die das Gelübde der Witwenschaft Gott dargebracht und es in der Glut der Leidenschaft verachtet haben, mit der Härte von groben Kleidern, Fasten und Schlägen züchtigen, und mit Kniebeugen und Gebeten nach Gottes Gnade verlangen.

78. Derjenige, der sich Gott geweiht und hinter sich zurückgeblickt hat, ist dem Heiden ähnlich

Derjenige aber, der sich Gott geweiht hat und hinter sich noch einmal auf die Welt, die er verlassen hatte, zurückgeblickt hat, ist dem Heiden ähnlich, der Götzen und nicht Gott anbetet, weil er seinen eigenen Willen für Gott hält. Denn wie der Pharao, der das Volk Gottes, das er hatte ziehen lassen, dennoch verfolgte und einfangen wollte, im Roten Meer versunken ist,[55] so wird auch jener, der seinen eigenen Willen, den er für Gott verlassen hat, von Neuem wieder an sich reißt, im grausamen Tod versinken. Denn wie das Leben im alten Gesetz nicht bestehen konnte, so kann auch ein solcher Mensch bei dieser Übertretung das Leben nicht verdienen.

54 Vgl. Ri 16,4-30.
55 Vgl. Ex 14.

79. Auf welche Weise diejenigen sich züchtigen sollen, die in Unzucht die menschliche Natur preisgegeben haben

Diejenigen aber, die in widriger Unzucht, sowohl bei Männern als auch bei Frauen, die Richtigkeit der menschlichen Natur preisgegeben haben, den Strafen für diese Sünde aber durch Reue fernbleiben wollen, sollen sich mit einem Bußgürtel, mit Fasten und Geißelungen züchtigen, und durch Kniebeugen in lauteren Gebeten Gott mit sich versöhnen.

80. Die Sünde der widrigen Unzucht in der menschlichen Natur ist frevelhaft, weil sie die Kraft im Herzen des Teufels ist

Diese Sünde ist sehr hässlich und frevelhaft. Sie ist im Menschen durch teuflische Kunst entstanden, so wie der Tod durch den Fall Adams den Menschen betreten hat, als er sich von Gott entfernt hat. Gott hat nämlich den Menschen zu großer Ehre und zu einem herrlichen Namen erschaffen. Die Schlange aber hat ihn betrogen, und der Mensch hat ihren Ratschlag angenommen, und so verlor er die Erkenntnis der Stimmen aller Tiere, die sie mit atmendem Ton hervorbringen. Diese Sünde ist die Kraft im Herzen des Teufels. Deshalb überredet er die Menschen, dass sie ihren natürlichen Verkehr in tierische Sitten wandeln und in sich schändliche Taten wirken. Denn wegen des ersten Hasses, den der Teufel gegen die Fruchtbarkeit der Frau hat, verfolgt er nun die Frau, damit sie keine Geburt hervorbringt. Er will lieber, dass sich die Menschen durch Widernatürlichkeit besudeln. Weil aber Gott wollte, dass das menschliche Geschlecht aus der Frau hervorgeht, ist es eine große Sünde, wenn der Mensch seinen Samen in Verwirrung bringt, indem er diese Sünde begeht.

81. Auf welche Weise sich derjenige züchtigen soll, der mit einem Tier geschlechtlich verkehrt

Wenn diejenigen, die mit Tieren geschlechtlich verkehren, so dass sie die ehrenvolle menschliche Natur dieser schlimmen Schändlichkeit preisgeben, nachher ihre frevelhafte Schuld erkennen und sich für diese Sünde Züchtigungen unterziehen wollen, dann sollen sie diese mit strengstem Fasten und harten Schlägen sühnen. Die Gattung jenes Tieres, mit dem sie gesündigt haben, müssen sie fortan meiden, damit sie mit ihrer Reue dem Teufel ein Ärgernis geben.

82. Der Mensch, der mit einem Tier Unzucht treibt, ist in dieser Sünde elender als die Würmer, die von ihrer eigenen Natur nicht abweichen

Der Mensch aber, der mit einem Tier in Unzucht sündigt, tut so, wie einer, der ein tönernes Gefäß anfertigt und dann behauptet, dies sei sein Gott. So entehrt er Gott, weil er die Vernunft mit einer vernunftlosen und gegensätzlichen Natur verbindet. Ein solcher Mensch ähnelt dem harten und kalten Stein, denn es ist eine gewaltige Verhärtung, wenn sich ein Mensch soweit verhärtet, dass er sich nicht erinnert, zu welcher Ehre er geschaffen worden ist. Und es ist eine große Kälte, die in seinem Verstand das Feuer des Heiligen Geistes auslöscht, indem er diese Sünde in der übelsten Blindheit begeht. Daher leidet die Seele eines solchen Menschen, die ja unauslöschlich ist, im Gefäß seines Körpers, wenn der Mensch eine Sünde begeht. Denn diese Sünde ist schlimmer als die Würmer, die von ihrer eigenen Natur nie abweichen.

83. Der Mensch, der sich durch Lüsternheit verfehlt, bringt den Dämonen Opfer dar und errichtet sich selbst eine Ruine, er wird aber von Gott gerichtet

Wenn sich aber ein Mensch durch den Geschmack des Fleisches in Lüsternheit verfehlt, bringt er den Dämonen Opfer dar. Wenn er durch den Geschmack zu diesen bösen Werken bewegt wird, verdunkelt er die Augen der guten Erkenntnis in der Seele, so als ob er mit seinen Händen seine Augen bedecken würde. So schreitet er mit dem Werk dieser Ungerechtigkeit in die Finsternis, während er sagt: „Ich kann nicht stehen, als ob ich kein Fleisch wäre. Ich lebe ja aus Speise und Trank, wie Gott mich geschaffen hat, und daher kann ich mich solcher Werke nicht enthalten."

Und so läuft der Mensch in seiner Sinnlichkeit und in seinen bösen Werken wie eine Mühle. Im Wollen von schimpflichen Werken errichtet er sich selbst eine Ruine, und durch den Kuss und den Duft der Begierde sammelt er die Sünden der Lüsternheit. Die Flamme des Feuers der Lüsternheit entzündet sich am Nabel der Frau und vollendet sich vollständig in den Lenden des Mannes. Die teuflische Überredung tritt aber an beide heran, weil der Teufel seinen bösen Rat in der Frau begonnen und ihn im Mann vollendet hat, wie auch das Feuer, das durch etwas anderes angehaucht wird, dann noch mehr brennt. Da aber Gott den Menschen ohne jede Eitelkeit geschaffen und ihm durch die gute Erkenntnis alles Gute gezeigt hat, wird er seine Werke deren Verdiensten gemäß beurteilen, wie auch David im prophetischen Geist, durch mich angehaucht, spricht, indem er sagt:

84. David über dieselbe Sache

Er wird den Erdkreis in Gerechtigkeit richten und die Völker in Gleichheit des Rechts (Ps 97,9 / 98,9). Dies ist auch so zu verstehen:

Gott, der alles gerecht ordnet, *wird mit gerechtem Urteil den Erdkreis richten,* der dem Menschen zum Dienst gegeben wurde, so dass in den gesamten Geschöpfen der Erde kein Keim fehlt. Wenn die Erde aber durch die Sünden der Menschen verletzt wird, wird sie durch die Gerechtigkeit gerecht gereinigt werden, damit sie nicht durch den Rost der Ungerechtigkeit schmutzig erscheint. Gott wird auch *die Menschen,* die dazu bestimmt sind, in Gottes Geboten mit ruhigem Geist beharrlich zu bleiben, *auf gerechte Weise der Gleichheit richten:* Entweder in der gegenwärtigen oder in der künftigen Welt werden diejenigen geläutert, die Gottes Gebote übertreten haben. Denn wenn sie Gottes Gnade, die sie zwar sahen und erkannten, dennoch verachteten und sich so in Sünden verstrickten, sollen sie, um von den Sünden gereinigt zu werden, sich den Züchtigungen unterwerfen, da sie trotzdem würdig sind, den Strafen zu entrinnen. Denn obwohl sie nur zögernd oder erst an ihrem Lebensende in Reue zu Gottes Gnade aufschauen, werden sie doch geläutert zum Heil auferstehen.

Dies ist aber von den Seelen der Reuigen gesagt worden, die zu reinigen und zu heilen sind, und es ist verlässlich; der Getreue möge darauf achten und es im Gedächtnis des guten Wissens aufbewahren.

Vierter Teil – Inhalt

Vierter Teil
Über den Mann, der nach Süden und nach Westen schaut

Ungerechtigkeit <iniustitia>
1. Die Worte der Ungerechtigkeit
2. Die Antwort der Gerechtigkeit <iustitia>

Stumpfheit <torpor>
3. Die Worte der Stumpfheit
4. Die Antwort der Tapferkeit <fortitudo>

Gottesvergessenheit <oblivio Dei>
5. Die Worte der Gottesvergessenheit
6. Die Antwort der Heiligkeit <sanctitas>

Unbeständigkeit <inconstantia>
7. Die Worte der Unbeständigkeit
8. Die Antwort der Standhaftigkeit <constantia>

Weltsorge <cura terrenorum>
9. Die Worte der Weltsorge
10. Die Antwort des Himmelsverlangens <caeleste desiderium>

Hartnäckigkeit <obstinatio>
11. Die Worte der Hartnäckigkeit
12. Die Antwort der Herzenszerknirschung <compunctio cordis>

Begierde <cupiditas>
13. Die Worte der Begierde
14. Die Antwort der Weltverachtung <contemptus mundi>

Zwietracht <discordia>
15. Die Worte der Zwietracht
16. Die Antwort der Eintracht <concordia>

Der Gotteseifer
17. Die Worte des Gotteseifers
18. Der Mensch soll durch den wahren Gehorsam zu Gottes Gnade zurückkehren und seinem Schöpfer anhangen
19. Gott mahnt den Menschen, dass er auf das Licht der Seligkeit achtet
20. Die Erde, die die anderen Geschöpfe hält und trägt, bewahrt auch den Menschen in all seinen Bedürfnissen, die aus seinem Körper kommen
21. Die Erde ist die Materie des Menschen, der seinerseits die Materie der Menschheit des Gottessohnes ist
22. Die Seele, die zu Gott seufzt und in seligen Tugenden sprießt, ist die Materie der guten Werke
23. Der Sohn Gottes, der im Herzen des Vaters verborgen ist, ist Mensch geworden und hat die Taufe gebracht
24. David über dieselbe Sache
25. Die acht Laster, die sich den acht Seligpreisungen widersetzen, werden dazu gezwungen, in das Verderben zurückzukehren
26. Insbesondere über die Ungerechtigkeit und ihre Haltung sowie was das bedeutet
27. Insbesondere über die Stumpfheit und ihre Haltung sowie was das bedeutet
28. Das Buch der Weisheit zur selben Sache

Zur Weltsorge
57. Desgleichen über die läuternden Züchtigungen der Seelen jener Menschen, die durch Weltsorge gesündigt haben, und warum sie diese auf solche Weise zu erleiden haben
58. Auf welche Weise die Menschen durch Reue die Sünde der Weltsorge in ihrem Körper zu läutern haben
59. Diejenigen, die die Weltsorge lieben, sollen die Schöpfung so ansehen und mit den Geschöpfen so umgehen sowie den Pflug mit den Ochsen so ergreifen, dass sie dabei auf Gott schauen

Zur Hartnäckigkeit
60. Desgleichen über die läuternden Züchtigungen der Seelen jener Menschen, die durch Hartnäckigkeit gesündigt haben, und warum sie diese auf solche Weise zu erleiden haben
61. Auf welche Weise die Menschen durch Reue die Sünde der Hartnäckigkeit in sich zu sühnen haben
62. Wie der Maulwurf die Erde umwühlt, so stößt die Hartnäckigkeit alles Gute um
63. Da Gott Hiob sehr liebte, hat er ihm viel Bedrängnis auferlegt

Zur Begierde
64. Desgleichen über die läuternden Züchtigungen der Seelen jener Menschen, die durch Begierde gesündigt haben, und warum sie diese auf solche Weise zu ertragen haben
65. Auf welche Weise die Menschen durch Reue die Sünde der Begierde in sich zu reinigen haben
66. Die Begierde, die den Hunden und den Raubvögeln ähnlich ist, die sich nie sättigen lassen, trachtet nach dem, was anderen gehört

Zur Zwietracht
67. Desgleichen über die läuternden Züchtigungen der Seelen jener Menschen, die in der Welt durch Zwietracht Sünden begangen haben, und warum sie diese auf solche Weise zu erleiden haben
68. Auf welche Weise die Menschen durch Reue die Sünden der Zwietracht in ihrem Körper zu sühnen haben
69. Diejenigen, die die Zwietracht lieben, werden vom bösen Geist bedrängt, so dass der streitsüchtige Mensch, der zur Reue nicht bereit ist, mit großem Fall stürzt
70. Die Worte des Evangeliums

VIERTER TEIL

Über den Mann, der nach Süden und nach Westen schaut

Ich sah auch, dass sich der erwähnte Mann nach Süden wandte, so dass er sowohl nach Süden als auch nach Westen schaute. Und die Erde, in der sich der Mann von seinen Knien bis zu seinen Waden befand, enthielt Flüssigkeit und Grünkraft sowie Keime. Sie war wie das Blühen und der Schmuck der Kraft dieses Mannes, so als ob dessen Kraft durch die Erde geschmückt wäre, weil diese in den verschiedenen Gattungen fruchtbar ist, indem alles, was in den irdischen Geschöpfen geformt ist, aus der Erde hervorgegangen ist. Die Erde ist zugleich die Materie von Gottes Werk im Menschen, der seinerseits die Materie der Menschheit des Gottessohnes ist.

Und siehe, im erwähnten Nebel, der, wie gesagt, verschiedene Arten der Laster enthielt, sah ich auch jetzt acht Laster in ihren Gestalten auf folgende Weise:

Ungerechtigkeit <iniustitia>

Die erste Gestalt hatte einen Kopf wie ein Reh,[56] *den Schwanz wie ein Bär, der übrige Körper aber ähnelte einem Schwein. Und diese Gestalt sprach:*

1. Die Worte der Ungerechtigkeit

„Über wen soll ich meine Gerechtigkeit setzen? Über niemanden! Denn wenn ich auf diesen oder jenen schauen würde, wäre ich kein Geschöpf Gottes, sondern wie ein Esel, der langsam dahinschreitet, es sei denn, man drohe ihm mit Treibstachel. Ich bin nämlich weiser und klüger als andere. Auch die Sonne, den Mond, die Sterne und die anderen Geschöpfe kenne ich, und ein jedes Anliegen und eine jede Ursache bestimme ich recht. Warum sollte ich mich selbst zurückweisen, so als ob ich nichts wüsste? Wenn ich ebenfalls die Bestimmung eines anderen zurückweisen würde, würde er mir vielleicht dasselbe antun. Wenn ich das jedoch nicht tun werde, dann ist mir doch mein Grundsatz nützlicher. Und warum sollte ich in mir selbst verkommen, als ob ich nichts Gutes kennen würde, wobei alles, was mir gehört, besser und nützlicher ist, als das, was anderen gehört? Denn ich bin ebenso viel wert, wie jene, die alles unterscheiden und beurteilen."

56 Siehe Hildegard: Heilsame Schöpfung – Physica (wie Anm. 6), VII 11, S. 394.

2. Die Antwort der Gerechtigkeit <iustitia>

Und aus der stürmischen Wolke, die sich, wie oben gesagt, von Süden nach Westen ausstreckte, hörte ich eine Stimme, die diesen Worten antwortete:

„O teuflische und schamlose Kunst, was sprichst du? Jedes Hilfsmittel hat Gott so eingesetzt, dass ein jedes das andere beachtet. Je mehr nämlich einer von einem anderen erfährt, was er von sich aus nicht weiß, umso mehr Wissen wird ihm zuteil. Daher hat der Mensch durch die Erkenntnis Augen, damit er für sich selbst voraussieht, um nicht Gefahr zu laufen und in einer Gefahr ein Risiko einzugehen. Wenn nämlich der Mensch nicht darauf achten würde, wem er mit seiner Macht vorsteht, welches Geschöpf würde ihm dann gehorchen und welches Geschöpf würde ihm dienen? Der Mensch bewirkt mit der Hilfe der Geschöpfe, was für ihn notwendig ist. Denn er bearbeitet die Gärten mit der Hacke, gräbt den Acker mit dem Pflug um, pflügt mit den Ochsen und befiehlt ihnen, zu ziehen. Eine jede Art der Geschöpfe nimmt er nach ihrem Dienst in Anspruch und je nachdem, wie er sie zu seinem Nutzen braucht. Warum verachtest du den Menschen, in dem Himmel und Erde verstanden werden? Und warum lehnst du auch die Lehre und die Gabe des Heiligen Geistes ab, die der Heilige Geist den Menschen eingegeben hat? Der Mensch baut nämlich Haus und Altar für Gott, um ihm dort zu dienen. Daher erkenne ich die Gaben des Heiligen Geistes, die ich im Menschen sehe, als Gottes Werke an, und bin für sie eine Symphonie. Ich halte mit Gerechtigkeit das Diadem des Königs in den Geschöpfen und in ihren Werken, ich schaue sie in Ehren an und wirke mit ihren Werken, so dass sie mich in Freude besitzen, weil ich auf dem Weg der Gerechtigkeit ihr Stab bin. So wird jeder, der mich verachtet, in die Grube fallen. Ich bin nämlich aus der sprudelnden Quelle hervorgesprungen, und keine irdische Angelegenheit kann mich erschrecken. Bei der Morgendämmerung erstand ich und ich bin die geliebte Freundin Gottes. Ich verweile mit Gott und weiche nicht von ihm. Durch ihn bin ich nämlich die feste Heilsamkeit und gerate nicht in hinfällige Dürre, weil ich das Blühen aller Bäume bin, die der Winter nicht austrocknet und die im Gewitter nicht umstürzen. Ich wohne auf dem Berg Sion und bin in Ruhe, ich wandele in der Sanftmut des Lammes und stehe auf in seinem Sieg. Ich bin im Sieg des Königs und werde nicht als besiegt angetroffen. Niemand wird mich erschüttern, niemand wird mich erschrecken, weil ich nicht fallen kann."

Stumpfheit <torpor>

Die zweite Gestalt hatte aber ein kindisches Gesicht und weiße Haare. Sie war mit einer blassfarbenen Tunika bekleidet, in die sie ihre Arme und Hände hineinsteckte und mit der sie ihre Füße und ihre anderen Glieder so bedeckte, dass ich an ihr keine andere Form wahrnehmen konnte. Und sie sprach:

3. Die Worte der Stumpfheit

„Warum sollte ich ein enges, mühseliges Leben ertragen und viele Bedrängnisse aushalten, obwohl ich nicht so viele Sünden begangen habe? Für ein jedes Geschöpf ist sein eigenes Sein da. Viele vergießen jedoch Tränen, sie heulen und schwächen ihren Körper, so dass sie kaum mehr leben können. Trotzdem haben sie schlimme Sitten und fügen der Sünde weitere Sünde zu. Was nützt ihnen die gerade aufgezählte Mühsal? Ich aber habe in der Weichheit und durch die Flucht vor den Mühen ein besseres Leben als andere und ich will keine Mühe. Wenn ich vor der Mühe und vor allem, was mir schadet, fliehe, wird Gott mich etwa deswegen zugrunde richten?"

4. Die Antwort der Tapferkeit <fortitudo>

Und aus der erwähnten stürmischen Wolke hörte ich eine Stimme, die dieser Gestalt eine Antwort gab:

„O Staub des Staubes und Asche elender Fäulnis! In der ersten Entstehung der körperlichen Gestalt bist du schon giftig gewesen, wie deine Werke jetzt noch unnütz sind. Du gleichst weder den Würmern, die in ihren Höhlen mit Mühe sammeln, um sich zu ernähren, noch den Vögeln, die ihr Nest bauen und auch in bedrängter Lage danach suchen, wie sie ihren Körper erhalten. Was ist denn in diesem Leben lebensfähig, was ohne Sorge leben könnte? Nichts! Dieses Leben ist nämlich entfernt von jenem erwünschten Leben, das im Paradies besteht, wo die Augen in Seligkeit sehen und niemals verdunkelt werden. Du aber, o Elende ohne Gottes Weisheit und Verworfene ohne Gottes Barmherzigkeit, du sehnst dich, zu besitzen, was dir niemand geben wird, weil du ohne Mühe erhalten willst, was du in deiner trägen Unlust nicht ergreifen kannst.

Ich aber diene im königlichen Gemach der Stärke des Löwen, nämlich der Menschheit des Erlösers, und seufze nach allen Gütern Gottes, und ich fliege überall, so wie jener, der weit seinen Mantel ausbreitet. Deshalb rufen alle Arten der Sprachen und alle Völker der Menschen zu mir, die im Guten ausharren wollen, und sie sehnen sich danach, mich zu besitzen, während sie dich für eine unnütze Leiche halten."

Gottesvergessenheit <oblivio Dei>

Und ich sah eine dritte Gestalt, deren Kopf wie der Kopf einer Sterneidechse aussah, deren übriger Körper aber dem Körper einer gewöhnlichen Eidechse ähnelte. Vor ihr erschien eine Wolke, die schwarz, stürmisch und nebelig war und sich zugleich mit einer dichten, weißen Wolke vermischte. Die Gestalt legte ihre Vorderpfoten auf diese Wolke und sprach:

5. Die Worte der Gottesvergessenheit

„Da Gott mich nicht kennt und ich ihn nicht kenne, warum sollte ich meinem Willen entsagen? Gott will mich ja nicht, und ich spüre ihn nicht. Deshalb werde ich überall auf das achten, was mir in einer jeden Angelegenheit nützlich ist und was ich will. Denn was ich erkenne, was ich verstehe und was ich schmecke, das werde ich tun.

Viele aber rufen zu mir laut über ein anderes Leben, das ich weder kenne, noch höre und das mir niemand zeigt. Auch sagen mir viele: ‚Tu das und das!' Sie sollen mir Gott und das Leben sowie den Lohn, den ich empfangen werde, zeigen, damit ich weiß, was ich machen könnte. Auch viele Tyrannen laufen zu mir und setzen mir großartige Gebote vor, die eher falsch als wahr sind und die sie selbst gar nicht tun. Was ich aber tun muss, diesbezüglich ist es erlaubt, dass es mir mit einem Gebot aufgetragen wird.[57] Vielerlei Götter, das heißt Lehrer, will ich aber nicht. Wenn es Gott gibt, dann ist es sicher, dass er mich kennt."

6. Die Antwort der Heiligkeit <sanctitas>

Und aus der erwähnten stürmischen Wolke hörte ich eine Stimme, die dieser Gestalt antwortete:

„O rasches Verderben, was redest du? Wer hat dich erschaffen und wer hat bewirkt, dass du lebst? Gott! Warum erkennst du nicht, dass nicht du dich selbst gemacht hast? Ich aber rufe Gott an und alles Notwendige erbitte ich von ihm. Seine Gebote sammle ich und bleibe darin, während ich Gott erblicke und erkenne. Auf welche Weise? So, dass ich beflügelt bin durch die gute Erkenntnis, in der ich Gott erspüre, in der ich die Harfe des Gebetes zupfe, wenn ich ihn anbete, und in der ich ihn erkenne. Wenn ich auf das Vergängliche achten würde, würde ich mich von Gott abwenden. Nicht die Erde gibt dem Menschen Speise, Kleidung und alles Notwendige, sondern Gott. Die Menschen sehen dies alles wachsen, aber sie sehen nicht, woher und wie es wächst, sie wissen allein darum, dass alles von Gott her wächst. Niemand vermag all die Menschen und die ganze Welt zum Wachstum zu bringen und niemand kann etwas, nicht einmal das Kleinste, was im Weltall existiert, beleben, nur Gott

57 Siehe Regula Benedicti – Die Benediktusregel 4,61 und 1,8-9 (wie Anm. 5), S. 92-93 und 72-73.

allein; und dadurch wird erkannt, dass es Gott gibt. Daher soll der Mensch in all seinen Werken mit Hingabe Gott dienen und sich des Bösen enthalten, damit er im Aufschwung seiner Erkenntnis nicht seinen Eigenwillen durchsetzt. Ich aber will den Gürtel der Enthaltsamkeit tragen und in der fröhlichen Blüte der Seligkeit bleiben. Denn unter dem Banner der heiligen Verehrung Gottes bin ich die Fürstin der geordneten Schlachtreihe des Königs, durch die Gott seine Werke wirkt."

Unbeständigkeit <inconstantia>

Ich sah auch ein Rad wie das Rad eines Lastwagens in der erwähnten Finsternis liegen. Es drehte sich wie eine Mühle, als ob es vom Wind getrieben wäre. In seinen Speichen waren, nach oben zu Menschengröße aufgerichtet, vier Stöcke eingeklemmt, zwischen denen über den Speichen etwas wie die Gestalt eines Menschen stand, die mit ihren Händen je einen von den Stöcken festhielt, während die anderen beiden Stöcke in ihrem Rücken standen. Auch diese Gestalt drehte sich mit dem Rad. Sie hatte krause, schwarze Haare, ihre Hände waren den Vorderpfoten eines Affen ähnlich, die Füße aber den Füßen eines Habichts. Ihr Gewand war mit weißen und schwarzen Linien gestreift. Mitunter warf sie ein Netz aus, um Lebewesen zu fangen, aber sie fing nichts. Und sie sprach:

7. Die Worte der Unbeständigkeit

„Wieso wüsste ich nicht, was ich bin? Was ich aber weiß, das tue ich, denn wenn ich nicht so handeln würde, wäre ich dumm. Viele tun aber, was mich wundert: Die Weisen machen sich dumm, die Reichen arm und die Tüchtigen gering. Was ich bin, das sage ich; was ich will, das führe ich aus; was ich habe, das verlasse ich nicht; und was ich kann, das tue ich, wie ich Möglichkeit dazu habe, sonst wäre ich nichtig. Der Handwerker, der jenes Werk nicht zustande brächte, zu dem er fähig ist, und seinen Beruf verlassen würde, ohne ihn auszuüben, wäre ein Bauer. Dies lehrt uns das Schicksal. Denn solange der Mensch Glück hat, soll er tun, was er will. Denn wenn das Glück verschwindet, dann kann er nicht mehr tun, was er will. Darin besteht die Tüchtigkeit."

8. Die Antwort der Standhaftigkeit <constantia>

Und wiederum hörte ich aus der erwähnten stürmischen Wolke eine Stimme, die dieser Gestalt eine Antwort gab:

„Du bist töricht, leer und verlassen von den großen Kräften der Gaben Gottes. Erwäge doch! Der Teufel tat, was er konnte, und stürzte in die Unterwelt. Auch Adam spürte am Geschmack, was er tat, und wurde in seinem ganzen

Geschlecht sterblich. Ebenso traute sich Goliath zu, auszuführen, was er konnte, und ein Knabe besiegte ihn.[58] Aber auch Nebukadnezzar, dein Sohn, erhielt von dir, was er konnte; und welches Ende hatte er?[59] Und deine anderen Söhne – wie kam in ihnen zu Ende, was sie von dir erhielten? Gott aber, der dem Menschen die Fähigkeit zum Wirken gegeben hat, hat ihm auch die Erkenntnis verliehen, zu unterscheiden, was ehrenhaft und unehrenhaft ist. Er hat dann der guten Erkenntnis ein Schwert und der bösen Erkenntnis Stöcke gegeben. Wenn nämlich das Fleisch wuchert und die Seele ihm zustimmt, die Angelegenheit, die unnütz ist, zu verfolgen, dann schwingt die gute Erkenntnis ihr Schwert gegen die böse Erkenntnis, während die böse Erkenntnis ihre Stöcke gegen die gute Erkenntnis ausstreckt. Daher soll der Mensch vorausschauen, was ihm frommt. Gott hat der bösen Erkenntnis einen See bereitet, der guten Erkenntnis aber eine Leiter zum Himmel, weil sie Gottes Kraft ist. O, du bist schlimm wie der Tod, weil du jenen erwählst, diese aber verachtest: Du tauchst im See unter, die Leiter des Aufstiegs in den Himmel lehnst du aber ab."

Weltsorge <cura terrenorum>

Ich sah aber, dass die fünfte Gestalt die Form eines Menschen mit bleichen Haaren hatte. Sie stand nackt in der Finsternis wie in einem Fass. Und sie sprach:

9. Die Worte der Weltsorge

„Welche Aufregung ist besser als die Aufregung um diese Welt? Dort wachsen die Kräuter und die Obstbäume, die Weinberge und weitere für dieses Leben notwendige Dinge, die die Menschen erquicken und am Leben erhalten. Wenn ich ja aus meinen Augen Tränen vergießen würde, wenn ich unter Seufzen meine Brust schlagen würde, wenn ich meine Knie beugen würde, würde ich davon weder Speise noch Kleidung bekommen, sondern würde vergehen. Denn wenn ich zum Himmel schreien würde und von der Sonne, dem Mond und den Sternen das Notwendige erflehen würde, würde es mir nichts bringen. Deshalb werde ich alles, was ich in Gedanken, Worten und Werken erwerben kann, an mich ziehen, damit ich auf der Erde leben kann."

10. Die Antwort des Himmelsverlangens <caeleste desiderium>

Und wiederum hörte ich aus der erwähnten stürmischen Wolke eine Stimme, die dieser Gestalt antwortete:

58 Siehe 1 Sam 17.
59 Siehe Dan 1 u.ö.

„O du Plünderin der Seelen, was sagst du da? Dein Geist ist betrügerisch, weil du nicht auf Gott vertraust, der alles Notwendige gewährt. Denn wie der Körper ohne Seele nicht leben kann, so wächst auch keine Frucht der Erde ohne Gottes Gnade. Schau dir die Gebeine der Toten an, die in ihren Gräbern liegen, und erwäge, was sie tun. Sie tun nichts, sie liegen nur in der Fäulnis. So wirkst auch du nichts, sondern du lebst nachlässig, weil du ohne Gottes Gnade leben willst, und in all deiner Aufgeregtheit verlangst du nicht nach Gott und suchst ihn nicht.

Ich aber wohne in den Höhen und finde ein jedes Geschöpf mit Gottes Gnade, weil ich das Leben und die Grünkraft in allen guten Werken und das Halsband aller Gotteskräfte bin. Ich bin auch die Wonne und die Erfassung von Gottes Liebe sowie das Gebäude der ganzen Sehnsucht nach ihm, weil ich alles, was Gott will, tue. Ich fliege mit den Flügeln des guten Willens über die Sterne des Himmels, so dass ich den Willen Gottes in all seiner Gerechtigkeit ausführe. So steige ich über die Berge Bethel,[60] wo ich Gottes Werke von Angesicht zu Angesicht schaue. Ich suche nichts anderes, ersehne nichts anderes und will nichts anderes, als was heilig ist. Daher bin ich das Psalter und die Harfe seiner Lieblichkeit. Auf diese Weise bin ich himmlisch in allen Anliegen."

Hartnäckigkeit <obstinatio>

Die sechste Gestalt hatte aber die Form eines Büffels. Und sie sprach:

11. Die Worte der Hartnäckigkeit

„Ich habe in mir ganz und gar kein Übermaß und keinen Überfluss an verschiedenen Anliegen und Ursachen, sondern wenn ich etwas sage, dann kann ich das nicht langsam und weich kundgeben. Denn wenn die Erde vom Regen und Fett immer weich wäre und keine Härte hätte, wäre sie zu keinerlei Nutzen stark genug, weil sie auf diese Weise keine Frucht hervorbringen würde. Oder wenn sie zart wäre, würden die Wasser, die darauf fließen, sie völlig zerstören.

Und was verletzt mich schon, wenn ich in irgendeiner Sache nicht weich bin, wo der unpassende und plötzliche Regenfall die Erde heftig verletzt? Wenn ich aber nicht seufzen kann, dann ist es eben so, oder wenn ich keine Tränen vergieße, macht mir das keine Sorge. Denn viele vergehen in Traurigkeit und schwinden in Tränen dahin. Jegliche Gnade, die Gott schenken will, schenkt er. Warum sollte ich mich dafür unablässig abmühen? Und warum

60 Siehe Gen 28,12-22; Gen 35,1-15.

sollte ich mich für etwas anstrengen, was ich selbst nicht durchsetzen kann? Wenn jemand nämlich nach dem sucht, was er doch nicht finden kann, so nützt ihm das nichts."

12. Die Antwort der Herzenszerknirschung <compunctio cordis>

Und wiederum hörte ich aus der erwähnten stürmischen Wolke eine Stimme, die dieser Gestalt eine Antwort gab:

„Was bist du, o Bitterkeit, die du sagst, dass du dich in deinem Leben nicht abmühen kannst, während sich die Vögel, die Fische, die Wildtiere und die Landtiere, die Würmer und die Kriechtiere alle abmühen, um sich zu ernähren? Auch die jungen Tiere erbitten ihre Nahrung von ihren Müttern, und die Erde fordert von der Luft ihre ganze Grünkraft. Warum wird Gott ‚Vater' genannt, wenn nicht deshalb, weil er, wenn seine Söhne ihn anrufen und er ihnen durch seine Gnade alles Gute gewährt, als Gott erkannt wird? Warum haderst du mit Gott?

Ich dagegen trinke aus dem Tau seines Segens und lächele ihm aus der Herzenszerknirschung heraus zu. Mit freudig-tränenvoller Stimme sage ich zu ihm: ‚Gott, hilf mir!' Und die Engel antworten mir mit wohlklingendem Chorgesang[61] und loben Gott, weil ich ihn anrufe. Dann leuchtet mir die Morgenröte seiner Gnade auf und er gibt mir die Speise des Lebens, weil ich von ihm erbeten habe, dass ich nicht ermatte. Dir aber, der du Gott um nichts bittest, wird er nichts gegeben."

Begierde <cupiditas>

Die siebte Gestalt ähnelte aber bis zu ihren Beinen einer Frau. Ihre Beine und ihre Füße waren jedoch so sehr in der erwähnten Finsternis eingefangen, dass ich sie vor dieser Finsternis nicht sehen konnte. Sie bedeckte ihren Kopf, wie es Frauen tun, und war mit einem weißen Kleid bekleidet. Und sie sprach:

13. Die Worte der Begierde

„Heftig verlangt es mich danach und heftig strebe ich danach, jedwedes Ding, das reich, ehrenvoll und schön ist, an mich zu ziehen, und jedes Geschenk, das man geben und haben kann, zu empfangen. Denn je mehr ich haben werde, umso mehr wird sich mein Wissen vermehren. Mit schönen Ringen, anmutigen Halsbändern, Ohrringen und mit anderen Reichtümern werde ich als weise in

61 Zu „organum" als mehrstimmigem Musikstück siehe F. Körndle: Art. Organum, in: Lexikon des Mittelalters Bd. 6 (1993), Sp. 1451.

Redlichkeit erkannt, und ich verwalte in feinen Angelegenheiten alles auf rechte Weise. Denn wenn ich das alles nicht besitzen würde, wäre ich leer ohne alle Güter und alle Redlichkeit, und ich wäre dem faulen Holz ähnlich, in dem weder Härte noch Weichheit ist. Ich kann mit Gott und den Menschen Gutes tun und ich werde den Menschen mit den anderen Geschöpfen Wohltaten erweisen."

14. Die Antwort der Weltverachtung <contemptus mundi>

Und aus der erwähnten stürmischen Wolke hörte ich wiederum eine Stimme, die dieser Gestalt antwortete:

„Du bist eine böse Schlinge, die du jene körperlichen Angelegenheiten regelst, die mit verschiedenen Möglichkeiten und Mitteln der fleischlichen Lust dienen. Manche Generationen von Menschen streckten sich in ihrem Geist einst nach Reichtum und Ehre dieser Welt aus, sie suchten in der Sonne und in den Sternen nach Zeichen, und nannten sich und jene, auf die sie vertrauten, Götter. Und was hat ihnen diese Eitelkeit genützt? Wo sind jetzt ihre Reichtümer, Ehrungen und ihre Gebiete? In der Unterwelt! Denn sie erleiden die verdienten Strafen, weil sie nicht in der Weise des Heiligen Geistes thronten und sich nicht nach dem sehnten, was himmlisch war; vielmehr trachteten sie nach dem, was körperlich und vergänglich war.

Ich aber throne in der Weise des Heiligen Geistes und vollende den Kreislauf im Wagen von Gottes Geboten. Überall wandle ich auf seinen Wegen und rufe ihn als Vater an. Die fleischlichen Sehnsüchte des Eigenwillens schlage ich zu Boden und offenbare mich überall. Wenn aber die fleischlichen Sehnsüchte mich belasten, erwache ich schnell durch die Gottesfurcht und durch das Rad des Heiligen Geistes. Und wenn die Völker mich wegen des Namens des Herrn ehren und mir alles, was ihnen gehört, übergeben wollen, so halte ich es für nichts, sondern suche nur, dass ich bescheiden erhalten bleibe, indem ich sage: ‚Dies alles entfernt mich von Gottes Angesicht, daher schäme ich mich sehr.' Wenn mich aber die Sünde durch Einflüsterungen ruft, gebe ich ihr diese Antwort: ‚Du hast mich weder erschaffen, noch kannst du mich vom Bösen befreien, deswegen verachte ich deinen Betrug.' Denn wenn mich die feurige Flamme des Heiligen Geistes entfacht, verzehrt sie alles Weltliche in mir, und so durchziehe ich im höchsten Wagen alles Himmlische."

Zwietracht <discordia>

Und ich sah eine weitere Gestalt, die mit aufgehobenen Füßen in der erwähnten Finsternis hing. Sie hatte einen Kopf wie ein Leopard, ihr übriger Körper ähnelte aber einem Skorpion. Sie wandte sich gegen Süden und Westen und sprach:

15. Die Worte der Zwietracht

„Den Osten verleugne ich und den Süden will ich nicht. Denn der Osten will alles haben, der Süden aber alles festhalten. Was aber werden der Westen und der Norden in Besitz nehmen? Die Morgenröte, die die leuchtende Sonne enthält, schimmert rötlich, der Westen dagegen trägt die Finsternis. Und kann der Norden auch etwas machen? Ja, er kann! Denn die Finsternis verdunkelt die Sonne, die Sonne aber nähert sich nicht der Finsternis, um sie zu vermindern. So behalten sie beide ihre Kraft. Der Norden hält fest, was sich in der Finsternis bewegt. Die Vögel unter dem Himmel, die Wildtiere und die Landtiere auf der Erde – was können sie tun? Und die Fische im Wasser – welche Macht haben sie in ihren Arten? Was sie können, das tun sie. Und ich wohne mit ihnen allen und unterscheide, was sie sind und was sie tun können. Edle und Gemeine, Reiche und Arme, sie alle stürze ich wie ein Rad um. Würde ich nur auf einen schauen, so würde ich vor ihm Ekel bekommen. Ich bin aber in allen, solange es mir gefällt. Ein jeder, reich und arm, edel und gemein, soll tun, was er kann. Ich werde es auch so machen. Denn auch der Osten und der Süden machen es so."

16. Die Antwort der Eintracht <concordia>

Und wiederum hörte ich aus der erwähnten stürmischen Wolke eine Stimme, die dieser Gestalt eine Antwort gab:

„Du Entsetzliche und Verwünschte, was redest du? Kannst du etwa den Himmel und seine Ausstattung zerstören? Keineswegs! Du kannst nicht einmal eine Mücke erschaffen. Du bringst indes mit Zanken allerlei Schmähungen hervor. Aber selbst wenn du tausend Schimpfworte zur Zerstörung einer Stadt hervorbringen würdest, könntest du sie damit nicht verletzen. Kannst du die Sonne und die Sterne erobern? Nein! Denn der Staub eines Sonnenstrahls zertritt dich. Als du anfangs begonnen hast, zu kämpfen, bist du in die Unterwelt gestürzt; und du tust nichts weiter, als was du in der Schöpfung siehst. Dort dienst du, wie der Ochse seinem Herrn. Auch jedes männliche Wesen ist stark wie die Sonne, der das Firmament und die anderen Leuchten wie das weibliche Geschlecht unterworfen sind. Du hast aber weder in dem einen noch in dem anderen Kraft, sondern bist nichtsnutzig in allem, weil du Gottes Werke irremachst. Was aber des Guten entbehrt, ist nichts. Wenn die übrige Schöpfung Gott geringschätzen würde, wie du sie verachtest, würde seine Macht nicht abnehmen. Denn er hat die Macht des Gerichtes über dich, über die Hölle, über die Finsternis und über alles, was darin ist."

Der Gotteseifer

Danach erblickte ich zur linken Seite des erwähnten Mannes eine Gestalt, die gleichsam eine menschliche Form hatte. Auf ihrem Haupt trug sie einen feurigen Reif, aus dem feurige Zungen hervorloderten, während ihr Gesicht rötlich schimmernde Blitze ausschleuderte. Eine andere Form konnte ich an ihr nicht sehen, weil sie mit einem marmornen Mantel bekleidet war. Sie rief aber gegen diese Laster, die vorgestellt wurden, und sprach:

17. Die Worte des Gotteseifers

„O unrechte Frevel teuflischer Künste, mit Gottes Stärke werde ich euch niederschlagen und tilgen, wie der Teufel im ersten Licht niedergedrückt wurde und wie auch Goliath und Nebukadnezzar,[62] die Gottes Gerechtigkeit vernichten wollten, durch den feurigen Kreis des Heiligen Geistes vernichtet, niedergeschlagen und in den Staub zurückgedrängt wurden. Denn ich bin stark und standhaft gegen die Ursachen eurer Eingeweide, die ihr in allem Bösen zusammenzieht, und ihr könnt mir nicht widerstehen."

18. Der Mensch soll durch den wahren Gehorsam zu Gottes Gnade zurückkehren und seinem Schöpfer anhangen

Und wiederum hörte ich eine Stimme aus dem Himmel, die zu mir sprach: Gott, der die Erde gegründet und sie für die verschiedenen Pflanzen mit Grünkraft erfüllt hat, hält sie mit seiner starken Kraft zusammen, damit sie sich nicht – in den Staub zurückgekehrt – auflöst. So kann der Mensch, aus der Erde geformt und aus dem Paradies vertrieben, auf der Erde bestehen bleiben, und, indem er sich auf der Erde abmüht, durch die Unterwerfung des wahren Gehorsams zur Gnade seines Herrn zurückkehren. Daher soll der Mensch die teuflischen Laster, die ihn ständig bedrängen, zurückweisen, die Tugenden aber, die von Gott gesandt sind, lieben und seinem Schöpfer getreu anhangen.

19. Gott mahnt den Menschen, dass er auf das Licht der Seligkeit achtet

Das bezeugt auch die gegenwärtige Vision, in der du siehst, dass *sich der erwähnte Mann nach Süden wendet, so dass er sowohl nach Süden als auch nach Westen schaut.* Denn der allmächtige Gott mahnt den Menschen in seiner Güte, dass er in der Glut und der Liebe der wahren Heiligkeit auf das Licht der höchsten Seligkeit achtet und es glühend liebt, während er die Blindheit und

62 Siehe oben IV 8, S. 219.

die Verdunkelung der teuflischen Einflüsterungen ganz zurückweist, um sich nicht freiwillig ihrer Macht zu unterwerfen.

20. Die Erde, die die anderen Geschöpfe hält und trägt, bewahrt auch den Menschen in all seinen Bedürfnissen, die aus seinem Körper kommen

Und die Erde, in der sich der Mann von seinen Knien bis zu seinen Waden befindet, enthält Flüssigkeit und Grünkraft sowie Keime, denn die Erde, die Gott ringsumher durch Biegen, Drücken und Heben zusammenfügt und in seiner Stärke hält und trägt, hat in sich die Feuchtigkeit der höheren, der inneren und der unteren Wasser, um nicht in den Staub zurückzukehren; sie hat in sich auch die Grünkraft von allem, was geboren wird, in der Jugend wächst und den Saft der Belebung aufnimmt; und sie hat in sich auch den Keim von allem, was auf ihr keimt und die Blüten starker Grünkraft hervorsprießen lässt.

Und die Erde ist wie das Blühen und der Schmuck der Kraft dieses Mannes, so als ob dessen Kraft durch sie geschmückt wäre, denn diese Erde, indem sie den Menschen hervorbringt und ernährt und alle anderen Geschöpfe, die zum Dienste des Menschen bestimmt sind, erhält und pflegt, erscheint wie die Blüte der Schönheit und der Schmuck der Ehre von Gottes Kraft, die in ihrer Kraft alles gut und gerecht ordnet, ebenso, wie Gottes Macht durch die Erde geehrt wird. Denn die Erde bewahrt den Menschen, der Gott zu jeder Zeit zu loben und zu preisen hat, in all seinen Bedürfnissen, die aus seinem Körper kommen. Auch stützt sie alles, was sich auf den Gebrauch des Menschen bezieht, wenn sie sich allem zur Linderung öffnet. Denn wenn Gottes Hoheit durch den Menschen gelobt wird, wird, gleichsam durch die Erde, aus der der Mensch ist, in den gerechten und heiligen Werken der Menschen Gott Ehre erwiesen.

Und es wird auch darum geschehen, *weil die Erde in den verschiedenen Gattungen fruchtbar ist, indem alles, was in den irdischen Geschöpfen geformt ist, aus der Erde hervorgeht,* so dass die Erde für die verschiedenen Arten, sowohl für die, die aus Fleisch geboren werden, als auch für die, die aus Samen in sich selbst entstehen, wie eine Mutter ist, weil alles, was Form und Leben irdischer Geschöpfe hat, aus ihr ersteht. So ist auch der Mensch, der durch die Vernunft und den Geist der Erkenntnis beseelt ist, aus der Erde erschaffen worden.

21. Die Erde ist die Materie des Menschen, der seinerseits die Materie der Menschheit des Gottessohnes ist

Die Erde ist nämlich *die Materie von Gottes Werk im Menschen, der seinerseits die Materie der Menschheit des Gottessohnes ist,* denn jenes Werk, das Gott als den Menschen erschaffen hat, war, aus der Erde gemacht, die Materie jener

Jungfrau, die in reiner und heiliger Menschheit den Sohn Gottes ohne Makel zur Welt gebracht hat.

22. Die Seele, die zu Gott seufzt und in seligen Tugenden sprießt, ist die Materie der guten Werke

Wie aber die Erde vieles hervorbringt, wodurch Gott verherrlicht wird, so bewirkt auch die Seele des Menschen, der nach fruchtbaren Werken strebt, zahlreiche Keime der Tugend zur Herrlichkeit von Gottes Namen. Die Seele nämlich, in der Gott – gleichsam *in der Erde* – durch seine Macht bis zur Stärke der vollendeten guten und heiligen Werke – gleichsam *von den Knien bis zu den Waden* – ist, trägt durch Gottes Gnade Seufzen und Gebete sowie heilige Werke in sich, die sich auf Gott ausrichten, ähnlich *der Feuchtigkeit, der Grünkraft und den Keimen.* Sie alle sind die Schönheit und die Pracht der göttlichen Eingebung, ähnlich *dem Blühen und dem Schmuck von Gottes Kraft, wie auch diese göttliche Eingebung, das heißt Gottes Kraft,* durch die Gnade verherrlicht wird. Denn wenn die Seele, in der Gott wohnt, gute Werke wirkt, wird die Herrlichkeit Gottes, aus dem sie ja hervorgeht, mit himmlischem Lob gepriesen. Diese Seele, die durch Gottes Gnade in seligen Kräften und in seligen Tugenden keimt, ist gleichsam *in verschiedenen Arten fruchtbar,* und ihre Werke bauen Zelte im Himmel auf. Denn die Werke kommen aus der Seele hervor, *wie alles, was in den irdischen Geschöpfen geformt ist, aus der Erde stammt.*

Die Seele ist auch *die Materie* der guten Werke und zugleich des besseren Lebens, nämlich des beschaulichen, das in den Kräften der Seele als ein göttliches Leben im Menschen erscheint, weil es von Gott ist. Ein solcher Mensch hat durch göttlichen Befehl gerechte und wohl geordnete Werke vorbereitet und auch begonnen, sie auszuführen, die schließlich der menschgewordene Gottessohn in der Vollendung der seligen Tugenden und in der Sichtbarmachung der wahren Heiligkeit durch sich selbst erfüllt hat. Er, der das Leben ist, hat denen, die an ihn glauben, das Leben geschenkt.

23. Der Sohn Gottes, der im Herzen des Vaters verborgen ist, ist Mensch geworden und hat die Taufe gebracht

Das Leben war nämlich in der Mitte der Macht verborgen und schwieg,[63] bis eine blendende Wolke[64] das Licht so überschattete, dass es kaum mehr leuchtete. Dann erwachte die Morgenröte und umfing die Sonne. Diese hat ihre

63 Vgl. Weish 18,14.

64 Die Wolke ist ein Bild für das menschliche Fleisch Christi. Vgl. Carlevaris: Similia (wie Anm. 21), S. 371.

Strahlen ausgesandt und eine große Stadt aufgebaut sowie zwölf Leuchter errichtet. Im dritten Teil des Schlafes erweckte sie jene, die inmitten des Schlafes schliefen.[65] Deshalb erröteten alle Adler,[66] die in der blendenden Wolke wohnten und auf das Opfer am Holzbrett[67] schauten. Dort hat die Sonne im Auge der Ehrbarkeit den Spiegel der Heiligkeit gezeigt. Dann erschien im Feuer eine neue Welt, die aus dem Wasser hervorging, wo die überströmten Berge und Hügel den Gesang der Engel singen und mit sehenden Augen im wahren Glauben auf das höchste Licht aufschauen. Denn der Sohn Gottes, der in die Welt gekommen ist, hat all dies getan und denen, die glauben, durch sich selbst den Weg der Rechtschaffenheit gezeigt, wie auch David, angehaucht vom Heiligen Geist, sprach, als er sagte:

24. David über dieselbe Sache

In der Sonne hat er sein Zelt aufgeschlagen und sich gleich einem Bräutigam, der aus seinem Gemach hervorgeht, wie ein Riese erhoben, um seinen Weg zu laufen. Vom höchsten Himmel zieht er aus und läuft bis zu seiner Höhe, und es gibt niemanden, der sich von seiner Hitze verbergen kann (Ps 18,6-7 / 19,5-7). Der Sinn dieser Worte ist folgender:

Der Sohn Gottes hat sich *in der Klarheit* seiner Gottheit aus der Jungfrau mit Fleisch bekleidet, das durch die Erlösung *ein Zelt* ist, für die Wiedererlangung eines anderen Lebens des menschlichen Geschlechtes. Gott wird nämlich als glühende *Sonne* bezeichnet, weil er alles Dunkel erleuchtet hat, als er die Schöpfung erschaffen hat. Von seiner Hitze erglühte das Fleisch der Jungfrau gleich einem Zelt, so dass aus ihr ein Mensch glänzenderen Glaubens und glühenderer Liebe hervorgegangen ist, als damals, als Gott vor dem Fall Adam mit Eva verbunden hat. Gott selbst hat einen starken Mann und eine schwache Frau erschaffen, deren Schwachheit die Welt gebar. Die Gottheit des Gottessohnes ist stark, sein Fleisch aber ist gebrechlich, doch durch dieses Fleisch erhält die Welt ihr früheres Leben zurück.

Dieses Fleisch aber, unbefleckt und unversehrt, *ging wie ein Bräutigam aus dem Schoß* der Jungfrau *hervor*. Und das tat er so, wie der Bräutigam, der in seiner fröhlichen Freude bei der Verlobung seine Braut *in das Gemach* seines

65 Vgl. Mt 27,51-53 und Lk 24,46.

66 Die Adler sind ein Bild für die Seelen bzw. die Seelen der Auserwählten. Vgl. Carlevaris: Similia (wie Anm. 21), S. 371.

67 Der Ausdruck „tabulatum sacrificium" verweist auf das Zeltheiligtum und den Tempel von Salomo. Vgl. Ex 35,11; Ex 36,34 bzw. 1 Kön 6. Er ist im Zusammenhang dieses Kapitels wiederum ein Bild für das Kreuzesopfer Christi, der sich auf dem „Brett" des Kreuzes geopfert hat.

Herzens aufnimmt und ihr in großer Liebe seinen ganzen Reichtum und seine ganze Ehre als Geschenk überlässt. Dann hat sich der Gottessohn erhoben und in der Höhe seiner Gottheit *wie ein Riese frohlockt.* So hatte er weder Furcht noch Zweifel darüber, dass er von jemandem besiegt wird und ein anderer Sieger *seine Wege* versperrt, so dass er nicht zügig voraneilen könnte, damit die Erlösung des Volkes *auf dem Weg* der Wahrheit diesem Volk aufgezeigt wird. *Vom höchsten Gott* zieht er aus, als er vom Vater ausgegangen ist und sich der Erde zugeneigt hat, so dass er Mensch geworden ist, er, der der einzige Sohn in der Macht, der einzige Sohn im Werk und der einzige Sohn in der Befreiung über alle ist. Daher ist er im selben Fleisch und mit seinem ganzen Werk vollständig zu seinem Vater zurückgekehrt, als er unter großen Wundern in den Himmel leibhaftig aufgefahren ist. *Es gibt niemanden, der der Hitze* seiner Gottheit *entfliehen kann,* weil er als das Wort des Vaters alles erschaffen hat und, mit Fleisch bekleidet, den Menschen im Fleische befreit hat. Daher wird er alles mit gerechtem Urteil richten, das heißt das Kleinste zusammen mit dem Größten und das Letzte zusammen mit dem Ersten, denn alles ist durch ihn hervorgegangen.

25. Die acht Laster, die sich den acht Seligpreisungen widersetzen, werden dazu gezwungen, in das Verderben zurückzukehren

Dass du aber *im erwähnten Nebel, der, wie gesagt, verschiedene Arten der Laster enthält, auch jetzt acht Laster in ihren Gestalten auf folgende Weise siehst,* bedeutet, dass sich im finsteren Unglauben des schädlichen Verderbens, das vielerlei Künste der teuflischen Anhauchungen hervorbringt, wie oben gezeigt, auch hier acht Laster, die sich den acht Seligpreisungen widersetzen, in ihren verwünschten Deutungen zeigen. Sie werden aber von der göttlichen Macht überwunden und gezwungen, in dasselbe Verderben, aus dem sie hervorgehen, zurückzukehren.

26. Insbesondere über die Ungerechtigkeit und ihre Haltung sowie was das bedeutet

Die erste Gestalt bezeichnet die Ungerechtigkeit, die der Freude des Lebens entbehrt und dem ersten Unrecht anhängt. Denn jener, der ganz ungerecht ist, hat die Ungerechtigkeit als erstes hervorgebracht, um alles, was gerecht war und ist, dadurch zu zerstören.

Sie hat einen Kopf wie ein Reh, weil sich der Geist der ungerechten Menschen in verkehrten Sprüngen zeigt, indem sie jegliche Voraussicht und jegliches Verstehen vom Guten überschreiten und Hals über Kopf laufen, obwohl sie sich wünschen, mit ihrem Wissen, das sie in sich selbst ständig wiederkäuen, als nützlich zu erscheinen.

Sie hat aber den Schwanz wie ein Bär, weil alle Künste ihrer Sitten in nichtsnutziger Unbeständigkeit und bösem Brummen enden, indem solche Menschen sich anstrengen, allen zu widerstehen und gegen alle zu kämpfen, obwohl sie, vom wahren und gerechten Richter besiegt und zunichte gemacht, verworfen werden.

Der übrige Körper aber ähnelt einem Schwein, weil sich die Menschen, die der Ungerechtigkeit folgen, im Schlamm dieses Lasters wälzen und in seinem Dreck liegen. Denn ihre Werke, die durch das Knurren des Unrechtes verkrümmt und durch die Beleidigung vieler frevelhaft sind, blicken nicht voraus auf die Rechtschaffenheit der Weisheit und ziehen nicht den Rat der Gerechtigkeit an sich. Vielmehr wollen sie, dass alles durch sie selbst geschieht und nach ihrem Eigenwillen beschlossen wird. Sie streben danach, dass sie anderen überlegen sind, wie auch dieses Laster mit seiner Rede zeigt, wie oben dargelegt. Die Gerechtigkeit aber antwortet ihm und mahnt die Menschen, dieses Laster nicht nachzuahmen.

27. Insbesondere über die Stumpfheit und ihre Haltung sowie was das bedeutet

Die zweite Gestalt verdeutlicht aber die Stumpfheit, die hier der Ungerechtigkeit folgt. Sie achtet nämlich nicht die Gerechtigkeit und ist nicht wachsam im Glauben, sondern ist blind in ihrem Geist, so dass sie nicht wahrhaftig auf Gott schaut.

Sie hat ein kindisches Gesicht und weiße Haare, denn die Menschen, die die Stumpfheit lieben, suchen keine Disziplin mit ihrer Absicht in Weisheit und Unterscheidung, die die Ursachen der Nützlichkeit fordern. Sie sind töricht und unbeständig in ihren Taten und weisen eine gewisse Leichtigkeit in ihrer Gesinnung auf, wobei sie nicht die Tüchtigkeit, sondern die schlüpfrige Unlust schätzen.

Sie ist mit einer blassfarbenen Tunika bekleidet, in die sie ihre Arme und Hände hineinsteckt und mit der sie ihre Füße und ihre anderen Glieder so bedeckt, dass du an ihr keine andere Form wahrnehmen kannst, weil sich die Menschen, die im Müßiggang dahinvegetieren, die nächtliche und stumpfe Finsternis der Nachlässigkeit umlegen. Darin verstecken sie auch die Stärke, die sie in ihren Werken haben sollten, wenn sie nachlassen, gute und starke Taten zu wirken. Ebenso entziehen sie in solcher Nachlässigkeit und Verdrossenheit ihre Spuren, wo sie auf dem Weg der Rechtschaffenheit hätten gehen sollen, und die weiteren

Verbindungen sowie Ausdehnungen ihrer Werke, so dass man in ihnen keine Form der seligen Tugenden erblicken kann. Sie sind im Überdruss und leben im Überdruss, kümmern sich nicht um das Heil der Seele und bemühen sich auch nicht um den Körper. Regungslos im Müßiggang behaupten sie, dass sie in Ruhe leben wollen, wie auch dieses Laster in seinen Worten oben zeigt. Die Tapferkeit tadelt es und überzeugt die Menschen, dass sie nicht in der Stumpfheit verkommen, sondern sowohl sich selbst als auch anderen an Seele und Leib eifrig beistehen sollen, wie es auch folgenderweise geschrieben steht:

28. Das Buch der Weisheit zur selben Sache

Eine starke Frau, wer wird sie finden? Von Weitem und von den entferntesten Grenzen ist ihr Wert bekannt. Auf sie vertraut das Herz ihres Mannes und er bedarf nicht der Beute. Sie wird ihm Gutes geben und nichts Böses alle Tage ihres Lebens. Sie bereitete Wolle und Leinen, arbeitete mit dem Rat ihrer Hände. Sie ist wie das Schiff eines Händlers geworden, das aus der Ferne das Brot bringt (Spr 31,10-14). Der Sinn dieser Worte ist folgender:

Der Mensch, der sich danach sehnt, treu zu sein, soll die weibliche Leichtigkeit von sich abwerfen und die männliche Stärke ergreifen, die er in der Gestalt der Sanftmut eifrig suchen soll. Dann wird sein Lob *wie von Weitem* durch die Herrlichkeit und *wie von den entferntesten Grenzen* durch den guten Ruf aufgehen, wenn Gott aufgrund seiner guten Werke verherrlicht wird. Deshalb werden auch jene auf ihn *ihr Vertrauen setzen*, die von größerer Tugend sind, so dass sie ihm die Ehre für die Tugenden erweisen. So *bedarf er nicht des Raubes* der unrechten Anmaßung, das heißt, er braucht nicht irgendein Lob lügenhaft für sich zu beanspruchen. Dann werden ihm die *guten* Verdienste, *nicht böse* Gewinne vergolten, solange er in guten Werken ausharrt, weil er sowohl für andere als auch für sich selbst mit gerechten Mühen treue Werke sammelt. Er sucht nämlich zugleich die Sanftheit und die Härte, um zu wirken, weil er weiß, wo er milde und wo er hart sein muss. Er wägt nämlich sorgfältig ab, was einem jeden in seinen Sitten wie in seinen Werken zukommt.

So wird er *zu einem Schiffer* mit der Hilfe des höchsten Gebers, wenn er die Fehler anderer, die vom Weg der Wahrheit abgeirrt sind, von Weitem mit der Unterstützung der Gebete trägt und anderen das zum Leben und zum gegenwärtigen Erdenlauf Notwendige reicht. Dabei schont er sich nicht in den zahlreichen und gefährlichen Versuchungen der verkehrten Überschwemmungen, um alle, die ihn treu nachahmen, zum Hafen des Heils zu befördern.

Jetzt auch noch einmal: *Wer* unter den Menschen, der sorgfältig forscht, *wird die Frau,* nämlich die Weisheit, *finden,* welche die Weichheit zurückweist und in Stärke stark ist? Denn er wird weder aus Überdruss noch wegen der Länge des Weges nachlassen, zu suchen, bis er sie findet. Die Weisheit ist nämlich die Speise, von der keiner satt werden kann, sie ist der Glanz, von dem jedweder Schmuck strahlt, und sie ist der Edelstein, der das Gold ziert. Alles, was in den Geschöpfen zu unterscheiden ist, unterscheidet sie und sie teilt alles sorgfältig in Teile als vielfältige Werke und hört damit nicht auf, denn in ihr wohnt jede Tauglichkeit. *Von Weitem,* vom Himmlischen, und *von den entferntesten Grenzen,* vom Irdischen, *ist ihr Wert bekannt,* das heißt, wenn sie das Geistliche und das Weltliche unterscheidet. Wenn ein getreuer Mensch sie sich in seiner Seele so aneignet, dass er sie in der beschaulichen Beschaulichkeit und in der tätigen Tätigkeit in sich sammelt, dann wird er alles, was er tut, weise ausführen.

Sie, die Weisheit, hat dem Herzen des starken und allmächtigen Gottes gefallen, in dem kein bedürftiges Bedürfnis zu finden ist, sondern die höchste Fülle, und der auch auf niemanden schaut, um von ihm etwas zu erhalten, weil er in allem Guten überfließt. Daher *gibt* Gott der Weisheit *alles, was lobenswert und ruhmreich ist, nicht aber, was im Widerspruch zu seinem Namen steht, für lange Tage,*[68] an denen sie mit Gott bleibt, denn sie war immer mit ihm und wird immer mit ihm bleiben. Sie hat in ihrem geheimen Eifer Sanftmut gesucht *wie Wolle* und Treue *wie Leinen.* Sie tut himmlische Werke mit *behutsamer Sorgfalt ihres Rates* in allen Werken, die sie weise durchdrungen hat. Mit ihnen schützt sie auch die Menschenkinder, damit sie nicht nackt vor Gott wandeln, und gestattet ihnen nicht, dass sie ohne solche Werke müßig bleiben, sondern zeigt ihnen zahlreiche Werke, in denen sie wirken sollen, denn sie selbst pflegt immer zu wirken. Deshalb ist sie sehr treu und in dieser Treue *ähnelt sie dem Schiff, das jegliche Güter und das Notwendige den Menschen herbeiträgt.* Und was dem gehört, der der Baumeister der Welt ist, das gibt sie für die gerechten Mühen jenen, die das himmlische Reich erbitten. Diese Treue der Weisheit *trägt offen von einem Ende der Welt bis zum anderen jene Speise,* die alle, die geheilt werden möchten, erquicken soll, damit sie auf dem Weg und in der Mühe ihrer Seele nicht schwach werden, sondern mit dieser Speise gestärkt zur Fülle ihrer Sättigung gelangen, wo sie nie mehr hungern werden.

29. Insbesondere über die Gottesvergessenheit und ihre Haltung sowie was das bedeutet

Du siehst eine dritte Gestalt, die die Gottesvergessenheit zeigt, die hier der Stumpfheit hinterher schreitet. Denn die Menschen, die im Dienste Gottes

68 Vgl. Ps 23,6.

und in ihren eigenen Notwendigkeiten stumpf dahinleben, kommen schließlich dazu, dass sie Gott der Vergessenheit anheimgeben, als ob sie ihn nicht kennen würden, und sich wegen der vielen Einflüsterungen des teuflischen Spotts nicht danach sehnen, zu Gott zu gelangen. Vielmehr halten sie ihre eigenen Ratschläge in sich für Gott und deshalb ergreifen sie, anstatt Gottes, den Teufel.

Ihr Kopf sieht wie der Kopf einer Sterneidechse aus, ihr übriger Körper ähnelt aber dem Körper einer gewöhnlichen Eidechse, weil die Menschen, die dieses Laster lieben, in ihrem Geist und in ihrem Willen widerspenstig sind und all ihre Werke trotzig gegen Gott stellen. Damit wenden sie alle ihre Taten Hals über Kopf in Maßlosigkeit, weil dieses Laster sie zuweilen mit Neid und Ungläubigkeit so erschreckt, dass sie manchmal nicht wissen, was sie tun können.

Vor der Gestalt erscheint eine Wolke, die schwarz, stürmisch und nebelig und zugleich mit einer dichten, weißen Wolke vermischt ist, weil sich jene, die Gott vergessen, die mannigfaltigen Gedanken ihrer eigenen Institutionen vorsetzen und in ihrer Gottlosigkeit bald schwarz, in ihrer Ungläubigkeit bald stürmisch und in verschiedenen Abwechslungen bald nebelig sind. Dies alles gefällt ihnen aber ganz gut, gleichsam wie in einer weißen Wolke, weil sie all ihre Werke nach dem Gefallen ihres Eigenwillens untermischen, indem sie nichts anderes tun, als was ihre Sehnsucht ihnen zeigt.

Dass *die Gestalt aber ihre Vorderpfoten auf diese Wolke legt,* bedeutet, dass jene, in denen die Gottesvergessenheit herrscht, ihre Füße, die sie zuerst nach dem Heil ihrer Seelen ausrichten müssten, nicht zum Guten, sondern zum Bösen setzen. So teilen sie sich in all ihren Werken und auf all ihren Pfaden in zwei Wege, und zwar in die Gottesvergessenheit und in die Herzenshärte, und strecken sich nur danach aus, wo ihr Geist sie hinführt, wie auch dieses Laster in seinen Worten zeigt, wie oben dargelegt. Die Heiligkeit widerspricht ihm und mahnt die Menschen, dass sie die Gottesvergessenheit hinter sich lassen, um Gott wahrhaftig zu lieben.

30. Insbesondere über Unbeständigkeit und ihre Haltung sowie was das bedeutet

Dass du aber *ein Rad wie das Rad eines Lastwagens in der erwähnten Finsternis liegen siehst, das sich wie eine Mühle dreht, als ob es vom Wind getrieben wäre,* bedeutet, dass der Lauf der Unbeständigkeit im Unglauben erlahmt, wie ein Lauf, der weder an seinem Anfang noch an seinem Ende Beständigkeit hat, sondern von vielerlei Übertreibungen beschwert und von allerlei Eitelkeiten belastet ist. Jedoch wird die Unbeständigkeit von irdischen Versuchungen angetrieben, so dass sie nicht im Stand der Ehrenhaftigkeit bleibt, sondern sich hin und her zerstreut und alle alten Bräuche in neue Erregungen wendet.

In seinen Speichen sind, nach oben zu Menschengröße aufgerichtet, vier Stöcke eingeklemmt, weil die Unbeständigkeit mit ihren Banden, die sie zugleich zusammenhalten, in der Unbeständigkeit beständig bleibt und die mannigfaltigen Abwechslungen nicht loslassen will. Dementsprechend werden die verschiedenen Sitten der Menschen in den vier Teilen der Welt zu ihrem Gefallen öffentlich in Erscheinung treten, wenn die Menschen bald diese Gewohnheiten, bald jene in Angriff nehmen und das Althergebrachte mit neuen Strömungen umgestalten.

Zwischen den Stöcken und über den Speichen steht etwas wie die Gestalt eines Menschen, die die Unbeständigkeit abbildet. Denn in der Mitte der verschiedenen Sitten der Menschen und über den Banden ihrer Zuversicht steht dieses Laster in der Form eines Menschen, weil die Menschen sich mit ihren Taten mehr als andere Geschöpfe unbeständig zeigen. Dieses Laster verweigert alles, was ehrenhaft ist, und folgt damit der Gottesvergessenheit. Wenn nämlich die Ungläubigen Gott vernachlässigen und ihn der Vergessenheit überlassen, wenden sie sich der Unstetigkeit zu und ergreifen auf teuflische Einflüsterung hin die Unbeständigkeit. Denn der Teufel ist nicht aufrichtig, bietet keine Weisheit, lehrt keine Ruhe und liebt keine Mäßigung, sondern er verführt die Menschen immer mehr und treibt sie in mannigfaltige Abwechslungen. Er selbst bleibt ja in der Unbeständigkeit und liebt die Unbeständigkeit, und jene, die beständig sind, beunruhigt er ohne Unterlass.

Die Gestalt hält mit ihren Händen je einen von den Stöcken fest, während die anderen beiden Stöcke in ihrem Rücken stehen, weil die Unbeständigkeit manche Sitten der Menschen sowohl geistlich als auch weltlich antastet und in die Gewohnheit einer einzigen Ergötzung wendet, weshalb solche Menschen die anderen Sitten, geistlich wie auch weltlich, bisweilen vernachlässigen. Indem nämlich die alte Schlange in den Menschen, die sowohl Gott als auch der Welt dienen, Unruhe verursacht, lässt sie diese durch die Unbeständigkeit bald diese, bald jene Sitten haben und bald dies tun, bald das lassen.

Dass *sich diese Gestalt mit dem Rad dreht,* bedeutet, dass dieses Laster in keinem Stand bestehen bleibt, sondern immer in Unbeständigkeit herumläuft und sich in alle Windrichtungen schwingt. Erst wählt es sich dieses aus, dann vernachlässigt es jenes, bald sucht es allein nach dem Alten in den Gewohnheiten der Menschen, bald greift es nur nach dem Neuen in ihren Gewohnheiten.

Sie hat aber krause, schwarze Haare, weil dieses Laster die Menschen dazu verleitet, dass sie meinen, sie würden in ihrem Geist ein vielfaches Wissen haben. Sie haben es aber nicht, weil sie in der klaren Rechtschaffenheit nicht stark sind, sondern in gedrehter Eitelkeit die Schwärze der Verkehrtheit lieben.

Ihre Hände sind den Vorderpfoten eines Affen ähnlich, weil all die Werke der Unbeständigkeit eher der überheblichen Torheit gleichen, als der wahren Klugheit. Sie wähnt, sie trüge den Schmuck der Klugheit, sie lebt jedoch in völliger Torheit. *Die Füße sind aber den Füßen eines Habichts ähnlich,* weil sie auf ihren Spuren Schärfe zeigt, indem sie nichts anderes befolgen will, als nur das, was ihr gefällt. Denn was sie will, das wählt sie sich aus, und dabei denkt sie nicht an den Nutzen, sondern nur an den Schein vor anderen.

Dass aber *ihr Gewand mit weißen und schwarzen Linien gestreift ist,* bedeutet, dass sie die Ärgernisse und Misshandlungen, mit denen sie sich in ihrem Geschäft umgibt, gelegentlich fälschlicherweise wie den Weg der Gerechtigkeit ausschmückt, dann wiederum mit dem Gang des Betrugs verdunkelt, indem sie behauptet, dieses sei zu tun, um die Heiligkeit zu bewahren, jenes aber, um das Unrecht zu meiden. Dafür wird sie weder die Herrlichkeit noch die Ehre der Weisen und der Disziplinierten erlangen, vielmehr wird sie als lästig verworfen von denen, die sie nicht schätzen, sondern vor ihr wie vor Pest erschrecken. Denn jene, die in aller Ehrenhaftigkeit und Redlichkeit beständig sind, können diejenigen, die in ihren Worten und Taten Unbeständigkeit aufweisen, weder vollständig ehren noch vollständig lieben.

Dass *sie aber mitunter ein Netz auswirft, um Lebewesen zu fangen, aber nichts fängt,* bedeutet, dass die Unbeständigkeit ihr Bemühen oft dafür aufwendet, taugliche Menschen zu betrügen, wenn sie sich anstrengt, sie hinter sich her zu ziehen, dies auszuführen vermag sie dennoch nicht. Denn solche Menschen haben keinen wackeligen Geist und bleiben in den guten und ehrenhaften Sitten fest bestehen, sie meinen auch nicht, dass sie das haben oder tun können, was sie weder haben noch tun können. Dieses Laster aber hält die Sache, in der es hängt, in seiner Einschätzung, und es meint, die Menschen, die ihm nicht folgen, seien töricht. Jene aber, die es schätzen, bestätigt es darin, sie seien weiser, tüchtiger und glücklicher als andere, wie dieses Laster auch oben in seiner Rede darstellt. Ihm antwortet die Standhaftigkeit und beweist, dass die Unbeständigkeit töricht und eitel ist und zusammen mit ihren Nachfolgern im See des Elends untertaucht.

31. Insbesondere über die Weltsorge und ihre Haltung sowie was das bedeutet

Die fünfte Gestalt bezeichnet die Weltsorge und begleitet hier die Unbeständigkeit. Denn die Menschen, die in ihren Sitten und in ihren Werken unbeständig sind, werden durch die Unbeständigkeit, die sie oft in ihrem Geist haben, häufig in die Sorge um das Irdische verwickelt, die dem, was himmlisch ist, widersteht und weder die Speise noch die Erquickung des Lebens sucht.

Du siehst, *sie hat die Form eines Menschen,* das heißt die Beschäftigung mit weltlichen und irdischen Angelegenheiten, und *bleiche Haare,* das heißt einen Geist, der in Torheit und in lautem Lärm überall herumläuft. Denn die Menschen, die diesem Laster huldigen, erleiden gewaltige Unruhe sowohl in der Seele als auch im Körper, dennoch ergötzen sie sich daran, als wären sie in einer großen Ruhe. Was nämlich für andere Menschen Unruhe ist, das ist für sie die Ruhe, und was für andere Ruhe ist, das ist für sie die Unruhe durch dieses Laster.

Deshalb *steht sie nackt in der Finsternis wie in einem Fass,* weil die Wahrnehmung und das Herz solcher Menschen so sehr in die Schwärze der irdischen Sorgen und Beklemmungen verwickelt und verstrickt sind, dass sie, entblößt von der höchsten Seligkeit, ihnen mit größter Wonne anhangen, als ob sie mit Annehmlichkeit in einer Badewanne sitzen würden.[69] Da sie nämlich die Nacktheit der ersten Unwissenheit lieben, suchen sie nicht mit Verlangen und Bitten das Gewand des Heils von Gott. Vielmehr richten sie all ihre Absichten und all ihr Streben auf die weltlichen Dinge und drängen mit glühendster Beschäftigung nach dem, was vergänglich und hinfällig ist, wie auch dieses Laster in seiner Rede sagt, wie oben dargelegt. Ihm antwortet das Himmelsverlangen und es ermutigt die Menschen, dass sie den zeitlichen Dingen nicht das hintansetzen, was erhaben und ewig ist.

32. Insbesondere über die Hartnäckigkeit und ihre Haltung sowie was das bedeutet

Die sechste Gestalt zeigt aber die Hartnäckigkeit des Geistes, die hier auf die Weltsorge folgt. Denn die Menschen, die völlig den irdischen Sorgen anhangen, fallen in die Hartnäckigkeit des Geistes, so dass sie in ihrem Herzen, als wäre es mit Pech beschmiert und zusammengeklebt, keine Achtung vor Gott haben, und sie reden und handeln so, als ob es Gott nicht gäbe. Denn sie wissen nicht, was gut ist, und suchen nicht die Weichheit der Güte, sondern trotzen in Härte gegen Gott.

Sie hat die Form eines Büffels, weil dieses Laster erreicht, dass die Menschen in ihrem Geist hart und rau werden und in die Höhe einer unsicheren Sicherheit aufsteigen, so dass sie niemanden trösten und keine Sorge um andere

69 Zur mittelalterlichen Badewanne bzw. zur Badekultur im Mittelalter siehe M. Hellmann: Art. Bad, in: Lexikon des Mittelalters Bd. 1 (1980), Sp. 1331-1334.

in Güte vernünftiger Erkenntnis tragen. Vielmehr laufen sie einem jeden mit den Pfeilen der Worte und der Bitterkeit der Werke entgegen, dabei lenken und schützen sie niemanden, sondern jagen jedem, soweit sie nur können, Erstarrung und Angst ein, wie auch dieses Laster in seinen Worten, wie oben gezeigt, vorträgt.

Die Herzenszerknirschung aber leistet ihm Widerstand und mahnt die Menschen, die Härte zu verlassen und in Treue häufiger nach dem zu seufzen, was himmlisch ist. Sie zeigt, dass sie auch von Gott zu erbitten haben, dass er sie dem Ansturm der bösen Geister gütig entreißt, wie auch der Prophet David betete, als er sagte:

33. David zur selben Sache

Entreiß mich dem Schlamm, damit ich nicht versinke; befreie mich von denen, die mich hassen, und von den Abgründen der Wasser. Der Andrang des Wassers möge mich nicht versenken, noch der Abgrund mich verschlingen; auch möge mich die Grube mit ihrem Rachen nicht bedrängen (Ps 68,15-16 / 69,15-16). Der Sinn dieser Worte ist folgender:

Herr Gott, *entreiß mich,* Sünder, durch die Sanftmut Deiner Gnade der Fäulnis, in der ich dem Fleisch nach entstanden bin. Sie regt mich zur Sünde an, durch die in mir jene Härte aufsteigt, die dich verneint. Entreiß mich auch der großen Begierde meines Fleisches, die schmutzig ist! Du hast mich am Anfang als irdisch erschaffen, nach dem Fall Adams bin ich aber zu schmutzigem Schlamm geworden, der in mir überall lasterhaft wuchert und in dem scheußliche, nichtsnutzige Würmer kriechen. Aus diesem Fleisch sollte aber der würzige Wohlgeruch der guten Werke in der kraftvollen Kraft Deiner Gnade aufsteigen, weil das Fleisch des Menschen in der Feuchtigkeit der guten und der bösen Erkenntnis nützlich und unnütz zugleich ist; es neigt jedoch zum Bösen.

Du aber, o Gott, *ziehe mich ab von den schmutzigen Taten,* damit ich nicht im Gestank der Nutzlosigkeit und in der Vergessenheit gefunden werde, die mich gleich dem Stachel des Todes ans Verderben heftet. Lass zu, dass ich im lieblichen Duft der Tugenden durch die gute Erkenntnis diesen Schlamm übersteige und ihn unter meinen Schritten mit meinen Füßen zertrete.

Befreie mich aber auch von denen, die mir im Hass mein ganzes Wesen, das du mir in der guten Erkenntnis gegeben hast, entziehen wollen, denn sie sind vom Geschmack der Sünden; und auch *von den abgründigen Stürzen* jener Sünden, die versuchen, mich zu erwürgen, denn sie dienen der Lüsternheit. Auch soll mich der Aufruhr der gefährlichen Bosheit, der die Habgier ist, *nicht* dadurch *versenken,* dass sie mir deine Güte entreißt. Der Rachen der alten Schlange, der gleich der Hölle *ein Abgrund* in der Gottesvergessenheit ist, soll mich durch die Gewohnheit böser Werke *nicht verschlingen. Die Grube,* die die Wirkung und die Fülle aller bösen Werke im Hochmut ist, *soll mich mit ihrem Rachen nicht bedrängen,* um mich aufzureiben, denn er erweist sich als der Tod. So möge mich der Tod mit seinem verschlossenen Mund nicht derart zusammenschnüren, dass es niemanden gibt, der mich ihm entreißt. Dies wirst Du, o Gott, nicht wegen meiner Verdienste tun, die gering sind, sondern weil Du gütig bist. Jetzt ist aber jener Mensch selig, den Gott erhört und der von Gott die Gabe empfängt, weil er von ihm das erbittet, was man erbitten soll.

34. Insbesondere über die Begierde und ihre Haltung sowie was das bedeutet

Die siebte Gestalt, wie du siehst, bezeichnet die Begierde, die hier hinter der Hartnäckigkeit einherschreitet. Denn wenn die Hartnäckigkeit im verkehrten Geist der Menschen nicht Gott sucht, folgt ihr bald die Begierde, die ihren Blick nicht zu Gott erhebt, sondern überall herumgeht und herumläuft, wie der Wolf, der sucht, wen er verschlingen kann. In unruhiger Unruhe verwundet sie andere und beeilt sich, alles auf irgendwelche Weise zu gewinnen, was sie nur kann.

Sie ähnelt bis zu ihren Beinen einer Frau, ihre Beine und ihre Füße sind jedoch so sehr in der erwähnten Finsternis eingefangen, dass du sie vor der Finsternis nicht sehen kannst, weil sie in der Weichheit der Eitelkeit, die alles begehrt, nach jenem Ziel strebt, wo sie auf den Spuren der vollständigen Bosheit im Unglauben so versinkt, dass man ihr Ziel und ihre Spuren im Unglauben nicht unterscheiden kann. Die Begierde legt ihren Anhängern leichtsinnige Worte in den Mund, wodurch sie behaupten, sie würden wegen dringender Notwendigkeit einsammeln, was sie noch nicht haben, und angesichts zufällig anstehender Notwendigkeit wollten sie nicht zerstreuen, was sie bereits eingesammelt haben. Diesen Leichtsinn führen sie zur Vollendung in jener Verkehrtheit, wo sie keiner Güter mehr gewahr werden, weil sie das Angehäufte weder sich selbst gönnen noch mit anderen teilen.

Dass *sie ihren Kopf bedeckt, wie es Frauen tun,* bedeutet, dass die Menschen, die diesem Laster folgen, all ihre Absicht mit Täuschung verstecken und niemanden erkennen lassen, was sie in ihrem Herzen vorhaben. Denn sie kennen keine Mäßigung, durch die der Mensch himmlisch und irdisch zugleich sein sollte.

Sie ist mit einem weißen Kleid bekleidet, denn sie gibt täuschend vor, dass all ihre Meinungen und ihre Anweisungen nützlich und schön sind, und sie behauptet, dass sie alles, was sie an verschiedenen Dingen und verschiedenen Geräten einheimsen kann, in guter und notwendiger Absicht sammelt, wie sie oben auch in ihren Worten zeigt. Die Weltverachtung aber leistet ihr Widerstand und überzeugt die Menschen, dass sie das Zeitliche und das Hinfällige fliehen, um in Treue nach dem Ewigen zu lechzen.

35. Insbesondere über die Zwietracht und ihre Haltung sowie was das bedeutet

Du siehst eine weitere Gestalt, die die Zwietracht darstellt und hier auf die Begierde folgt. Denn wenn böse Menschen in Begierde vieles suchen, was sie doch nicht besitzen können, dann stürzen sie im Wahnsinn ihres Geistes auf die Zwietracht zu und feinden die anderen an, so wie ein Hund den Menschen rasend angreift. Sie verursachen viele Spaltungen und in ihrer Bitterkeit und ihrer Härte zerstreuen und zersprengen sie alles, was von Gott geschaffen ist, denn sie wollen nicht den Frieden, sondern freuen sich gewaltig, wenn sie andere mit Worten und Taten zerfetzen.

Sie hängt mit aufgehobenen Füßen in der erwähnten Finsternis, weil solche Menschen, die von diesem Laster angestachelt sind, in Überheblichkeit und Widerspenstigkeit auf ihren Wegen immer zur ungläubigen Überschreitung bereit sind. Sie weichen niemandem aus, schonen niemanden, sondern setzen alles, was sie umstoßen können, in Widerspruch. Sie achten nicht auf das Gut der Einmütigkeit, anders als jene, die achtsam waren, weil sie alles, was sie besaßen, mit anderen im Guten geteilt haben, wie geschrieben steht:

36. In der Apostelgeschichte zur selben Sache

Die Schar der Gläubigen war ein Herz und eine Seele. Keiner von ihnen hielt etwas von dem, was er besaß, für eigen, sondern alles war ihnen gemeinsam (Apg 4,32). Der Sinn dieser Worte ist folgender:

Jene Schar, vermehrt im katholischen Glauben und besiegelt im Feuer des Heiligen Geistes, der den Geist *der Glaubenden* so besprengt, dass sie in Einheit des Spiegels des wahren Glaubens Gott sehen, muss *ein Herz* in der Einheit der wahren Dreifaltigkeit haben, in der sie glühen soll, so dass sie niemand anderen als allein Gott beachtet. Die Gläubigen müssen aber auch *eine Seele* in der glühenden Liebe sein, durch die sie alle Königreiche der Welt verachten und alle Misshandlungen, die auf sie zukommen, für nichts halten. Denn wenn das Fleisch zum Gipfel der Verpflichtungen der Seele aufsteigt, wird das Fleisch zu Recht von den Verpflichtungen des Fleisches bedrängt. Deshalb sollen sich die Gläubigen an all diesem freuen, denn sie wollen nicht reich, sondern arm sein.

Da sie den aschenartigen Reichtum, der durch die Habgier tot ist, verschmähen, soll auch *keiner von ihnen* auf diese Weise etwas nach seinem Eigenwillen besitzen, *sondern alles*, was sie durch Gottes Gabe erhalten, sollen sie mit Gott *zusammen besitzen*. Auch soll keiner behaupten, dass er etwas kraft seiner Tugend hat, sondern vielmehr von Gott, der den Guten alles Gute schenkt. Was ist das? Wahrheit und Gerechtigkeit, in denen alle Güter eingeschlossen sind. Sie wollen keinen stummen Gott haben, der alles Gute leugnet und alles Böse an sich zieht.

So wird denen, die Gott lieben und das Leben haben wollen, *alles gemeinsam sein*, weil sie den Eigensinn ihres Willens verlassen und kein Eigentum haben wollen. Der Eigensinn des Willens der Menschen sucht nach anderen Götzen und treibt jede Heiligkeit von sich weg, weil er aus sich heraus bestehen will. Gott aber hat den Menschen erschaffen und ihm die ganze Schöpfung unterworfen, dennoch hat der Mensch darin keine Macht, allein die, die Gott gestattet. Denn was der Mensch heute besitzt, das entzieht ihm Gott morgen aufgrund seines gerechten Urteils, ob der Mensch es will oder nicht. Denn alles besteht von Gott her und ist in Gott, der alles richtig ordnet.

Daher *hat die Gestalt einen Kopf, wie ein Leopard*, weil die Zwietracht den ganzen Willen der bösen Menschen in einen zweifachen Hinterhalt führt, indem sie diese in Wort und Tat rasen und wüten lässt und allen, sowohl den Ruhigen als auch den Unruhigen, im Verborgenen wie auch in der Öffentlichkeit, durch den Wahnsinn ihrer Wut das Entsetzen und den Schrecken der Unruhe einjagt. Dadurch ahmt die Zwietracht den Teufel nach, aus dem sie hervorgeht, weil dieser mit seinen Einflüsterungen alle beunruhigt und verwirrt.

Ihr übriger Körper ähnelt aber einem Skorpion, weil alles, was sie tut, voll ist vom Gift des Todes, da sie ausschließlich mit den Gefahren des Unglücks und des Todes verhandelt.

Dass *sie sich gegen Süden und Westen wendet*, bedeutet, dass sie sich den Tugenden, die in der Himmelsliebe glühen, entgegensetzt und den teuflischen Künsten beisteht, indem sie alles, was sie nur kann, umstürzt. Wie sie auch in ihren Worten, wie oben gezeigt, darlegt. Die Eintracht aber antwortet ihr und macht deutlich, dass die Zwietracht in die Hölle gestürzt ist.

37. Desgleichen insbesondere über die Gestalt des Gotteseifers und was das bedeutet

Danach erblickst du zur linken Seite des erwähnten Mannes eine Gestalt, die gleichsam eine menschliche Form hat, denn jene Bosheiten, die, wie zur linken Seite, in der Vergessenheit des allmächtigen Gottes verbleiben, werden durch das gerechte Urteil des Gotteseifers gerichtet; die Menschen begehen sie nämlich als Übertretung. Gottes gerechtes Urteil aber richtet auch das Unrecht auf gerechte Weise.

Auf ihrem Haupt trägt die Gestalt einen feurigen Reif, aus dem feurige Zungen hervorlodern, denn der Gotteseifer erglüht seit Anbeginn der Welt und durchläuft den Kreislauf seiner unergründlichen Urteile im Sturz des ersten Engels. Er verbrennt jeglichen Frevel, der an der Hitze der Begierde entfacht ist und den das vernunftbegabte Geschöpf verübt, und lässt nichts ohne Prüfung.

Ihr Gesicht schleudert rötlich schimmernde Blitze aus, weil die göttliche Vergeltung ihren Willen zur Läuterung offen und leuchtend zeigt, wenn sie einen jeden nach seinem Verdienst öffentlich züchtigt, während die anderen zuschauen.

Dass *du aber andere Form an ihr nicht sehen kannst, weil sie mit einem marmornen Mantel bekleidet ist,* bedeutet, dass die unergründlichen Urteile im Gotteseifer nicht bis zu Ende betrachtet werden können, weil sie mit einer so unbesiegbaren Stärke umhüllt sind, dass man sie weder untersuchen noch erweichen kann. Sie üben ihren Dienst aus, wie es gerecht ist, denn sie durchdringen in Gerechtigkeit alles, was nicht in Reue geprüft und gereinigt worden ist. Denn was die Reue reinigt, das prüft der Gotteseifer nicht mehr, denn die Reue ist sein Feuer und seine Geißel. Was aber die Reue nicht geschmolzen hat, das verzehrt der Gotteseifer mit Feuer.

38. Auf welche Weise der getreue Mensch zu sich spricht, wenn er wegen seiner Sünde zagt und sein Leben verlängern will, um sich von seinen Sünden zu bessern

Daher soll auch der getreue Mensch, der Gottes Züchtigungen an sich erfährt und diese fürchtet, da er weiß, dass nicht der Sünder, sondern der Reuige verschont wird, mit stöhnendem Herzen sprechen: „O Gott, der Du alles kennst und alles als gut vollendet hast: Wenn ich sündige, dann zage ich in der Begierde meiner Sünden, und obwohl ich mich in meiner Seele durch Reue erkenne, führe ich diese Reue dennoch nicht aus, und deshalb fürchte ich mich. Wenn ich die Wege und die Pfade meines Willens in Ausgelassenheit begehe, dann zage ich. Wenn ich die Sünden bis ins Alter weiterführe oder den Überdruss in der Sünde für Schmerz und Traurigkeit halte, lasse ich sie deswegen nicht los, und deshalb fürchte ich mich. Warum das so ist? Weil ich weiß, was und welche sie sind. Was bedeutet das?

Ich bin jenes Rad, das bald nach Norden, bald nach Osten, bald nach Süden und bald nach Westen gerollt wird. Wenn ich nämlich jene Sünde spüre, durch die ich in der ersten Ursünde gezeugt worden bin, dann ziehe ich sie in Gedanken oder Worten oder Werken in mich. Wenn sich aber meine Seele erinnert, woher sie kommt, siebe ich die Gerste meiner Werke und trenne sie vom Weizen, und dennoch tue ich es nicht vollständig, weil ich Fleisch und Blut bin. Wenn ich jedoch zu unerlaubten Freuden voranschreite, die mich durch die Anreizungen des Fleisches wie ein Reh springen lassen, habe ich für sie keinen Zügel. Wenn ich schließlich im Alter auf den Überdruss der Sünden zugehe, so dass es mich nicht mehr ergötzt, zu sündigen, dann will ich mein Leben verlängern, um mich von meinen Sünden zu bessern, was ich jedoch nicht vollbringe. So drehe ich mich in all diesem gleich einem Rad unbeständig herum. Deshalb erschrecke ich auch, o Gott, in diesen Angelegenheiten vor meinen Sünden, selbst wenn ich sie tue, weil ich in meiner Seele weiß, dass du niemanden verschonst, der sich dir in Sünden unverschämt widersetzt. Du hast nämlich den ersten Engel nach seiner Übertretung in die Unterwelt geworfen und den Menschen nach seinem Fall in die Verbannung geschickt, und du verwirfst jedes Unrecht, wie es dies verdient, auf den Ort der Zerreibung. Dennoch habe ich Zuversicht, weil du den Himmel durchbrochen und Fleisch angezogen hast, weshalb dir der verfehlende und sündige Teil gänzlich überlassen worden ist, weil du ihn in deiner Barmherzigkeit durch Reue abwäschst. So werde auch ich als Reuiger, dem du die Sünden abgewaschen hast, leben."

39. Der Gotteseifer steht unüberwindlich gegen die teuflischen Einflüsterungen

Die erwähnte Gestalt *ruft aber gegen jene Laster, die vorgestellt sind*, weil der Gotteseifer gegen die Einflüsterungen der bösen Geister, die die Menschen offensichtlich bedrängen, seine Stimme erhebt und sie in ihrem teuflischen Unrecht durch die Kraft des höchsten Richters unterdrückt und fortjagt. So werden auch der alte Besitzergreifer und seine Anhänger, die die wahre Gerechtigkeit von sich abgeworfen haben und durch die feurige göttliche Rache niedergestreckt worden sind, für nichts gehalten, weil der Gotteseifer gegen alle Künste ihrer Hinterlist, die sie in allem Bösen haben, stark und unbesiegbar steht. Sie vermögen es nicht, sich ihm zu widersetzen, denn das Licht besiegt die Finsternis, und alles, was gut ist, vernichtet das Böse, da alles Gott unterworfen ist.

40. Der Gotteseifer schlägt jenen Menschen weniger, der sich selbst für seine Sünden züchtigt

Wenn aber der Mensch sich selbst für seine Sünden züchtigt und aufhört zu sündigen, dann schlägt ihn der Gotteseifer weniger, weil der Mensch sich selbst nicht geschont und das zurückgewiesen hat, an dem er vorher seine Wonne hatte. Dies ist der andere Weg, der den Menschen zum anderen Leben führt. Inwiefern?

41. Der Mensch, der seine Sünden erkennt und zu Gott seufzt sowie heilige Werke aufbaut, lässt den Teufel erröten

Sobald nämlich der Mensch seine Sünden einsieht und davon ablässt, erkennt er Gott; sobald er mit Seufzen seiner Seele zu Gott seufzt, erblickt er Gott; und sobald er beginnt, gerechte und heilige Werke aufzubauen, dient er der Ordnung der Engel; und wenn sich der gute Ruf seiner guten Werke unter den Menschen verbreitet, dann schreibt er zusammen mit den Cherubim die Geheimnisse Gottes auf. Wenn der Teufel dies alles sieht, errötet er, da der Mensch seine Sünden verlässt und zu seinem Schöpfer zurückkehrt, und gerade dies will der Teufel nicht tun, der in seiner verkehrten Verdorbenheit verhärtet ist. Der getreue Mensch aber eilt zu Gott zurück und bringt ihm die Ehre vom ganzen Heil seines Lebens entgegen. Denn es ist gerecht, dass der Mensch seinem Schöpfer die liebende und heilige Hingabe seines Herzens zeigt, wie auch der Psalmist dazu ermutigt, wenn er sagt:

42. David zur selben Sache

Bringt dem Herrn Herrlichkeit und Ehre dar, bringt dem Herrn die Herrlichkeit seines Namens dar! Betet den Herrn an in seiner heiligen Halle! (Ps 28,2 / 29,1-2). Der Sinn dieser Worte ist folgender:

Ihr, die ihr euch danach sehnt, das Böse zu meiden und das Gute zu tun, *bringt* in aller Hingabe *dem Herrscher aller* in rechtem Glauben *Herrlichkeit* und im Dienst der Gerechtigkeit *Ehre dar.* Wenn ihr nämlich rechten Glauben habt, dann werdet ihr ihn mit seligen Werken erfüllen. *Bringt dem Herrn* auch *Herrlichkeit dar,* indem ihr ihn euren *Gott nennt,* indem ihr wahrhaft glaubt, dass er, den ihr Gott nennt, der wahre Gott ist, und indem ihr ihm gemäß gute Werke tut. Denn ihr seid nach seinem Abbild und seiner Ähnlichkeit erschaffen worden.

Daher *betet den Herrscher aller an* mit gebeugtem Geist und gebeugtem Körper in allen *kirchlichen Einrichtungen, die heilig sind,* weil sie den Thron seiner Majestät berühren. Tut dies auch durch Enthaltsamkeit und Keuschheit und durch weitere Tugenden, die *in seiner Halle* wandeln; und dient ihm treu, indem ihr die himmlische Harmonie und die Ordnung der Engel nachahmt. Dies alles möge die heilige und getreue Seele tun, solange sie im Leib verbleibt. Sie soll den Teufel samt seiner Überredung fliehen, ihrem Schöpfer anhangen und sich von denen, die sich bemühen, sie zu ersticken, eiligst abwenden.

Wer aber Sehnsucht nach dem Leben hat, nehme damit diese Worte auf und verberge sie im innersten Gemach seines Herzens.

Zur Ungerechtigkeit

Und siehe, ich sah in der erwähnten Menge weitere Geister, die schreiend sagten: „Luzifer wird tun, was ihm gefällt, und wir mit ihm. Weder er noch wir werden etwas anderes tun." *Sie führen den Menschen die Ungerechtigkeit vor und überreden sie dazu, dass keiner dem anderen gibt, was ihm gehört.*

43. Desgleichen über die läuternden Züchtigungen der Seelen jener Menschen, die durch Ungerechtigkeit gesündigt haben, und warum sie diese auf solche Weise zu erleiden haben

Und ich sah einen entsetzlichen Ort, der voll war von feurigen Stacheln, Dornen und schlimmen Würmern. Die bösen Geister trieben mit feurigen Geißeln durch dies alles die Seelen jener, die in ihrem irdischen Dasein in der Welt in jeder Weise der Ungerechtigkeit gehuldigt hatten. Da sie mit Taten und Worten überall an der Ungerechtigkeit festgehalten hatten, erlitten sie die Stacheln und die Dornen. Da sie dadurch der Bitterkeit gedient hatten, wurden sie von den Würmern gequält, und weil sie in Ungerechtigkeit niemanden verschont hatten, wurden sie von den bösen Geistern mit Geißeln gepeinigt.

Und ich sah und verstand es.

44. Auf welche Weise die Menschen durch Reue die Sünde der Ungerechtigkeit in sich zu tilgen haben

Und aus dem lebendigen Licht hörte ich wiederum eine Stimme, die zu mir sprach: Was du siehst, ist wahr; und es ist so, wie du es siehst. Deshalb sollen die Menschen, die diese schlimmen Geister überwinden und den Züchtigungen für dieses Laster entkommen wollen, jegliche Ungerechtigkeit von sich weisen, ferner Fasten und Schläge ertragen, während sie in lauteren Gebeten achtsam ausharren. Dies sollen sie tun, wie es ihnen der vorgesetzte Seelenführer zeigt.

45. Wer die Ungerechtigkeit liebt, will dem Gesetz nicht dienen, weil sich in der Ungerechtigkeit keine Rechtsordnung findet

Diejenigen, die die Ungerechtigkeit lieben und daran festhalten, schmeicheln zur rechten und zur linken Seite den anderen Menschen, auf ihre Lehrer aber hören sie nicht. Sie lieben weder das Gesetz, noch wollen sie den Vorschriften des Gesetzes dienen. Vielmehr bestimmen sie das zum Gesetz, was sie lieben, solange sie es wollen. Die Ungerechtigkeit ist nämlich wie die mondlose Nacht, in der keine Sterne leuchten. Denn wie in der Nacht, wenn Mond und Sterne verdunkelt sind, die Zeiten nicht unterschieden werden können, so findet sich in der Ungerechtigkeit keine Rechtsordnung.

Die Ungerechtigkeit ist auch wie die ungekochte und ungesalzene Speise, denn sie ist nicht gekocht in der Lehre der Erkenntnis und nicht gesalzen mit der Weisheit. Sie entbehrt auch des freudigen Klanges der Vernunft, denn die Vernunft enthält den Klang des Lobes und die Freude, die zur Harfe greift, um Gott zu loben. In dieser Vernunft soll der getreue Mensch mit aller Mühe seiner Seele und seines Körpers, mit demütigem Geist und zerknirschtem Herzen seinen Schöpfer preisen, denn dieser ist würdig des Lobes seiner Schöpfung. Daher sage ich, der ich alles erschaffen habe:

46. Der Getreue soll seinen Schöpfer loben, da die Seele häufig eine Klage erhebt, wenn sie die Symphonie hört

Ihr, die ihr am himmlischen Jerusalem Anteil haben wollt, lobt euren Schöpfer im Klang des Glaubens, der von der Vernunft umfasst mit lobenswertem Klang durch alle Werke Gottes hindurch ertönt, um über jegliches Gut Gott ein Lob zu singen. Die Vernunft ist aber gleich einer Trompete mit lebendiger Stimme erfüllt, die ihre Aufgaben nach unten hin hat, und zwar so, dass sie diese durch die verschiedenen Künste an die Geschöpfe gleichmäßig verteilt, damit die Geschöpfe ihr beistehen und so einen guten und starken Ton wiedergeben. Denn die Vernunft lässt durch den Klang ihrer lebendigen Stimme alles, was keinen lebendigen Klang hat, widerhallen. Sie selbst enthält die Melodie des Jubels von der ersten Einhauchung, mit der Gott die Seele des ersten Menschen angehaucht hat.

Lobt also Gott mit reinem und angemessenem Wissen, das die Schöpfung dazu bereitet, mit ihm übereinzustimmen; und lobt ihn mit milder und tiefer Weisheit, die alles der gerechten Einteilung gemäß weise ordnet, nämlich wenn sie im Geist des Menschen das Himmlische weise unterscheidet und das Irdische milde erspürt. Die Seele des Menschen aber enthält eine Symphonie und klingt selbst symphonisch, weshalb sie häufig auch Klage erhebt, wenn sie die Symphonie hört, da sie sich dann daran erinnert, dass sie aus der Heimat in die Verbannung geschickt worden ist.

Dies ist aber von den Seelen der Reuigen gesagt worden, die zu reinigen und zu heilen sind, und es ist verlässlich; der Getreue möge darauf achten und es im Gedächtnis des guten Wissens aufbewahren.

Zur Stumpfheit

Auch andere Geister sah ich in derselben Menge und hörte, dass sie so schrien: „Wer oder was Gott ist, das wissen wir nicht, wir kennen aber, wen und was wir sehen." *Sie verführen die Menschen zur Stumpfheit und bringen sie dazu, in allem stumpf zu sein.*

47. Desgleichen über die läuternden Züchtigungen jener Seelen, die sich in der Welt durch Stumpfheit verfehlt haben, und warum sie diese auf solche Weise zu ertragen haben

Ich sah eine finstere Luft, die mit Feuer durchmischt war und in der die bösen Geister die Seelen jener, die in ihrem irdischen Dasein die Stumpfheit geliebt hatten, mit feurigen Knüppeln trieben und sie zwangen, hin und her zu laufen. Wegen der Stumpfheit, die sie in sich gehegt hatten, befanden sie sich nämlich in der finsteren Luft, wegen der Torheit, durch die sie Gott für nichts gehalten hatten, erlitten sie das Feuer, und wegen der Faulheit, die sie verhindert hatte, sich in gerechten Werken abzumühen, mussten sie die Unrast ertragen, die diese bösen Geister verursachten.

Und ich sah und verstand es.

48. Auf welche Weise die Menschen, die durch Stumpfheit sündigen, diese Sünde durch Reue in sich zu sühnen haben

Und wiederum hörte ich aus dem lebendigen Licht eine Stimme, die zu mir sprach: Was du siehst, ist wahr. Wenn aber die Menschen die Geister, die sie zur Stumpfheit anhalten, abzuwenden streben und den Züchtigungen für dieses Laster entkommen wollen, dann sollen sie sich mit Fasten und Schlägen züchtigen und, nachdem sie mit lauteren Gebeten den Überdruss der Stumpfheit von sich abgeschüttelt haben, mit der Spitze der Tüchtigkeit Gott dienen.

49. Die Stumpfheit, die in Faulheit herumliegt und der schädlichen Luft, die die Frucht austrocknet, ähnlich ist, kümmert sich nicht darum, Gutes zu wirken

Die Stumpfheit hat gewisse Gemeinsamkeit mit manchen Tieren, die weder im Guten noch im Bösen beweglich sind, sondern nur in Faulheit herumliegen. Die Stumpfheit nämlich fürchtet Gott nicht und liebt ihn nicht, weil sie ihn weder in der Furcht schmeckt noch in der Liebe mit ihm symphonisch klingt. Sie wirkt nicht, wie der Mensch, in den Mühen der Vernunft, noch betet sie zu Gott im Hauch der Seele. Sie ist der schädlichen Luft ähnlich, die die Frucht der Erde austrocknet. Daher spricht sie zu sich: „Wenn es Gott gibt, dann sei er Gott. Aber meiner Mühe ist er nicht würdig. Ich wünsche nämlich nichts weiter, als zu leben." So kümmert sich die Stumpfheit nicht darum, Gutes zu wirken.

Eine große Torheit herrscht in dem Menschen, der nicht danach sucht, Gott zu ehren und ihn zu lieben, der alles geschaffen hat und dessen Reich kein Ende nimmt. Die Weisheit dagegen findet sich in jenem Menschen, der den, von dem er Leib und Seele empfangen hat, im Spiegel seines Herzens treu betrachtet.

Dies ist aber von den Seelen der Reuigen gesagt worden, die zu reinigen und zu heilen sind, und es ist verlässlich; der Getreue möge darauf achten und es im Gedächtnis des guten Wissens aufbewahren.

Zur Gottesvergessenheit

Ich sah aber in derselben Menge auch andere Geister, die alle mit lautem Geschrei riefen und sagten: „Lasst uns gehen, lasst uns gehen, und eilen wir dorthin zu gehen, wohin wir gehen müssen." *Sie verführen die Menschen zur Gottesvergessenheit und überzeugen sie, dass sie weder ihren Schöpfer noch seine Werke erinnernd beherzigen.*

50. Desgleichen über die läuternden Züchtigungen der Seelen jener Menschen, die durch Gottesvergessenheit gesündigt haben, und warum sie diese auf solche Weise zu erleiden haben

Und ich sah ein großes Tal, das sich in Länge und Breite gewaltig ausdehnte und das voll war von großem Feuer und unreinem Gestank. Unzählige Würmer mit entsetzlicher Gestalt krochen darin herum. Dort wurden die Seelen jener gezüchtigt, die in ihrem irdischen Dasein die Gottesfurcht und die Gottesliebe der Vergessenheit anheimgegeben hatten und die nicht wissen und verstehen wollten, was sie zu tun hatten. Da sie in ihrem Herzen Unglauben gehabt hatten, hielten sie sich in diesem Tal auf. Da sie die Gottlosigkeit geliebt hatten, brannten sie in diesem Feuer. Weil sie versucht hatten, Gott Widerstand zu leisten, rochen sie jetzt diesen Gestank, und weil sie vielerlei listige Widerwärtigkeiten in sich gesammelt hatten, wurden sie von den erwähnten Würmern gequält.

Und ich sah und verstand es.

51. Auf welche Weise die Menschen durch Reue die Sünde der Gottesvergessenheit in ihrem Körper zu tilgen haben

Und aus dem lebendigen Licht hörte ich wiederum eine Stimme, die zu mir sprach: Was du siehst, ist wahr; und es ist so, wie du es siehst. Daher sollen die Menschen, die Gott in die Vergessenheit verdrängt haben, die bösen Geister, die sie zur Vergessenheit verführen, fliehen. Sie sollen zu ihrem eigenen Herzen zurückkehren und ihren Schöpfer und seine Werke beachten. Damit sie nicht mit den erwähnten Strafen gezüchtigt werden, sollen sie sich für eine bestimmte Zeit von den Menschen zurückziehen und in groben Kleidern, mit Fasten und Geißelungen gemäß dem Befehl des ihnen vorgesetzten Leiters sühnen.

52. Die Gottesvergessenheit umhüllt das Herz des Menschen mit der Finsternis des Unglaubens

Die Gottesvergessenheit gibt den Menschen böse Gedanken ein und überredet sie, zu sagen: „Wieso könnten wir Gott erkennen, den wir nie gesehen haben? Und wieso vermöchten wir uns nach dem auszurichten, was wir doch nie betrachtet haben?" Der Mensch, der so redet, erinnert sich nicht seines Schöpfers, denn die Finsternis des Unglaubens hat sein Herz umhüllt. Als nämlich der Mensch gefallen ist, ist die ganze Schöpfung mit ihm umnebelt worden. Gott hatte den Menschen freilich ganz licht erschaffen, so dass er das Licht des reinsten Äthers sah und den Gesang der Engel erkannte. Gott hatte ihn mit so großer Klarheit bekleidet, dass der Mensch in großem Glanz leuchtete.

Dies alles aber hat der Mensch verloren, als er Gottes Gebot übertreten hat, infolgedessen sich auch die Elemente mit ihm ins Schlimmere verwandelt haben. Dennoch haben sie in sich etwas Licht bewahrt, weil sie die Sünde, die der Mensch begangen hat, durch Übertretung nicht vollbracht haben. Deswegen soll der Mensch Gott verstehen und ihn ins Innerste seines Herzens hineinführen, wissend, dass er von nichts anderem als allein von Gott erschaffen worden ist, der die ganze Schöpfung hervorgebracht hat. Der Mensch soll Gott immer im Gedächtnis des guten Wissens festhalten, wie es geschrieben steht:

53. Worte aus dem Buch der Weisheit

Gedenke deines Schöpfers in den Tagen deiner Jugend, bevor die Zeit deiner Bedrängnis kommt und der Staub sich in seine Erde zurückwandelt, woher er gekommen ist, und der Geist zum Herrn zurückkehrt, der diesen gegeben hat (Koh 12,1.7). Dies ist auch so zu verstehen:

Du, der du dich danach sehnst, ein herrliches Leben und die Ruhe der Ewigkeit zu erlangen, *gedenke* in guten und heiligen Werken *dessen, der dich geschaffen hat.* Tu dies bereits *in den Tagen deines sprießenden Lebens,* wenn du wächst und in Heiligkeit voranschreitest, *bevor dich jene Zeit ereilt,* wo dein Blut und dein Fleisch schwach und deine Gebeine entblößt werden, *bevor die Asche* deines Körpers *in den Staub der Erde zurückkehrt, aus der du gemacht worden bist,* verwandelt in ein fremdes Leben, und *bevor der Geist,* der deinen Körper belebt, diesen verlässt und *zum Herrscher aller zurückkehrt,* der diesem deinem

Körper den Geist gemäß seiner Gnadenordnung gegeben hat. Gott ist nämlich wie der Handwerker, der mit dem Blasebalg das Feuer anfacht und es überall hinwendet, damit sein Werk vollkommen vollendet wird. Wenn aber der Geist des Menschen auf rechte Weise im Lauf der guten Werke gelenkt wird, um zur unvergänglichen Ewigkeit der Freuden zurückzukehren, dann wird er das reinste Licht sehen, das Adam gesehen, und den Gesang der Engel hören, den Adam gehört hat, bevor er sich der todbringenden Übertretung zugewandt hat. Und so wird der Mensch in größter Sehnsucht nach dem Kleid verlangen, das er ausgezogen hat, um sich zugleich daran zu freuen.

Dies ist aber von den Seelen der Reuigen gesagt worden, die zu reinigen und zu heilen sind, und es ist verlässlich; der Getreue möge darauf achten und es im Gedächtnis des guten Wissens aufbewahren.

Zur Unbeständigkeit

Auch andere Geister sah ich in derselben Menge und hörte, dass sie so schrien: „Mit unserer Kunst werden wir alles erforschen und in Besitz nehmen.“ *Sie treiben die Menschen an, unbeständig zu werden, und setzen ihnen überall die Unbeständigkeit vor Augen.*

54. Desgleichen über die läuternden Züchtigungen der Seelen jener Menschen, die sich durch Unbeständigkeit verfehlt haben, und warum sie diese auf solche Weise haben

Und ich sah ein großes Feuer, in dem es von vielen und verschiedenen Würmern wimmelte, die unterschiedliche Gestalt hatten. Dort wurden die Seelen jener gepeinigt, die in ihrem irdischen Dasein mit ihren Worten und Werken die Unbeständigkeit an sich gezogen hatten. Wegen der Unbeständigkeit, mit der sie viele Menschen dreist getäuscht hatten, brannten sie in diesem Feuer, und wegen der vielfachen Hinterlistigkeit, die sie mit Eitelkeit in sich gehegt hatten, wurden sie von den Würmern angegriffen.

Und ich sah und verstand es.

55. Auf welche Weise die Menschen die Sünde der Unbeständigkeit durch Reue von sich abzuschütteln haben

Und aus dem lebendigen Licht hörte ich wiederum eine Stimme, die zu mir sprach: Was du siehst, ist wahr. Die Menschen aber, die diese schlimmen Geister, die sie zur Unbeständigkeit anregen, von sich jagen wollen und sich danach sehnen, den Züchtigungen dafür zu entkommen, sollen sich, wenn sie im Laienstand leben, zum geistlichen Leben entschließen; wenn sie

Geistliche sind, sollen sie sich in dieser Lebensform mit aller Disziplin der Wahrheit härter als gewohnt bändigen, um die Verdorbenheit dieses Lasters von sich abzuschütteln. Dieses spricht nämlich zu den Menschen auf folgende Weise:

56. Die Unbeständigkeit, die nicht auf einem einzigen Weg gehen will, sondern an ihrem Eigenwillen festhält, gleicht einer Götzenstatue

„Wie sollte ich auf einem einzigen Weg gehen, wenn sich mir eine einzige Sache doch gar nicht zeigt, und wenn mir keine Weide, wo ich weiden könnte, gegeben wird? Wo ich den Glauben suche, dort finde ich ihn nicht. Die ich für meine Freunde halte, sind meine Feinde, und wo ich Freundschaft finde, da bleibt mir kaum einer anhänglich. Deshalb kann ich keineswegs einen Vertrag der Beständigkeit halten. Denn wie sich ein jeder mir zeigt, so werde ich mich ihm auch erweisen; und wenn ich mich den anderen mehr unterwerfen würde, würden sie mich zertreten. Ich lobe, was ich loben will, und verachte, was mir gering erscheint; ich verberge mich vor dem, vor dem ich mich fürchte, und so halte ich alles nach meinem Willen fest. So taten es auch die Juden, als sie auf Mose hörten, nachher ihn aber nicht mehr hören wollten, sondern was sie sahen, darauf hörten sie und dem glaubten sie. So machte es auch Bileam, der die Juden lobte und andere Freunde gewann.[70] Und so taten es die Heiden, die in den Götzen wiederfanden, was sie finden wollten. Was ich billigen kann, das billige ich, in vielerlei Nachforschungen erkunde ich vieles, und in all dem erhalte ich einen Teil, damit ich nicht schwach werde. Wenn ich nicht so handeln würde, wüsste ich nicht, was ich bin. Der Himmel spricht nicht zu mir und die Erde hilft mir nicht, auch kein anderes Geschöpf sagt mir, wie ich mit ihm weitergehen könnte."

So spricht die Unbeständigkeit in jenen Menschen, die sie beherrscht. Denn ihre Augen sind blind für den Glauben, ihre Ohren sind taub für die Wahrheit, ihre Zunge ist stumm für die Gebote des Gesetzes und ihr Herz ist aus Stein für Gottes Liebe. Die Unbeständigkeit bringt Gott und den Menschen keinen Glauben entgegen, vielmehr gleicht sie der Götzenstatue, die Gott verachtet und die Menschen mit viel Zischeln verführt und betrügt. Diejenigen aber, die Gott lieben und die Menschen ehren, sollen die Unbeständigkeit fliehen und ihre trügerischen Täuschungen verwerfen. Sie sollen nichts anderes in Angriff nehmen, als das, was sowohl nach den Menschen als auch nach Gott beständig und fest ist.

70 Vgl. Num 24.

Dies ist aber von den Seelen der Reuigen gesagt worden, die zu reinigen und zu heilen sind, und es ist verlässlich; der Getreue möge darauf achten und es im Gedächtnis des guten Wissens aufbewahren.

Zur Weltsorge

Auch andere Geister sah ich in der erwähnten Menge, die laut riefen und schrien: „Wir werden den Himmel bewohnen, weil sich Luzifer in seiner Ehre aufstellen wird.“ *Sie verführen die Menschen zur Weltsorge und überreden sie, dass sie sich ganz und gar um irdische Angelegenheiten kümmern.*

57. Desgleichen über die läuternden Züchtigungen der Seelen jener Menschen, die durch Weltsorge gesündigt haben, und warum sie diese auf solche Weise zu erleiden haben

Und ich sah ein großes Feuer, das in schwarzer Flamme brannte und mit unzähligen Würmern überfüllt war. Auch die Seelen jener waren darin, die während ihres Lebens in der Welt das, was himmlisch ist, vernachlässigt und mit allem Bemühen die Sorge um das Irdische ergriffen hatten. In diesem Feuer wurden sie von einem Ort zum anderen wie vom Wind fortgejagt. Da sie nämlich in der Finsternis der Ungläubigkeit Gott verachtet hatten, als sie gierig nach irdischen Gütern getrachtet hatten, erlitten sie dieses schwarze Feuer. Da sie in dieser Sorge habsüchtige Härte erwiesen hatten, wurden sie von den Würmern gequält, und weil sie davon nicht abgelassen hatten, wurden sie in diesem Feuer unter Bedrängnis hin und her getrieben.

Und ich sah und verstand es.

58. Auf welche Weise die Menschen durch Reue die Sünde der Weltsorge in ihrem Körper zu läutern haben

Und wiederum hörte ich aus dem erwähnten lebendigen Licht eine Stimme, die zu mir sprach: Was du siehst, ist wahr; und es ist so, wie du es siehst. Wenn also die Menschen, die der Weltsorge anhangen, die dazu anregenden Geister überwinden und die erwähnten Züchtigungen vermeiden wollen, dann sollen sie sich mit Fasten und Geißelungen gemäß dem Befehl des ihnen vorgesetzten Seelenführers läutern und ihr Herz zu dem zurückführen, was himmlisch ist.

59. Diejenigen, die die Weltsorge lieben, sollen die Schöpfung so ansehen und mit den Geschöpfen so umgehen sowie den Pflug mit den Ochsen so ergreifen, dass sie dabei auf Gott schauen

Diejenigen, die die Weltsorge lieben, sprechen auf törichte Weise so zu sich: „Wir werden auf die Schöpfung, die uns zu unserem Gebrauch erschaffen worden ist, schauen und auf sie achten, weil sie uns ernährt und bekleidet. Gott soll dann machen, was ihm gefällt. Wenn wir unsere Anliegen Gott anvertrauen würden und keine Sorge um das Irdische hätten, dann würden wir bald Mangel leiden. Was wären wir dann? Wir wären ähnlich den Vögeln, die ihr Gesicht im Spiegel der Wasser betrachten, und weil sie auf nichts anderes achten, sterben sie schnell dahin. Nachdem wir nämlich gestorben sein werden, werden wir nicht mehr mit den Geschöpfen sein, sondern wir werden jenes Leben erlangen, das Gott uns nach unserem Tod schenken wird. Wenn wir uns mit den Geschöpfen ins Einvernehmen setzen und einiges von ihnen erkunden, so ist das nicht tadelnswert, weil Gott sie ja dafür erschaffen hat. Wenn sie nicht zu unserem Gebrauch geschaffen wären und wir sie dennoch lieben würden, dann würden wir schwer sündigen. Wir suchen darin also nichts, was Gott uns nicht geschenkt hätte. Wer etwa zulässt, dass sein Pferd zügellos läuft, der reitet nicht ruhig, sondern gefährlich. Und wenn wir beim Gebrauchen keine Sorge um das Irdische hätten, würde die Erde Dornen und Disteln wuchern lassen; und wir würden darin sündigen, weil die Erde alle Lebewesen ernähren und glatte, keine gefährlichen Wege haben wird."

Auf diese Weise sprechen jene in ihrem irdischen Dasein, die all ihr Streben und all ihre Sorge für das gegenwärtige Leben aufwenden, nicht aber für das künftige. So taten es die habgierigen und ungläubigen Juden, die meinen Sohn, den ich zum Heil der Menschen in die Welt gesandt habe, verachteten, seine Worte verspotteten und sich entschlossen, ihn um jeden Preis durch den Tod zu vernichten. Der getreue Mensch aber soll den Pflug mit den Ochsen so ergreifen, dass er dabei auf Gott schaut, der die Grünkraft und alle Früchte der Erde gibt. Und er soll mit den Geboten seines Lehrers so wandeln, dass er, während er sich um das Irdische kümmert, das Himmlische nicht vernachlässigt.

Dies ist aber von den Seelen der Reuigen gesagt worden, die zu reinigen und zu heilen sind, und es ist verlässlich; der Getreue möge darauf achten und es im Gedächtnis des guten Wissens aufbewahren.

Zur Hartnäckigkeit

Ich sah auch andere Geister in derselben Menge und hörte, dass sie mit lautem Geschrei riefen: „Wer ist jener Gott, der uns so viel Streit bringt?" *Sie zeigen dem Herzen der Menschen die Hartnäckigkeit und stacheln sie an, gegenüber allen einen hartnäckigen Geist zu zeigen.*

60. Desgleichen über die läuternden Züchtigungen der Seelen jener Menschen, die durch Hartnäckigkeit gesündigt haben, und warum sie diese auf solche Weise zu erleiden haben

Und ich sah eine Finsternis, die vor Pech und Schwefel brannte. Darin wurden unter lautem Wehklagen die Seelen jener gepeinigt, die in ihrem irdischen Dasein die Hartnäckigkeit des Geistes angenommen hatten. Da sie gegen Gott Härte erwiesen hatten, brannten sie in dieser Finsternis. Da sie mit den Tugenden nichts gemein gehabt hatten, mussten sie das Pech erleiden. Weil sie das Wohlwollen von sich gewiesen hatten, belästigte sie die Strafe des Schwefels. Und weil sie aus ihrem Herzen kein Seufzen zu Gott empor geschickt hatten, mussten sie lautes Wehklagen ertragen.

Und ich sah und verstand es.

61. Auf welche Weise die Menschen durch Reue die Sünde der Hartnäckigkeit in sich zu sühnen haben

Und aus dem lebendigen Licht hörte ich wiederum eine Stimme, die zu mir sprach: Was du siehst, ist wahr. Die Menschen aber, die in sich die Hartnäckigkeit des Geistes erfahren, sollen sie von sich abweisen und die bösen Geister, die ihnen diese vor Augen führen, verachten. Und damit sie nicht mit diesen Züchtigungen gepeinigt werden, sollen sie sich mit Fasten und Geißelungen läutern und mit Kniebeugen Gott für sich gnädig stimmen.

62. Wie der Maulwurf die Erde umwühlt, so stößt die Hartnäckigkeit alles Gute um

Diejenigen, die sich die Hartnäckigkeit zuziehen, sind den Toten gleich, die weder sehen noch hören, noch durch Gottes Einhauchung bewegt werden. Denn die Hartnäckigkeit ist böse und verderblich, sie will sich in der Härte, die sie in sich hat, weder erweichen noch bewegen lassen. Wie der Maulwurf, der die Erde umwühlt,[71] so stößt auch sie alles Gute um, weil ihr nichts gefällt, außer, was sie sich selber auswählt. Sie ist auch wie glimmende Asche, die erlischt, sobald sie ausgestreut und in die Höhe geworfen wird. Denn während sie nicht auf die tugendhafte Erkenntnis, sondern auf die unbewegliche Verdorbenheit schaut, wird sie ins Nichts geführt.

63. Da Gott Hiob sehr liebte, hat er ihm viel Bedrängnis auferlegt

Der hartnäckige Mensch kennt keine Furcht, die Hiob, mein Diener, hatte, als er alles geduldig ertrug, was ich an ihm geschehen ließ. Da ich ihn sehr liebte,

71 Vgl. Hildegard: Heilsame Schöpfung – Physica (wie Anm. 6), VII 37, S. 417.

habe ich ihm viel Bedrängnis auferlegt, weil ich in ihm Geduld und großes Wohlwollen erkannt habe. Seine Geduld blühte auf und sein Wohlwollen stieg auf zu mir, als er alles mir überließ und nicht gegen mich knirschte. Die Hartnäckigkeit aber ist dessen nicht fähig, weil sie hart ist wie Stein und dürr wie Erde, die ohne Frucht bleibt. Jene, die Gott anhangen und den höchsten Lohn erlangen wollen, sollen sie fliehen.

Dies ist aber von den Seelen der Reuigen gesagt worden, die zu reinigen und zu heilen sind, und es ist verlässlich; der Getreue möge darauf achten und es im Gedächtnis des guten Wissens aufbewahren.

Zur Begierde

Ich sah aber in der erwähnten Menge andere Geister, die alle schrien und sagten: „Was für ein Nutzen besteht in einem einzigen Ding? Das, was wir suchen, das können wir in einem einzigen Gott nicht finden. Deshalb werden wir überall herumschauen, und was wir wollen, das werden wir an uns ziehen." *Sie reizen die Menschen zur Begierde und führen ihnen vor, dass sie in allen Dingen gierig sein sollen.*

64. Desgleichen über die läuternden Züchtigungen der Seelen jener Menschen, die durch Begierde gesündigt haben, und warum sie diese auf solche Weise zu ertragen haben

Und ich sah die große Länge, Breite und Tiefe von Wassern, die in einem riesigen Brand wallten und in denen es von schlimmen Würmern und vielen bösen Geistern wimmelte. Dort wurden die Seelen jener hart mitgenommen, die während ihres Lebens in der Welt die Begierde geliebt und sie auf allerlei Weise herbeigezogen hatten. Wegen der unersättlichen Begierde, die sie in sich gehegt hatten, erfuhren sie die Aufwallung dieser Wasser, wegen der Bitterkeit dieser Begierde wurden sie von den Würmern gepeinigt, und wegen des Eifers, mit dem sie diesem Laster gehuldigt hatten, wurden sie von diesen bösen Geistern mit feurigen Gabeln in die Wasser untergetaucht.

Und ich sah und verstand es.

65. Auf welche Weise die Menschen durch Reue die Sünde der Begierde in sich zu reinigen haben

Und wiederum hörte ich aus dem lebendigen Licht eine Stimme, die zu mir sprach: Was du siehst, ist wahr; und es ist so, wie du es siehst. Wenn daher die Menschen danach streben, die Geister, die sie zur Begierde verlocken, zu besiegen und den Züchtigungen für dieses Laster zu entkommen, dann sollen sie sich mit Fasten und Schlägen züchtigen und diese Sünden mit Almosen ausgleichen.

66. Die Begierde, die den Hunden und den Raubvögeln ähnlich ist, die sich nie sättigen lassen, trachtet nach dem, was anderen gehört

Die Begierde kennt weder die Liebe zu Gott noch das treue Vertrauen zu den Menschen, sondern sie raubt und ergreift alles, was sie nur kann. Was anderen gehört, das zieht sie gerne an sich, und im Geist und im Bauch, in all ihren Werken und all ihren Anliegen hält sie am Übermaß fest. Sie ist ähnlich den Hunden, die überall herumlaufen und nicht satt werden. Sie gleicht dem unreinen Raubvogel, der voller Unruhe und Gefräßigkeit ist. Während sie schmutzigen Sitten frönt, flieht sie die heilenden Sitten der Ehrenhaftigkeit und schüttet gegen viele maßlosen Tadel aus. Daher kennt sie Gott nicht, sondern trachtet nach dem, was anderen gehört. Diejenigen aber, die den Tod fliehen und Gott lieben sowie danach suchen, die Freude der ewigen Verheißung zu erlangen, sollen den Überfluss der Begierde von sich weisen und alles, was sie tun, in Übereinstimmung sowohl mit der Welt als auch mit Gott mäßigen.

Dies ist aber von den Seelen der Reuigen gesagt worden, die zu reinigen und zu heilen sind, und es ist verlässlich; der Getreue möge darauf achten und es im Gedächtnis des guten Wissens aufbewahren.

Zur Zwietracht

Ich sah auch andere Geister in derselben Menge und hörte, dass sie mit lautem Geschrei riefen: „Luzifer ist unser Herr und niemand wird uns im Kampfe bezwingen, solange wir bei ihm sind." *Sie stellen den Menschen die Zwietracht vor und reden ihnen ein, dass sie streitsüchtig werden und die Eintracht der Tugenden fliehen.*

67. Desgleichen über die läuternden Züchtigungen der Seelen jener Menschen, die in der Welt durch Zwietracht Sünden begangen haben, und warum sie diese auf solche Weise zu erleiden haben

Ich sah ein großes Feuer, neben dem sich eine dichte Finsternis zugezogen hatte. Darin befanden sich Würmer von entsetzlichem Aussehen und auch unzählige böse Geister liefen dort herum. In diesen Züchtigungen wurden die Seelen jener gepeinigt, die, während sie in ihrem irdischen Dasein gelebt hatten, die Eintracht der Heiligkeit vernachlässigt und sich mit der Zwietracht verbündet hatten. Sie wurden dazu gezwungen, aus diesem Feuer in die erwähnte Finsternis hinüberzugehen und aus der Finsternis in das Feuer zurückzukehren, wobei die bösen Geister sie unablässig schlugen. Da sie durch Zwietracht allerlei Übel erregt hatten, brannten sie in diesem Feuer. Da sie auf diese Weise vielen Menschen Verletzungen zugefügt hatten, wurden sie in dieser Finsternis gefoltert. Weil sie grausam gewesen waren, wurden sie von den Würmern gequält, und weil sie durch dieses Laster viele irregeführt hatten, wurden sie durch die bösen Geister aus dem Feuer in die Finsternis und aus der Finsternis wieder in das Feuer getrieben.

Und ich sah und verstand es.

68. Auf welche Weise die Menschen durch Reue die Sünden der Zwietracht in ihrem Körper zu sühnen haben

Und aus dem lebendigen Licht hörte ich wiederum eine Stimme, die zu mir sprach: Was du siehst, ist wahr; und es ist so, wie du es siehst; und es ist noch mehr. Die Menschen aber, die die Geister, die sie zur Zwietracht reizen, abwenden wollen und den Züchtigungen für dieses Laster zu entfliehen wünschen, sollen sich mit einem Bußgürtel, mit strengem Fasten und mit harten Schlägen in Gerechtigkeit demütigen und alles Weiche für ihren Körper meiden.

69. Diejenigen, die die Zwietracht lieben, werden vom bösen Geist bedrängt, so dass der streitsüchtige Mensch, der zur Reue nicht bereit ist, mit großem Fall stürzt

Diejenigen aber, die die Zwietracht lieben und ihr eiligst anhangen, werden vom bösen Geist bedrängt und dazu gezwungen, in ihrer Verdorbenheit zu den Foltern überzugehen, die sie völlig aufreiben. Denn die Zwietracht ist die Gehilfin der schlangenhaften Bosheit und zischelt gern. Sie schleppt verschiedene Ratschläge herbei, während sie die guten Ratschläge zertrümmert. Sie beurteilt die Taten der einen und knirscht in der Schlechtigkeit der anderen. Sie weiß, dass es die Weisheit gibt, aber sie unterlässt es, ihr zu folgen. Da sie voller Schmähungen ist, hat sie mit dem schlimmsten Übel den Himmel berührt, als sie die Schlange in das Paradies schickte, die dem Menschen das Kleid der Unschuld raubte, als sie ihm vorgab, er könne Gott ähnlich sein. Die Zwietracht verspottet die Weisheit, treibt die guten und rechten Sitten auseinander und versucht, den Turm der Tugenden zu stürzen. Sie regt zu Spielen an, mit denen sie den Zorn aufbaut und Trümmer für sich verursacht, aber allzu gern entschuldigt sie sich von all dem. Während sie all dies tut, beunruhigt sie ständig die anderen, indem sie sagt: „Ihr Narren, was macht ihr?“ Und dann behauptet sie, dass sie die Heiligkeit bringt und dies tut sie mit einer Verspottung, wie jener als Verspotter der Heiligkeit auftrat, der die heiligen Gefäße an seinen Hof holen ließ, um damit Gespött zu treiben,[72] und so wendet die Zwietracht die Heiligkeit in Tempelraub. Auf diese Weise hat der Teufel den Menschen betrogen. Nachdem aber die Zwietracht zahlreiche Bosheiten

72 Siehe dazu Dan 5 und 1 Makk 1,20-28.

eingesammelt hat, verschlingt sie sie mit Lästerungen und überführt sie in solche Schande und Schmach, als ob sie sie nie gesammelt hätte.

Der einfältige Mensch aber, der sich auf einfältige Weise in Sünde verstrickt hat, kennt dies nicht, weshalb auch Gott ihn nicht verwirft, sondern ihn zur Reue führt. Der streitsüchtige Mensch, der zur Reue nicht bereit ist, stürzt jedoch durch Gottes Zorn mit großem Fall, weil er keine Gottesfurcht hat und rückwärts schreitet, indem er den gerechten Weg verachtet. Dieses Laster hat sein Werk vollständig ausgeführt, als die Juden meinen Sohn in seiner Menschheit sahen und seine Wunder erkannten, in der Verdorbenheit ihres Herzens aber von ihm zurückwichen und jählings in den Tod stürzten, wie geschrieben steht:

70. Die Worte des Evangeliums

Sie wichen zurück und stürzten zu Boden (Joh 18,6). Dies ist auch so zu verstehen:

Diejenigen, die die Wahrheit verleugnen und den Satan mit widerspenstigen Werken nachahmen, gehen in den Untergang, indem sie *rückwärts schreiten* und die Augen des Glaubens schließen. Daher *fallen* sie in schlimmste Versuchungen, die sie zur Tötung treiben. Wie Gott aber die Menschen am Jüngsten Tag zum unsterblichen Leben erwecken wird, so lässt er ihn auch jetzt durch Reue zum Leben auferstehen. Denn jene, die in ihrem körperlichen Dasein ihr Vergehen beweinen, werden dann, wenn ihre Seele den Körper auszieht, den läuternden Züchtigungen rascher entkommen, selbst wenn sie welche verdient hätten.

Dies ist aber von den Seelen der Reuigen gesagt worden, die zu reinigen und zu heilen sind, und es ist verlässlich; der Getreue möge darauf achten und es im Gedächtnis des guten Wissens aufbewahren.

Fünfter Teil – Inhalt

Fünfter Teil
Über den Mann, der ringsumher über den ganzen Erdkreis blickt

1. Die Worte des Mannes

Albernheit <scurrilitas>

2. Die Worte der Albernheit
3. Die Antwort der Ehrerbietung <reverentia>

Unstetigkeit <vagatio>

4. Die Worte der Unstetigkeit
5. Die Antwort der Beständigkeit <stabilitas>

Zauberei <maleficium>

6. Die Worte der Zauberei
7. Die Antwort des wahren Gottesdienstes <verus cultus Dei>

Habsucht <avaritia>

8. Die Worte der Habsucht
9. Die Antwort der lauteren Zufriedenheit <pura sufficientia>

Welttrauer <tristitia saeculi>

10. Die Worte der Welttrauer
11. Die Antwort der Himmelsfreude <caeleste gaudium>

Der Gotteseifer

12. Der Ton des ehernen Knüppels
13. Die Wasser sind nicht nur zum Gebrauch bei körperlichen Bedürfnissen für die Menschen geschaffen worden, sondern auch zum Heil der Seelen
14. Obwohl die Menschen Gott auf unterschiedliche Weise verehren, stehen sie alle unter seinem Schutz
15. Wie alles von Gott gelenkt wird, so fügen die Wasser alles Irdische zusammen, und ebenso kräftigt die Seele den Körper
16. Wie Gottes Macht sein ganzes Werk hält, so hält auch der Abgrund alles, was über der Erde ist
17. Der Abgrund, der wie die Werkstatt des Schöpfers der Welt ist, wird nicht von einem anderen Geschöpf getragen, sondern allein durch Gottes Macht gehalten
18. Der Abgrund ist einer Zisterne ähnlich
19. Gottes Stärke lässt die Wasser fließen, sonst wären sie verhärtet
20. Gott hält die Herbheit der Elemente fest in seiner Macht
21. Gott ermutigt die Getreuen, seine Mahnung aufzunehmen, sonst bekommen sie seine Schläge zu spüren
22. Die Seele des Menschen, die nach Gott seufzt, fügt mit ihren Kräften all ihre Werke in Himmelsverlangen zusammen
23. Die göttlichen Gebote sind dazu gegeben worden, dass die getreue Seele sie erfülle
24. Wenn die Seele der Heiligkeit folgt, lässt sie der Heilige Geist von Tugend zu Tugend aufsteigen
25. Gott Vater zähmt durch die Menschheit seines Sohnes die Versuchungen, die die Seele des Menschen zu fangen drohen
26. Gott ermutigt jene zur Reue, die wahrhaft hörende Ohren haben, die Nachlässigen aber wird seine Geißel reinigen
27. Die Worte des Evangeliums zur selben Sache

83. Gott verschont jene, für die der Mensch Almosen darbringt, je nachdem, wie sie dessen würdig sind
84. Der gute Wille des Menschen ist für Gott wie ein lieblicher Duft
85. Gott nimmt die Mühen des Menschen für das Bedürfnis der Lebenden und für die Ruhe der Verstorbenen an
86. Wer Gott nicht dient, den trifft der vernichtende Engel hart

Fünfter Teil

Über den Mann, der ringsumher über den ganzen Erdkreis blickt

Und ich sah, dass der erwähnte Mann ringsumher über den ganzen Erdkreis blickte. Die Wasser des Abgrunds, in denen sich der Mann von den Waden nach unten bis zu den Fußsohlen befand, und zwar so, dass er über dem Abgrund stand, dienten wie zur Stärke der Kraft dieses Mannes, weil sie alles wieder erlangen, alles reinigen, alles heiligen, alles enthalten und alles tragen und weil sie alle Geschöpfe mit der Feuchtigkeit ihrer Flüssigkeit benetzen und alle Geschöpfe festigen, wie die Seele den Körper kräftigt.

Der Abgrund aber war wie die Kraft der Macht dieses Mannes, weil er die Ordnungen jener Macht hält und diese Ordnungen sich auf ihn stützen. Der Abgrund ist zugleich wie die Werkstatt des höchsten Werkmeisters, in der alle Werkzeuge seines Handwerks aufbewahrt sind.

Und siehe, von den Beinen des Mannes ging ein Lufthauch mit Feuchtigkeit hervor, der die Wasser des Abgrunds auf verschiedene Weise in Bewegung brachte. Der Mann drückte mit seinen Füßen die Kräfte der Elemente nieder, die über der Erde, in der Erde und unter der Erde waren. Und er sprach:

1. Die Worte des Mannes

„Hörend hört und versteht! Erweist Reue, denn so zeigt sich euch Gott. Wenn ihr es aber nicht tut, werden euch meine Ruten reinigen. Der Mensch soll also in sich Reue empfinden.“

Danach erblickte ich in dem erwähnten Nebel, der verschiedene Arten von Lastern enthielt, wie bereits gezeigt, auch jetzt fünf Laster in ihren Gestalten auf folgende Weise:

Albernheit <scurrilitas>

Die erste Gestalt sah ich nämlich als eine, die vom Kopfscheitel bis zu den Lenden die jugendliche Form eines Menschen hatte, von ihren Lenden nach unten aber die Form eines Krebses, wie der Krebs von seinem Kopf nach unten gestaltet ist. Die Gestalt hatte schwarze Haare auf ihrem Kopf und war an ihrem ganzen Körper nackt. Und sie sprach:

2. Die Worte der Albernheit

„Ich ordne alles und unterscheide alles, und wo immer etwas stürzt, da schaue ich hin und davon rede ich. Wenn ich nicht so handeln würde, wäre ich töricht.

Und wer könnte mich dafür tadeln? Wenn ich einen törichten und dummen Menschen loben würde, würde ich Lügen sprechen. Mit meinen Worten werde ich Netze auswerfen und fange alles ein, was ich nur kann; und je mehr ich fange, umso mehr habe ich. Meine Ehre mache ich so breit, dass alle vor meinen Worten erröten. Auch meinen Bogen werde ich mit den Pfeilen meiner Worte anspannen. Und was wird es schaden? Ich verberge nichts, verschweige nichts, sondern einem jeden Menschen gebe ich nach seinem Maß das, was ich habe."

3. Die Antwort der Ehrerbietung <reverentia>

Wiederum hörte ich aber aus der erwähnten stürmischen Wolke eine Stimme, die dieser Gestalt antwortete:

„Wenn ich alles bewegen würde, was der Schöpfer erschaffen hat, was wäre ich dann, dass ich all das zerstören würde, was ich selbst weder gemacht noch geschaffen habe und dem ich kein Wissen gegeben habe? Du aber, o gehässiges Stück, du bringst alles in Unruhe. Die Berge halten mich empor und in der Ebene der Täler wandle ich, und sie verachten mich nicht. In den Höhen und den Tiefen fliege ich, und alles, was Gott festgesetzt hat, gefällt mir. Ich tue niemandem Unrecht, dich aber zertrete ich wie Dreck unter meinen Schuhen. Du bist keines besseren Teiles würdig, da du einem jeden, wie du nur kannst, Unrecht tust."

Unstetigkeit <vagatio>

Eine zweite Gestalt sah ich mit dem Aussehen eines Kindes, ausgenommen, dass auf ihrem Kopf die Haare fehlten und dass sie ein Gesicht und einen Bart hatte wie ein alter Mann. Sie hing in der erwähnten Finsternis in einem Tuch wie in einer Wiege und wurde wie vom Wind hin und her bewegt. Andere Kleider sah ich an ihr nicht. Ab und zu streckte sie sich aus dem Tuch heraus und dann wiederum versteckte sie sich darin. Und sie sprach:

4. Die Worte der Unstetigkeit

„Ich halte es für töricht, wenn ich immer nur an einem Ort und beim selben Volk bleiben würde. Überall will ich mich zeigen, damit man meine Stimme überall hört und mein Gesicht überall sieht. So werde ich meinen Ruhm ausbreiten. Das Gras wächst und seine Blüte erscheint. Wenn das nicht so wäre, welchen Ruhm hätte dann der Mensch? In meiner Weisheit und meiner Vernunft bin ich dieses Gras und in meiner Schönheit diese Blüte. Deshalb stelle ich mich überall zur Schau."

5. Die Antwort der Beständigkeit <stabilitas>

Und wiederum hörte ich aus der erwähnten stürmischen Wolke eine Stimme, die dieser Gestalt antwortete:

„Du, o teuflische Kunst, du wirst fallen wie Blüte von Heu und du wirst zertreten wie Dreck auf dem Weg. Du bist die Stimme der Eitelkeit und der Blick der Bosheit, du siebst nicht die Worte der Vernunft, sondern wie die Heuschrecke läufst du unbeständig. Daher wirst du wie Schnee über vielerlei Orte zerstreut. Du isst nicht die Speise der Weisheit und trinkst nicht den Trank der Unterscheidung, sondern ahmst das Leben der Vögel nach, die in ihrem Nest keine Beständigkeit haben. Du bist Asche und Fäulnis und kommst nirgends zur Ruhe."

Zauberei <maleficium>

Die dritte Gestalt hatte aber den Kopf eines Wolfes und den Schwanz eines Löwen, ihr übriger Körper ähnelte einem Hund. Während sie mit der vorherigen Gestalt spielte, sagte sie: „Wir sind in allem eins." *Auf ihre Ohren tönte aber ein gewaltiges Getöse von Winden ein, die sie sorgfältig durchsiebte. Und sie horchte, was sie sind und woher sie kommen, und jubelte mit ihnen, als ob sie ihre Götter wären. Dann hob sie ihre rechte Vorderpfote und streckte sie dem großen Wind entgegen, der von Norden kam. Mit ihrer linken Vorderpfote zog sie das Blasen der Winde aus den Elementen an sich. Und sie sprach:*

6. Die Worte der Zauberei

„Von Merkur und anderen Philosophen werde ich vieles lernen, weil sie in ihren Erforschungen die Elemente so unterjocht haben, dass sie ein jedes Ding, das sie nur wollten, sicher ausfindig gemacht haben. Dies haben die äußerst starken und weisen Männer teilweise aus Gott, teilweise aus den bösen Geistern erfunden. Und was hat sie daran gehindert? Sie nannten sich selbst Planeten, weil sie von der Sonne, dem Mond und den Sternen viel Weisheit und zahlreiche Erkundungen empfangen haben.

Ich regiere und herrsche aber mit diesen Künsten überall, wo ich nur will, nämlich in den Leuchten des Himmels, in den Bäumen und den Kräutern sowie allen Pflanzen der Erde, in den Tieren und den Lebewesen auf der Erde, in den Würmern über und unter der Erde. Und wer wird sich mir auf meinen Wegen widersetzen? Gott hat alles erschaffen, deshalb tue ich ihm mit solchen Künsten kein Unrecht an. Er selbst will nämlich, dass er in den Schriften und in seinen gesamten Werken als wahr erkannt wird. Und was würde es nützen, wenn seine Werke so blind wären, dass man darin keine Ursache betrachten könnte? Das wäre ja nicht förderlich."

7. Die Antwort des wahren Gottesdienstes <verus cultus Dei>

Und wiederum hörte ich aus der erwähnten stürmischen Wolke eine Stimme, die dieser Gestalt eine Antwort gab:

„Woran hat Gott mehr Gefallen, wenn man ihn selbst oder seine Werke anbetet? Die Geschöpfe, die aus ihm hervorgehen, können niemandem Leben schenken. Was ist das Leben, das Gott gibt? Das nämlich, dass der Mensch ein vernunftbegabtes Wesen ist und dass die übrige Schöpfung in den Elementen besteht. Auf welche Weise?

Der Mensch ist mit den Flügeln der Vernunft lebendig; was aber fliegt und kriecht, das alles lebt und bewegt sich aus den Elementen. Der Mensch hat einen Klang in der Vernunft, die übrige Schöpfung aber ist stumm, sie kann weder sich selbst noch anderen helfen, sondern sie tut ihren eigenen Dienst. Du aber, o magische Kunst, du hast einen Kreis ohne den Mittelpunkt. Denn wenn du im Kreis der Schöpfung vielerlei Forschungen unternimmst, entzieht dir die Schöpfung selbst die Ehre und den Reichtum und wird dich gleich einem Stein in die Unterwelt werfen, weil du ihr den Namen ihres Gottes weggenommen hast. Daher werden auch alle Stämme der Erde über dich klagen, weil du sie in Gotteslästerung verspottest, indem du sie bei der Verehrung Gottes dort in die Irre führst, wo sie Gott dienen sollten. Deshalb bleibt dir kein anderer Lohn übrig als der Lohn des Teufels."

Habsucht <avaritia>

Die vierte Gestalt erschien in der Form eines Menschen, ausgenommen, dass ihr Kopf ohne Haare war und dass sie einen Bart wie ein Ziegenbock hatte. Ihre Pupillen waren klein, das Weiß ihrer Augen aber war sehr breit. Mit ihrer Nase zog sie den Wind stark in sich ein und blies ihn wieder aus. Sie hatte eiserne Hände und blutige Beine, während ihre Füße wie die Füße eines Löwen waren. Sie war mit einer Tunika bekleidet, die mit weißlicher und schwärzlicher Farbe vermischt durchwoben war und die oben zusammengeschnürt aussah, unten aber, nämlich um die Beine, breit ausgedehnt war. Über ihrer Brust erschien ein schwarzer Geier, der seine Krallen in ihre Brust hackte, während er dieser Gestalt seinen Rücken und seinen Schwanz zuwandte.

Vor dieser Gestalt stand aber ein Baum, der mit seinen Wurzeln in der Hölle verwurzelt war, und der als Frucht Pech- und Schwefelobst trug. Diesen Baum schaute die Gestalt sehr sorgfältig an, raffte mit ihrem Mund von seiner Frucht und verschlang sie gierig. Die Gestalt war auch von vielen entsetzlichen Würmern umgeben, die mit ihrem Schwanz ein lautes Getöse und eine große Bewegung in der erwähnten Finsternis verursachten, so wie Fische mit ihren Flossen das Wasser aufwirbeln. Und diese Gestalt sprach:

8. Die Worte der Habsucht

„Ich bin nicht töricht, ich bin sogar weiser als jene, die auf die Winde schauen und alles ihnen Notwendige von der Luft erbitten. Ich reiße alles an mich und sammle alles in meinem Schoß, und je mehr ich an mich heranziehe, umso mehr besitze ich. Es ist mir ja viel nützlicher, dass ich selbst über das Notwendige verfüge, als wenn ich andere darum anflehen müsste. Es ist ebenso keine Sünde, wenn ich das Gesammelte jenem wegnehme, der mehr hat, als was für ihn nötig ist. Wenn ich nämlich das habe, was ich will, dann brauche ich keine Sorge mehr zu haben, dass ich jemand anderen um etwas bitten müsste. Sobald ich all das in meinem Schoß sehen werde, was ich nur will, dann erfülle ich mir alles nach Wunsch, was mich ergötzt. Dann fürchte ich niemanden, vielmehr lebe ich im Glück, und ich habe es nicht nötig, bei einem anderen um Barmherzigkeit zu betteln. Denn in der Härte habe ich eine schlaue Weisheit, und alles, was mir gehört, fordere ich ein, und niemand kann mich täuschen. Was schadet mir das, wenn mir jemand drohen will, da doch niemand es vermag, mich zu verletzen? Ich bin weder Dieb noch Räuber, sondern alles, was ich will, ergreife ich und erwerbe mit meiner Kunst."

9. Die Antwort der lauteren Zufriedenheit <pura sufficientia>

Und wiederum hörte ich aus der erwähnten stürmischen Wolke eine Stimme, die dieser Gestalt antwortete:

„O teuflischer Trug, du gehst schnell auf Beute aus wie ein Wolf, und wie ein Geier verschlingst du fremde Sachen. Aber dicke Blasen schwellen in dir, weshalb du mit unerlaubtem Verlangen wie ein Kamel mit seinen Höckern beladen bist. Und du bist ein Schlund, der aufgerissen ist, um alles zu verschlingen. Du liegst in Härte und alles behandelst du mit Gottesvergessenheit, weil du nicht auf Gott vertraust. Du bist rau und hart, ohne Barmherzigkeit, weil du anderen keinen Fortschritt gönnst. Denn wie sich der Wurm in seinem Schlupfwinkel versteckt, so entziehst du dich, du wertloser Tölpel, dem Glück anderer, weil dir nichts genügt.

Ich aber sitze über den Sternen, weil mir alle Güter Gottes genügen, und ich erfreue mich am süßen Klang des Hornes,[73] da ich auf Gott vertraue. Die Sonne küsse ich, wenn ich sie in Freude besitze. Den Mond umarme ich, wenn ich ihn in Liebe halte und wenn alles, was dadurch wächst, mir genügt. Und warum sollte ich noch mehr wünschen, als was ich brauche? Da ich einem

73 Zu „tympanum" als Blasinstrument siehe K. Restle: Art. Musikinstrumente, in: Lexikon des Mittelalters Bd. 6 (1993), Sp. 955-969, dort Sp. 959.

jeden Barmherzigkeit entgegenbringe, ist mein Gewand aus weißer Seide, und da ich in jeglicher Tauglichkeit weich bin, schmücken kostbare Edelsteine mein Gewand. So lebe ich im Haus des Königs, und es fehlt mir an nichts, wonach ich mich sehne. Ich halte mit dem König Mahl, denn ich bin die Tochter des Königs. Du aber, o böses Stück, durchläufst den ganzen Erdkreis, dennoch bekommst du deinen Bauch nicht voll. Schau doch, wer du bist!"

Welttrauer <tristitia saeculi>

Die fünfte Gestalt, wie ich sie sah, hatte eine weibliche Form, in deren Rücken ein Baum stand, der ohne Blätter völlig dürr war und von dessen Ästen diese Gestalt umflochten war. Ein Ast bedeckte nämlich ihren Kopfscheitel, ein anderer umgab ihren Nacken und ihren Hals, wieder ein anderer spannte sich um ihren rechten Arm und ein weiterer um ihren linken, während die Gestalt ihre Arme nicht ausstreckte, sondern an sich zog. Ihre Hände hingen von den Ästen herab und ihre Nägel waren den Krallen eines Raben ähnlich. Von der rechten und der linken Seite ging je ein Ast aus, die ihren Bauch und ihre Beine quer umgürteten und die ineinander verflochten waren. Die Gestalt hatte aber hölzerne Füße. Andere Kleider hatte sie nicht, nur dass sie von diesen Ästen umgeben war. Und böse Geister, die mit einem schwarzen, stark stinkenden Nebel kamen, drangen auf diese Gestalt ein, und sie beugte sich zu ihnen unter Stöhnen zurück. Und sie sprach:

10. Die Worte der Welttrauer

„Wehe, dass ich erschaffen worden bin! Wehe, dass ich lebe! Wer wird mir helfen? Wer wird mich befreien? Wenn Gott mich kennen würde, würde ich nicht in einem so großen Elend stecken. Dass ich auf Gott vertraue, bringt mir nichts Gutes; dass ich mich mit ihm freue, nimmt nicht das Übel von mir. Von den Philosophen habe ich vielerlei gehört und sie lehren, dass es in Gott viel Gutes ist, aber in all dem hat mir Gott nichts Gutes getan. Wenn Gott mein ist, warum verbirgt er seine Gnade vor mir? Wenn er mir doch etwas Gutes zuwenden würde, dann könnte ich ihn erkennen. Ich weiß aber nicht, was ich bin. Ich bin im Unglück erschaffen, im Unglück geboren und lebe ohne jeglichen Trost. Ach, was nützt mir ein Leben ohne Freude? Und warum bin ich überhaupt erschaffen worden, wenn mir doch nichts Gutes zuteilwird?"

11. Die Antwort der Himmelsfreude <caeleste gaudium>

Aus der erwähnten stürmischen Wolke hörte ich aber eine Stimme, die dieser Gestalt eine Antwort gab:

„O, du bist blind und taub, du weißt nicht, was du so in dir daherredest. Gott hat den Menschen als lichtes Wesen erschaffen, die Schlange aber hat ihn mit ihrer Übertretung in diesen See des Elends geführt. Nun schau dir die Sonne, den Mond, die Sterne und allen Schmuck der Grünkraft der Erde an, und überlege, welch großes Glück Gott dadurch dem Menschen gibt, obwohl der Mensch mit großer Unbesonnenheit gegen Gott sündigt. Du bist hinterlistig, betrügerisch und gottlos, nur zur Hölle hast du Vertrauen. Du weißt nicht und bedenkst nicht, welches Heil von Gott kommt. Wer gibt dir das, was du an Lichtem und Gutem hast, wenn nicht Gott? Wenn der Tag dir entgegenläuft, nennst du ihn Nacht; wenn dir das Heil nahe ist, behauptest du, es sei ein Fluch; und wenn alle Ursachen und Dinge gut sind, dann sagst du, sie seien böse. Deshalb bist du höllisch.

Ich aber besitze den Himmel, wenn ich alles, was Gott erschaffen hat, richtig anschaue, während du aber das alles als schädlich anklagst. Die Blüten der Rosen und der Lilien und alle Grünkraft sammle ich sanft in meinem Schoß, wenn ich alle Werke Gottes lobe. In all dem ziehst du jedoch nur schmerzlichen Schmerz an dich, weil du in all deinen Werken traurig bist. Du bist ähnlich den höllischen Geistern, die mit all ihren Werken Gott ständig verleugnen. So mache ich es nicht, sondern ich schenke all meine Werke Gott. Denn in mancher Traurigkeit findet sich noch Frohsinn, doch in gewisser Freude gibt es kein Glück, so wie der Tag und die Nacht sind. Denn wie Gott den Tag und die Nacht festgesetzt hat, so sind auch die Taten des Menschen. Wenn nämlich die Habsucht ihre Festung baut, so reißt Gott sie schnell nieder; wenn das Fleisch nach Ausschweifung verlangt, dann durchsticht Gott es und tritt es zu Boden; und wenn die Lust des Fleisches im eitlen Ruhm den Lauf des Himmels laufen will, treibt Gott sie auseinander und haut sie um; und das ist gerecht und richtig. Nun betrachte die Beschaffenheit der Vögel am Himmel und die Beschaffenheit der lästigen Würmer in der Erde: Sie sind nützlich und untauglich zugleich, obwohl sie einander gegenseitig verschlingen. So ist es mit dem Glück und dem Missgeschick in dieser Welt. Nicht alles ist völlig zu verwerfen, denn was nützlich ist, reinigt das, was untauglich ist, und umgekehrt, so wie das Gold im Ofen geprüft wird. Du aber stimmst mit dem Teil der Untauglichen überein, was ich nicht tue. Ich schätze das Nützliche und das Untaugliche so ein, wie Gott es eingerichtet hat. Die Seele bezeugt den Himmel, das Fleisch die Erde; das Fleisch bedrängt die Seele, die Seele aber hält das Fleisch im Zaum. Daher überlege, was du redest, du, die du töricht und blind bist."

Der Gotteseifer

Und siehe, vor dem erwähnten Mann erschien ein eherner Knüppel wie der Knüppel eines Vernichters. Er war in den Abgrund eingestochen und bewegte sich hin und her, wie zum Niederschlagen. Seine Bewegung gab einen Ton wieder, der sich so anhörte:

12. Der Ton des ehernen Knüppels

„O Hohngelächter des Verderbens! Ihr widersetzt euch Gott und wollt zum Gipfel hinaufsteigen, wo ihr doch nur in die Unterwelt heruntersteigt. Ich reiße euch von aller Ehre weg, verwerfe euch weg von aller Fröhlichkeit, stürze euch in Verwirrung und schmettere euch nieder wie faule Leichen. Denn ihr seid im Rachen der alten Schlange und sprudelt aus ihrem Mund hervor, um die Menschen zu betrügen. Ihr schüttet über die Menschen aus brennenden Wunden unreinen Schaum aus und schlagt sie mit den feurigen Pfeilen der bösen Werke. Und ihr tötet sie, indem ihr ihnen die Wut des Mordes einblast. Auf diese Weise rennt ihr eiligst auf die Menschen los, damit sie Gottes Gerechtigkeit verlassen und Gott selbst verachten. In diesen euren Geschäften verlangt ihr danach, alle Werke Gottes zuschanden zu bringen. Deshalb führe ich Krieg gegen euch, mit dem ich euch verwerfe. So offenbare ich durch euch Gottes Stärke, während ihr zugrunde geht.“

13. Die Wasser sind nicht nur zum Gebrauch bei körperlichen Bedürfnissen für die Menschen geschaffen worden, sondern auch zum Heil der Seelen

Und wiederum hörte ich eine Stimme aus dem Himmel, die mir sagte: Der Schöpfer aller, der die Wasser voneinander schied, indem er gebot, dass sie auf verschiedene Orte, sowohl nach oben als auch nach unten, fließen,[74] und der den Abgrund zum Stützen jener Wasser, die unter der Erde sind, vereinigte, ließ diese Wasser nicht nur zum unterschiedlichen Gebrauch bei körperlichen Bedürfnissen für die, die auf der Erde leben, fließen, sondern er bestimmte die Wasser auch zum Heil der Seelen der Menschen in der Waschung der Taufe. Deshalb sollen die Getreuen, die an den eingeborenen Sohn Gottes glauben, durch die Abwaschung ihrer Sünden die Laster der teuflischen Einflüsterungen von sich abwerfen. So werden sie, wenn sie sich nach dem Himmelsverlangen ausrichten, glücklich und ruhmreich zum Leben der ewigen Seligkeit gelangen, wie dir auch in dieser gegenwärtigen Vision bildhaft gezeigt wird.

74 Vgl. Gen 1,6-10.

14. Obwohl die Menschen Gott auf unterschiedliche Weise verehren, stehen sie alle unter seinem Schutz

Du siehst, dass *der erwähnte Mann ringsumher über den ganzen Erdkreis blickt,* denn der allmächtige Gott beschützt die Welt und alle ihre Einwohner mit dem Gebot seiner Obhut. Die Geschöpfe haben nämlich von ihm empfangen, was sie sind, selbst wenn sie ihn bei der Erfüllung seiner Gebote auf unterschiedliche Weise verehren, anrufen und anbeten. Auch jene, die sich weigern, ihm zu dienen, stehen dennoch unter seinem Schutz, weil sie von ihm erschaffen worden sind, und obwohl sie es nicht wollen, dienen sie ihm gegen ihren Willen auf vielfältige Weise.

15. Wie alles von Gott gelenkt wird, so fügen die Wasser alles Irdische zusammen, und ebenso kräftigt die Seele den Körper

Daher *dienen die Wasser des Abgrunds, in denen sich der Mann von den Waden nach unten bis zu den Fußsohlen befand, und zwar so, dass er über dem Abgrund stand, wie zur Stärke der Kraft dieses Mannes,* denn die Wasser der unteren Tiefe – die Gott in seiner Stärke und in seinen verborgenen Geheimnissen, gleichsam unter seinen Fußsohlen, hält, und zwar so, dass er über dieser Tiefe steht, weil alles seiner Macht untergeordnet ist – zeigen die Kraft der Gottheit. Denn wie alles von Gott gelenkt und geschützt wird, so fügen die Wasser alles Irdische zusammen und festigen es.

Denn wenn die Wasser die Menschen, die dem Unglauben ergeben waren, kraft der Waschung in der Taufe zu einem anderen Leben führen, *erlangen sie alles wieder;* wenn sie alles Unreine an Körper und Seele entfernen, *reinigen sie alles;* wenn sie durch Besprengen die Gefahren sowohl der sichtbaren als auch der unsichtbaren Angriffe abwehren, *heiligen sie alles;* wenn sie mit ihrer Überströmung alles, wofür sie verantwortlich sind, durchdringen, damit nichts austrocknet, *enthalten sie alles;* und wenn sie durch ihre Vereinigung den Erdkreis abstützen, *tragen sie alles. Sie benetzen nämlich alle Geschöpfe mit der Feuchtigkeit ihrer Flüssigkeit,* weil ein jedes Geschöpf in seinem Leben so lebt, wie Gott ihm zu leben bestimmt hat: Denn jenes Geschöpf, das lebendig ist, lebt, wie der Mensch, jenes, das luftig ist, wie das Tier, jenes, das Grünkraft hat, wie die Bäume, und jenes, das die Feuchtigkeit des Saftes hat, wie die Kräuter. Sie alle werden in ihrem Wesen auf die göttliche Ordnung hin von der Feuchtigkeit gehalten, die aus der Erde und aus der Luft ausgeschieden wird und einen jeden Keim Gottes Bestimmung gemäß daraus hervorkommen lässt.

Denn die Wasser *festigen alle Geschöpfe,* weil sie ihnen Feuchtigkeit eingeben, damit diese weder austrocknen, noch herunterfallen, noch sich auflösen, wie auch *die Seele den Körper kräftigt,* denn sie belebt das Fleisch mit der Wärme ihres Hauches und hält zugleich das Fleisch zusammen, solange sie darin bleibt.

16. Wie Gottes Macht sein ganzes Werk hält, so hält auch der Abgrund alles, was über der Erde ist

Der Abgrund aber ist wie die Kraft der Macht dieses Mannes, weil er die Ordnungen jener Macht hält und diese Ordnungen sich auf ihn stützen, denn der Abgrund hat eine gewisse Ähnlichkeit mit Gottes Macht. Wie Gott nämlich in seiner Macht sein ganzes Werk in dessen Aufgaben aufrechterhält und nichts seiner Macht entgeht, so stützt auch der Abgrund alles, was über der Erde, auf der Erde und unter der Erde ist. Alles ist nämlich durch göttliche Ordnung auf ihn gestellt worden.

17. Der Abgrund, der wie die Werkstatt des Schöpfers der Welt ist, wird nicht von einem anderen Geschöpf getragen, sondern allein durch Gottes Macht gehalten

Der Abgrund ist zugleich wie die Werkstatt des höchsten Werkmeisters, in der alle Werkzeuge seines Handwerks aufbewahrt sind, denn wie in einer Werkstatt glühende und nicht-glühende Massen jeglicher Kunstarten zu finden sind und wie der Schmied, der dort wirkt, sein Werk nach seinem Willen hin und her gießt und zieht, so gilt auch der Abgrund als die Werkstatt des Schöpfers der Welt, weil der Abgrund alles, woraus die verschiedenen Formen hervorgehen, bewahrt und die Wasser und die Erde als den Stoff der verschiedenen Geschöpfe hält. Der Abgrund selbst wird jedoch nicht von einem anderen Geschöpf getragen, sondern allein durch Gottes Macht gehalten.

18. Der Abgrund ist einer Zisterne ähnlich

Auf seinem Boden ist der Abgrund aber einer Zisterne ähnlich. Denn wie der Boden die Wasser über sich hält, so stützt auch der Abgrund alles, was über ihm ist.

19. Gottes Stärke lässt die Wasser fließen, sonst wären sie verhärtet

Und siehe, von den Beinen des Mannes geht ein Lufthauch mit Feuchtigkeit hervor, der die Wasser des Abgrunds auf verschiedene Weise in Bewegung bringt, denn die Luft, die sanft aus Gottes Stärke kommt und die Wassermassen fließen macht, lässt sie hier und da ausströmen, indem sie diese über den ganzen Erdkreis verteilt. Die Luft hält die Wasser auch zurück, damit sie ihr Maß nicht überschreiten, wenn sie hervorsprudeln oder zurückfluten, schwellen oder abebben, sondern das Maß halten, wie es ihnen von Anfang an bestimmt worden ist.

Denn der Geist des Herrn gibt den Wassern ihre Feuchtigkeit und ihren Lauf, das heißt, dass sie feucht und flüssig werden und fließen, als ob sie leben würden. Sonst wären sie verhärtet und würden an einem Ort ohne den Schwung strömender Bewegung bleiben, und sie würden weder die Erde noch die anderen Geschöpfe durchtränken.

20. Gott hält die Herbheit der Elemente fest in seiner Macht

Der Mann drückt mit seinen Füßen die Kräfte der Elemente nieder, die über der Erde, in der Erde und unter der Erde sind, denn Gott hält die Herbheit der Elemente, die sich in den oberen, den inneren und den unteren Geschöpfen regt, fest in seiner Macht – sie ist stark gegen alles und trägt alles –, damit die Elemente nicht vor der ihnen festgesetzten und bestimmten Zeit erschüttert werden oder erbeben oder anderen Geschöpfen Schrecken einjagen.

21. Gott ermutigt die Getreuen, seine Mahnung aufzunehmen, sonst bekommen sie seine Schläge zu spüren

Daher ermutigt Gott auch die Getreuen, dass sie seine Mahnung aufnehmen und Reue über ihre Sünden zeigen, denn er offenbart sich ihnen in vielen Wundern. Sonst werden sie seine Schläge zu spüren bekommen, wenn sie nicht mit ganzem Bemühen ihres Herzens das Maß der Reue auf sich nehmen.

22. Die Seele des Menschen, die nach Gott seufzt, fügt mit ihren Kräften all ihre Werke in Himmelsverlangen zusammen

Wie die Wasser und der Abgrund die Kraft und die Macht Gottes zeigen, so offenbart auch die Seele des Menschen, die nach Gott seufzt, mit guten Werken in ihren Kräften die Macht und die Kraft Gottes. Denn die Kräfte der Seele – in denen sich Gott durch die Stärke der Geheimnisse befindet, die zu den verborgenen Mysterien heruntersteigen, gleichsam wie *von den Waden nach unten bis zu den Fußsohlen,* so dass Gott über der Seele, gleichsam wie *über dem Abgrund,* steht, wenn er beim Wirken der guten Werke der Seele die Heiligkeit durch gerechte und treue Werke einhaucht – erhalten durch göttliche Hilfe die Stärkung und die Standhaftigkeit der Heiligkeit gegen die teuflischen Künste und so *dienen sie wie zur Stärke der Kraft dieses Mannes.* Denn wo die Kräfte der Seele den Teufel verneinen und Gott bekennen, *erlangen sie alles* für die

Gerechtigkeit *wieder*; und wo sie den Schmutz und den ansteckenden Einfluss der Sünden durch die Zerknirschung des Bekenntnisses von sich abwischen, *reinigen sie alles;* und wo sie das Übel und die Gefahr des Todes abwenden, indem sie das Gute wirken, *heiligen sie alles;* und wo sie durch Vergießen der Tränen in sich die guten Werke benetzen, damit sie nicht verwelken, *enthalten sie alles;* und wo sie in der Einmütigkeit der seligen Tugenden voneinander nicht abweichen, *tragen sie alles.* Denn die Kräfte der Seele durchbohren ihre eigenen Werke mit wahrer und milder Zerknirschung und fügen sie in Himmelsverlangen zusammen, wie Gott die Welt zusammenhält, damit sie sich nicht in ihre Teile auflöst.

23. Die göttlichen Gebote sind dazu gegeben worden, dass die getreue Seele sie erfülle

Auch die Seele selbst, wenn sie durch die göttliche Gnade die alte Schlange tapfer zertritt und Gott mutig nachahmt, ist *wie die Kraft von Gottes Macht* im Wirken der Tugenden. Solange sie in guter Verfassung und mit gutem Willen die göttlichen Gebote beobachtet, *hält sie Gottes Ordnungen.* Denn diese Gebote sind dazu geoffenbart und gegeben worden, dass die getreue Seele sie trägt und erfüllt, gleich als ob *diese Ordnungen sich auf sie stützen.* Die Seele ist zugleich das Bauwerk und der Tempel des ewigen Schöpfers, *wie die Werkstatt des höchsten Werkmeisters,* in der die gerechten und heiligen Werke und alles, was sich auf das selige Leben bezieht, das Gott seinen Getreuen schenken wird, vorhanden sind, *ähnlich wie die Werkzeuge des Handwerkers in seiner Werkstatt aufbewahrt sind.*

24. Wenn die Seele der Heiligkeit folgt, lässt sie der Heilige Geist von Tugend zu Tugend aufsteigen

Wenn die Seele im Menschen der Heiligkeit folgt, wirkt Gott in ihr und durch sie oft so große Wunder, dass auch andere wie vom Unbekannten aufgeschreckt werden und staunen. Denn aus der Stärke von Gottes Gaben heraus geht der Heilige Geist mit milder Sanftmut auf die getreue Seele zu und lässt all ihre Kräfte wunderbar von Tugend zu Tugend[75] gehen und aufsteigen, wie *von den Beinen des Mannes ein Lufthauch mit Feuchtigkeit hervorgeht, der die Wasser des Abgrunds auf verschiedene Weise in Bewegung bringt.*

75 Vgl. Ps 84,8.

25. Gott Vater zähmt durch die Menschheit seines Sohnes die Versuchungen, die die Seele des Menschen zu fangen drohen

Daher zähmt Gott die Versuchungen von verschiedenen Ursachen und Überfällen, die die Seele des Menschen mit geistigen, körperlichen und höllischen Anreizungen wie in einem Netz zu fangen drohen, durch jene Menschheit, die den Teufel zunichte gemacht hat, wie auch *dieser Mann mit seinen Füßen die Kräfte der Elemente niederdrückt, die über der Erde, in der Erde und unter der Erde sind.* Denn der eingeborene Sohn Gottes, der in der Welt unter den Menschen ohne Sünde gelebt hat, hat seinen Getreuen ein Beispiel gegeben, wie sie die irdischen Begierden von sich abwerfen, sich nach dem Himmlischen sehnen und in Heiligkeit das lieben sollen, was ewig ist.

26. Gott ermutigt jene zur Reue, die wahrhaft hörende Ohren haben, die Nachlässigen aber wird seine Geißel reinigen

Daher mahnt der erwähnte Mann, der Gott versinnbildlicht, jene, die wahrhaft hörende Ohren und wahrhaft verstehendes Herz haben, zur Reue und zur Abkehr von ihren Sünden, wie du es hörst. Denn er macht ihnen durch viele Wunder offenbar, dass sie die ungerechten Werke von sich abwerfen und eiligst zu ihm laufen sollen. Jene aber, die die Worte seiner Mahnung geringschätzen, wird seine Geißel hart reinigen, weil sie den Richter, der sie mahnt und zurechtweist, in ihrer unbesonnenen Widerspenstigkeit verachten. Deshalb soll jener, den es danach verlangt, in Gottes Haus getreu zu wohnen, seinem Körper in Reue eine bittere Buße auferlegen, wie auch Johannes dazu ermutigt, wenn er sagt:

27. Die Worte des Evangeliums zur selben Sache

Ihr Gezücht von Vipern, wer hat euch gezeigt, vor dem kommenden Zorn zu fliehen? Bringt also würdige Früchte der Reue hervor und fangt nicht an zu sagen: „Wir haben Abraham als Vater.“ Ich sage euch, Gott kann aus diesen Steinen Abraham Söhne erwecken (Lk 3,7-8). Der Sinn dieser Worte ist folgender:

Aus den Strafen kommt die Reue, und jedes Laster wird seiner Schuld gemäß geprüft werden, so dass eine jede Seele das Zelt seiner Werke finden wird.[76] Wer könnte nämlich in dem anderen Leben das Zelt geben, außer Gott allein, der auch den Lohn gewähren wird. Gott aber, der Mensch geworden ist, hat in seinem Zelt das gefunden, woran er ein besonders großes Gefallen gehabt hat, nämlich, dem reuigen Menschen die Sünden zu vergeben. Denn der

76 Siehe oben II 36, S. 130.

Sohn Gottes wurde im leiblichen Leben der Jungfrau ohne Sünde empfangen und geboren und so blieb er in seiner Unschuld, weil er als die gerechte Sonne aufgegangen ist. Daher hat es seinem höchsten Vater gefallen, ihm jene Macht zu geben, dass er allen, die in Reue Buße tun, die Sünden vergibt. Jene aber, die in Sünden leben und in Sünden bleiben wollen, werden das *Gezücht von Vipern* genannt, weil sie in der Täuschung der Viper empfangen worden sind, nachdem Adam und Eva das königliche Leben in sich vernichtet hatten, wodurch sie auch die heilige Unschuld verloren und ihre Kinder zur Sterblichkeit der Sünden zeugten, bis sie durch das reine Fleisch des Gottessohnes belebt wurden.

Und *wer* von den Menschen, die auf diese Weise in Sünden geboren werden, *hat euch,* die ihr auch in vielerlei Vergehen angeklagt seid, *gezeigt, vor der überfallenden Rache von Gottes Zorn* ohne Reue *zu fliehen?* Mit diesem Wort wird gezeigt, dass der Mensch der Rache Gottes keineswegs entfliehen kann, weil weder der erste Engel noch Adam noch seine Söhne ihr entrinnen konnten. Denn wer auch immer von Anfang an gegen Gott kämpfte, wurde besiegt und stürzte.

Bewirkt also getreue Werke! Und um von den Sünden befreit zu werden, glaubt in Treue an Gott! Nähert euch ihm mit tränenvollen Gebeten und lasst von euren bösen Werken ab! Gleicht ein jedes Verbrechen mit einem guten Werk aus – alles ist ja der Reue würdig – und sagt wahrhaft: „Ach, ach, Herr, diese Sünden habe ich vor deinem Angesicht begangen!“ *Und sagt nicht in falscher Gerechtigkeit, dass ihr eine Verteidigung in Abraham habt,* dem Gott viele Wunder geoffenbart und den Anfang des Alten Testamentes anvertraut hat. Denn Gott allein und kein anderer kann euch befreien.

Daher verkünde ich in der Gewissheit, die wahr ist, euch, die ihr dies mit gutem Willen hört, dass *der Schöpfer aller* mit der Kraft seiner Gnade *aus der härtesten Härte des Unglaubens gläubige Menschen machen kann,* die zu ihm zurückkehren, die Wahrheit und den wahren Glauben behalten und so *zu den Söhnen der höchsten Seligkeit werden.* Denn der Sohn Gottes ist der Eckstein, aus dem alle Steine, nämlich die Heiligen, hervorwachsen und sich erneuern, denn er allein ist heilig und in ihm werden die Heiligen bestehen bleiben.

28. Die Geschicklichkeit der Gerechten vertreibt die Laster, die sich anstrengen, die Sinne der Getreuen umzustürzen

Dass *du aber in dem erwähnten Nebel, der verschiedene Arten von Lastern enthält, wie bereits gezeigt, auch jetzt fünf Laster in ihren Gestalten erblickst,* bedeutet, dass im bösen Unglauben des verwegenen Sturzes, in dem die ruchlosen Laster, wie gezeigt, in verschiedener Mannigfaltigkeit herumrennen, hier sich fünf Laster in ihren verkehrten Formen und Bedeutungen zu erkennen geben, die gegen die fünf Sinne des Menschen bacchantisch schwärmen. Denn sie strengen sich mit allem Kraftaufwand an, die Sinne der getreuen Menschen in verkehrter Widersprüchlichkeit einzufangen und umzustürzen, obschon die Scharfsinnigkeit und die Geschicklichkeit der Gerechten sie mit göttlicher Hilfe vertreiben und nicht zulassen, dass sie die Oberhand gewinnen.

29. Insbesondere über die Albernheit und ihre Haltung sowie was das bedeutet

Die erste Gestalt zeigt die Albernheit, die den folgenden Lastern mit lügnerischen Worten vorangeht, weil sie die Wahrheit nicht liebt. Vielmehr reizt sie bald diesen, bald jenen possenhaft zum Bösen und lässt diese nicht mehr in Ruhe.

Vom Kopfscheitel bis zu den Lenden hat sie die jugendliche Form eines Menschen, weil jene, die dieses Laster lieben, den Anfang ihres Geistes in Worten und Taten zur Begehrlichkeit ansetzen. Auf vielerlei Weise eignen sie sich in Eitelkeit die Zügellosigkeit an, indem sie in Unwissenheit ihres Herzens eine jede Sache nach ihrem Eigenwillen überall zerstreuen.

Von ihren Lenden nach unten erscheint *sie in der Form eines Krebses, wie der Krebs von seinem Kopf nach unten gestaltet ist,* weil solche Menschen von der Zügellosigkeit zur abschüssigen Unbeständigkeit heruntersteigen und, indem sie durch Lob vorwärts, durch Tadel wieder rückwärts schreiten, ihren bösen Anfang mit einem bösen Ende abschließen.

Daher *hat die Gestalt schwarze Haare auf ihrem Kopf und ist an ihrem ganzen Körper nackt,* weil dieses Laster im Geist solcher Menschen garstige und maßlose Unreinheit bewirkt und ihnen die Ehrfurcht und die Schamhaftigkeit raubt. Außerdem überzeugt es sie, dass sie ihre Worte und Taten bald auf Schmeichelei, bald auf Verleumdung anderer richten sollen, wie es auch in seiner Rede oben durch sich selbst offenlegt. Ihm antwortet die Ehrerbietung, die dieses Laster für Dreck unter den Schuhen hält.

30. Insbesondere über die Unstetigkeit und ihre Haltung sowie was das bedeutet

Die zweite Gestalt bezeichnet die Unstetigkeit, die hier die Albernheit begleitet. Denn durch diese fällt der Mensch der Unbeständigkeit anheim und überführt alles, was recht geordnet ist, in Maßlosigkeit, und selbst Gott verehrt er bis zuletzt so, als ob auch jener ein Ende hätte.

Sie hat das Aussehen eines Kindes, weil der unstete Mensch weder den Himmel mit Freude noch die Erde mit Sorge betrachtet, sondern nur in die eitle Leere der Elemente schaut. Er regelt keine Angelegenheit recht vorausschauend, noch teilt er sie recht ein, stattdessen richtet er all seine Werke nach kindischen Gewohnheiten; *ausgenommen, dass auf ihrem Kopf die Haare fehlen und dass sie ein Gesicht und einen Bart hat wie ein alter Mann,* weil der unstete Mensch, der seinen Geist am Überdruss festklammert, sich von der Ehre der Weisheit abwendet, wobei er in seiner Absicht danach verlangt, vor den Menschen als ehrwürdig und tugendhaft zu erscheinen, wie sich dies für einen gewissenhaften Menschen geziemt.

Dass *sie in der erwähnten Finsternis in einem Tuch wie in einer Wiege hängt und wie vom Wind hin und her bewegt wird,* bedeutet, dass die Menschen, die diesem Laster huldigen, in den Unglauben und in das Gewebe ihres Eigenwillens töricht verstrickt sind. Sosehr sie auch weichlich ruhen, zerstreuen sie sich auf teuflische Versuchungen hin in verschiedene und unterschiedliche Eitelkeiten vieler Dinge und unbekannter Spiele. Weder fangen sie etwas richtig an, noch beenden sie eine Sache richtig, vielmehr rennen sie in der Wechselhaftigkeit wie in der Unruhe einer Wolke herum, überall und immer herumirrend wählen sie bei jeder Gelegenheit das Unbekannte und suchen immer nur fremde Häuser auf.

Andere Kleider siehst du aber nicht an ihr, weil solche Menschen die Beständigkeit der Tüchtigkeit nicht anziehen, sondern immer wankelmütig und unbeständig einherschreiten.

Ab und zu streckt sie sich aus dem Tuch heraus und dann wiederum versteckt sie sich darin, weil diese Menschen erst demonstrieren, dass sie ihren Eigenwillen verlassen und zur größeren Ehre aufsteigen wollen, dann aber verbergen sie sich in diesem ihrem Eigenwillen, wenn sie niemandem offenlegen, was sie zu tun erwägen. Sie tun das, weil sie von diesem Laster aufgehetzt sind, das keine heilsame Ruhe, keine wahre Beständigkeit sucht, sondern danach strebt, überall umherzuschweifen und überall prahlend aufzutreten, wie es dies auch in seinen Worten oben zeigt. Die ruhige Beständigkeit tadelt es und mahnt dazu, dass ein getreuer Mensch, der die ehrenhafte Beständigkeit liebt, zu Christus sprechen möge, wie geschrieben steht:

31. Die Worte im Hohelied

Verrate mir du, den meine Seele liebt: Wo weidest du, wo lagerst du am Mittag, damit ich nicht anfange, durch die Herden deiner Gefährten umherzuschweifen (Ct 1,6[77]).

77 Hld 1,7 nach der Einheitsübersetzung.

Der Sinn dieser Worte ist folgender:[78]

Die Weisheit hat dies durch Salomo gesprochen. Denn als sich Salomo von der Weisheit durchdrungen fühlte, redete er zu ihr im vertrauten Umgang der Liebe wie zu einer Frau. Und ich, die Weisheit, spreche:

Dann bin ich aufgestanden, habe mein Gewand geschüttet[79] und es mit tausend und abertausend Tropfen Tau durchtränkt: Mit diesem Geschenk bedenkt Gott den Menschen. So sprachen wir miteinander. Denn wie ich alles geordnet habe, als ich um den Kreis des Himmels ging, so habe ich auch in Salomo über die Liebe des Schöpfers zu seiner Schöpfung und über die Liebe der Schöpfung zu ihrem Schöpfer gesprochen: darüber, wie der Schöpfer die Schöpfung geschmückt hat, als er sie erschaffen hat, weil er sie sehr liebte; und wie die Schöpfung vom Schöpfer *den Kuss erlangte,* als sie ihm gehorchte, weil sie ihm in allem gehorsam war. Denn die Schöpfung *empfing* vom Schöpfer bereits den Kuss, als Gott ihr alles Notwendige gab. Ich vergleiche aber die Liebe des Schöpfers zur Schöpfung und der Schöpfung zum Schöpfer mit der Liebe und der Treue, durch die Gott den Mann und die Frau verbindet, damit Nachkommen aus ihnen hervorgehen, so wie auch die ganze Schöpfung aus Gott hervorgegangen ist. Und so achtet die ganze Schöpfung mit ihrem Dienst auf Gott und tut nichts ohne sein Gebot, wie auch die Frau auf den Mann schaut, damit sie seine Befehle erfüllt und auf diese Weise ihm gefällt.

Daher wird die ganze Schöpfung zum Schöpfer *hingezogen,* wenn sie ihm in allem gehorcht; und der Schöpfer steht der Schöpfung bei, wenn er ihr Grünkraft und Stärke einfließen lässt. Die Schöpfung aber erweist sich *als schwarz,* wenn sie in irgendeinem Dienst dem göttlichen Gebot gegenüber zögerlich ist; *sie ist jedoch schön,* wenn sie ihren Dienst recht erfüllt. So gelangt ein guter Ruf von ihr zu denen, die ihr in den Bedürfnissen des Lebens anhangen, weil sie alles, wozu sie verpflichtet ist, gut und geordnet hervorbringt.

78 In der Auslegung geht Hildegard auf den ganzen Abschnitt Hld 1,1-7 ein: „Er möge mich mit dem Kuss seines Mundes küssen, denn süßer als Wein ist deine Liebe, wohlriechender als die besten Salben, ausgegossenes Öl ist dein Name, daher haben dich die Mädchen geliebt. Ziehe mich nach dir, lasst uns laufen! Der König hat mich in sein Gemach hineingeführt. [...] Ich bin schwarz, aber schön, ihr Töchter Jerusalems. [...] Verrate mir du, den meine Seele liebt: Wo weidest du, wo lagerst du am Mittag, damit ich nicht anfange, durch die Herden deiner Gefährten umherzuschweifen." In den folgenden Abschnitten werden die Anklänge an die Worte der ganzen Schriftstelle markiert.

79 Siehe die Gestalt der „Erlösung der Seelen" in Scivias III 6, die dieselbe Geste tut, wenn sie ihr Gewand auszieht und es schüttet, so dass viel Staub herausfliegt. Vgl. Hildegard: Wisse die Wege – Scivias (wie Anm. 1), S. 370.

Deswegen spricht die Schöpfung in achtsamer Liebe zum Schöpfer wie zu ihrem Geliebten. Sie fragt ihn, *wo er Weide, wo er Ruhe* in seiner Kraft entstehen lässt, die sie von ihm schöpferisch empfängt, *damit sie nicht verirrt* und wegen Götzen herumrennt, die den Namen der Gottheit fälschlich für sich beanspruchen. Nach diesem Gleichnis *sucht* auch der Mensch, der die ganze Schöpfung ist, in seiner Seele mit gutem Willen *den Kuss* von Gott, wenn er seine Gnade erlangt. Unter Seufzen verlangt er danach, dass er zu Gott *hingezogen* wird, um in seiner Lieblichkeit entschlossen zu laufen. Wenn den Menschen aber der Schatten der Sünde *schwarz* macht, so lässt ihn die Reue dennoch wieder schön werden. So steigt von ihm *ein guter und heiliger Duft* in gutem Ruf auf zu den *Töchtern des himmlischen Jerusalem,* wenn er danach verlangt, aus seinen Sünden durch die göttliche Mahnung aufzustehen. Deshalb spricht er dann auch zu Christus, seinem Erlöser, indem er sagt:

Durch die Schönheit deiner Gebote *zeige mir Du, den ich in meiner Seele mit ganzer Liebe halte,* denn in Deiner Menschwerdung hast du mich erlöst und aus dem Tod erweckt: *Wo weidest* Du in der jungfräulichen Natur, in der Du Fleisch angenommen hast und durch die Du all deine Werke vollbracht hast, so wie gute Spezereien im Garten der Gewürze duften. Denn die Demut hat in Deiner Menschheit all Deine Werke benetzt, wie der Tau aus dem Himmel fällt, um die Erde zu begießen. *Zeige mir auch, wo ruhst* Du bei der Beisetzung nach dem Tod, denn *die vollständige Glut der Sonne,* nämlich des Heiligen Geistes, hat in der Fülle des Glaubens die Getreuen erfüllt, als das Alte Gesetz nach Deiner Auferstehung und Deiner Himmelfahrt durch denselben Heiligen Geist in größere Tiefe umgewandelt wurde. *Meine Schritte möchte ich nicht in eine falsche Richtung lenken, damit ich nicht rückwärts laufe* durch die alten Gebote des Gesetzes oder die alten Philosophen, die in Deiner Gesellschaft waren, als sie das, was sie sprachen, durch göttliche Einhauchung weise hervorbrachten. Ich unterlasse aber, dies zu tun, damit ich nicht den schmutzigen Sitten und dem Müßiggang ohne Werke verfalle, wodurch ich von jeder Tauglichkeit des Glücks abgetrennt wäre.

32. Insbesondere über die Zauberei und ihre Haltung sowie was das bedeutet

Die dritte Gestalt stellt aber die Zauberei vor, die hier auf die Unstetigkeit folgt. Denn wenn die Menschen vielerlei Entfremdung müßig durchstreifen, dann kundschaften sie, während sie Gott verlassen, mit teuflischen Künsten zahllose Eitelkeiten in den Geschöpfen aus, um in einem jeden Ding zu finden, was sie wollen. Der Teufel lacht aber darüber und führt sie in etliche Hindernisse.

Die Gestalt hat den Kopf eines Wolfes und den Schwanz eines Löwen, denn die Menschen, die diesem Laster ergeben sind, erforschen durch teuflische Künste in den Geschöpfen alles, was sie wissen wollen. Dabei überlassen sie ihre Seele dem Teufel zum Verschlingen, wie das Lamm dem Wolf. Das Ziel ihrer Werke richten sie nicht in hoffnungsvoller Zuversicht auf Gott, sondern sie erweisen in ihren Sitten Härte und Rauheit mit bösem Ausgang gleich dem Schwanz des Löwen. Mit Hass und Tyrannei setzen sie alles in Unruhe, soweit sie es können, weil sie in diesen Angelegenheiten weder Sanftmut noch einen ruhigen Geist haben.

Ihr übriger Körper ähnelt einem Hund, weil solche Menschen all ihre Werke in Unreinheit versetzen und auch ihr Wissen nur für die Jagd nach dem Bösen verwenden.

Sie spielt mit der vorherigen Gestalt und sagt, sie seien in allem eins, weil jene, die sich nach Zauberkünsten ausstrecken, diese häufig durch Unstetigkeit herbeiführen. Sie nehmen die Unstetigkeit in ihr Bündnis auf und können sich davon nicht mehr trennen, weil sie wie von Natur aus von beiden Lastern besessen sind.

Auf ihre Ohren tönt aber ein gewaltiges Getöse von Winden ein, die sie sorgfältig durchsiebt, und sie horcht, was sie sind und woher sie kommen, denn wenn solche Menschen ihr Streben auf unstete Eitelkeiten setzen, nehmen sie mit den Ohren ihres Herzens zahlreiche Einflüsterungen schlimmer und höllischer Bosheiten auf. Nachdem sie diese gierig durchmustert und sich ihrer bemächtigt haben, führen sie sie entsprechend ihren einzelnen Willensregungen aus, weil sie erkennen, dass sich diese Einflüsterungen ihren Begierden gehörig anpassen.

Sie jubelt mit ihnen, als ob sie ihre Götter wären, weil die Ungläubigen die teuflische Überredung für Freude halten und ihr große Ehrfurcht entgegenbringen. Sie bewahren sie im Innersten ihres Herzens und hegen sie so, als ob sie dadurch erreichen würden, wonach sie verlangen.

Dann hebt sie ihre rechte Vorderpfote und streckt sie dem großen Wind entgegen, der von Norden kommt, denn wo sich die Menschen Redlichkeit vorzunehmen hätten, um in gutem Gang gerecht voranzuschreiten, dort ergreifen sie auf untauglichen Spuren die Überheblichkeit. So wenden sie sich durch die Zauberei der heftigen Verhöhnung zu, die aus dem alten Verführer kommt.

Daher *zieht sie mit ihrer linken Vorderpfote das Blasen der Winde aus den Elementen an sich,* weil diese Freunde der Verkehrtheit mit den Bosheiten, die ihren Spuren vorgesetzt sind, um darauf zu achten und sich nicht daran zu stoßen, aus den Geschöpfen, die ihnen zu Diensten stehen, Reizmittel der bösen Geister zu sich rufen. Denn sie nennen die Dämonen ihre Götter und verehren sie als Gott. Deshalb erkunden sie von ihnen die unterschiedlichen Eitelkeiten und Widersprüchlichkeiten der Zauberkünste. Dies tun sie, um ihren schmutzigen Eigenwillen sowohl in sich als auch in den anderen Geschöpfen umso prompter und leichter durchsetzen zu können, was auch dieses Laster darlegt, wie seine Worte oben zeigen. Der wahre Gottesdienst aber leistet ihm mit seiner Antwort Widerstand und mahnt die Menschen, dass sie von der Verdorbenheit der Verhöhnung wieder zur Einsicht kommen.

33. Insbesondere über die Habsucht und ihre Haltung sowie was das bedeutet

Die vierte Gestalt macht aber die Habsucht deutlich und schreitet hinter der Zauberei her, denn sie vervollständigt deren Dienst und Werk. Sie ist ebenso ein Götzendienst, weil sie als der Bauch des Teufels nie erfüllt wird und keine Sache nach ihrem eigenen Willen vollenden kann.

Sie erscheint in der Form eines Menschen, weil die Habsucht nach dem Irdischen und nicht nach dem Himmlischen verlangt, *ausgenommen, dass ihr Kopf ohne Haare ist,* weil sie mit ihrem Willen keine Ehrenhaftigkeit übt; und *sie hat einen Bart wie ein Ziegenbock,* weil sie die Scheußlichkeit als ihren Schmuck liebt. *Ihre Pupillen sind klein, das Weiß ihrer Augen aber ist sehr breit,* weil sie sich nicht am Glück anderer mitfreut, sondern einen erschreckenden Neid in ihrer Absicht aufweist; *mit ihrer Nase zieht sie den Wind stark in sich ein und bläst ihn aus,* weil sie die weltlichen Begierden mit maßlosem Verlangen, soweit sie es vermag, in sich aufnimmt und sie dann wiederum ausschickt, um noch mehr dazu zu gewinnen, das heißt, sie strebt danach, aus dem Wenigen viel zu bekommen und aus dem Bescheidenen etwas Großes zu machen.

Sie hat eiserne Hände, weil ihre Werke in Härte und Bitterkeit viel Raub durchführen, *und blutige Beine,* weil sie in ihrer Stärke sogar Blutvergießen verübt, um ihre Begierde zu befriedigen, indem sie Menschen für ihre eigenen Interessen tötet. *Ihre Füße sind wie die Füße eines Löwen,* weil ihre Spuren auf die Wege der Brutalität und der Beute gerichtet sind, wobei sie niemanden verschont, wenn sie etwas zum Rauben findet.

Sie ist mit einer Tunika bekleidet, die mit weißlicher und schwärzlicher Farbe vermischt durchwoben ist, weil sie alle Reichtümer, die sie entweder gerecht oder ungerecht erworben hat, an sich zieht, soweit sie es vermag, und sie fragt niemanden, woher diese Reichtümer sind oder wem sie gehören.

Diese Tunika sieht oben zusammengeschnürt aus, unten aber, nämlich um die Beine, ist sie breit ausgedehnt, denn dass sie sich von der Ausbeutung geistlicher Menschen zugunsten himmlischer Vergeltung enthält, das zeigt sie manchmal mit heuchlerischer Heuchelei, während sie unter weltlichen Menschen, die sich um das Irdische kümmern, ihre Tasche weit aufmacht, um nach ihrem eigenen Ermessen zu rauben.

Über ihrer Brust erscheint ein schwarzer Geier, denn die Gefräßigkeit verschiedener Räubereien nährt das Gewissen der Habsucht in schwarzer Völlerei; *und dieser Geier hackt seine Krallen in ihre Brust,* weil sie, die Gefräßigkeit, ihre Wege nach dem Willen ihres Gewissens richtet, indem sie alles ausführt, wonach es sie verlangt; *seinen Rücken und seinen Schwanz aber wendet er dieser Gestalt zu,* weil die Gefräßigkeit die Tatkraft und die Erfüllung ihrer Bosheit nach der Habsucht ausstreckt und ihr auf vielerlei Weise dient.

Dass aber *vor dieser Gestalt ein Baum steht, der mit seinen Wurzeln in der Hölle verwurzelt ist und als Frucht Pech- und Schwefelobst trägt,* bedeutet, dass die Habsucht im Herzen der ungläubigen Menschen die Bekümmernis der Welt darstellt. Diese bringt mit ihrer ganzen Tatkraft, eingetaucht in völligem Untergang, Früchte der Besudelung von üblem Gestank in der ständigen Wiederkehr der nichtsnutzigen Sorgen hervor, da sie niemals das Himmlische, sondern immer nur das Irdische bedenkt.

Diesen Baum schaut die Gestalt sehr sorgfältig an, rafft mit ihrem Mund von seiner Frucht und verschlingt sie gierig, denn die Habsucht blickt verschlagen auf die törichte Bekümmernis, und alles, was diese in irdischen Sorgen erzeugt, erfasst sie mit mörderischem Rachen, wobei sie alles ohne Mäßigung an sich reißt. Niemals sind die Menschen, die diesem Laster folgen, in Sicherheit, sie vertrauen nicht auf Gott, sondern versinken leidenschaftlich in den vergänglichen Dingen.

Daher ist diese Gestalt auch von vielen entsetzlichen Würmern umgeben, weil die Habsucht von unsagbaren, monströsen Teufelskünsten wie von Wall und Graben umgeben ist; *diese Würmer verursachen mit ihrem Schwanz ein lautes Getöse und eine große Bewegung in der erwähnten Finsternis,* weil diese teuflischen Künste durch die Stärke und die Vollendung ihrer Bosheit in der Finsternis des Unglaubens großen Lärm und gewaltige Unruhe hervorrufen, indem sie niemandem erlauben, in Ruhe die eigenen Sachen zu genießen. Und dies tun sie auch durch ungerechte Menschen, indem sie *wie Fische mit ihren Flossen das Wasser aufwirbeln,* das heißt, wenn die Verkehrtheit der bösen Werke in diesen Menschen gestärkt und vollendet ist, dann verwirren sie die Lauterkeit der guten Erkenntnis in den seligen Menschen, indem sie ihnen wegnehmen, was ihnen gehört, und es hartnäckig bei sich anhäufen, wie auch dieses Laster in seiner Rede oben darlegt. Ihm leistet die lautere Zufriedenheit Widerstand und ermuntert die Getreuen, mit Gottes Gaben zuversichtlich zufrieden zu sein. Auch ermahnt sie diese, nicht der Bitterkeit verhärteten Unglücks zu verfallen, wenn sie maßlos auf die Habsucht bestehen, wie auch Jeremia über jene, die diesem Laster frönen, bezeugt, wenn er sagt:

34. Die Worte des Propheten Jeremia über dieselbe Sache

Wo sind die Fürsten der Völker, die auch über die Tiere, die auf der Erde leben, herrschen, mit den Vögeln des Himmels spielen und Silber und Gold anhäufen, auf die die Menschen vertrauen. Kein Ende hat die Besitzergreifung jener, die Silber verfertigen und besorgt sind, dennoch findet man ihre Werke nicht (Bar 3,16-17). Der Sinn dieser Worte ist folgender:

Wo sind sie und welchen Lohn haben die, *die mit ihrer Tyrannei Völker unterdrücken?* Sie befinden sich an abscheulichen und schauerlichen Orten, die sie sich mit ihren Werken vorbereitet haben. Sie empfangen als Belohnung die Strafe, weil sie die Gebote des Gesetzes verlassen haben. Durch ihre Herrschaft, kraft derer sie den Völkern vorstanden, haben sie sich selbst zu Göttern gemacht und in ihrer Habsucht das Vermögen der ihnen untergebenen Menschen verbraucht. *Sie üben ihre Herrschaft auch über die Tiere aus, die in ihrer eigenen Wildheit leben und nichts anderes auf der Erde kennen, als was den Tieren gehört.* Solche Herrscher halten diese Tiere in ihrer eigenen Macht und Gewalt, als ob sie sie gemacht hätten, ohne zu bedenken, dass Gott sie zu ihrem Dienst geschaffen hat. So verlieren sie die Höhe und die Weite des höchsten Lohnes wegen des Lohnes ihres Eigenwillens, weil sie tun, was sie wollen.

Denn sie richten ihren Geist nicht auf Gott, sondern dienen der Habsucht, weshalb sie in der schlimmsten Finsternis nichts anderes als bestialische Verdienste erhalten. *Auch mit den Vögeln, die die Luft bevölkern, befriedigen sie ihr kurzweiliges Vergnügen.* Indem sie die Symphonie des Heiligen Geistes, mit der sie sich an Gottes Geboten freuen sollten, hintansetzen, verdrehen sie ihre Freude in die Natur der Vögel und sind mit ihnen durch mannigfaltige Verschiedenheit auf unpassende Weise fröhlich. Deswegen werden sie große Strafen erleiden, weil sie Gott nicht dienen.

Sie sammeln durch ungerechte Erwerbung und ungerechten Gewinn *das Silber* der Sterblichkeit und *das Gold* des Verderbens, *auf das sie ihre Hoffnung setzen,* weil sie das Irdische, nicht das Himmlische erspüren. *Sie legen keine Grenze und kein Maß fest zur Ausdehnung ihrer Einnahmen,* denn sie wollen nicht das Silber der guten Erkenntnis haben, mit der die heiligsten Werke als Schätze in himmlischer Harmonie gesammelt werden, und sie verachten auch das Gold der Weisheit, die die getreuen Menschen mit Gottes Unterscheidungsgabe weise lenkt. Denn die göttlichen Gebote sind in den Schriftrollen wie in einem Privileg niedergelegt, damit sie nicht der Vergessenheit anheimfallen, sondern durch gerechte und heilige Menschen erfüllt werden. Die ungerechten und habgierigen Menschen aber verschmähen sie und wählen lieber das Geld, das dem Tode geweiht ist, weshalb sie auch im Tode sterblich geworden sind.

Sie ziehen *das Silber* in die mannigfaltigen Formen ihrer Zuversicht ein, und *sorgen sich* um das Irdische und Vergängliche, damit ihnen nichts weggenommen wird. *Deshalb können ihre Werke nicht gefunden werden* und in der Beharrlichkeit ausdauern, weil sie in Eitelkeit getan sind und auch in Eitelkeit zerfallen. Den Glauben und die Hingabe an Gott verwerfen sie, im irdischen Bereich tun sie aber alles, was ihnen gefällt, wobei sie sagen: „Gott tut alles, was er will, und auch wir tun alles, was wir wollen." So weisen sie die Heiligkeit der heiligen Werke, die mit guten Tugenden *versilbert* sind und in der Verfertigung der Tugenden gleich eleganten Formen erscheinen, von sich ab; all *ihre Sorge* fixieren sie auf das Vermögen ihres Reichtums nach dem Verlangen ihres Herzens und kümmern sich keineswegs um das Heil ihrer Seele; *deshalb findet man ihre bösen Werke nicht* in irgendeiner Tauglichkeit oder in irgendeinem Verdienst der Rettung. Alles, was sie tun, wird erlöschen wie Kohle, und sie sterben den Tod mit den Werken der Habsucht.

35. Insbesondere über die Welttrauer und ihre Haltung sowie was das bedeutet

Die fünfte Gestalt bezeichnet die Welttrauer und folgt hier der Habsucht. Denn wenn die habsüchtigen Menschen nicht besitzen können, wonach sie verlangen, dann verfallen sie der Traurigkeit, und sie vermögen es nicht leicht, sich davon loszulösen.

Sie hat eine weibliche Form, in deren Rücken ein Baum steht, der ohne Blätter völlig dürr ist, denn in weiblicher Panik umarmt die Welttrauer unsinnig die Torheit, während sie ihre ganze Kraft und Zuversicht für die Betrübnis ihres Gemütes aufwendet, die aber jeglicher Grünkraft und jeglichen Schutzes der Seligkeit entbehrt. *Sie ist von den Ästen des Baumes umflochten,* weil dieses Laster in die Widersprüchlichkeiten, die aus dieser Torheit entstehen, so verwickelt ist, als wäre es im Unglück.

Denn ein Ast bedeckt ihren Kopfscheitel, was die Hilflosigkeit zeigt, die den Anfang und den Gipfel der Gesinnung jener Menschen bedrückt, die von diesem Übel besessen sind; *ein anderer umgibt ihren Nacken und ihren Hals,* was die Ängstlichkeit verdeutlicht, die die Festigkeit solcher Menschen, mit der sie Gottes Joch zu tragen hätten, zusammenschnürt, und ihre Sehnsucht, durch die sie die Speise des Lebens zu bekommen hätten, lahmlegt.

Wieder ein anderer Ast spannt sich um ihren rechten Arm, ein weiterer um ihren linken, während die Gestalt ihre Arme nicht ausstreckt, sondern an sich zieht, weil die Angst hinsichtlich der ewigen und geistlichen Werke einerseits, das Zittern um die vergänglichen und weltlichen Dinge andererseits solchen Menschen einen Schrecken einjagen, so dass sie nicht mehr danach streben, sich um dieses oder jenes zu mühen oder sich gut und ehrenhaft zu erweitern, sondern darauf beharren, durch Feigheit in der schlimmen Niedergeschlagenheit ihres Herzens zu erstarren.

Und dies tun sie mit ihren *Händen, die von den Ästen herabhängen und deren Nägel den Krallen eines Raben ähnlich sind,* weil ihre Werke, die durch die erwähnten Widersprüchlichkeiten hochmütig herausragen, eine gewisse Härte in der Gefräßigkeit heftiger Schwärze zeigen, indem sie weder sich selbst noch anderen irgendwelche Liebe erweisen, weil sie weder in Fröhlichkeit noch in Traurigkeit, weder im Glück noch im Unglück Zuversicht fassen können.

Von der rechten und der linken Seite geht je ein Ast aus, die ihren Bauch und ihre Beine quer umgürten und die ineinander verflochten sind, denn wo die Menschen, die in Welttrauer dahinschwinden, durch das geistliche Leben, gleichsam zur rechten Seite, geschützt werden sollten, dort jagt ihnen die Bekümmernis ihres Gemütes Zweifel ein; und wo sie die körperlichen Dinge, gleichsam zur linken Seite, von sich abweisen sollten, dort greift sie die Wehmut durch die Bekümmernis ihres Gemütes an. Dies alles drückt ihr Gewissen und die Stärke ihrer Seele und ihres Körpers nieder und treibt sie durch vielerlei Gegensätze umher, die sich in ihnen zu einer schlechten Gesellschaft verbünden. Weder für Gott noch für die Welt strengen sich solche Menschen mannhaft an, weil sie weder an Gott noch an der Welt Freude haben und überhaupt nicht überlegen, was ihre Werke sind.

Daher *hat die Gestalt hölzerne Füße,* weil solche Menschen ihre Pfade nicht in die richtige Richtung nach der Zurechtweisung der Hoffnung und der Zuversicht führen, sondern sich durch die Welttrauer leiten lassen. Sie haben keine Grünkraft auf ihren Wegen, sondern sind der Unke ähnlich, die sich vor jeder Freude und jeder Fröhlichkeit im Himmel und auf der Erde versteckt.

Andere Kleider hat sie nicht, nur dass sie von diesen Ästen umgeben ist, weil dieses Laster solche Menschen weder mit Ruhm noch mit Ehre schmückt, sondern sie preisgibt, von allem Glück entblößt. Es zeigt, wie gesagt, die von schlimmen Schäden bedrückten Menschen, weil diese weder sich selbst noch andere lieben, sondern sich einem jeden gegenüber schwerfällig verhalten.

Dass aber *böse Geister, die mit einem schwarzen, stark stinkenden Nebel kommen, auf diese Gestalt eindringen, die sich unter Stöhnen zu ihnen zurückbeugt,* bedeutet, dass die nichtigen teuflischen Geister, die in der Schwärze ihrer schlimmsten, von allem Schmutz und Dreck stinkenden Künste brodeln, solche Menschen mit dem Laster der Welttrauer überfallen und ihnen jeglichen Trost und jegliche Ruhe ihres Geistes entziehen. So stimmen diese Menschen ihnen in ihrer Verzweiflung zu, während sie sich selbst verabscheuen und nicht mehr daran glauben, dass ihnen noch irgendwelche Seligkeit zuteilwerden könnte, wie auch dieses Laster in seinen Worten, wie oben dargelegt, verkündet. Die Himmelsfreude antwortet ihm und ermutigt die Menschen, alle Bitterkeit der Traurigkeit von sich abzuweisen und sich Gott in Freude treu hinzugeben.

36. Desgleichen insbesondere über die Gestalt des Gotteseifers und was das bedeutet

Und siehe, vor dem erwähnten Mann erscheint ein eherner Knüppel wie der Knüppel eines Vernichters, der in den Abgrund eingestochen ist: Er stellt vor Gottes Angesicht seinen starken Eifer dar, der zur Vergeltung des Bösen vorbereitet und in seinen tiefsten Strafgerichten verborgen ist. Er schlägt und zertrümmert aber nur das, was ihm die göttlichen Urteile zeigen. *Er bewegt sich hin und her, wie zum Niederschlagen,* weil der Gotteseifer alles durchforscht und ergründet, was mit Gottes gerechten Urteilen zu prüfen und zu untersuchen ist.

Seine Bewegung, das heißt die gerechten Urteile des Gotteseifers, *gibt einen Ton wieder,* nämlich den gerichtlichen Urteilsspruch, *der sich hören lässt,* denn der Gotteseifer ruft mit großer Strenge, dass er die teuflische Verspottung – die sich Gott widersetzen will und danach strebt, jene Höhe zu erreichen, die in die Unterwelt heruntersteigt – von jeglichem Schmuck und jeglicher Seligkeit fortreißt und in die Verwirrung stinkender Leichen stürzt. Denn jene Verspottung kommt aus der Gefräßigkeit des ersten Nachstellers und aus seiner Tollheit grausam hervor; sie trachtet danach, einen jeden, den sie nur kann, in die Orte der schlimmsten Verdammnis mit sich zu reißen. Der Gotteseifer aber zerstreut sie und macht sie zunichte, weil er alles gerecht prüft und alles, was zu beurteilen ist, gerecht beurteilt, wie auch geschrieben steht:

37. Aus dem Buch Exodus

Es geschah in der Mitte der Nacht, dass Gott jeden Erstgeborenen im Land Ägypten erschlug, vom Erstgeborenen des Pharao, der auf seinem Thron saß, bis zum Erstgeborenen der Gefangenen, die im Gefängnis saß, und jeden Erstgeborenen des Viehs (Ex 12,29). Der Sinn dieser Worte ist folgender:

Als das Böse so überreich geworden ist, dass es meinte, niemand könne es überwinden, da *zertrat Gott* mit seinem Eifer *jeden Anfang und jedes Haupt,* das in der Verkehrtheit finsteren Unglaubens wütete, das heißt *vom Anfang* des Hochmuts des Teufels, *der sich seinen Thron* im Reich der Unterwelt aufgestellt hat, bis zum Anfang der Übertretung Adams, *der sich, selber gefangen und eingekerkert,* diesem Teufel unterwarf.

Der wahre Gott und gerechte Richter zertrümmerte in ihnen alle Arten der Laster, als er den Hochmut des Teufels in verderblicher Verachtung einsperrte und die Übertretung Adams mit bitterer Vergeltung schlug, denn alle Laster sind in ihnen enthalten. Er zertrümmert auch jedes Laster der verkehrten Gedanken, wenn er die Gedanken der Menschen prüft, denn sobald er sie im Haupt niederhaut, verjagt er sie endgültig und lässt keine davon unerforscht durchkommen.

Denn Gott hat, wie *in der Mitte des Todes,* das Böse durch seinen Sohn geschlagen und die getreuen Menschen in der Wiedergeburt durch Geist und Wasser zum Leben zurückgeführt, als er angefangen *von den Propheten und Weisen bis zu ihren Untergebenen,* die in Sünden gefangen waren, *alles Böse tötete* und das alte Gesetz zum besseren Teil wendete. Er hat freilich die Anfänge der Laster niedergestreckt, als er die Lüsternheit und den Ungehorsam im neuen Gesetz getilgt hat, damit zahlreiche Tugenden dort wachsen, wo die schlimmen Wurzeln ausgerottet wurden. Im Mund der alten Schlange war nämlich die Lüsternheit zusammengeballt, als er den Menschen mit Speise getäuscht hat.

Aus dem Stamm Isais[80] ist ein Mädchen aufgestiegen, das die Lüsternheit im Bauch der alten Schlange vernichtet hat, als es ohne den Geschmack der Lust in mädchenhafter Unschuld geboren hat, und es freut sich immer und kann keine Traurigkeit erfahren. Der Sohn Gottes hat aber Enthaltsamkeit gelehrt, als er im Verzicht auf Speise vierzig Tage und Nächte fastete. Er hat auch unzählige Bosheiten in den Götzen überwunden, als er sie zertrat. Er hat durch sich selbst verborgene Wunder geoffenbart, als er den Biss der Schlange durch sein Blut und durch das Blut seiner Märtyrer erstickte.

38. Das Blut Christi verband sich mit der Jungfräulichkeit

Das unschuldige Blut Christi und seiner Märtyrer verband sich mit der Vermählung der Jungfräulichkeit, vor der der Teufel so errötete, dass er völlig verwirrt wurde. Gegen dies alles suchte er eine Höhle, um dies alles zu hintergehen, während er die Laster gegen die Tugenden bewaffnete und versuchte, Gottes Gebote mit verkehrter Lehre umzustürzen. Dabei sagte er zu sich: „Da ich ja die Möglichkeit habe, mache ich, was ich will. Mit allem Einsatz rebelliere ich gegen Gott, denn er will mich unterdrücken."

80 Vgl. Jes 11,1.

39. Gott überwindet die alte Schlange in ihren bösen Werken durch die Umkehr der Zöllner und der Sünder

Ich aber, der ich seit Anbeginn der Schöpfung ein starker Krieger bin, werde diese alte Schlange niederstrecken, wenn sie die Bearbeitung ihrer Werke vollendet haben wird, und werde sie samt ihrem Ungehorsam zertreten, den sie aus sich gezeugt hat. Der Teufel ist nämlich der Vater des Ungehorsams und alle, die dem Rat des Ungehorsams zustimmen und so Gottes Gebote verachten, sind in ihrer Beharrlichkeit die Glieder des Teufels. Dies alles wird aber zusammen mit dem alten Verführer zerstört und zunichte gemacht. So wird die unversehrte Macht der Gottheit erscheinen, weil sie ihren Feind überwunden hat. Auch im Menschen überwindet sie ihn, weil sie die Umkehr der Zöllner und der Sünder liebt, wenn sie sie von Neuem erweckt. Denn die weite Barmherzigkeit Gottes wird niemals austrocknen und wird sich wegen der Wechselhaftigkeit der Dinge nicht verändern, sondern sie bleibt in sich immer beständig. Denn Gott ist jenes Leben, das niemals begonnen hat zu leben und das nichts ihm Ähnliches findet und das niemals aufhört.

Gott nimmt die reuigen Sünder auf, die beginnen zu leben, wenn sie beim Verlassen der Sünden in den Sünden austrocknen und ihren Sünden mit den Tränen der Reue in Klugheit einen Schiffbruch verursachen.

Wer aber Sehnsucht nach dem Leben hat, nehme damit diese Worte auf und verberge sie im innersten Gemach seines Herzens.

Zur Albernheit

Und siehe, ich sah in der erwähnten Menge weitere Geister, die alle schrien und sagten: „Ist es etwa groß, was Gott tut? Luzifer ist groß und wir werden immer mit ihm bleiben.“ *Sie regen die Menschen zur Albernheit an und bringen ihnen bei, dass sie allen gegenüber spöttische Worte und Taten aufweisen.*

40. Desgleichen über die läuternden Züchtigungen der Seelen jener Menschen, die durch Albernheit gesündigt haben, und warum sie diese auf solche Weise zu erleiden haben

Und ich sah die Flamme eines Feuers, in der Würmer mit sonderbarem Aussehen herumkrochen. Darin wurden die Seelen jener gepeinigt, die die Albernheit geliebt hatten und in diesem Laster niemanden verschont hatten. Wegen der eifrigen Neigung zur Albernheit, durch die sie viele Menschen verletzt hatten, brannten sie in dieser Flamme; wegen der Unwissenheit, durch die sie in diesem Laster Gott der Vergessenheit anheimgegeben hatten, wurden sie durch die erwähnten Würmer gefoltert.

Und ich sah und verstand es.

41. Auf welche Weise die Menschen durch Reue die Sünde der Albernheit in ihrem Körper zu sühnen haben

Und aus dem lebendigen Licht hörte ich eine Stimme, die wiederum zu mir sprach: Was du siehst, ist wahr; und es ist so, wie du es siehst. Wenn daher die Menschen, die sich die Albernheit angewöhnt haben, die bösen Geister, die ihnen dieses Laster anbieten, nun von sich wegjagen und den Züchtigungen dafür entkommen wollen, dann sollen sie sich mit Fasten und Schlägen gemäß dem Befehl des ihnen vorgesetzten Seelenführers läutern und danach mit richtigem und entsprechendem Maß die Stille beachten.

42. Die Albernheit versucht alles, was wahr ist, im Schatten spielerischer Worte auszurotten

Die Albernheit ist voller Gottesvergessenheit und strebt danach, mit lügnerischen Worten die Wahrheit zu zerfetzen, denn sie ist wie stinkender Nebel, der jegliche Frucht austrocknet. Sie wächst nicht in Ehrenhaftigkeit und wird nicht durch Disziplin mit dem Mantel der Ehrfurcht bedeckt, sondern sie versucht alles, was wahr ist, im Schatten spielerischer Worte auszurotten. Sie macht es mit gewissem Zischeln nach der Art der Schlangen und mit lästernden Worten, die gegen Gott und die Menschen gerichtet sind. Sie ist in schlimme Gewohnheiten verstrickt und verlacht das festgelegte Gesetz, so wie eine Motte das Kleid zerfrisst. Sie betrügt den Menschen mit Verhöhnung und überfällt ihn so mit dem Tod.

Die aber, die Gott mit reinem Herzen und diszipliniertem Geist lieben wollen, sollen das Gift der Verspottung von sich weisen, damit sie später nicht weinen müssen, wenn sie nach der Freude verlangen.

Dies ist aber von den Seelen der Reuigen gesagt worden, die zu reinigen und zu heilen sind, und es ist verlässlich; der Getreue möge darauf achten und es im Gedächtnis des guten Wissens aufbewahren.

Zur Unstetigkeit

Auch andere Geister sah ich in derselben Menge und hörte, dass sie schrien: „Unser Herrscher ist Luzifer, der sich über alles erstreckt und alles, was ist, erkennt.“ *Sie zeigen den Menschen die Unstetigkeit und überreden sie, dass sie die Beständigkeit geringschätzen.*

43. Desgleichen über die läuternden Züchtigungen der Seelen jener Menschen, die in der Welt durch Unstetigkeit gefehlt haben, und warum sie diese Züchtigungen auf solche Weise zu ertragen haben

Und ich sah einen riesigen Sumpf voll faulen und stinkenden Schmutzes. Ein schlimmer Nebel stieg daraus hervor, der den Sumpf ganz umhüllte. Dort wurden die Seelen jener gezüchtigt, die in ihrem irdischen Dasein der Unstetigkeit gehuldigt hatten, so dass sie von einem Ort zum anderen gezogen und stets umhergeschweift waren.[81] *Wegen der Unstetigkeit, in der sie gesündigt hatten, befanden sie sich im Schmutz dieses Sumpfes; wegen der Wonne, die sie in der Unstetigkeit gefunden hatten, mussten sie den Gestank ertragen; und wegen der verschiedenen Neuigkeiten in der Unstetigkeit wurden sie mit Nebel bedeckt.*

Und ich sah und verstand es.

44. Auf welche Weise die Menschen durch Reue die Sünde der Unstetigkeit in sich zu reinigen haben

Und aus dem lebendigen Licht hörte ich wiederum eine Stimme, die zu mir sprach: Was du siehst, ist wahr; und es ist so, wie du es siehst. Daher sollen sich die Menschen, um die Geister, die sie zur Unstetigkeit anreizen, zu überwinden und um den Züchtigungen für die Unstetigkeit zu entrinnen, mit Fasten und Geißelungen züchtigen, ferner mit Kniebeugen und Seufzen für ihre Übertreibungen sühnen.

45. Die Unstetigkeit, die über keine wachsame Erkenntnis verfügt, ist die Tochter des Ungehorsams und dient der Lüsternheit, womit sie sich Müßiggang und Trägheit zuzieht

Diejenigen nämlich, die die Unstetigkeit umarmen, fürchten Gott nicht und haben keine Gottesliebe. Weil sie die Gottesfurcht ablehnen, entbehren sie der Weisheit, und weil sie sich nicht mit der Liebe umhüllen, können sie über keine wachsame Erkenntnis verfügen. Die Unstetigkeit ist wie die Tochter des Ungehorsams und dient meistens der Lüsternheit; und selbst wenn sie diese nicht im Werk ausführt, trachtet sie dennoch nach deren Anteil, verlangt nach deren Anblick und unterwirft sich deren Dienst. Sie ist nämlich ungestüm und lau zugleich, sie heult in einer jeden Sache und gleicht der Speise, die mit Salz nicht gewürzt ist. Sie kennt weder rechte Freude noch rechte Traurigkeit. Die Prophetie beachtet sie nicht, auch die Weisheit redet nicht mit ihr. Sie ist weder die Wurzel noch das Blatt eines fruchtbaren Baums, denn sie ist weder in der Wurzel der Prophetie feucht wie der Tau am Morgen, noch steigt sie im Blatt des Gebäudes der Weisheit zur Mittagszeit auf. Sie ist Schaum und Fäulnis, aber sie ist weder Geschmack im Wissen noch Speise in den Werken, sie verweilt in keiner Tauglichkeit, hat keinen wachen Sinn und erhebt ihren Geist nicht zu Gott in irgendeiner fördernden Mitwirkung. Sie zieht sich den

81 Vgl. Regula Benedicti – Die Benediktusregel 1,10-11 (wie Anm. 5), S. 74-75.

Müßiggang und die Trägheit zu, mit denen sie blindlings durch vielerlei hindurch schreitet, was schlüpfrig und beleidigend ist. Ihren Blick heftet sie auf die Mannigfaltigkeit dessen, was ihr widerfährt, wobei sie das, was Gott gehört, vergisst, wie sie auch häufig die körperlichen Belange und die eigenen Bedürfnisse vernachlässigt.

Derjenige aber, der sich danach sehnt, Gott auch inmitten der Herbheit seines eigenen Lebens zu dienen, soll die Eitelkeiten dieses Lasters verabscheuen und sich zu Gott erheben, indem er sich sowohl körperlich als auch geistig zügelt. Wenn sich der Mensch nämlich nach dem Himmel ausstreckt, um mit dem Gesicht des Glaubens Gott zu schauen, küsst der Mensch Gott mit höchst aufmerksamer Betrachtung und umarmt ihn mit sehr starker Liebe. Dann erfüllt sich in jenem Menschen, was geschrieben steht:

46. Die Worte Davids

Erfreue dich am Herrn und er wird dir die Wünsche deines Herzens erfüllen (Ps 36,4/37,4). Dies ist auch so zu verstehen:

Du, der du treu an Gott glaubst und getreue Werke hervorbringst, sammle alle Wonne der Tugenden in dir und *erfreue dich an ihm, der der Herr des gesamten Weltalls ist,* indem du dem treu folgst und den treu liebst, der dein Schöpfer ist. Und wenn du dich an ihm *erfreust, wird er dir alles geben, was gut ist, und du wirst nichts entbehren, was du wünschst und was dein Herz begehrt.* Wieso?

Der Glaube nämlich, mit dem du recht an Gott glaubst, lässt nicht zu, dass du etwas erbittest, was nicht gerecht ist; und jene Betrachtung, die der Glaube lehrt, wünscht vor Gottes Angesicht nichts anderes, nur was Gott gefällt und was ewig ist. Selbst wenn du wegen deiner Bedürfnisse zu Gott seufzt und selbst wenn du wegen der Bedürfnisse deines Bruders zu Gott rufst, nähert sich der Duft der Tugenden in diesen guten und heiligen Werken der Gottesliebe, und Gott versäumt nicht, die Wünsche zu erfüllen, die gerecht vorgetragen sind.

Dies ist aber von den Seelen der Reuigen gesagt worden, die zu reinigen und zu heilen sind, und es ist verlässlich; der Getreue möge darauf achten und es im Gedächtnis des guten Wissens aufbewahren.

Zur Zauberei

Danach sah ich andere bösen Geister in derselben Menge und hörte, dass sie mit großem Geschrei riefen: „Luzifer ist der Herr, denn die Elemente gehorchen seinem Befehl.“ *Und sie musterten eifrig die Elemente. Sie verführen die Menschen zur Zauberei und reden ihnen ein, dass sie auf magischen Künsten und Giftmischerei bestehen.*

47. Desgleichen über die läuternden Züchtigungen der Seelen jener Menschen, die durch Zauberei gesündigt haben, und warum sie diese auf solche Weise zu ertragen haben

Und ich sah einen großen Sumpf, der ganz und gar wie ein Feuer wallte und üblen Gestank verbreitete. Eine Menge Schlangen und anderer Würmer befand sich darin. Dort wurden die Seelen jener gepeinigt, die in ihrem körperlichen Dasein auf der Zauberei beharrt hatten, so dass sie mittels teuflischer Künste vielerlei Zauber und Giftmischerei mit verschiedenen Geschöpfen verübt hatten. Deshalb fügten ihnen die bösen Geister unzählige Widrigkeiten zu und sagten: „Diese hier haben keinen lebendigen Gott." *Da sie den rechten Glauben verleugnet hatten und in ihren Werken der Ungläubigkeit gefolgt waren, brannten sie in diesem feurigen Sumpf. Da sie nicht überlegt hatten, was sie taten, rochen sie den Gestank dieses Sumpfes. Weil sie ihre Zuversicht auf die Elemente und andere Geschöpfe gesetzt und ihnen mehr als Gott getraut hatten, wurden sie von diesen Würmern angegriffen, und weil sie sich an diesen schlimmen Zauberkünsten ergötzt hatten, wurden sie von den Schmähungen der bösen Geister geplagt.*

Und ich sah und verstand es.

48. Auf welche Weise die Menschen durch Reue die Sünde der Zauberei in sich zu tilgen haben

Und wiederum hörte ich aus dem lebendigen Licht eine Stimme, die zu mir sprach: Was du siehst, ist wahr. Die Menschen aber, die sich anstrengen, die bösen Geister, die sie zur Zauberei aufrufen, zu besiegen und den Züchtigungen für dieses Laster zu entfliehen, sollen sich mit einem groben Kleid demütigen und sich mit hartem Fasten und bitteren Schlägen entsprechend dem Urteil der Gerechtigkeit züchtigen.

49. Diejenigen, die von den Geschöpfen wie aus den Schriften lernen wollen, zerstören sich an Leib und Seele, weil sie den Blick ihrer Seele verblenden

Denn die Menschen, die auf die Geschöpfe wie auf die Schriften schauen und danach streben, von den Geschöpfen wie aus den Schriften vieles zu lernen, verehren statt Gott den Teufel und stehen diesem zu Diensten. Deshalb hält auch der Teufel an ihnen fest und sagt zu ihnen: „Was ihr nur erbittet, das werde ich euch geben." Daher spricht jener elende Mensch, der sich dem Teufel als Knecht anbietet, so zu sich: „Mein ganzes Heil finde ich in den Geschöpfen. Wenn ich nämlich ständig auf Gott schauen würde und mir selbst im Voraus manches Gut nicht besorgen würde, würde mir Gott alles, was ich besitze, wegnehmen, wie es ihm gefällt. Und was würde ich dann haben? Also erforsche ich in den Geschöpfen, was ich will. Ich sehe nicht ein, warum ich dadurch sündigen würde." Das sagt der schlimme Narr zu sich und führt es mit üblen und verkehrten Künsten aus. Deshalb wird er an Leib und Seele zerstört, weil er dem Fall des ersten Engels folgt und sich sogar verächtlicher macht als der Teufel, indem er den unvernünftigen Geschöpfen traut; was aber der Teufel nicht getan hat, denn er hat ja allein auf sich selbst vertraut.

Derjenige aber, der Gott rein und würdig dienen will, soll diese Erdichtungen und Täuschungen fliehen und weder sich noch die Geschöpfe in verschiedene Widersprüche verkehren. Denn wenn er die Geschöpfe mit bösen Erforschungen mustert, dann verblendet er den Blick seiner Seele; wenn er seine Kräfte aufbietet, um mit den Geschöpfen wie mit Gott zu reden, dann macht er sich stumm für das Lob Gottes; und wenn er mit ihnen böse, zweckwidrige und frevelhafte Werke tut und das verrichtet, was gegen die Natur und das Heil des Menschen ist, dann schickt er seine Seele in die Unterwelt. Wer aber danach strebt, seinem Schöpfer anzuhangen, soll sich weigern, so zu handeln.

Dies ist aber von den Seelen der Reuigen gesagt worden, die zu reinigen und zu heilen sind, und es ist verlässlich; der Getreue möge darauf achten und es im Gedächtnis des guten Wissens aufbewahren.

Zur Habsucht

Ich sah aber in der erwähnten Menge andere böse Geister, die schreiend riefen: „Luzifer wird mit viel Ehre bereichert, und wir werden mit ihm hochgepriesen." *Sie setzen den Menschen die Habsucht vor und spornen sie dazu an, sich immer nach dem auszustrecken, was mehr und größer ist.*

50. Desgleichen über die läuternden Züchtigungen der Seelen jener Menschen, die durch Habsucht gesündigt haben, und warum sie diese auf solche Weise zu erleiden haben

Und ich sah eine feurige Luft, die ganz und gar in einem gewaltigen Brand siedete. Darin drängten sich winzige, spitze Würmer, als ob sie vom Wind hin und her getrieben würden. In dieser Luft befanden sich aber die Seelen jener, die in ihrem irdischen Dasein der Habsucht gefrönt hatten und deren Begehren immer darauf ausgerichtet war, nach ihren Möglichkeiten das anzuhäufen, was anderen gehörte. Wegen des unaufhörlichen Keuchens der Habsucht, die sie in sich gehegt hatten, erlitten sie das Feuer dieser Luft; und wegen der Schäden und der Qualen, die sie auf diese Weise anderen Menschen zugefügt hatten, wurden sie mit den Spitzen der erwähnten Würmer gepeinigt.

51. Desgleichen über die läuternden Züchtigungen der Seelen jener Menschen, die wegen der Habsucht Raub verübt haben, und warum sie diese auf solche Weise zu ertragen haben

Ich sah aber einen Brunnen, der so tief war, dass ich seinen Boden nicht erblicken konnte. Eine Flamme stieg daraus empor, die sich in die Höhe ausbreite und dann wieder in den Brunnen zurückkehrte; und dies wiederholte sich ohne Unterbrechung. In diesem Brunnen wurden die Seelen jener gezüchtigt, die wegen der Habsucht Raub verübt hatten, während sie in der Welt gelebt hatten. Diese Seelen wurden mit der Flamme zusammen nach oben geschleudert und dann damit zurück wieder in den Brunnen gesaugt. Sie klagten laut: „Ach, was haben wir so gesündigt!“ *Da sie Raub verübt hatten, waren sie in diesem Brunnen. Da sie in diesem Laster Bitterkeit gepflegt hatten, brannten sie in der erwähnten Flamme. Weil sie viel Beute zusammengebracht hatten, wurden sie mit dieser Flamme nach oben und dann nach unten geworfen, und weil sie das alles für nichts gehalten hatten, klagten sie jetzt inmitten dieser Züchtigungen.*

52. Desgleichen über weitere Züchtigungen, in denen die Seelen jener Menschen gereinigt werden, die aus Habsucht Diebstahl begangen haben, und warum sie diese auf solche Weise zu ertragen haben

Und ich sah auch eine breite und tiefe Grube, in der es von schlimmen Würmern wimmelte. Darüber brannte eine Flamme mit beißendem Feuer, in der unzählige böse Geister herumrannten. In diesen Züchtigungen wurden die Seelen jener bestraft, die in ihrem körperlichen Dasein von den Menschen fremde Güter gestohlen hatten. Die bösen Geister marterten sie, indem sie sie in diesen Qualen überall hin und her trieben. Wegen der Diebstähle, die sie begangen hatten, wurden sie in dieser Grube gefangen gehalten, wegen der Beunruhigung durch nächtliche Hinterlist wurden sie von den erwähnten Würmern gequält, wegen des Eifers böser Kunst, die sie durch dieses Laster ausgeübt hatten, brannten sie in diesem Feuer, und wegen der Blindheit, da sie nicht auf Gott geschaut hatten, wurden sie von den bösen Geistern angegriffen.

Und ich sah und verstand es.

53. Auf welche Weise die Menschen durch Reue die Sünde der Habsucht in sich zu sühnen haben

Und aus dem lebendigen Licht hörte ich wiederum eine Stimme, die zu mir sprach: Was du siehst, ist wahr; und es ist so, wie du es siehst. Daher sollen sich die Menschen, die den bösen Geistern, die ihnen die Habsucht vorgaukeln, aus dem Wege zu gehen wünschen und den Züchtigungen entkommen wollen, mit Fasten und Schlägen demütigen und den Armen, die sie betrogen haben, soweit sie es können, Barmherzigkeit in Wahrheit zukommen lassen.

54. Desgleichen darüber, auf welche Weise die Menschen durch Reue die Habsucht, die sie durch Raub verübt haben, in ihrem Herzen abzuwaschen haben

Wenn sich derjenige aber, der in diesem Laster zum Raub hingerissen wurde und sich nicht gescheut hat, die Menschen auszuplündern, von den erwähnten Züchtigungen losmachen will, dann soll er nicht nachlassen, seinen Körper, in dem er gesündigt hat, mit einem groben Kleid, mit strengem Fasten und harten Geißelungen zu züchtigen.

55. Desgleichen darüber, auf welche Weise die Menschen durch Reue die Sünde der Habsucht, die sie durch Diebstahl begangen haben, in sich zu tilgen haben

Auch jener, der darauf bedacht war, der Habsucht durch Diebstahl zu willfahren, soll nicht nachlassen, sich mit Fasten und Schlägen zu bestrafen und mit Kniebeugen zu sühnen, um von den Qualen für dieses Laster befreit zu werden.

56. Der Mensch, der anderen alles, was er nur kann, wegnimmt und dies an sich rafft, wird schlimmen Strafen unterworfen

Wer aber der Habsucht folgt, so dass er anderen alles, was er nur kann, wegnimmt und dies an sich rafft, wobei er keinen Stein auf dem anderen lässt,[82] sondern das Vermögen anderer schonungslos verstreut und sie dadurch oft arm, bedürftig und sündig macht, wird schlimmen Strafen unterworfen, wie oben gesagt, es sei denn, die Reue reinigt ihn durch Gottes Gnade. Denn ich erforsche und durchschaue allezeit, auf welche Weise ein jeder Mensch auf dem Weg der Rechtschaffenheit wandelt, wie David, mein Diener, mit prophetischem Geist angehaucht, zeigt, wenn er sagt:

57. Die Worte Davids

Gott hat vom Himmel auf die Menschenkinder heruntergeschaut, um zu sehen, ob es einen gibt, der einsichtig ist oder Gott sucht (Ps 13,2 / 14,2). Dies ist auch so zu verstehen:

82 Vgl. Mt 24,2; Mk 13,2; Lk 19,44.

Er, der alles gegründet hat, schaut aus seinem geheimsten Geheimnis auf jene, die die Kinder des Fleisches sind, das heißt, die nach dem Körper wandeln, *um zu unterscheiden,* wie sie mit dem ihnen anvertrauten Talent wirtschaften und Gewinn einbringen.[83] Denn der göttliche Blick beobachtet sehr scharf, *mit welcher Einsicht* die Menschen im Spiegel des Glaubens auf ihn schauen und *mit welcher Suche* der Lauterkeit sie nach ihm forschen. Solange nämlich die Seele im Fleisch gute Werke tut, *versteht sie Gott* durch den Geschmack der Heiligkeit; und solange sie mit den Tugenden den Glauben zur guten Vollendung führt, *schaut sie suchend Gott* im Spiegel der teuersten Lauterkeit. Daher sieht auch Gott mit tiefblickender Sicht, mit welchem Eifer jemand ihn *versteht und sucht* oder mit welcher Trägheit jemand ihn hintansetzt und verlässt. Denn er wird einem jeden nach seinen Werken mit gerechter Belohnung vergelten.

58. Die Habsucht reißt nicht nur das fort, was außerhalb des Menschenkörpers ist, sondern auch den Menschenkörper

Das Übel der Habsucht ist ein schlimmes Unheil, weil es viele in den Untergang führt. Denn die Habsucht reißt dem Menschen nicht nur das fort, was außerhalb seines Körpers ist, sondern sie nimmt ihm auch seinen eigenen Körper.

59. Der Mensch, der Raub verübt, ahmt den Teufel nach

Der Mensch, der Raub verübt, ahmt den Teufel nach. Denn wie der Teufel die Seele des Menschen mit Ratschlägen zugrunde richtet, so entreißt auch der Räuber dem Menschen sein Vermögen und tötet dessen Körper. Daher wird er von Gott getrennt, und wenn er nicht zur Besinnung kommt, wird er mit Schmähungen und Lästerungen bekleidet und mit ewiger Strafe bedeckt, weil er seine Sünden vollständig ausgeführt hat.

60. Der Dieb, der ein nächtlicher Nachsteller ist, gleicht dem teuflischen Trug

Aber auch jener, der ein nächtlicher Nachsteller ist, gleicht dem teuflischen Trug. Der Teufel verbirgt nämlich seinen Willen mit bestimmter Kunst, damit man ihn nicht sieht, weil er nicht wagt, den Menschen offen zu betrügen. Dies tut er, um den Schatz der Gerechtigkeit aus dem Herzen des Menschen fortzutreiben. Denn er hasst das Glück, das die Erlösung den Menschen bringt. Gott aber entfernt alles, was unrecht ist, und lässt nicht zu, dass der Wille des Teufels zur Vollendung seiner Bosheit gelangt, wie auch geschrieben steht:

83 Vgl. Mt 25,14-30.

61. Die Worte des Evangeliums

Ich bin ein strenger Mann, der ich nehme, was ich nicht angelegt habe, und ernte, was ich nicht gesät habe (Lk 19,22). Dies ist auch so zu verstehen:

Ich, der ich alles beurteile, *bin gerecht,* untadelig und auch milde in meinen Urteilen, weil ich jede Sünde nach ihrer Qualität prüfe. So komme ich dem Reuigen barmherzig zu Hilfe, für den Unbußfertigen aber setze ich mein Urteil fest, weil ich die Ungerechtigkeit, *die ich nicht selbst eingerichtet habe, nehme,* indem ich sie entferne, und das Böse, *das ich nicht selbst gesät habe, ernte,* indem ich es austilge. Denn was unrecht ist, das habe ich nicht angelegt, und was Böse ist, das habe ich nicht gesät, aber ich ergreife all das mit wahren Urteilen, so wie der Fisch gegen seinen Willen mit dem Angelhaken gefangen wird. Alles, was böse ist, zertrete ich und, damit sein Hals nicht aufrecht steht, schnüre ich ihn zusammen. Dadurch *nehme ich, wo ich nicht anlege, und ernte, was ich nicht säe,* wie ich auch aus der Unterwelt genommen habe, was ich wollte, als ich sie ausplünderte, und wie ich von den Frevlern ihre Bosheit abschneide, wenn ich sie von ihrer Gottlosigkeit bekehre.

Dies ist aber von den Seelen der Reuigen gesagt worden, die zu reinigen und zu heilen sind, und es ist verlässlich; der Getreue möge darauf achten und es im Gedächtnis des guten Wissens aufbewahren.

Zur Welttrauer

Und siehe, ich sah andere Geister in derselben Menge und hörte auch sie so schreien: „Was ist denn das, dass jener Gott sein will, vor dem wir zurückschaudern?" *Sie schleppen die Menschen zur Welttrauer und reden ihnen ein, dass sie in Traurigkeit verschmachten und sogar darüber Schmerz empfinden, dass sie leben.*

62. Desgleichen über die läuternden Züchtigungen der Seelen jener Menschen, die durch Welttrauer gesündigt haben, und warum sie diese auf solche Weise zu erleiden haben

Und ich sah einen trockenen, wüstenhaften Ort, in dem es von Würmern wimmelte und der von einer Finsternis umgeben war. Dort befanden sich die Seelen jener, die in ihrem körperlichen Dasein Welttrauer an sich gezogen hatten. Die bösen Geister trieben diese Seelen durch jenen Ort mit feurigen Geißeln hin und her und schrien: „Warum habt ihr eure Zuversicht nicht auf euren Gott gesetzt?" *Da sie nicht in Himmelsfreude gegrünt hatten, sondern angesichts der Erlahmung der irdischen Dinge Welttrauer auf sich genommen hatten, befanden sie sich an diesem Ort. Da sie dies in der Bitterkeit ihres Herzens getan hatten, mussten sie die Folter durch die erwähnten Würmer aushalten. Weil sie auf diese Weise die wahre, unvergängliche*

Seligkeit außer Acht gelassen hatten, erlitten sie die Widrigkeit dieser Finsternis, und weil sie, verstrickt in dieses Übel, nicht auf Gott vertraut hatten, wurden sie von den bösen Geistern angegriffen.

Und durch den lebendigen Geist sah ich und verstand es.

63. Auf welche Weise die Menschen die Welttrauer von sich abwerfen sollen

Und wiederum hörte ich aus dem lebendigen Licht eine Stimme, die zu mir sprach: Was du siehst, ist wahr; und es ist so, wie du es siehst; und es ist noch mehr. Daher sollen die Menschen, die sich in Welttrauer hineingesteigert haben, und nun danach streben, die bösen Geister, die sie zur Traurigkeit anregen, zu überwinden und den Qualen für dieses Laster zu entfliehen, wenn sie im weltlichen Stand leben, sich auf das geistliche Leben einlassen. Wenn sie aber im geistlichen Stand leben, sollen sie die gemeinsame Strenge mehr als gewohnt erfüllen und sich dem demütigen Gehorsam häufig unterwerfen, sowie die Schriften, die ihnen die Himmelsfreude beibringen, mit vollem Eifer wiederkäuen.[84] Dies sollen sie aber nicht ungestüm erfüllen, sondern mit der Erlaubnis des ihnen vorgesetzten Richters.

64. Die Welttrauer, die keine Freude an dem empfindet, was himmlisch ist, ängstigt sich vor allen, die vorbeigehen

Die Welttrauer empfindet keine Freude an dem, was himmlisch ist, und gleicht dem Wind, der weder für die Grünkraft noch für die Trockenheit nützlich ist, so zerstreut auch die Welttrauer alles, was sie berührt. Da Welttrauer niemals einen rechten Stand hat, spricht sie so: „Ich kenne weder dieses noch jenes, wovon man sagt, dass es in Gott ist." Deshalb trocknet alles, was in ihr lebendig ist, aus, weil sie den geistlichen Lebenshauch nicht hat. Daher ist sie auch in zahlreiche Teile aufgeteilt, so dass sie in Trübsal alles an sich zieht und sich doch nicht danach sehnt, daran Freude zu haben. Den Freund lädt sie mit Fröhlichkeit nicht ein, den Feind besänftigt sie nicht. Da sie dagegen alles in Betrübnis anhäuft, versteckt sie sich wie eine Unke im Loch des Verdrusses, weil sie sich vor allen ängstigt, die vorbeigehen. In all dem gleicht sie dem Tod, weil sie weder nach dem lechzt, was himmlisch ist, noch der Welt vertraut. Deshalb wird mein Eifer über sie herfallen, wie geschrieben steht:

84 Zum „Wiederkäuen" („ruminatio") der Heiligen Schrift siehe Jean Leclercq: Wissenschaft und Gottverlangen. Zur Mönchstheologie des Mittelalters, Düsseldorf 1963, S. 85–86.

65. Die Worte Davids

Ein Feuer hat sich in meiner Wut entzündet und wird bis in die äußerste Tiefe der Unterwelt brennen (Dtn 32,22[85]). Dies ist auch so zu verstehen:

Ich, die ich die Sonne, den Mond und alle andere Geschöpfe entstehen ließ, habe den Menschen als ein vernunftbegabtes Wesen geschaffen, damit er mich erkennt und erkennend mich liebt, so dass er durch seine Ungläubigkeit nicht gegen mich kämpft; denn das Gute ist für ihn tauglicher als das Böse. Dennoch verachtet er mich, als ob er kein Heil von mir erhalten würde. Daher *hat sich das Feuer* der Prüfung *im Eifer meiner Urteile entzündet*, mit denen ich alles gerecht beurteile, und es *wird brennen bis in die Tiefe der letzten Bosheiten*, die in meinem Feuer zu läutern sind, weil es alles vollkommen läutert. Es gibt kein Geschöpf, das dieses Feuer bewältigen oder auslöschen könnte, weil es alles, was sich Gott widersetzt, erforscht. Denn wenn ich dem Menschen die Erlösung zeige, er sie aber durch Ungläubigkeit hintansetzt, wird mein Eifer ihn mit gerechtem Urteil läutern, weil er verachtet hat, das Gute, das ihm sichtbar wurde, anzunehmen.

66. Die teuflische Schar kämpft zusammen mit den Lastern gegen die Menschen

So kämpft die teuflische Schar zusammen mit diesen Lastern, wie vorher dargestellt, gegen die Menschen, um sie an allen Orten und in allen Elementen sowie in allen Werken zu verwunden.

67. Die Schlachtreihen der seligen Geister stehen den Menschen bei und halten die Kräfte der Elemente zusammen

Gegen sie sind die Schlachtreihen der seligen Geister aufgestellt, die den Menschen beistehen und die Kräfte der ganzen Erde und aller Elemente durch Gottes Macht zusammenhalten. Sie bringen die Werke der Heiligen vor Gottes Thron dar, damit darüber dort entschieden wird.

68. Solange der Mensch lebt, soll er seinem Körper wegen seiner Sünden Demütigungen zufügen

Daher soll der Mensch, solange er in der Welt lebt und Gutes und Böses wirken kann, seinem Körper wegen seiner Sünden Demütigungen zufügen. Er soll die Sünden mit dem Urteil seines Seelenführers von sich abstoßen, um, von deren

85 Das zitierte Schriftwort ist nicht von David, sondern stammt aus dem Lied des Mose im Buch Deuteronomium.

Schmutz gereinigt, nicht der Bitterkeit der Strafen zu verfallen, sondern zur Süße des Lebens zu gelangen.

69. Der geistliche Meister soll den Charakter der ihm Untergebenen und die Qualität ihrer Sünden erwägen

Der geistliche Meister soll aber die Stärke und die Schwäche sowie den Charakter der ihm untergebenen Seelen und die Qualität ihrer Sünden erwägen. Auch soll er durchschauen, mit welcher Absicht die Sünden begangen wurden. So wird er einem jeden Reuigen in Anbetracht seiner Natur, nach dem Maß der Sünde und nach dem Maß der Buße beistehen.[86]

70. Der geistliche Meister, der gegenüber den Harten und den Rauen gleich einer Geißel auftritt, soll zu den Guten mit Sanftmut reden

Der geistliche Meister soll darauf achten, wie er den Stock der Zurechtweisung in seinen Händen hält, um seine Jünger zur Ordnung zu weisen. Er soll nämlich gegenüber den Harten und den Rauen immer gleich einer Geißel auftreten. Denn wenn er zulassen würde, dass sie wegen irgendwelcher Nützlichkeit nach ihrem Eigenwillen laufen, würden sie ganz und gar zu Rebellen verkommen und auch ihn selbst, wenn sie es könnten, dem Tod übergeben. Zu jenen aber, die mit einem kleinen Licht leuchten, soll er mit Sanftmut reden. Denn wenn er sie mit Härte umgeben wollte, würden sie völlig erlöschen und wären dann schlechter, als die früheren.

71. Der geistliche Meister soll nach dem Beispiel von Jakob und Esau die Gutwilligen an sich ziehen, die Böswilligen aber hart zurechtweisen

Der geistliche Meister soll zu zwei Seiten stehen: zur Sanftmut Jakobs und zur Härte Esaus.[87] Jakob hat sich verfehlt und war dennoch gutwillig; auch Esau hat sich verfehlt, er war aber hart. Gott hat Jakob wegen seiner Gutwilligkeit liebgewonnen, Esau dagegen wegen seiner Böswilligkeit verworfen. So soll auch der geistliche Meister handeln. Er soll jenen, der sich in Gutwilligkeit verfehlt, an sich ziehen, damit jener nicht erlahmt; jenen aber, der sich in Böswilligkeit verfehlt, soll er hart zurechtweisen, damit jener nicht zu noch größerem Übel fortschreitet. Auch soll er jenem, der sich aus einer schweren Wunde heraus verfehlt hat und nun Buße tun will, Hilfe leisten und seine Wunden salben. Dabei soll der geistliche Meister erwägen, ob er ihm auch solche achtsame

86 Zu diesem Kapitel und zu den folgenden siehe Regula Benedicti – Die Benediktusregel 2,23-32; 24,1-2; 27 (wie Anm. 5), S. 80-83; 142-143; 144-147.

87 Vgl. Gen 25,19-26 und weiter.

Fürsorge erwiesen hat, welche er ihm schuldig war; und wenn er sich erinnert, dass er es vernachlässigt habe, soll er selbst dies eifrig bereuen.

72. Der geistliche Meister, der über die ihm untergebenen Gerechten herfällt, gleicht den Juden; wer die Unschuldigen schlägt, wird als Wolf betitelt und wer die Verworfenheit der Verbrecher verhehlt, wird als Dieb bezeichnet

Der geistliche Meister aber, der mit listigem Unrecht über die ihm untergebenen Guten und Gerechten herfällt, gleicht den Juden, die Stephanus steinigten.[88] Wer Unschuldige und Heilige schlägt und ihnen dadurch ihre guten Werke durch unrechte Beute entzieht, wird als Wolf betitelt. Und wer sich Eitlen und Verbrechern beigesellt, indem er ihre Verworfenheit verhehlt, wird als Dieb bezeichnet. Daher soll ein solcher Meister von den Gläubigen zurechtgewiesen werden, damit er die Herde Gottes nicht zerstreue. Der gute Meister aber soll für die sündigen Jünger Auge am Tag und guter Lichtglanz in der Nacht sein. Diejenigen, die gute Werke tun, soll er mit der Harfe loben und sich mit den guten und besten Jüngern gemeinsam freuen.

73. Die guten Meister gleichen dem Äther

Die guten Meister gleichen nämlich dem reinen Äther, weil sie mit Unterscheidung und gerechter Zurechtweisung ihre Jünger leiten.

74. Die guten Jünger sollen für ihren Meister wie ein Gespann sein

Die Jünger aber, die mit guter Unterwerfung gleich dem Gold und mit guten Werken gleich den Edelsteinen geschmückt sind, sollen für ihren Meister wie ein Gespann sein, ähnlich wie die Planeten der Sonne beistehen. In den Jüngern sollen sich die Ratschläge des Meisters bewahrheiten und das Gefolge seiner Werke soll von den Jüngern gleichsam wie von einem Gespann gehalten werden, so wie auch die Planeten der Sonne dienen.

75. Das Werk des Menschen, das nach Gott strebt, wird im Himmel glänzen, jenes aber, das zum Teufel hinausgeworfen ist, wird in den Strafen sichtbar werden

Die Werke, die der Mensch wirkt, soll er auf Gott richten. Denn das Werk, das nach Gott strebt, wird im Himmel glänzen; jenes aber, das zum Teufel hinausgeworfen wird, wird in den Strafen sichtbar werden. Gott hat nämlich den

88 Vgl. Apg 7,54-60.

Menschen erschaffen und ihm die übrigen Geschöpfe unterworfen, damit er mit ihnen wirkt, so dass seine guten Werke nicht erlöschen, die bösen Werke aber durch den Tausch einer öffentlichen Buße getilgt werden. Wenn nämlich der Mensch den Eigensinn seines Willens verkauft, erwirbt er sich die kostbare Perle, die er in seinem Schoß verbirgt.[89] Nachher wird seine Umkehr immer vor Gott leuchten, zur Verwirrung des teuflischen Truges.

76. Indem der Mensch seine Sünden bekennt, zeigt er die heilige Dreifaltigkeit

Denn wenn der Mensch seine Sünden durch die Ohren des Priesters Gott bekennt, geschieht dies durch den Heiligen Geist, der in seiner Kraft die Wasser gegeben hat, damit sie fließen und jeden Schmutz abwaschen. Deshalb ziemt es Gott auch, die Sünden im Wasser zu reinigen. Der Mensch, der sich als schuldig bekennt, zeigt aber die heilige Dreifaltigkeit: in der Reue den Vater, im Bekenntnis den menschgewordenen Sohn und im Schweiß der Scham den Heiligen Geist.

77. Wie Gott von den Engeln gelobt wird, so soll er auch vom Menschen gelobt werden

Wie Gott von den Engeln gelobt wird und seine Werke in diesem Lob erkannt werden, wenn sie durch Harfe und Trommel sowie zahlreiche Stimmen des Lobpreises erklingen – das ist nämlich ihr verpflichtetes Gesetz –, so soll er auch vom Menschen gelobt werden, weil der Mensch in zwei Teilen erscheint: nämlich dass er Gott lobt und dass er in sich gute Werke aufweist. Denn durch den Lobpreis des Menschen wird Gott erkannt und durch die guten Werke werden in ihm Gottes Wunder sichtbar. Der Mensch ist nämlich durch den Lobpreis engelhaft, durch die heiligen Werke aber Mensch. Er ist das vollständige Werk Gottes, weil alle Wunder Gottes in ihm durch sein Loben und durch sein Wirken vollendet werden.

78. Den Seelen, die im Gedächtnis der Seligkeit verweilen, kommen die heiligen Mühen der Lebenden zu Hilfe

Jenen Seelen aber, die nicht der Vergessenheit anheimgefallen sind, sondern im Gedächtnis höherer Seligkeit verweilen, kommen die Gebete, die Almosen und andere heilige Mühen der Lebenden zu Hilfe und bringen ihnen, während sie sich noch in läuternden Züchtigungen befinden, die Heilmittel des rettenden Entreißens entgegen.

89 Vgl. Mt 13,45-46.

79. Läuternde Züchtigungen sind jenen Seelen bereitet, die zu befreien sind, das irdische Paradies aber denen, die gereinigt sind, das himmlische Licht schließlich den tugendhaften Seelen

Durch die starke Kraft der Gottheit, welche die Sünden vergibt und die Unterwelt ausgeplündert hat, sind den Seelen, die zu befreien sind, in bestimmten Elementen und durch bestimmte Elemente läuternde Züchtigungen festgelegt. Das irdische Paradies ist aber jenen Seelen gegeben, die geläutert und den Züchtigungen entrissen worden sind. Das himmlische Licht schließlich, das der Mensch weder erblicken noch schauen kann, ist den ruhmvollen und tugendhaften Seelen bereitet, deren Tugenden aus der Kraft der Gottheit hervorgegangen sind.

80. Nachdem der Schmutz der irdischen Stoffe am Jüngsten Tag abgetrennt sein wird, wird die irdische Materie wie in ihrem ursprünglichen Zustand aufleuchten

Wenn die irdischen Stoffe erfüllt werden, dann wird auch der Schmutz, der in Adams Fall geronnen ist, abgetrennt werden. Und nachher werden sie aufleuchten, wie sie in ihrem ursprünglichen Zustand leuchteten.

81. Die Gebete, die im Herzen des Menschen durch den Heiligen Geist hervorgebracht werden, steigen zu Gott auf

Wenn nämlich der Mensch durch die Gabe des Heiligen Geistes in seinem Herzen Gebete spricht, können diese Gebete, in Lauterkeit hervorgebracht, nicht verborgen bleiben, sondern sie steigen zu Gott auf. Denn Gott wird sowohl durch den Engel als auch durch den Menschen gelobt.

82. Die Stimme der Propheten und die zu Gottes Lob vorgetragene Psalmodie helfen den Bedürfnissen der Leidenden, soweit sie es verdient haben

Wenn die klagende Stimme der Propheten, durch die sie die Gerechtigkeit und Gottes Wunder verkündet haben, zur Befreiung aus einer körperlichen Bedrängnis oder für die Ruhe der Verstorbenen zum Lob Gottes vorgetragen wird, wird sie den Bedürfnissen der Leidenden helfen, soweit sie es verdient haben, weil diese Klage schon beim ersten Mal mit Schmerz und Stöhnen vorgebetet wurde. Für all dies ist Gott das Fundament, und er nimmt alles an, denn er wird dadurch berührt. Denn der Mensch wird von Gott sehr geliebt, wenn er ihm eifrig dient.

83. Gott verschont jene, für die der Mensch Almosen darbringt, je nachdem, wie sie dessen würdig sind

Wenn der Mensch von seinem Vermögen, das er als etwas Kostbares besitzt, Gott Almosen darbringt, gedenkt Gott des Opfers Abrahams.[90] Und wie er dessen Sohn verschont hat, so wird er auch jene verschonen, für die der Mensch Almosen darbringt, je nachdem, wie sie dessen würdig sind, weil Gott an all dem Freude hat. Denn er hat den Menschen erschaffen und ihm alles Gute gegeben, und er hat nicht zugelassen, dass dem Menschen etwas von dem fehlt, was seinem Bedürfnis entspricht.

84. Der gute Wille des Menschen ist für Gott wie ein lieblicher Duft

Gott aber wird dem Menschen wegen seines guten Willens geben, was dieser erbittet. Der gute Wille ist nämlich für Gott wie ein lieblicher Duft, ähnlich wie auch im Alten Testament Gott nicht am Blut der Stiere seine Freude hatte, sondern am guten Willen der Menschen.

85. Gott nimmt die Mühen des Menschen für das Bedürfnis der Lebenden und für die Ruhe der Verstorbenen an

Wenn sich der Mensch durch die Gabe des Heiligen Geistes für das Bedürfnis der Lebenden und für die Ruhe der Verstorbenen manche Mühe gerecht und angemessen auferlegt, nimmt Gott seine Anstrengung würdig und gerecht an, wie er auch Mose und Elija erhörte, als sie nicht nachließen, sich für jene abzumühen, die gegen Gott gesündigt hatten. [91]

86. Wer Gott nicht dient, den trifft der vernichtende Engel hart

Wer aber mit all dem Gott nicht dient, den wird er durch den vernichtenden Engel wegen der Hohlheit seines Herzens hart treffen.[92] Daher darf der getreue Mensch nicht nachlassen, sich sowohl für andere als auch für sich selbst vor Gott abzumühen, damit jener, der das Herz der Menschen erkennt, seine gerechte Mühe und seinen guten Willen belohnt, wie jeder Mensch für sein Werk gerecht belohnt wird.

Dies ist aber von den Seelen der Reuigen gesagt worden, die zu reinigen und zu heilen sind, und es ist verlässlich; der Getreue möge darauf achten und es im Gedächtnis des guten Wissens aufbewahren.

90 Vgl. Gen 22,1-18.

91 Vgl. Ex 32,11; Num 11,2; Dtn 9,18-19; 1 Kön 17,21-22.

92 Vgl. Ex 12, 23.

Sechster Teil – Inhalt

Sechster Teil
Über den Mann, der sich zusammen mit den vier Regionen der Erde ganz in Bewegung setzt

1. Die Worte des Einhorns
2. Gott wird seine Macht am Ende der Welt zeigen
3. Am Ende der Welt wird Gott alle Grenzen der Erde erschüttern
4. Der Sohn Gottes, der zum Gericht kommt, prüft sowohl die Verkehrtheit als auch die Heiligkeit der Menschen
5. Alles, was durch die Sünden der Menschen befleckt ist, wird gereinigt werden
6. Nach dem Gericht werden ein glänzender Himmel und eine reine Erde erscheinen und das Schloss der Geheimnisse wird sich öffnen
7. Nachdem die Welt zu Ende gegangen sein wird, wird der Teufel fortan keine Laster mehr herbeiführen, weil die Menschen nicht mehr in der Zeit auf der Erde wohnen
8. Die Worte des Johannes in der Apokalypse
9. Über einige leichtere Züchtigungen jener Seelen, denen das Zeichen der Taufe fehlte, und warum sie diese auf solche Weise zu erleiden haben
10. Die Hölle enthält alle Arten der Strafen
11. In der Finsternis, in der die Seelen der Gerechten vor dem Leiden Christi festgehalten waren, befinden sich jetzt jene Seelen, die zwar mit der Last der Sünden nicht beladen, aber durch die Taufe nicht gezeichnet sind
12. Die Hölle, die auf der Ruine der verworfenen Engel entstanden ist, hält alle Peinigungen ohne Hoffnung fest
13. Alles, was von Gottes Angesicht verworfen ist, befindet sich in den unendlichen Strafen
14. Gott hat gegen den Teufel die Sonne, den Mond und die Sterne erschaffen
15. Das Böse des Teufels ist verdorbener als das Böse im Menschen, weshalb jener auf immer in seinen Strafen bleiben wird
16. Der Teufel fand kein anderes Lebewesen, das zur Täuschung des Menschen schneller bereit gewesen wäre, als die Schlange
17. Wie das Werk Gottes nicht begrenzt werden kann, so wird auch das Werk des Menschen nicht vergehen: Das gute Werk führt zur Herrlichkeit, das böse aber zur Bestürzung, wenn es durch Reue nicht getilgt wird
18. Der Teufel lauert dem Menschen mit dem entsprechenden Laster auf, von dem er sieht, dass der Mensch gerade daran Freude hat
19. Wie die Elemente im Menschen sind, so sind auch die Tugenden im getreuen Menschen
20. Wie das Feuer den Körper des Menschen entfacht, so auch die Tugenden seine Seele
21. Wie der Mensch durch die Luft atmet, so ermöglichen die Tugenden, dass seine Seele zu dem aufatmet, was himmlisch ist
22. Wie das Wasser den Körper des Menschen befeuchtet, so begießen die Tugenden seine Seele
23. Wie die Erde das Fleisch des Menschen belebt, so lassen die Tugenden den Menschen gute Früchte bringen
24. Wie keiner die ewigen Freuden zu erzählen vermag, so vermag auch keiner das Elend der Hölle zu offenbaren
25. Über die Helligkeit und die Freuden der Seelen jener weltlichen Menschen, die vor der Stunde ihres Todes durch Reue ihren Sünden entsagt haben, und der Seelen jener weltlichen Menschen, die die Gebote des Gesetzes in ihrem tätigen Leben mit Hingabe erfüllt haben, und warum sie diese auf solche Weise erleben

26. Desgleichen über die Helligkeit und die Freuden der Seelen jener weltlichen Menschen, die in ihrem tätigen Leben die Gebote des Gesetzes sorgfältig beobachtet haben, und warum sie diese auf solche Weise empfangen
27. Desgleichen über die Freuden der Seelen jener geistlichen Menschen, die sich im geistlichen Leben dem Gehorsam unterworfen und so Gott mit ganzer Hingabe gedient haben, und warum sie diese auf solche Weise erleben
28. Desgleichen über weitere Freuden der Seelen jener Menschen, die als Lehrer und Leiter im Volk Gottes gute Werke gewirkt haben, und warum sie diese auf solche Weise empfangen
29. Desgleichen über weitere Freuden der Seelen jener Menschen, die um Gottes Herrlichkeit willen ihren Körper im Martyrium dem Tod preisgegeben haben, und warum sie diese auf solche Weise haben
30. Desgleichen über die Freuden der Seelen jener Menschen, die in Ehelosigkeit und Jungfräulichkeit Gott gedient haben, und warum sie diese auf solche Weise haben
31. Über die Helligkeit, in der noch mehr und viel größere Freuden verborgen sind, als die bislang beschriebenen
32. Die Worte des Menschensohnes
33. In der Herrlichkeit des Paradieses freuen sich die von Sünden geläuterten Seelen, die sowohl durch Reue als auch durch gute Werke an Gott festgehalten haben
34. In den himmlischen Höhen sind den Seelen der Heiligen noch mehr Schmuckstücke vorbereitet, als dass das menschliche Ermessen es erfassen kann
35. Im himmlischen Reich leben die Seelen der Weltlichen, der Geistlichen, der Untergebenen, der Vorgesetzten, der Märtyrer und der Jungfrauen, die alle Gott gedient haben
36. Die Seelen der Gerechten werden beim Gericht der Auferstehung noch größere Freude empfangen, als sie jetzt haben
37. Die himmlische Pracht besteht nicht aus Gold, Edelsteinen und Perlen von irdischem Staub, sondern Gott schafft sie durch sich selbst gemäß den Werken der Heiligen
38. Es gibt vieles in der himmlischen Wohnstätte, was den Verstand des Menschen übersteigt und was keiner, der mit sterblichem Fleisch belastet ist, mit der Erkenntnis seines Verstandes aufnehmen kann
39. Das Übel der Lüge ist ohne Gott entstanden
40. Der Mensch herrscht über das Böse, wenn er sich weigert, es zu tun
41. Der Mensch kann auf der vergänglichen Erde die unbefleckten Wohnungen nicht schauen, nur soweit Gott dies ihm gestattet; wenn er aber nachher Gott erblicken wird, wird er alles, was irdisch ist, vergessen
42. Gott zeigt in jeder Epoche der Welt verschiedene Wunder
43. Die Propheten haben manche Wunder gesehen, manche aber nicht
44. Die ganze Schöpfung und das ewige Leben stammen aus Gott
45. Gewisse böse Geister können die Menschen nicht täuschen, nur wenn sie sich so zeigen, als ob sie vom Himmel wären

Sechster Teil

Über den Mann, der sich zusammen mit den vier Regionen der Erde ganz in Bewegung setzt

Danach sah ich, dass sich dieser Mann gleichsam zusammen mit den vier Regionen der Erde[93] *ganz in Bewegung setzte. Und siehe, an seinem linken Schenkel erschien ein Einhorn,*[94] *das seine Knie leckte, und sprach:*

1. Die Worte des Einhorns

„Was geschaffen worden ist, wird niedergerissen, und was nicht geschaffen worden ist, wird aufgebaut. Auch die Sünde wird im Menschen geprüft, das Gute aber wird in ihm mit gerechten Werken vollendet. So wird der Mensch mit gutem Ruf in das andere Leben zurückkehren."

Und ich betrachtete, ob weitere Laster oder andere ähnliche Gestalten, wie ich sie früher erblickt hatte, hier erscheinen würden, aber nichts, was ihnen ähnlich wäre, zeigte sich mir hier.

2. Gott wird seine Macht am Ende der Welt zeigen

Und wiederum hörte ich aus dem Himmel eine Stimme, die zu mir sprach: Der starke Gott, dessen Macht über alles verfügt, wird diese am Ende der Welt zeigen, wenn er die Welt in ein anderes Wunderwerk verwandeln wird.

3. Am Ende der Welt wird Gott alle Grenzen der Erde erschüttern

Denn dass *du siehst, dass sich dieser Mann gleichsam zusammen mit den vier Regionen der Erde ganz in Bewegung setzt,* bedeutet, dass Gott am Ende der Welt seine Stärke durch die Kräfte der Himmel zu erkennen gibt, wenn er alle Grenzen der Erde erschüttern wird, auf dass sich jede Seele zum Gericht vorbereitet.

4. Der Sohn Gottes, der zum Gericht kommt, prüft sowohl die Verkehrtheit als auch die Heiligkeit der Menschen

Daher *erscheint ein Einhorn an seinem linken Schenkel,* denn jener, der in heiliger Menschheit dem Teufel widerstand und ihn mit dem Schwert der Keuschheit

93 Zu den vier Weltregionen siehe Hans-Werner Goetz: Gott und die Welt. Religiöse Vorstellungen des frühen und hohen Mittelalters, Teil I, Band 2: II. Die materielle Schöpfung: Kosmos und Welt, III. Die Welt als Heilsgeschehen, Berlin 2012, S. 137.

94 Siehe Hildegard: Heilsame Schöpfung – Physica (wie Anm. 6), VII 5, S. 383-384.

niederstreckte, der Sohn Gottes nämlich, wird in der Gestalt eines Menschen kommen. *Das Einhorn leckt seine Knie,* das heißt, er, der von Gott dem Vater die Macht zum Richten empfangen hat, ruft, dass die ganze Welt durch Feuer gereinigt und in einen anderen, erneuerten Zustand gebracht werden muss. Die Verkehrtheit der Menschen muss mit seinem Urteil geprüft werden, die Heiligkeit aber muss im Menschen mit guten und gerechten Werken zur Vollendung geführt werden. So werden dann die Seelen der Gerechten in äußerst großer Herrlichkeit und Freude zur Seligkeit des ewigen Lebens hinübergehen.

5. Alles, was durch die Sünden der Menschen befleckt ist, wird gereinigt werden

Wenn nämlich Gott die Kräfte seiner Vitalität im Menschen vollenden wird, wird er seine Stärke in die Wolken emporheben und die Asche, die die Elemente umnebelt, wegfegen. Er wird es mit einem so großen Schrecken tun, dass alles, was auf der Erde ist, in Bewegung geraten wird und alles, was durch die Sünden der Menschen befleckt ist, gereinigt werden wird. Dann wird Gott auch den Norden und alle Gewalt des Nordens zerstören, mit seinen unbesiegbaren Waffen den Teufel niederwerfen und ihn seiner Beute entblößen.

6. Nach dem Gericht werden ein glänzender Himmel und eine reine Erde erscheinen und das Schloss der Geheimnisse wird sich öffnen

Danach werden ein glänzender Himmel und eine reine Erde erscheinen, weil sie zusammen mit den anderen Elementen gereinigt sein werden. Jetzt tragen sie nämlich ein gewisses Schloss, mit dem sie das Himmlische gleich einer Wolke verhüllen, dann aber werden sie in Neuheit aufstrahlen.

Dann wird auch der Mensch, der selig ist, durch diese Elemente gereinigt dem goldenen Kreis eines Rades gleichen und sich in Geist und Fleisch entflammen; und jedes Schloss der verborgenen Geheimnisse wird sich öffnen. So werden die seligen Menschen Gott anhangen, und er wird ihnen die vollkommene Freude geben.

7. Nachdem die Welt zu Ende gegangen sein wird, wird der Teufel fortan keine Laster mehr herbeiführen, weil die Menschen nicht mehr in der Zeit auf der Erde wohnen

Dass aber *weitere Laster oder andere ähnliche Gestalten, wie du sie früher erblickt hast, hier nicht erscheinen, und sich auch nichts, was ihnen ähnlich wäre, dir hier zeigt,* bedeutet, dass der Teufel, nachdem das Ende der Welt abgeschlossen sein wird, keinen Schmutz der Laster mehr fortan herbeiführt, um die Menschen zu täuschen. Denn die Welt hat dann aufgehört, auf die Weise zu existieren, wie sie früher gewesen war.

Da die Laster dann nicht mehr bacchantisch schwärmen, braucht sich niemand mehr ihnen zu widersetzen, wie früher. Die bösen Geister werden keine Laster mehr aufrufen, und diese brauchen durch keine zeitliche Prüfung mehr fortgetrieben zu werden. Die Erinnerung an die Laster wird von der Erde ausgelöscht, weil die Menschen nicht mehr in der Zeit und im Körper auf der Erde wohnen, so dass die Laster sie mit ihrer List angreifen könnten. Dann wird alles in die Ewigkeit übergehen, während die Unbeständigkeit und die Erschöpfung, in denen die Welt und alles in der Welt befangen sind, entgleiten und zu einer unvergänglichen Verwandlung hingeführt werden. So wird es darüber hinaus keine Schrecknisse und keine Gefährdungen mehr geben, wie früher, als die Menschen noch in der Zeit in der vergänglichen Welt lebten, wie auch Johannes, mein Geliebter, in einer vom Himmel geoffenbarten Schau zeigt, wenn er sagt:

8. Die Worte des Johannes in der Apokalypse

Und Gott wird alle Tränen aus ihren Augen abwischen, und der Tod wird nicht mehr sein, es wird keine Trauer, keine Klage und keinen Schmerz mehr geben, denn alles Frühere ist vergangen (Offb 21,4). Der Sinn dieser Worte ist folgender:

Gott wird von den Sündern alle Schuppen *entfernen,* die *aus der Erkenntnis* der Heiligen *Tränen* hervorbringen, und er wird sie als reinen Lehm lebendigen Lebens, wie der erste Mensch erschaffen war, für die Ewigkeit begründen. Der Tod als Begrenzung der Zeiten *wird nicht* derart *dorthin gelangen,* dass die Kindheit durch die Jugend, die Jugend durch das Alter und das Alter durch den Tod beendet wird.

Die Seligen werden *nicht mehr in trauriger* Verbannung leben und auf ein anderes Leben warten müssen, denn sie werden für immer jenes Leben besitzen, in dem es keinen Überdruss gibt. Sie sind nicht mehr in der Unwissenheit *der Klage,* denn sie werden nach keinen verborgenen Zeugnissen suchen müssen, da sie die Herrlichkeit des Herrn immer offenbar sehen werden. Auch *der Schmerz* des Geschmacks der Sünden, die Begierde nach Besitz und die Angst, zu verlieren, was man hat, werden die Menschen nicht mehr verletzen, keine zeitliche Herrschaft wird sie verwirren, sondern sie sind für immer vor jedem Bösen in Sicherheit. *Das Frühere,* als sie noch in der zeitlichen Welt und in zeitlichen Qualen lebten, *ist vergangen.*

Wer aber Sehnsucht nach dem Leben hat, nehme damit diese Worte auf und verberge sie im innersten Gemach seines Herzens.

9. Über einige leichtere Züchtigungen jener Seelen, denen das Zeichen der Taufe fehlte, und warum sie diese auf solche Weise zu erleiden haben

Und ich sah eine Finsternis mit verschiedenen Qualen, die sich gleich einem Nebel ins Unermessliche ausbreitete. Darin sah ich jedoch an einem bestimmten Ort keine Züchtigungen durch Feuer, Würmer oder andere Marter, sondern nur gewisse Seelen, die ohne die Last anderer Sünden allein durch den unheilvollen Fall Adams gebunden waren, denen aber das Zeichen der Taufe fehlte. Einige von ihnen mussten in der Finsternis einen Rauch ertragen, andere aber keinen.

Diese Seelen erlitten keine schweren Foltern, sie hatten aber die Finsternis des Unglaubens, da sie während ihres irdischen Daseins ohne die Last anderer Sünden allein durch den unheilvollen Fall Adams gebunden waren, aber das Zeichen der Taufe ihnen fehlte. Jene von ihnen, die in manche leichteren Sünden verstrickt waren, mussten den Rauch ertragen; jene dagegen, die sowohl von den leichteren als auch von den schwereren Sünden befreit waren, das Zeichen des katholischen Glaubens aber nicht trugen, hatten keinen Rauch in dieser Finsternis zu erleiden, sondern sie hielten, wie oben gesagt, die Finsternis der Ungläubigkeit aus.

10. Die Hölle enthält alle Arten der Strafen

Ich sah aber eine andere schwarze, entsetzliche und unermessliche Finsternis, die ohne Flamme völlig in ihrer Schwärze brannte und der die vorher dargestellte Finsternis anheftete, denn diese war die Stärke für jene. In dieser Finsternis befand sich die Hölle, die alle Arten von Peinigung, Elend, Gestank und Bestrafung enthält. Aber ich konnte nichts von dem sehen, was in der Hölle oder in dieser Finsternis war, weil ich diese Finsternis nicht von innen, sondern nur von außen sah, so dass ich die Hölle selbst nicht zu erblicken vermochte. Ich hörte jedoch, dass darin gewaltiges und maßloses Geheul von klagenden Seelen, gewaltiges und maßloses Knirschen von jammernden Seelen und unzähliges und maßloses Gedröhn von Strafen wie das Brausen überschwemmenden Meeres und das Getöse vieler Wasser waren. Die gesamten Arten der Strafen befinden sich in der Hölle, denn sie ist die Macht der bösen Geister, die den Menschen, die ihnen zustimmen, alle Laster einflößen. Die Strafen sind aber so zahlreich, dass die Seele, die mit Körper beladen ist, sie weder durchschauen noch verstehen kann, weil sie das menschliche Maß übersteigen.

Und durch den lebendigen Geist sah ich und verstand es.

11. In der Finsternis, in der die Seelen der Gerechten vor dem Leiden Christi festgehalten waren, befinden sich jetzt jene Seelen, die zwar mit der Last der Sünden nicht beladen, aber durch die Taufe nicht gezeichnet sind

Und wiederum hörte ich aus dem erwähnten lebendigen Licht eine Stimme, die zu mir sprach: Was du siehst, ist wahr; und es ist so, wie du es siehst; und es ist noch mehr. Denn in der oben erwähnten Finsternis herrscht Weinen und Zähneknirschen. An dem Ort aber, wo du keine Strafen von schweren Foltern siehst, hatten sich die Seelen einiger Menschen und anderer, die während ihres irdischen Daseins in Unwissenheit gesündigt hatten, aufgehalten, noch bevor der Gottessohn mit seinem Banner den Sieg errang.[95] Auch jetzt befinden sich dort Seelen, die zwar mit der Last der Sünden nicht beladen, aber mit dem feurigen Zeichen des geweihten Quells nicht gezeichnet sind, weil sie den Blick des rechten Glaubens nicht haben. Einige von ihnen müssen wegen der Annahme des Geschmacks mancher weltlichen Befleckung die Züchtigungen durch diesen Rauch ertragen, andere aber haben wegen der einfachen Unkenntnis des Glaubens einfach die Finsternis allein zu erleiden.

12. Die Hölle, die auf der Ruine der verworfenen Engel entstanden ist, hält alle Peinigungen ohne Hoffnung fest

In der anderen entsetzlichen und ohne Flamme brennenden Finsternis – es gibt darin ja keine Luft des Lichtes und keine Flamme des schimmernden Feuers –, an die die erwähnte Finsternis angrenzt – beide stehen ja im Verderben –, befindet sich die Hölle, wie du siehst. Da sie auf der Ruine der verworfenen Engel entstanden ist, hat sie den Satan aufgenommen und hält die Peinigungen von allerlei Elend ohne Trost und Hoffnung fest. Dort bleiben die Seelen, die der Vergessenheit anheimgefallen sind, wie auch der alte Erfinder des Verderbens selbst. Was, wie viel, wie groß und welche die Strafen sind, begreift das Fassungsvermögen eines sterblichen Geschöpfs nicht, denn sie sind der Vergessenheit anheimgefallen und werden niemals von dort weichen. Jene nämlich, die Gottes Gnade nicht suchen, noch auf Gott schauen wollen und sich auch nicht nach dem Leben sehnen, werden dort bleiben.

13. Alles, was von Gottes Angesicht verworfen ist, befindet sich in den unendlichen Strafen

Und was könnte die menschliche Sterblichkeit mehr erforschen über das, was vor Gottes Angesicht in Vergessenheit geraten ist, als dass sich all das, was so verworfen ist, in den unendlichen Strafen befindet? Die alte Schlange freut sich darüber, weil sie sich weder nach dem Guten sehnt, noch das Gute will, da sie selbst die Urheberin des Bösen aller Übel und aller Sünden ist. Denn sie erblickte als Erste von allen die Klarheit Gottes, bald begann sie aber jenes Böse,

95 Vgl. oben I 22, S. 57.

das nicht hat sein müssen, noch hat geschehen können. Die ganze Schöpfung ist durch Gott geworden, dieses Böse aber, das jene alte Schlange begonnen hat, ist ohne ihn geworden.

14. Gott hat gegen den Teufel die Sonne, den Mond und die Sterne erschaffen

Luzifer wurde nämlich mit all seinem Schmuck wie zu einem Spiegel bestimmt, er aber wollte das Licht selbst, nicht der Schatten dieses Lichtes sein. Darauf hat Gott die Sonne erschaffen, damit sie alle Geschöpfe gegen den Blitz Luzifers erleuchtet; er hat den Mond eingesetzt, damit er die ganze Finsternis gegen die Heimtücke Luzifers erhellt; und er hat die Sterne eingerichtet, damit sie alle Laster Luzifers verdunkeln. Gott ist nämlich jene Fülle, in der es keine Leere gibt und es keine Leere geben kann. Der Teufel aber ist ein leeres Gefäß, da er, sobald er seine eigene Klarheit erblickte, sie in seinem Hochmut verlor und sich selbst in der Unterwelt begrub, wo er ohne Herrlichkeit und ohne jede Ehre des Lobes bleiben wird. Denn er ist jener Plünderer, der den ersten Menschen ausgeplündert und ihn aus dem Paradies vertrieben hat. Gegen Abel war er ein Mörder und mit dem ersten Übel tötete er die Menschen, da er sich ihnen so zeigte, als sei er Gott.

15. Das Böse des Teufels ist verdorbener als das Böse im Menschen, weshalb jener auf immer in seinen Strafen bleiben wird

Das Böse des Teufels ist aber verdorbener als das Böse im Menschen, da der Mensch, sehend wie der Teufel, Gott nicht gesehen hat. Jener hat das Rad der Geburt des Menschen erschüttert und ihn durch viel Böses getäuscht, wodurch er sich gewaltige Verwirrungen eingebracht hat, denn er freut sich am Verderben der Seelen. Daher wird er auf immer in seinen Strafen wie ein Verbannter ohne Trost bleiben, weil sein Betrug mit großer Verwirrung zu ihm zurückkehrt. Dadurch wird er, errötet vor Scham, heftig zu Boden geschlagen, wenn ihm die Getreuen sowohl durch Reue als auch durch Läuterung entrissen werden.

16. Der Teufel fand kein anderes Lebewesen, das zur Täuschung des Menschen schneller bereit gewesen wäre, als die Schlange

Der Teufel täuschte den ersten Menschen im Paradies durch die Schlange, weil er unter allen Gattungen der Lebewesen kein anderes Tier fand, das zur Täuschung des Menschen schneller bereit gewesen wäre, als die Schlange es war. Der Teufel fürchtete sich nämlich, offen an den Menschen heranzutreten, deshalb wählte er die Schlange zur Materie seiner Täuschung aus. Denn die

Schlange ist in zwei Lebensweisen geteilt, das heißt, sie ist bisweilen im Wasser und ruht bisweilen auf der Erde. Durch diese zwei Weisen ist sie zischelnd und unredlich. Vom Wasser zieht sie das Zischeln und von der Erde die Unredlichkeit an sich. Aus der feuchten Luft kriecht sie und aus der Erde ist sie wie flehend. Ihre Beschaffenheit ist so, dass sie den Menschen betrügerisch täuscht und ihn mit tödlichem Gift tötet.[96]

Wenn aber der Mensch sie besiegt, versteckt sie sich und nähert sich ihm heimtückisch. Durch solche Künste der Schlange überzeugte der Teufel den Menschen, keine Freude an Gott zu haben und kein Vertrauen auf ihn zu setzen. Daher empfing der Mensch im Geschmack der Frucht das Wissen um das Böse und in ihrem Saft erfuhr er, dass die Sünde dabei war. So warf der Teufel auf den Menschen alles Böse, das nachher im Wasser erstickt wurde.

17. Wie das Werk Gottes nicht begrenzt werden kann, so wird auch das Werk des Menschen nicht vergehen: Das gute Werk führt zur Herrlichkeit, das böse aber zur Bestürzung, wenn es durch Reue nicht getilgt wird

Wie das Werk Gottes, das der Mensch ist, nicht begrenzt werden kann, sondern dauern wird, so wird auch das Werk des Menschen nicht vergehen. Denn das Werk des Menschen, das nach Gott strebt, wird im Himmel leuchten, das Werk aber, das sich nach dem Teufel ausstreckt, wird in den Strafen offenbar. Als nämlich Gott den Menschen erschaffen hat, hat er ihm aufgetragen, mit den Geschöpfen zu wirken. Und wie der Mensch nicht enden wird – außer, dass er sich in Asche verwandelt – und wie er nachher aufersteht, so werden auch seine Werke erscheinen, die guten nämlich zur Herrlichkeit, die bösen dagegen zu seiner Bestürzung, wenn sie durch den Tausch einer offenkundigen Buße nicht getilgt werden.

18. Der Teufel lauert dem Menschen mit dem entsprechenden Laster auf, von dem er sieht, dass der Mensch gerade daran Freude hat

Da aber der Teufel den Menschen wie ein Spion mit Scherzen täuscht, lauert er ihm mit dem entsprechenden Laster auf, von dem er sieht, dass der Mensch gerade daran durch die Kraft der Elemente Freude hat. Alle Laster gehen nämlich aus dem Teufel hervor und sind wie Räuber, weil sie alles Gute, das im Menschen ist, wegraffen, soweit sie nur können. Gelegentlich machen sie dies auch mit den Elementen und anderen Geschöpfen, mit denen der Mensch lebt und wirkt.

96 Vgl. Hildegard: Heilsame Schöpfung – Physica (wie Anm. 6), VIII 2, S. 427.

19. Wie die Elemente im Menschen sind, so sind auch die Tugenden im getreuen Menschen

Und wie die vier Elemente im Menschen vorhanden sind, so sind auch die Gotteskräfte im seligen Menschen zu finden, die ihn zum Guten hinwenden.

20. Wie das Feuer den Körper des Menschen entfacht, so auch die Tugenden seine Seele

Der Heilige Geist ist wahrhaft ein unauslöschliches Feuer, das niemals erlöschen kann und alles Gute gibt, alles Gute entfacht, alles Gute erweckt, alles Gute lehrt und in seiner Flamme dem Menschen die Sprache schenkt.[97] In seiner Glut zeigt er, gleich den starken Kräften des Feuers, die Demut, die sich jedem unterwirft und sich geringer schätzt als andere. Und diese Glut verfügt über Kälte, das heißt über die Geduld, und über Feuchtigkeit in Wohlwollen, das überall im Kreislauf strömt und das Werk der Demut ist, und jenes Fundament ist da, auf dem die Heiligkeit wie durch die Luft in die Höhe baut.[98] Dadurch werden die bösen Geister so erschüttert, dass sie zugrunde gehen.

21. Wie der Mensch durch die Luft atmet, so ermöglichen die Tugenden, dass seine Seele zu dem aufatmet, was himmlisch ist

Die Luft, die über durchdringende Kräfte verfügt, deutet den Glauben an, der das Siegesbanner ist. Denn wie die Flamme des Feuers leuchtet, so zeigt auch der Glaube den rechten Weg und den Tau der Hoffnung, mit dem er die Seelen der Getreuen, die die Grünkraft der vollkommenen Liebe in sich haben, benetzt, wenn sie nach dem seufzen, was himmlisch ist, und allen, wo sie nur nützlich sein können, zu Hilfe eilen. Daher tragen die Getreuen durch den Hauch der Reue ihre tränenvolle Klage im Gebet vor, so wie der liebliche Hauch der Luft Blüten hervorbringt. So erwirken sie in der Wärme des Himmelsverlangens die beste Frucht, wie die Speise des Lebens, zu ihrem eigenen Nutzen und zum Nutzen vieler anderer.

97 Vgl. Apg 2,3-4.

98 Zum Feuer siehe Hildegard von Bingen: Ursprung und Behandlung der Krankheiten – Causae et Curae, vollständig neu übersetzt und eingeleitet von Ortrun Riha, hg. von der Abtei St. Hildegard, Rüdesheim/Eibingen, Beuron 2011, I 42, S. 44: „Das Feuer nun, das das höchste am Firmament und unter den Elementen ist, hat fünf Kräfte, nämlich Glut, Kälte, Feuchtigkeit, Luft und Bewegung, wie der Mensch aus fünf Sinnen besteht."

22. Wie das Wasser den Körper des Menschen befeuchtet, so begießen die Tugenden seine Seele

Auch das Wasser zeigt mit seinen vielfältigen Kräften, dass der Mensch die Laster verlassen und sich nach den Tugenden sehnen soll. Der Heilige Geist besiegt nämlich alles durch das Wasser und vollendet seine Gaben auch durch das Wasser. Denn er entsendet die Prophetie gleich der Hitze, durch die er das Gerinnsel der Sünden auflöst; und gleich der Luft löscht er durch die Weisheit das Vergnügen an den Sünden aus, damit der Mensch in der Feuchtigkeit der Gerechtigkeit stärker wird und durch das Überströmen der Wahrheit immer zum geistlichen Leben fließt. Der Heilige Geist ermöglicht auch, dass die Gesetzesgebote in Geschwindigkeit laufen, indem er durch den Saft der Reinheit den Saft des Markes im Menschen auslöscht und durch den Geschmack der Enthaltsamkeit die unmäßigen Sünden zerreibt. So flößt er durch die Grünkraft innigsten Seufzens die Flüssigkeit der Zerknirschung in die harten Seelen der Menschen ein, damit sie, durch die Befeuchtung der Tugenden triefend, die Weltverachtung ergreifen und jeglichen Schmutz von sich abwerfen.

Und so vollbringt der Heilige Geist, dass die Getreuen gleich den Vögeln von Tugend zu Tugend aufsteigen, und nährt sie, die wie Fische im Wasser des Glaubens weilen, mit der Speise des Lebens durch Enthaltsamkeit in den Sünden. Auch überströmt er sie, gleich den wilden Tieren, mit seiner Hitze so, dass sie um der Liebe des Himmelreiches willen in einem anderen Leben streng leben.[99] Den Kriechtieren gleich nimmt aber der Heilige Geist auf den Spuren der Demut den Schaum der Lust und die Gewohnheit der Laster weg und hält die Getreuen in allen Tugenden so fest und stärkt sie so in der Unterstützung der Vollendung, dass sie sich in allem die Gottesliebe vornehmen.[100]

23. Wie die Erde das Fleisch des Menschen belebt, so lassen die Tugenden den Menschen gute Früchte bringen

Die Erde stellt mit ihren entsprechenden Kräften dar, dass der Mensch seinen Leib Gott darbringen und in seinem Inneren alle Pracht dieser Welt verlassen soll. Der Getreue zeigt sich nämlich im Sommer gleichsam wie kalt, wenn er sich als den Niedrigsten erachtet, und er gibt sich im Winter gleichsam wie warm zu erkennen, wenn er die Begierde des Fleisches durch die Hitze der Tugenden in sich verleugnet. Er nährt sich aber auch mit der Grünkraft der

99 Vgl. Mt 19,12; Regula Benedicti – Die Benediktusregel 7,34 (wie Anm. 5), S. 106-107.

100 Vgl. Hildegard von Bingen: Das Buch vom Wirken Gottes. Liber Divinorum Operum, Neuübersetzung aus dem Lateinischen von Mechthild Heieck, Einführung von Sr. Caecilia Bonn OSB, hg. von der Abtei St. Hildegard, Rüdesheim/Eibingen, Beuron 2012, II 1,42, S. 268-271.

himmlischen Tugenden, wenn er die Anreize seines Fleisches in Dürre wandelt. Damit bringt er Keime der guten Werke hervor, durch die er die Frucht der Heiligkeit ergreift.

Gott hat nämlich den Menschen erschaffen, damit er das Irdische besiegt, indem er das Himmlische wirkt. Wie Gott im Menschen die Verschlagenheit des Teufels überwindet, so soll auch der Mensch das Banner der Gottheit sein. Denn Gott hat den ersten Engel als klares Wesen erschaffen, um die Geheimnisse der Gottheit sehen zu lassen. Dieser Engel aber hat sich in seiner eigenen Wertschätzung gegen Gott erhöht und mit dem Lob Gottes aufgehört, wodurch er seine eigene Herrlichkeit verlor. Gott hat jedoch den Menschen erschaffen, damit jenes, was niedriger war, das, was höher gewesen war, besiegt.

Im Menschen hat Gott nämlich all seine Werke vollendet. Wie die Erde die Lebewesen trägt, erleidet der Mensch in seinem Fleisch viele Versuchungen. Wenn er sich von den weltlichen Dingen abwendet, macht er es, wie das Tier, das vor dem Menschen flieht; und wenn er sich dem geistlichen Leben zuwendet, tut er so, wie das wilde Tier, das zum Menschen läuft. So trägt der Mensch alles in seinem Fleisch, wenn er alles Irdische in sich selbst überwindet. Daher wird er auch das Banner der himmlischen Harmonie im himmlischen Sieg genannt, wenn er den Teufel samt der Weltsorge zertritt. So stellen die Werke des Heiligen Geistes die Kräfte der Elemente im Menschen dar.

24. Wie keiner die ewigen Freuden zu erzählen vermag, so vermag auch keiner das Elend der Hölle zu offenbaren

Daher soll der Mensch, der danach strebt, den Foltern der Unterwelt zu entrinnen, den Teufel fliehen und seine Einflüsterungen von sich weisen. Er soll den Glauben des feurigen Quells empfangen, den jener mitgebracht hat, der ohne Sünde gekommen ist, und er soll diesen Glauben mit gerechten Werken bewahren, um zu jener Freude zu gelangen, die denen vorbereitet ist, die Gott lieben. Wie aber keine sterbliche Zunge diese Freude erzählen kann, so vermag auch keine menschliche Erkenntnis das Elend der Unterwelt zu offenbaren.

Dies ist aber von der lebendigen Stimme des lebendigen und unvergänglichen Lichtes vorgetragen und gesagt worden, und es ist verlässlich; der Getreue möge darauf achten und es im Gedächtnis des guten Wissens aufbewahren.

25. Über die Helligkeit und die Freuden der Seelen jener weltlichen Menschen, die vor der Stunde ihres Todes durch Reue ihren Sünden entsagt haben, und der Seelen jener weltlichen Menschen, die die Gebote des Gesetzes in ihrem tätigen Leben mit Hingabe erfüllt haben, und warum sie diese auf solche Weise erleben

Und ich sah eine große, unermessliche Helligkeit, deren Glanz so mächtig war, dass ich weder dort hineinschauen, noch die sehen konnte, die darin waren, nur wie in einem Spiegel. Ich erkannte, dass sich alle Arten von Lieblichkeit des vollen Blühens und der süßen Düfte verschiedener Spezereien mit zahlreichen Wonnen darin befanden. Und ich erfuhr, dass dort die Seelen jener Seligen, die während ihres Lebens in der vergänglichen Welt Gott mit gerechtem Seufzen berührt und ihn mit gerechten Werken verehrt hatten, nun in allem die lieblichsten Freuden erlebten.

Und von ihnen sah ich wie in einem Spiegel welche, die alle gleichsam mit einem blendendweißen Gewand bekleidet waren. Einige von ihnen hatten einen Reif auf ihrem Haupt, der wie die Morgenröte leuchtete, und ihre Schuhe erschienen weißer als Schnee. Andere trugen aber einen Reif wie aus Gold auf ihrem Haupt, während ihre Schuhe wie Smaragd glänzten.

Ihre übrigen zahlreichen Schmuckstücke aber sind mir verborgen geblieben.

Da *diese Seelen* alle in ihrem körperlichen Dasein durch den Glauben dem Teufel widersagt und die einen diesen Glauben mit würdiger Reue, die anderen aber mit guten Werken vollendet hatten, empfingen sie in der erwähnten *Helligkeit* die Ruhe und freuten sich an der *Lieblichkeit* und den *Wonnen* dieser Helligkeit. Und weil diese Seligen die Sünden verlassen und gute Werke getan und so Gottes Gebote geliebt hatten, waren sie *mit einem blendendweißen Gewand bekleidet*, dessen Adam beraubt worden war.

Einige von ihnen, weil sie durch Reue die Rettung der Erlösung, durch die Gott den Menschen befreit, in ihren Seelen eingeprägt hatten, als sie in Reue ihre Sünden beweint hatten, *hatten einen Reif auf ihrem Haupt, der wie die Morgenröte leuchtete.* Und da sie auf rechten Pfaden über den Weg des Heils, wenngleich zögernd, zum Leben zurückgekehrt waren, *erschienen ihre Schuhe weißer als Schnee.* Diese nämlich, als sie in der Welt weltlich lebten, vollzogen noch vor der Stunde und selbst in der Stunde ihres Übergangs in Reue durch göttliche Eingebung den Schiffbruch ihrer Sünden und gelangten so zur Rettung.

Andere aber, die trotz ihres weltlichen Geschäftes Gott nicht verlassen, sondern seine Gebote in ihrem Herzen freiwillig erfüllt hatten, und, obwohl sie in der Welt weltlich gelebt hatten, Gott dennoch nicht vernachlässigt hatten, *trugen einen Reif wie aus Gold auf ihrem Haupt.* Und da sie in Gottes Gesetz entschlossen gewandelt waren, *glänzten ihre Schuhe wie Smaragd.* Diese nämlich hatten Gott in ihrem körperlichen Dasein nicht hintangesetzt, sondern die Gebote des Gesetzes mit Hingabe erfüllt, obwohl sie körperlich der Welt und dem weltlichen Leben verpflichtet waren.

Ihre übrigen Schmuckstücke aber und deren Bedeutung sind meinem Blick und meinem Verstand verborgen geblieben.

26. Desgleichen über die Helligkeit und die Freuden der Seelen jener weltlichen Menschen, die in ihrem tätigen Leben die Gebote des Gesetzes sorgfältig beobachtet haben, und warum sie diese auf solche Weise empfangen

Ich sah aber einen anderen Glanz einer viel größeren und unendlichen Helligkeit, deren Ende ich überhaupt nicht wahrnehmen konnte. Dieser Glanz strahlte eine so große Lichtflut aus, dass ich ihn selbst nicht erblicken konnte, weil er den menschlichen Verstand überstieg. Daran grenzte die vorher erwähnte Helligkeit an, so wie ein Gebiet neben dem anderen liegt, weil jene Helligkeit der Anfang und der Ursprung dieses Glanzes war. Ich merkte, dass sich dort die gesamten Wonnen und alle Arten von Musik sowie singende Stimmen, ferner die Freuden der Freuden und Fröhlichkeit in Fülle befanden. Und ich erkannte, dass dort die Seelen jener Heiligen weilten, die ihren Körper in der Welt mit großen und harten Züchtigungen gepeinigt hatten; und auch die Seelen anderer Heiliger waren dort, die ihren Körper aus Liebe zum Leben dem Martyrium übergeben hatten. Aber ich sah nichts von dem, was dort war, nur wie in einem Spiegel, weil ich nicht einmal in diese Helligkeit zu blicken vermochte.

Und von ihnen sah ich wie in einem Spiegel welche, die gleichsam mit einem Gewand von blendendweißer Wolke bekleidet waren, die reiner erschien als der reinste, höchste Äther, und dieses Gewand war auch wie mit Gold durchwoben. Der Schmuck ihres Hauptes, nämlich der Reif auf ihrem Haupt, war wie aus Bernstein, und ihre Schuhe sahen wie kristallen aus, die Reinheit über Reinheit klarster Wasser widerstrahlten. Und sie wurden zuweilen von einem lieblichen Wind berührt, der aus dem Geheimnis der Gottheit hervorkam und den Duft aller Kräuter und Blüten enthielt. Dann trugen sie den Klang süßester Symphonie vor und ihre Stimme tönte wie die Stimme vieler Wasser.

Ihre übrigen zahlreichen Schmuckstücke aber konnte ich nicht sehen.

Da *diese Seelen* in größter und fester Hingabe Gott durch den Glauben erfasst und in ganzer Umarmung mit guten und starken Werken Gott geliebt hatten, während sie in ihrem körperlichen Dasein in der Welt gelebt hatten, erlangten sie die Schönheit der oben geschilderten *Helligkeit* und genossen *in den Freuden dieser Helligkeit unendliche Freuden.* Wegen der Beobachtung der Gesetzesgebote, die in der Reinheit der Gerechtigkeit bestehen und die sie während ihres weltlichen und tätigen Daseins erfüllt hatten, *waren sie gleichsam mit einem Gewand von blendendweißer Wolke bekleidet, die reiner erschien als der reinste Äther;* und dieses Gewand leuchtete wegen der Liebe zu diesen Geboten, mit der sie die Gebote des Gesetzes sorgfältig beobachtet hatten, *wie mit Gold durchwoben.*

Wegen der lauteren Reue, mit der sie eine jede Sünde in ihrem Herzen mit klarer Erkenntnis beweint hatten, *war der Schmuck ihres Hauptes, nämlich der Reif auf ihrem Haupt, wie aus Bernstein;* und wegen der Pfade der weltlichen Gebote, die in Gottes Gesetz denen, die weltlich leben, bestimmt sind und in denen sie gerecht und rein gewandelt waren, *sahen ihre Schuhe wie kristallen aus, die Reinheit über Reinheit klarster Wasser widerstrahlten.* Wegen der süßen Großzügigkeit in den Almosen, mit der sie tränenvoll jedem Elend gegenüber Barmherzigkeit erwiesen hatten – und sie hatten dies auch den Gesetzesgeboten gemäß getan, wie Gott es ihnen bestimmt hatte, indem sie die Nackten bekleidet, die Hungernden und die Durstenden erquickt, die Kranken und die Gefangenen besucht und ähnliche gute Werke getan hatten –, *wurden sie zuweilen von einem lieblichen Wind berührt, der aus dem Geheimnis der Gottheit hervorkam und den Duft aller Kräuter und Blüten enthielt.* Und wegen der Hingabe, mit der sie durch Stimme und Taten gute Früchte mit der Tiefe des Seufzens und der Befeuchtung der Tränen hervorbrachten, *trugen sie den Klang süßester Symphonie vor und ihre Stimme tönte wie die Stimme vieler Wasser.* Während sie in der Welt mit ihrem Körper bekleidet gelebt hatten, hatten sie nur dem Körper nach in weltlicher Haltung und in weltlichem Leben verkehrt, nicht aber dem Geiste nach, und so hatten sie in der Furcht ihres Schöpfers das Gesetz der Gerechtigkeit mit gerechten Werken erfüllt.

Ihre übrigen Schmuckstücke aber und deren Bedeutung sind meinem Blick und meinem Verstand verborgen geblieben.

27. Desgleichen über die Freuden der Seelen jener geistlichen Menschen, die sich im geistlichen Leben dem Gehorsam unterworfen und so Gott mit ganzer Hingabe gedient haben, und warum sie diese auf solche Weise erleben

Ich sah auch andere Seelen in dieser Helligkeit auf ähnliche Weise wie in einem Spiegel. Sie waren gleichsam mit einem Gewand bekleidet, das schöner war als die Morgenröte und klarer als der Glanz der Sonne und das mit kostbaren Edelsteinen geschmückt war. Dieses Gewand ließ durch die Milde lieblicher Blüten einen süßen

Lufthauch wie im Wohlgeruch von Balsam und aller Salben ausströmen. Diese Seligen trugen auf ihrem Haupt Kränze, die wie mit edlem Hyazinth[101] *geziert waren, und hatten Schuhe an, die mit kostbaren Perlen unterschiedlich geschmückt waren. Ihre Stimme hatte den Klang aller Arten von Musik und sie sangen ohne Überdruss immer neue Lieder. Ein überaus klares und reines Licht, das aus dem Geheimnis der Gottheit kam, erleuchtete sie hin und wieder. Dieses Licht war aber so gewaltig und so hell, dass weder das Auge es sehen, noch das Ohr es hören, noch das Herz des Menschen es ergründen konnte.*

Ihre übrigen zahlreichen Schmuckstücke aber konnte ich nicht sehen.

Denn auch *diese Seelen* freuten sich wegen der Hingabe des Glaubens und wegen der unerschöpflichen Stärke in guten Werken über die Teilhabe an der erwähnten Helligkeit und über die entzückenden Wonnen von deren Freuden. Da sie den Anfang ihres guten Willens mit dem Eifer der rechten Werke vollendet hatten, indem sie ihren Eigenwillen mit mühseliger Anstrengung verlassen hatten, *waren sie mit einem Gewand bekleidet, das schöner war als die Morgenröte und klarer als der Glanz der Sonne und das mit kostbaren Edelsteinen geschmückt war.* Und da sie sich in der Unterwerfung des Gehorsams, der die Blüte der ganzen Heiligkeit ist, der fleischlichen Begierde enthalten hatten, wodurch sie den Menschen den Duft des Lebens und ein Beispiel der heiligen Tugenden dargeboten hatten, *ließ dieses Gewand einen süßen Lufthauch wie im Wohlgeruch von Balsam und aller Salben ausströmen.* Weil sie in ihrem Herzen hinsichtlich all ihrer Anstrengungen eine zuversichtliche Hoffnung auf Gott hin ausgespannt hatten, *trugen sie auf ihrem Haupt Kränze, die wie mit edlem Hyazinth geziert waren.* Und weil sie auf dem rechten Pfad der geistlichen Wege die Beständigkeit bewahrt hatten, *hatten sie Schuhe an, die mit kostbaren Perlen unterschiedlich geschmückt waren.*

Wegen des Lobes, durch das sie Gott mit der Stimme des Jubels demütig und hingebungsvoll in der Welt gepriesen hatten, *hatte ihre Stimme nun den Klang aller Arten von Musik;* und wegen des unablässigen Dienstes des göttlichen Offiziums, das sie mit Herz und Mund verrichtet hatten, da sie in ihrem körperlichen Dasein eine jede Tugend gütig wiedergekäut hatten, *sangen sie nun ohne Überdruss immer neue Lieder.* Und da sie im engelhaften Dienst mit ganzem Bemühen der Seele und des Körpers, der Stimme und der rechten Werke den Lobpreis der Engel nachgeahmt hatten, als sie Gott gepriesen, den Geboten ihrer Vorgesetzten gehorcht, in Gebeten, im Schweigen und in

101 Vgl. Hildegard: Heilsame Schöpfung – Physica (wie Anm. 6), IV 2, S. 249-250.

anderen solchen guten Werken des beschaulichen Lebens durch Verzicht auf die fleischliche Begierde treu ausgeharrt hatten, *erleuchtete sie hin und wieder ein überaus klares und reines Licht, das aus dem Geheimnis der Gottheit kam und so gewaltig und so hell war, dass weder das Auge es sehen, noch das Ohr es hören, noch das Herz des Menschen es ergründen konnte,* wie oben gesagt. Diese Seligen hatten sich nämlich, während sie in ihrem körperlichen Dasein in der Welt gelebt hatten, ihrem eigenen Stoff, in dem sie empfangen und geboren worden waren, entzogen, sich dem geistlichen Leben durch wahren Gehorsam unterworfen und ihrem Schöpfer mit ganzer Hingabe und demütiger Unterwerfung durch die Verachtung der Welt samt deren Vergnügen gedient.

Ihre übrigen Schmuckstücke aber und deren Bedeutung sind meinem Blick und meinem Verstand verborgen geblieben.

28. Desgleichen über weitere Freuden der Seelen jener Menschen, die als Lehrer und Leiter im Volk Gottes gute Werke gewirkt haben, und warum sie diese auf solche Weise empfangen

Ich sah aber andere Seelen in der erwähnten Helligkeit auf dieselbe Weise wie in einem Spiegel, wie oben gesagt. Sie waren gleichsam mit einem saphirblauen Gewand bekleidet, das mit Beryll[102] *und Perlen geschmückt war und an dem auf der Brust die Zeichen der sieben Planeten wunderbar leuchtend erschienen. Auf ihrem Haupt trugen sie Kränze, die wie mit Topas*[103] *geziert waren, und sie hatten Schuhe wie aus reinstem Gold an. In ihren Händen hielten sie aber etwas wie kristallene Trompete, aus der ein Wind wehte, der den Duft von Myrrhe und Weihrauch mitbrachte; dazu sangen sie mit den Liedern und den Lobpreisungen derer, die vor Gottes Angesicht ihre Stimme erheben.*

Ihre übrigen zahlreichen Schmuckstücke aber sind mir verborgen geblieben.

Diese Seelen nämlich, die ihren treuen Dienst in der Vollendung guter Werke Gott erwiesen hatten, ruhten nun glücklich in der Helligkeit und den Freuden der oben beschriebenen Seligkeit. Wegen der Liebe, die sie in Barmherzigkeit über die ihnen Untergebenen ausgegossen hatten, wegen der Annahme, mit der sie die Sünder und die Zöllner in Reue um sich gesammelt hatten und wegen der Geheimhaltung, durch die sie die Sünden der Beichtenden in verborgener Verdeckung geheim gehalten hatten, *waren sie aber mit einem saphirblauen Gewand bekleidet, das mit Beryll und Perlen geschmückt war.* Wegen des

102 Vgl. Hildegard: Heilsame Schöpfung – Physica (wie Anm. 6), IV 4, S. 254.
103 Vgl. Hildegard: Heilsame Schöpfung – Physica (wie Anm. 6), IV 8, S. 261.

gütigen Blickes ihrer Seele, mit dem sie die sieben Gaben des Heiligen Geistes in ihrer Führung offen erkannt hatten, indem sie für diejenigen, die sich ihnen um Gottes Liebe willen durch Befolgung einer Regel unterworfen hatten, im tätigen Leben körperlich Sorge getragen und sie im beschaulichen Leben geistlich geführt hatten, *erschienen die Zeichen der sieben Planeten an diesem Gewand auf der Brust wunderbar leuchtend.*

Weil sie in ihrem Herzen die wahre Gerechtigkeit getragen hatten, während sie sich durch körperliche Leiden gezüchtigt hatten, und Gott in unbeständiger Ungerechtigkeit nicht widerstreben wollten, sondern in großer Standhaftigkeit treuer Werke auf ihn geblickt hatten, *trugen sie auf ihrem Haupt Kränze, die wie mit Topas geziert waren.* Und weil sie mit Weisheit ermöglichten, dass die ihnen Untergebenen vor Gottes Angesicht auf rechten Wegen schreiten, *hatten sie Schuhe wie aus reinstem Gold an.*

Da sie in ihren Werken die wahre Lehre mit Wort und Beispiel dargelegt und sich selbst wie einen Spiegel für andere vorgesetzt hatten, als sie auch den Ruf heiliger Werke, und zwar in der Liebe der wahren Selbstbeherrschung, in der Abtötung ihres Fleisches und im Dienst der Heiligkeit, unter das Volk der Glaubenden ausgesandt hatten – wobei sie im Dienst und Lob ihres Schöpfers Tag und Nacht ausgeharrt und so den Glauben und die Gerechtigkeit der Patriarchen, der Propheten und der Apostel nachgeahmt hatten, die mit ihrem Ruf die Wahrheit, die in Gott ist, geoffenbart hatten –, *hielten sie in ihren Händen etwas wie kristallene Trompete, aus der ein Wind wehte, der den Duft von Myrrhe und Weihrauch mitbrachte, dazu sangen sie mit den Liedern und den Lobpreisungen derer, die vor Gottes Angesicht ihre Stimme erheben.*

Diese Seligen hatten nämlich, während sie in der irdischen Welt körperlich gelebt hatten, durch jene Eingebung, mit der Gott die Meister und die Vorgesetzten zu ihrem Amt bestimmt, als Lehrer und Leiter im Volk Gottes mit Wort und Beispiel den ihnen Untergebenen vorgestanden. Sie hatten diese dem Bösen entrissen und nicht zugelassen, dass sie in den Untergang fallen, wodurch sie sich selbst durch gute Werke Gott dargebracht hatten.

Ihre übrigen Schmuckstücke aber und deren Bedeutung sind meinem Blick und meinem Verstand verborgen geblieben.

29. Desgleichen über weitere Freuden der Seelen jener Menschen, die um Gottes Herrlichkeit willen ihren Körper im Martyrium dem Tod preisgegeben haben, und warum sie diese auf solche Weise haben

Auch andere Seelen sah ich in dieser oben beschriebenen Helligkeit auf ähnliche Weise wie in einem Spiegel, wie bereits dargelegt. Sie standen gleichsam über einem Meer, das weder floss, noch Flüssigkeit, wie etwa Wasser, mit sich führte, sondern allein einen großen Glanz ausstrahlte. Diese Seelen waren wie mit einem Gewand von der Farbe des roten Hyazinthes bekleidet, das auf ihren Schultern und über ihren Füßen am Saum ringsum mit kostbaren Edelsteinen geschmückt war. Auch Kränze hatten sie auf ihrem Haupt, die wie reinstes Gold glänzten und am Rand ringsum wie mit hellsten Spiegeln besetzt waren. Sie trugen Schuhe, die wie mit Smaragd und Beryll geschmückt waren. In ihren Händen hielten sie aber Palmen, die durchsichtig waren wie reinstes Wasser und an denen Gottes zahlreiche Wunder wie in Spiegeln erschienen.

Und ich hörte eine Stimme aus dem Himmel wie die Stimme des Donners, die rief und sprach: „Die alte Schlange hat sich Gott widersetzt, weshalb sie in die Unterwelt geworfen ist. Sie aber hat sich aus der Gestalt des Menschen Glieder gesammelt, damit diese ein gemeinsames Schicksal mit ihr haben; und sie hat die Menschen dazu verführt, einander gegenseitig zu töten. Damit aber die Sünden der Menschen getilgt werden, hat das Lamm, das heißt der Sohn Gottes, Fleisch angezogen und wurde selbst getötet. Jetzt also lasst jene kommen, die um dieses Lammes willen getötet worden sind, damit sie das vergossene Blut ihres Körpers in das Blut dieses Lammes strömen lassen."

Auf diese Stimme hin erhoben sich die erwähnten Seelen aus dem Meer und gleichsam blutige Tropfen träufelten aus ihnen über die Erde. So lief ihnen die gesamte himmlische Harmonie mit einem neuen Lied entgegen zum Zeugnis des Lammes, das getötet wurde. Und sooft die erwähnte Stimme auf diese Weise, wie gesagt, ertönte, erhoben sich diese Seelen zu neuen Liedern, während das Blut träufelte, wie eben beschrieben.

Ihre übrigen zahlreichen Schmuckstücke aber konnte ich nicht sehen.

Da *diese Seelen* in ihrem körperlichen Dasein mit Glauben und mit Werken Gott gedient hatten und ihren Körper um Gottes Liebe willen in großem Aufschwung der Tapferkeit verachtet hatten, erlangten sie in der erwähnten Helligkeit und in ihren Wonnen eine Wohnung und die unendlichen Freuden als höchsten Lohn. Und weil sie die Angst, die sie im Martyrium erfuhren, durch die Stärke ihrer Seelen mit Füßen getreten hatten, indem sie durch Standhaftigkeit die Weichheit der Unbeständigkeit zurückgewiesen und die glühendste Liebe zu Gott ergriffen hatten, *standen sie gleichsam über einem Meer, das weder floss, noch Flüssigkeit, wie etwa Wasser, mit sich führte, sondern allein einen großen Glanz ausstrahlte.* Da sie sich selbst in ihrem eigenen Blut gebändigt hatten und Gott in großer Zuversicht verehrt hatten, *waren sie mit einem Gewand von der Farbe des roten Hyazinthes bekleidet.* Und weil sie wegen der Verehrung

Gottes große Mühsal erduldet hatten, die sie überall mit gutem Ende vollendet hatten, als sie sich selbst Gott als Opfer dargebracht hatten, indem sie die Glieder ihres Körpers verachtet und sich den Peinigern zu unterschiedlichen Martern unterworfen hatten, *war ihr Gewand auf ihren Schultern und über ihren Füßen am Saum ringsum mit kostbaren Edelsteinen geschmückt.*

Auch die Höhe der Hoffnung hatten sie in Weisheit getragen, als sie in der Reinheit des Glaubens überall auf die brüderliche Liebe achteten und anderen gegenüber Mitleid erwiesen, wodurch sie in ihrem Herzen Gott gepriesen hatten, da sie in Geduld ihre eigenen Glieder nicht geschont hatten. Deshalb *hatten sie auf ihrem Haupt Kränze, die wie reinstes Gold glänzten und am Rand ringsum wie mit hellsten Spiegeln besetzt waren.* Auch die Pfade von Gottes Wegen hatten sie in Geduld und im Vergießen ihres eigenen Blutes durchlaufen, *daher trugen sie Schuhe, die wie mit Smaragd und Beryll geschmückt waren.* In ihren Werken hatten sie aber den Sieg ohne den Einfluss von Heuchelei rein und sauber gehalten, worin viele, die durch die Betrachtung des Geistes Gott erkannten, ein Beispiel der Standhaftigkeit und der Geduld erblickten: Deswegen *hielten sie in ihren Händen Palmen, die durchsichtig waren wie reinstes Wasser und an denen Gottes zahlreiche Wunder wie in Spiegeln erschienen.*

Dies alles bezeugte *die Stimme aus dem Himmel.* Sie rief, dass der Teufel, der Gott Widerstand leistete und in die Unterwelt versunken ist, aus den Menschen einige mit sich selbst verbündet, die er schließlich zum Mord überredet. Diese Stimme verkündete auch, dass der Sohn Gottes Mensch geworden ist und getötet wurde, damit der Mensch dem Teufel entrissen wird. Sie ermutigte jene, die um des Gottessohnes willen den Tod erlitten hatten, dass sie ihr Martyrium dem Martyrium des Gottessohnes darbringen. Während sie in ihrem Sieg jubelten, leuchteten in dieser Stimme, die aus dem Himmel kam, die Qualen, die diese Seelen durch die Gottlosen und Ungläubigen erlitten hatten, zu ihrer Befreiung durch Gottes gerechtes Urteil auf.

Daher lobt das ganze himmlische Heer im Lobpreis der erneuerten Freude das Leiden des Gottessohnes, das durch die Leiden der Märtyrer erneuert wird. Und sooft die göttliche Majestät ihre Leiden berührt, verherrlichen sie, mit ihren Leiden erneuernd, die Leiden des Lammes. In der Welt mit dem Körper bekleidet, hatten sie nicht nur ihren Eigenwillen verlassen, sondern auch ihren Körper vielen verschiedenen Qualen um Gottes Herrlichkeit willen unterworfen, während sie den Tyrannen nicht wichen, sondern ihre Glieder im Martyrium Stück für Stück dem Tod preisgaben.

Ihre übrigen Schmuckstücke aber und deren Bedeutung sind meinem Blick und meinem Verstand verborgen geblieben.

30. Desgleichen über die Freuden der Seelen jener Menschen, die in Ehelosigkeit und Jungfräulichkeit Gott gedient haben, und warum sie diese auf solche Weise haben

In der erwähnten Helligkeit sah ich auf ähnliche Weise wie in einem Spiegel, wie oben gesagt, eine Luft, deren Reinheit die Reinheit klarster Wasser übertraf und deren Glanz heller als der Glanz der Sonne strahlte. Darin wehte ein Hauch, der alle Grünkraft der Kräuter und der Blüten des Paradieses und der Erde enthielt und der mit dem Duft aller Grünkraft erfüllt war, ähnlich wie der Sommer den süßesten Duft von Kräutern und Blüten trägt.

In dieser Luft habe ich einige Seelen wie in einem Spiegel erblickt, die gleichsam mit einem blendendweißen Gewand bekleidet waren, das wie mit Gold durchwoben und nach der Art einer herabhängenden Stola von der Brust bis zu den Füßen wie mit kostbaren Edelsteinen geschmückt war. Von diesem Gewand strömte ein starker Duft wie von Gewürzen aus. Auch waren diese Seelen mit Gürteln umgürtet, die wie mit Gold, Juwelen und Perlen so geziert waren, dass es den menschlichen Verstand überstieg. Auf ihrem Haupt trugen sie gleichsam Kränze, die aus Gold, Rosen und Lilien geflochten und wie mit Orgelpfeifen aus kostbaren Edelsteinen verziert waren. Wenn das Lamm Gottes seine Stimme erhob, berührte ein lieblicher Windhauch, der aus dem Geheimnis der Gottheit kam, diese Orgelpfeifen, die dann in der Weise spielender Harfensänger und mehrstimmiger Melodien zusammen mit dem Lamm erklangen. Dieses Lied konnte niemand singen, nur allein jene, die diese Kränze trugen. Die anderen aber hörten ihnen zu und freuten sich an diesem Lied, wie sich der Mensch freut, wenn er den Strahl der Sonne erblickt, den er zuvor nicht gesehen hat. Ihre Schuhe waren so durchsichtig, als ob sie aus einem lebendigen Quell genommen wären. Zuweilen schritten sie wie auf goldenen Rädern einher, dann nahmen sie Harfen in ihre Hände, auf denen sie spielten, und sie verstanden, erkannten und sprachen dann eine fremde Sprache, die niemand kannte, noch sprechen konnte.

Ihre übrigen zahlreichen Schmuckstücke aber konnte ich nicht erblicken.

Da *diese Seelen* den Glauben, den sie ihrem Schöpfer gelobt hatten, in ihrem körperlichen Dasein in der Welt mit guten Werken erfüllt hatten, verweilten sie jetzt in den Freuden der erwähnten Helligkeit mit seliger Ruhe. Da sie die luftige Mannigfaltigkeit der fleischlichen Begierden in der Reinheit ihres Geistes hintangesetzt hatten und über die Gebote des Gesetzes hinaus zur glühenden Liebe der wahren Sonne aufgestiegen waren, *befanden sie sich in dieser Luft, deren Reinheit die Reinheit klarster Wasser übertraf und deren Glanz heller als der Glanz der Sonne strahlte,* wie oben beschrieben. Wegen der lieblichen Sehnsucht, die sie in der Grünkraft der Jungfräulichkeit und in der Blüte des

Geistes und des Leibes Gott und den Menschen vorgelebt hatten, als sie den Wohlgeruch zahlreicher Tugenden, entfacht an der Glut des Heiligen Geistes, überall verbreitet hatten, spürten sie *den Hauch, der in dieser Luft wehte und der alle Grünkraft der Kräuter und der Blüten des Paradieses und der Erde enthielt und der mit dem Duft aller Grünkraft erfüllt war, ähnlich wie der Sommer den süßesten Duft von Kräutern und Blüten trägt.*

Wegen ihres lauteren Geistes, den sie mit den heiligen Tugenden in der Hingabe ihres Herzens gegen die Versuchungen des Fleisches zur Vollendung der guten Ausdauer weise geleitet hatten, *waren sie mit einem blendendweißen Gewand bekleidet, das wie mit Gold durchwoben und nach der Art einer herabhängenden Stola von der Brust bis zu den Füßen wie mit kostbaren Edelsteinen geschmückt war.* Weil sie das alles im lobenswerten und liebenswürdigen Namen der Jungfräulichkeit getan hatten, *strömte von diesem Gewand ein starker Duft wie von Gewürzen aus.* Indem sie ihr Fleisch gebändigt hatten, hatten sie es vor der schlüpfrigen Unbesonnenheit der Lust weise zusammengeschnürt und die Enthaltsamkeit mit lieblicher Ehrenhaftigkeit an sich gezogen, ohne sich in verschiedene Richtungen vielfältiger Gewohnheiten hin und her herumzutreiben. Deswegen *waren sie mit Gürteln umgürtet, die wie mit Gold, Juwelen und Perlen so geziert waren, dass es den menschlichen Verstand überstieg.* Auch in ihrem Herzen hatten sie in Weisheit Gott Herrlichkeit und Ehre erwiesen, während sie durch Schwächungen ihres Leibes den kindischen Belustigungen angemessen entsagt hatten. Sie hatten die Zeichen des Entschlusses zur Enthaltsamkeit – wodurch sie über die Menschen und die Gebote des Gesetzes standen – durch Seufzen im Himmelsverlangen, durch Tapferkeit und durch Bestimmtheit in den Tugenden in sich gefestigt, und dies hatten sie getan, als ob sie solche Menschen wären, die kein Fleisch und kein Blut hätten, während sie in ihrem Herzen und in ihrem Gesicht den fleischlichen Verpflichtungen Schamhaftigkeit entgegenbrachten. Deshalb *trugen sie auf ihrem Haupt gleichsam Kränze, die aus Gold, Rosen und Lilien geflochten und wie mit Orgelpfeifen aus kostbaren Edelsteinen verziert waren.*

Da sie sich zur Sanftmut des menschgewordenen Gottessohnes gebeugt hatten und ihre Seelen dadurch zu solch großer Höhe aufgestiegen waren, dass sie Gott Jungfräulichkeit gelobt und sie würdig und heilig gehalten hatten, *erhebt das Lamm Gottes* in Mitfreude *seine Stimme, und ein lieblicher Windhauch, der aus dem Geheimnis der Gottheit kommt, berührt die Zeichen ihrer bekränzten Jungfräulichkeit, so dass diese das Lied des Lammes widerhallen.* Anderen Seelen, die dieser Zeichen entbehren, wird dies nicht zuteil, dennoch freuen sie sich, wenn sie dieses Lied hören.

Da diese Seligen aber jenen Spuren gefolgt waren, auf denen Gott durch seinen alten Ratschluss Mensch werden wollte, *waren ihre Schuhe so durchsichtig, als ob sie aus einem lebendigen Quell genommen wären.* Sie waren überall in Weisheit und Demut gewandelt, hatten die Regungen ihres Körpers mit reinster Keuschheit zum Anblick der Gottheit ausgerichtet, mit großzügigen Almosen allen Bedürftigen liebevoll und barmherzig geholfen, mit Stimme und Herz Gott Psalmen gesungen, die göttlichen Wunder ruminiert[104] und das, was sie ruminiert hatten, vorgetragen – in all dem hatten sie durch Verzicht auf die fleischliche Lust die menschliche Natur überstiegen. Deswegen *schritten sie zuweilen wie auf goldenen Rädern einher, dann nahmen sie Harfen in ihre Hände, auf denen sie spielten, und sie verstanden, erkannten und sprachen dann eine fremde Sprache, die niemand kannte, noch sprechen konnte,* wie oben beschrieben. Diese Seligen hatten die Ordnung der Engel nachgeahmt und, während sie in ihrem körperlichen Dasein gelebt hatten, in Ehelosigkeit und Jungfräulichkeit Gott gedient. Auf diese Weise und mit weiteren guten und heiligen Werken hatten sie sich Gott als Opfer dargebracht.

Ihre übrigen Schmuckstücke aber und deren Bedeutung sind meinem Blick und meinem Verstand verborgen geblieben.

31. Über die Helligkeit, in der noch mehr und viel größere Freuden verborgen sind, als die bislang beschriebenen

In der erwähnten Helligkeit nahm ich aber eine andere Helligkeit wahr, die viel größer und unendlich ausgedehnt war. Während ich sie betrachten wollte, leuchtete ihr Glanz so stark, dass ich weder sie, noch das, was darin war, erblicken konnte. Allein das verstand ich, dass es dort so große Anmut aller Schmuckstücke, so große Wonne der Wonnen und so große Freude der Freuden aller Seligkeit gibt, die kein Auge je gesehen, kein Ohr je gehört hat und die in keines Menschen Herz aufgestiegen sind, solange er im gebrechlichen und vergänglichen Körper lebt. Folglich wurde mir ein kleines Bildnis vorgesetzt, in dem noch mehr und viel größere Freuden verborgen waren, als die, die ich vorher gesehen hatte. So spiegelte sich in mir deren Anblick wider.

Und durch den lebendigen Geist sah ich und verstand es.

Und aus dem lebendigen Licht hörte ich wiederum eine Stimme, die zu mir sprach: Was du siehst, ist wahr; und es ist so, wie du es siehst; und es ist noch mehr.

104 Siehe oben Anm. 84.

32. Die Worte des Menschensohnes

Und siehe, ich hörte den süßen und lieblichen Klang einer Stimme, die wie Tropfen von Balsam auf mich träufelten. Und sie sprach:

„Ich bin die Kraft der Gottheit vor der Ewigkeit und vor den Zeiten, so habe ich keinen Beginn in den Zeiten. Jene Kraft der Gottheit bin ich, mit der Gott alles durch Unterscheidung und Gutheißung geschaffen hat.[105] Ich bin auch der Spiegel der Vorsehung für alles und erschallte mit starker Kraft, in der ich das tönende Wort, nämlich das ‚Es werde', bin, durch das alles hervorgegangen ist. Dort habe ich mit sehenden Augen die Zeiten der Zeiten eingeteilt, indem ich betrachtete, was sie sind und wie sie alle sind. Mit meinem Mund habe ich mein beauftragtes Werk[106] liebkost, nämlich jene Gestalt, die ich aus Lehm geschaffen habe, und habe sie nach der Art einer Tunika umarmt, da ich sie geliebt habe.[107] So habe ich sie mit feurigem Hauch in Fleisch gewandelt und ihr den Dienst der ganzen Schöpfung zur Verfügung gestellt. Danach ruhte ich, bis ich bemerkte, wie der Mensch durch den Rat der Schlange getäuscht wurde.[108]

Dann bin ich wie eine Flamme gekommen und habe, nachdem der Schoß der Jungfrau entfacht wurde, darin geruht. Aus ihrem Fleisch, das in keinerlei Schmutz schwitzte, wie auch das Fleisch Adams ursprünglich rein gewesen war, bin ich Fleisch geworden und wie ein großer Held in der Kraft über jeden Menschen hinaus hervorgekommen.[109] Denn kein Mensch hat mich durch jenes Gerinnen gesät,[110] mit dem die Schlange den ersten Menschen durch die Erschütterung des Blutes verspottet hat, da es durch die Lust des Fleisches in Bewegung kommt. Der Teufel hat nämlich den Menschen seiner Herrlichkeit entblößt und ihn von mir weggeschleppt. Daher habe auch ich den Teufel durch die Beschneidung verwundet und alle Eingebungen seines Truges durch die Gesetzesgebote zuschanden gemacht.

Danach aber, als ich aus dem Schoß der Jungfrau herausgetreten bin, habe ich beim Untertauchen ins Wasser nach dem Menschen gesucht und so den männlichen Samen in diesem Wasser gereinigt, wie auch das Feuer das Wasser herauszieht; auf diese Weise habe ich alles geläutert. Ich habe mein Rad

105 Vgl. Gen 1,3; 1,10; 1,12; 1,18; 1, 21; 1, 25; 1,30.

106 Siehe dazu oben S. 26.

107 Die Tunika ist das Bild für den Leib Christi. Vgl. Carlevaris: Similia (wie Anm. 21), S. 408.

108 Dieser Abschnitt paraphrasiert in dichterischer Sprache die ersten drei Kapitel aus dem Buch Genesis.

109 Vgl. Ps 19,5-7. Siehe dazu oben IV 24, S. 227-228.

110 Zum Gerinnen als Zeugung bzw. Empfängnis siehe Hildegard: Ursprung und Behandlung der Krankheiten – Causae et Curae (wie Anm. 98), II 132 und II 232, S. 88 und 127.

umkreist, bis ich auch die fremden Kinder erneuert habe: Dadurch, dass ich die Gestalt des Menschen, die mich berührt hat, geküsst habe, habe ich eine rechte Verbindung begründet;[111] dadurch, dass ich den Menschen unter den Geschöpfen als ein beauftragtes Geschöpf geschaffen habe, habe ich die Enthaltsamen vorgezeichnet;[112] und dadurch, dass ich aus der Jungfrau hervorgekommen bin, habe ich bestimmt, dass es für Mann und Frau, wenn sie von der Welt abgeschieden leben, eine Regel der Jungfräulichkeit gibt. In der Mitte des Rades habe ich einen Punkt gesetzt, in dem ich vorausgewusst habe, dass das geistliche Volk ohne weltliche Haltung siegen wird. So habe ich mein Rad gegen die Hinterlist der alten Schlange erfüllt, die mich nicht erkannte, weil meine Menschwerdung ihr schweigend verborgen geblieben ist. Der Teufel hatte nämlich Adam gesehen, aber ihn nicht vollkommen erkannt; daher hat er ihn auf die Probe gestellt, was er tun wolle, und ihn so in seinem Dienst getäuscht.

Ich aber habe die kräftige Stärke des Teufels in meiner Menschheit gefesselt und zertreten. Dennoch wird er mich nicht vollständig erkennen, nur wenn ich auf meinem Richterstuhl sitzen werde; dann wird er aber völlig zuschanden werden. So habe ich durch die wahre Reinigung die wahrhaft Glaubenden und wahrhaft Seligen zur Herrlichkeit des Paradieses und zur Herrlichkeit der himmlischen Freuden wiederhergestellt."

33. In der Herrlichkeit des Paradieses freuen sich die von Sünden geläuterten Seelen, die sowohl durch Reue als auch durch gute Werke an Gott festgehalten haben

Die Herrlichkeit des Paradieses, aus der der erste Mensch vertrieben wurde, ist mit einer so großen Helligkeit umgeben, dass du sie und das, was darin ist, nur in einem Spiegel betrachten kannst. Diese Herrlichkeit ist mit unverweslichem Blühen der Lieblichkeit geschmückt, mit süßestem Duft von Gewürzen durchströmt und mit unzählbaren Wonnen erfüllt. Dort freuen sich die Seelen, die von allen Sünden geläutert sind. Die Seelen nämlich, die dort weilen, sind mit dem Gewand der Unsterblichkeit und der Anmut, das Adam verloren hat, bekleidet, da sie eine größere Herrlichkeit erlangt haben. Weil sie in ihrem irdischen Dasein durch Reue über ihre Sünden Gott berührt und Gottes Gebote mit guten Werken erfüllt haben, sind sie mit anmutiger Zierde geschmückt, so wie auch der Leib der Menschen mit Kostbarkeiten ausgestattet wird.

111 Zur ehelichen Verbindung siehe Hildegard: Wisse die Wege – Scivias (wie Anm. 1), I 2,11, S. 28.

112 Zu den Enthaltsamen im Laienstand siehe Hildegard: Wisse die Wege – Scivias (wie Anm. 1), II 5,37, S. 178.

34. In den himmlischen Höhen sind den Seelen der Heiligen noch mehr Schmuckstücke vorbereitet, als dass das menschliche Ermessen es erfassen kann

Jener große Glanz, den du wegen seines unermesslichen Strahlens nicht erblicken kannst, da der sterbliche Verstand ihn nicht zu erfassen vermag, kommt aus den himmlischen Höhen hervor, aus denen Luzifer samt seinen Engeln herausgeworfen wurde. Dieser Glanz überströmt und bestrahlt die Helligkeit des Paradieses und bewahrt sie, wie du siehst, in der Lebendigkeit der Grünkraft und der Schönheit.

In diesen himmlischen Höhen befinden sich jene Belohnungen und Freuden, die von Ewigkeit her für die seligen Seelen bestimmt sind, die mit ganzem Bemühen ihrer innigsten Hingabe von dem Irdischen nach dem Himmlischen geseufzt und gelechzt haben. Das alles ist aber für die menschliche Gebrechlichkeit, die mit der Bedeckung des Staubes umhüllt ist, nicht vollständig erkennbar, denn das, was zeitlich ist, kann nicht begreifen, was ewig ist, nur wenn die väterliche Güte es zu ihrer Herrlichkeit und zum Fortschritt ihrer Getreuen offenbaren will. Den Seelen der Heiligen sind dort nämlich noch mehr Schmuckstücke vorbereitet, als dass das vergängliche, menschliche Ermessen es erfassen könnte. Die Auserwählten sind mit Lob und Werk geschmückt, da sie mit Leib und Seele lichte Werke gewirkt haben.

35. Im himmlischen Reich leben die Seelen der Weltlichen, der Geistlichen, der Untergebenen, der Vorgesetzten, der Märtyrer und der Jungfrauen, die alle Gott gedient haben

Dort befinden sich nämlich, wie du siehst, jene, die, während sie unter der Last des tätigen Lebens im Körper augenscheinlich der Welt dienten, im Geiste jedoch das, was himmlisch ist, umarmten; ferner jene, die sich von der Welt getrennt hatten und in Unterwerfung unter die Disziplin einer Regel und in erhabener Beschaulichkeit mit Leib und Seele an dem festhielten, was himmlisch ist; auch jene, die ihre Untergebenen sowohl körperlich als auch geistlich unterstützten, indem sie ihnen mit Lehre und Beispiel gütig und demütig vorstanden; ebenfalls jene, die die Götzenbilder verachteten und ihren Schöpfer bekannten, wobei sie nicht zauderten, in der Standhaftigkeit der Wahrheit ihren Körper zu schwächen und ihn dem Tod preiszugeben; schließlich jene, die verleugneten, dass sie Fleisch und Blut hatten und sogar, dass sie Menschen sind, und die Jungfräulichkeit, die sie Gott gelobt hatten, in Gottesfurcht und Gottesliebe ehrenhaft bewahrten.

36. Die Seelen der Gerechten werden beim Gericht der Auferstehung noch größere Freude empfangen, als sie jetzt haben

Sie alle empfangen die Freuden der Freuden und die Schmuckstücke unaussprechlicher Pracht, weil sie ihrem Schöpfer auf seine Eingebung hin mit guten Werken dienten. Sie sind gesegnet und werden beim Gericht der Auferstehung Gesegnete meines Vaters genannt,[113] wo sie noch mehr Freude erhalten werden, als sie jetzt haben. Während sie sich jetzt nur in der Seele freuen, werden sie dann in Leib und Seele die Freude besitzen, die so unaussprechlich ist, dass kein Geschöpf in der sterblichen Welt darüber Auskunft geben kann.

37. Die himmlische Pracht besteht nicht aus Gold, Edelsteinen und Perlen von irdischem Staub, sondern Gott schafft sie durch sich selbst gemäß den Werken der Heiligen

Die Pracht dieser Freuden ist geistlich, ewig und von unschätzbarem Wert. Es ist nicht so, dass es in der himmlischen Ewigkeit Gold, Edelsteine und Perlen aus irdischem Staub gäbe. Vielmehr werden die Auserwählten auf geistige Weise mit den guten und gerechten Werken geschmückt, so wie der Mensch auf leibliche Weise mit kostbarer Zierde ausgestattet wird. Ich nämlich, der Werkmeister der Welt, habe meinem Werk, nämlich dem Menschen, zusammen mit der Erkenntnis, die ich in ihn hineingelegt habe, die Werke zum Wirken gegeben, damit er durch Erde, Wasser, Luft und Feuer, aus denen er selbst besteht, seine Werke vollendet. Wenn der Mensch also Gutes wirkt, werden ihm Schmuckstücke aus seinen guten Werken in der Klarheit des unvergänglichen Lichtes ewiglich vorbereitet, ähnlich wie das Gewölbe mit Sternen und die Erde mit Blumen zeitlich geschmückt werden. Wenn sich der Mensch bisweilen mit irdischem Schmuck ausstattet, stöhnt seine Seele immer wieder, weil sie sich daran erinnert, wie sie mit den eigenen Werken zu schmücken wäre.

Wie aber der Mensch sich aus Feuer, Luft, Wasser und Erde Schmuckstücke anfertigt und für seinen Körper Kleider näht, wie es ihm gefällt, so bereitet auch Gott den Heiligen ihren Werken gemäß Schmuckstücke, die er aus keiner Materie nimmt, sondern nur allein durch sich selbst schafft, wie er auch alle Geschöpfe durch sich selbst geschaffen hat; ähnlich wie auch der Mensch seine Werke durch kein anderes Geschöpf, sondern allein durch sich selbst ansetzt und wirkt.

---

113 Vgl. Mt 25,34.

38. Es gibt vieles in der himmlischen Wohnstätte, was den Verstand des Menschen übersteigt und was keiner, der mit sterblichem Fleisch belastet ist, mit der Erkenntnis seines Verstandes aufnehmen kann

In der himmlischen Wohnstätte gibt es überaus viele Wohnungen mit zahlreichen und dem Menschen unermesslichen Freuden den Werken gemäß, die die Menschen durch die göttliche Gnade gewirkt haben. Sie sind jedoch für die menschliche Gebrechlichkeit nicht sichtbar und erkennbar, weil sie den Verstand des Menschen übersteigen. Denn dort sind jene Wohnungen, die über das menschliche Herz hinaus ragen und keinem, der mit Körper belastet ist, gezeigt werden können, da weder sie selbst, noch das, was darin ist, dir auch nur ein wenig mit einer geheimen Enthüllung aufgedeckt werden können. Das durch Sünde niedergedrückte Fleisch erträgt nämlich das himmlische Geheimnis nicht, es sei denn, die Gnade göttlicher Stärke kräftigt es dazu.

Den Schmuck und die Freude der höchsten Wunder kann der Mensch, der mit sterblichem Fleisch belastet ist, niemals vollständig sehen, noch mit der Erkenntnis seines Verstandes aufnehmen, es sei denn, dass der Wille Gottes dies gewissen Heiligen und Propheten durch eine Schau zeigt. Sie haben davon einiges gesagt, wie Jesaja vom Schmuck des ersten Engels redet[114] oder Johannes in seiner Apokalypse das Ornament des himmlischen Jerusalem beschreibt.[115]

39. Das Übel der Lüge ist ohne Gott entstanden

Gott hat alles Gute, Rechte und Taugliche durch sein Wort erschaffen. Das Übel der Lüge aber, durch die sich jede Ungerechtigkeit und jede Sünde erhoben haben, ist ohne ihn entstanden. Das alles berührt Gott auf keine Weise, vielmehr ist es ihm fremd, und er richtet alles, was gegen ihn rebelliert, mit seinem machtvollen Urteil.

40. Der Mensch herrscht über das Böse, wenn er sich weigert, es zu tun

Der Mensch herrscht aber nur dann über das Böse, wenn er sich weigert, es zu tun. Wenn er das Böse jedoch ausführt, ist er dessen Knecht.

41. Der Mensch kann auf der vergänglichen Erde die unbefleckten Wohnungen nicht schauen, nur soweit Gott dies ihm gestattet; wenn er aber nachher Gott erblicken wird, wird er alles, was irdisch ist, vergessen

Der Mensch hat jedoch Gott verlassen und sich mit dem Bösen gemein gemacht. Deshalb kann er, solange er auf dieser vergänglichen Erde von Asche

114 Vgl. Jes 14,12.
115 Vgl. Offb 21,10-27.

lebt, die reinen und unbefleckten Wohnungen nicht schauen, nur soweit Gott dies ihm gestattet. Wenn er aber so einschlafen wird, dass er nicht mehr im Bösen erwacht, dann wird er jene Wohnungen erkennen und sehen. Und wenn er Gott schauen wird, wird er alles, was irdisch ist, vergessen, wie sich auch der Mensch nicht daran erinnert, wie er geboren worden ist, obwohl er weiß, dass er geboren worden ist.

42. Gott zeigt in jeder Epoche der Welt verschiedene Wunder

Gott zeigt seinen Heiligen und Propheten in jeder Epoche der Welt verschiedene Wunder, damit die Seele des Menschen in der Fremde nicht völlig fern von der himmlischen Sehnsucht umherwandert, sondern sich durch manche Mahnungen im Glauben des ewigen Lebens erinnert. So hat Gott dem Menschen, der sein Gebot übertreten hat, auch die Leuchten des Firmaments gegeben, damit er, abgeschnitten vom Licht, in der Finsternis nicht ganz verlorengeht.

43. Die Propheten haben manche Wunder gesehen, manche aber nicht

Die Propheten und andere Heilige haben manche Wunder gesehen und sie verkündet, die größten und meisten Wunder aber haben sie weder verkündet noch gesehen. Der erste Engel hat nicht nach Gottes Wundern gesucht, noch darauf gewartet, weil er aus sich selbst sein wollte, und deshalb ist er im Tod begraben worden. Der Mensch hat sich dann auf den Rat der Schlange hin in spielerischer Freude kindischer Sitten gewünscht, Gottes Kamerad zu sein. Deshalb ist er in die Verbannung des Schmerzes vertrieben worden, damit er dort ebenso im Schmerz sein Ende nimmt, da er sich in falscher Meinung nach der Ewigkeit Gottes ausgestreckt hatte.

44. Die ganze Schöpfung und das ewige Leben stammen aus Gott

Die ganze Schöpfung ist nach Gottes Willen hervorgegangen und auch das ewige Leben ist aus Gott erstrahlt, wie ebenfalls der Schmuck, die Freude und der ganze Klang der Freude im ewigen Leben aus ihm kommen. Die Werke der Auserwählten nämlich, die aus dem Heiligen Geist hervorgesprossen sind, strahlen dort und sind gleichsam mit reinstem Gold, kostbaren Edelsteinen, Perlen und jeglicher Pracht geschmückt. Diese Schmuckstücke existieren jedoch nicht nach der Art der geschaffenen Materie, wie oben dargelegt, sondern sie strömen aus der Gottheit hervor.

Jetzt aber wird Gott dich, o Mensch, der du aus Lehm geschaffen worden bist, mit deinen Werken schmücken, durch die du die Heimtücke des ersten Engels überwindest, der wegen seines großen Glanzes übermütig geworden ist, weshalb er im Tod begraben worden ist, wo Gott ihn ließ; den Menschen aber hat Gott durch sich selbst aus dem Tod herausgezogen. Da die Schlange den Menschen getäuscht hatte und der Mensch sich in die Übertretung begeben hatte, ist der Mensch mit einem Schleier verhüllt, so dass er die Geheimnisse Gottes nicht vollkommen schauen kann, solange er mit diesem Schleier bedeckt ist. Solange er aber den rechten Glauben hat, zeigt Gott ihm wie durch Fenster und wie in einem Spiegel seine Wunder.

45. Gewisse böse Geister können die Menschen nicht täuschen, nur wenn sie sich so zeigen, als ob sie vom Himmel wären

Es gibt eine gewisse Art von bösen Geistern, die die Menschen nicht täuschen können, nur wenn sie sich so zeigen, als ob sie vom Himmel wären. Und auf die Weise, wie sie lügen, wenn sie von der Wahrheit reden, so zeigen sie auch den Menschen falsche Dinge, die die Menschen jedoch mit ihrem Verstand begreifen können. Umso leichter täuschen diese Geister die Menschen, da sie hin und wieder auch Wahres vortragen. Wer ihnen zustimmt, wird verführt. Jene aber, die achtsam sind und erforschen, was ihnen vorgelegt wird, fallen nicht so leicht, sondern harren in der Stärke der Wahrheit aus und vertreiben die bösen Geister von sich, da sie ihre Versuchungen nach und nach überprüfen.

Dies alles ist wahr und ist jener Frau wahrhaftig gezeigt worden, die in der Geschraubtheit der Worte einfältig ist. Denn ich, der ich aus dem höchsten Vater hervorgegangen bin und aus einer Mutter von jungfräulicher Grünkraft Fleisch angenommen habe, habe diese Frau dazu ausgesondert, dass sie dies alles ohne geschliffene Worte und ohne menschliche Unterweisung enthüllt. Sie soll es ohne die Beschattung der Worte offen darlegen, damit das Wissen der Wissenden die Einfalt einer Unwissenden wahrnimmt und versteht, dass der Urheber von all dem das unvergängliche Licht ist, das mit unauslöschlicher Flamme glüht. Es ist hervorgebracht worden mit dem Ziel, dass sich Kleine und Große in all dem getreu verbessern. Selig ist also der Mensch, der durch Gottes Wunder im Himmlischen erweckt wird!

Und ich hörte eine Stimme, die aus dem Himmel sprach: Die Frau, die dies gesehen und durch Schreiben veröffentlich hat, lebt und lebt nicht, spürt, was Asche ist, und spürt es doch nicht. Sie trägt Gottes Wunder nicht aus sich hervor, sondern weil sie dadurch berührt worden ist, ähnlich der Saite, die durch den Harfenspieler berührt wird, so dass sie nicht von sich aus, sondern durch seine Berührung erklingt. Und dies alles ist wahr, und der, der wahr ist, hat es wahrhaftig geoffenbart. Wenn also jemand selbst mit hervorragendem

Geist durch die Schriften und durch eigene Begabung etwas in Widerspruch dazu hinzufügt, verdient er, dass er den hier beschriebenen Strafen erliegt; oder wenn jemand etwas in Widerspruch dazu wegnimmt, verdient er, dass er aus den hier geschilderten Freuden ausgetilgt wird.

Und ich hörte eine Stimme von einer Schar in den höchsten Geheimnissen, die antwortete: Es geschehe, amen, es geschehe.

Und wiederum hörte ich eine Stimme, die aus dem Himmel zu mir sprach: Dies ist von der lebendigen Stimme des lebendigen und unvergänglichen Lichtes vorgetragen und gesagt worden, und es ist verlässlich; der Getreue möge darauf achten und es im Gedächtnis des guten Wissens aufbewahren.

REGISTER

BIBELSTELLEN

LASTER-TUGEND-PAARE

I. Teil	(Vgl. Scivias III 3)
Weltliebe <amor saeculi>	Himmelsliebe <amor caelestis>
Frechheit <petulantia>	Disziplin <disciplina>
Spaßmacherei <ioculatrix>	Ehrfurcht <verecundia>
Verhärtung <obduratio>	Barmherzigkeit <misericordia>
Feigheit <ignavia>	Gottessieg <divina victoria>
Zorn <ira>	Geduld <patientia>
Törichte Freude <inepta laetitia>	Seufzen vor Gott <gemitus ad Deum>

II. Teil	(Vgl. Scivias III 6)
Völlerei <ingluvies ventris>	Enthaltsamkeit <abstinentia>
Bitterkeit <acerbitas>	Wahre Freigebigkeit <vera largitas>
Gottlosigkeit <impietas>	Frömmigkeit <pietas>
Falschheit <fallacia>	Wahrheit <veritas>
Streit <contentio>	Frieden <pax>
Unglückseligkeit <infelicitas>	Seligkeit <beatitudo>
Maßlosigkeit <immoderatio>	Unterscheidung <discretio>
Verdammnis der Seelen <perditio animarum>	Erlösung der Seelen <salvatio animarum>

III. Teil	(Vgl. Scivias III 8)
Hochmut <superbia>	Demut <humilitas>
Neid <invidia>	Liebe <caritas>
Eitle Ruhmsucht <inanis gloria>	Gottesfurcht <timoris Domini>
Ungehorsam <inobedientia>	Gehorsam <obedientia>
Unglaube <infidelitas>	Glaube <fides>
Verzweiflung <desperatio>	Hoffnung <spes>
Lüsternheit <luxuria>	Keuschheit <castitas>

IV. Teil

(Vgl. Scivias III 9 und 10)

Ungerechtigkeit <iniustitia>	Gerechtigkeit <iustitia>
Stumpfheit <torpor>	Tapferkeit <fortitudo>
Gottesvergessenheit <oblivio Dei>	Heiligkeit <sanctitas>
Unbeständigkeit <inconstantia>	Standhaftigkeit <constantia>
Weltsorge <cura terrenorum>	Himmelsverlangen <caeleste desiderium>
Hartnäckigkeit <obstinatio>	Herzenszerknirschung <compunctio cordis>
Begierde <cupiditas>	Weltverachtung <contemptus mundi>
Zwietracht <discordia>	Eintracht <concordia>

V. Teil

Albernheit <scurrilitas>	Ehrerbietung <reverentia>
Unstetigkeit <vagatio>	Beständigkeit <stabilitas>
Zauberei <maleficium>	Wahrer Gottesdienst <verus cultus Dei>
Habsucht <avaritia>	Lautere Zufriedenheit <pura sufficientia>
Welttrauer <tristitia saeculi>	Himmelsfreude <caeleste gaudium>

Laster

Name der Laster	Beschreibung	Rede	Auslegung	Läuternde Züchtigung	Buße
Albernheit	261	261f	275	287	288
Begierde	221	221f	237f	253	253f
Bitterkeit	113	113	132-134	147	147f
Eitle Ruhmsucht	166	166f	184f	198	198f
Falschheit	114f	115	135-137	150f	151f
Feigheit	52	52	79f	94	94f
Frechheit	49	49	77	89	90f
Gottesvergessenheit	216f	217	231f	246	246-248
Gottlosigkeit	113f	114	134f	148f	149f
Habsucht	264	265	280-283	292f	293-296
Hartnäckigkeit	220	220f	235-237	251f	252f
Hochmut	164	164	180f	194	194f
Lüsternheit	172	172	189-192	204f	206-210
Maßlosigkeit	118	118	139	156	156f
Neid	165	165	181-184	196	196f
Spaßmacherei	49f	50	77f	91	91f
Streit	116	116	137f	152f	153f
Stumpfheit	215f	216	229-231	245	245f
Törichte Freude	54	54	83f	103f	104f
Unbeständigkeit	218	218	232-234	248	248f
Ungehorsam	168	168	185f	199	199f
Ungerechtigkeit	214	214	228f	243	243f
Unglaube	169f	170	186-188	200f	201f
Unglückseligkeit	117	117	138f	154f	155
Unstetigkeit	262	262	275f	288f	289f
Verdammnis der Seelen	119	119	139-141	157	157f
Verhärtung	50	51	78f	92f	93f
Verzweiflung	171	171	188f	202	202f
Völlerei	112	112	132	145	145-147

Name der Laster	Beschreibung	Rede	Auslegung	Läuternde Züchtigung	Buße
Weltliebe	48	48	76f	85f	87-89
Weltsorge	219	219	234f	250	250f
Welttrauer	266	266	283-285	296f	297f
Zauberei	263	263	278-280	290f	291f
Zorn	53	53	80-83	95-98	98-102
Zwietracht	222	223	238f	254f	255f

Gotteskräfte bzw. Tugenden

Name der Gotteskräfte	Beschreibung	Rede	Auslegung	Rede
	Diese Seitenzahlen beziehen sich auf Band 1: Hildegard: Wisse die Wege – Scivias, Beuron 2010.			Diese Seitenzahlen beziehen sich auf den vorliegenden Band: Hildegard: Das Buch der Lebensverdienste
Barmherzigkeit	315	315	321f	51
Beständigkeit	–	–	–	263
Demut	405	406	427	164f
Disziplin	315	315	320f	49
Ehrerbietung	–	–	–	262
Ehrfurcht	315	315	321	50
Eintracht	472	472f	479f	223
Enthaltsamkeit	367	367	382	112f
Erlösung der Seelen	370	370	388f	119f
Frieden	369	369	385f	116f
Frömmigkeit	368	368	383	114
Geduld	316	316	327	53
Gehorsam	407	408	430	169
Gerechtigkeit	438	438f	456f	215
Glaube	408	408	430	170f
Gottesfurcht	407	407	429f	167f
Gottessieg	315	315	322-325	52f
Heiligkeit	439f	440	458f	217f
Herzens-zerknirschung	472	472	478	221
Himmelsfreude	–	–	–	266f
Himmelsliebe	315	315	319f	48f
Himmels-verlangen	471	471f	478	219f
Hoffnung	408	408	431	171f
Keuschheit	408	408	431f	172f
Lautere Zufriedenheit	–	–	–	265f

Name der Gotteskräfte	**Beschreibung**	**Rede**	**Auslegung**	**Rede**
	Diese Seitenzahlen beziehen sich auf Band 1: Hildegard: Wisse die Wege – Scivias, Beuron 2010.			Diese Seitenzahlen beziehen sich auf den vorliegenden Band: Hildegard: Das Buch der Lebensverdienste
Liebe	406	406f	427-429	165f
Seligkeit	369	369	386	117f
Seufzen vor Gott	316	316	327f	54
Standhaftigkeit	471	471	477f	218f
Tapferkeit	439	439	457f	216
Unterscheidung	369f	370	386-388	118f
Wahre Freigebigkeit	368	368	382f	113
Wahrer Gottesdienst	–	–	–	264
Wahrheit	368	368	383-385	115f
Weltverachtung	472	472	479	222

Hildegard von Bingen
Neuausgabe der Werke in zehn Bänden

Herausgegeben von der Abtei St. Hildegard, Eibingen

Band 1: Hildegard von Bingen
Wisse die Wege – „Liber Scivias"
Neu übersetzt von Mechthild Heieck
eingeleitet von Sr. Maura Zátonyi OSB
2. Auflage 2012

Band 2: Hildegard von Bingen
Ursprung und Behandlung von Krankheiten – „Causae et Curae"
Neu übersetzt von Prof. Dr. Dr. Ortrun Riha
2. Auflage 2012

Band 3: Hildegard von Bingen
Das Leben der heiligen Hildegard von Bingen – „Vita sanctae Hildegardis"
verfasst von den Mönchen
Gottfried und Theoderich
Übersetzt von Dr. Monika Klaes-Hachmöller
Einführung von Prof. Dr. Michael Embach

Band 4: Hildegard von Bingen
Lieder – „Symphoniae"
Neu übersetzt von Dr. Barbara Stühlmeyer

Band 5: Hildegard von Bingen
Heilsame Schöpfung: Die natürliche Wirkkraft der Natur – „Physica"
Neu übersetzt von Prof. Dr. Dr. Ortrun Riha

Band 6: Hildegard von Bingen
Das Buch vom Wirken Gottes „Liber divinorum operum"
Neu übersetzt von Mechthild Heieck

Band 8: Hildegard von Bingen
Briefe – „Epistolae"
Vollständige Ausgabe, übersetzt und
eingeleitet von Sr. Walburga Storch OSB

Band 9: Hildegard von Bingen
Katechesen – Kommentare – Lebensbilder – „Opera minora"
Neu übersetzt
Erscheinungstermin: vsl. 2015

Band 10: Hildegard von Bingen
Das prophetische Vermächtnis Hildegards von Bingen
Übersetzt von Sr. Maura Zátonyi OSB
Erscheinungstermin: vsl. 2016

Sonderbände zur Hildegard-Reihe:

Geschaut im lebendigen Licht
Die Miniaturen des Liber Scivias
der Hildegard von Bingen
als hochwertige Premiumausgabe
Auslegungen: Sr. Hiltrud Gutjahr OSB
und Sr. Maura Zátonyi OSB
Kunsthistorische Einführung
von Liselotte Saurma-Jeltsch

Im Herzen der Schöpfung
Meditationen zu Miniaturen
der hl. Hildegard von Bingen
von Caecilia Bonn OSB

Tugenden und Laster
Wegweisung im Dialog
mit Hildegard von Bingen
Der „Liber vitae meritorum"
als großer Bildband
in zeitgenössischen Bildern und Texten
Sabine Böhm/Barbara Stühlmeyer